金融危機とマクロ経済

資産市場の変動と金融政策・規制

岩井克人／瀬古美喜／翁 百合──［編］

東京大学出版会

Macroeconomics after the Financial Crisis:
Asset Markets, Monetary Policy, and Financial Regulation
Katsuhito Iwai, Miki Seko, Yuri Okina, Editors
University of Tokyo Press, 2011
ISBN 978-4-13-040253-8

はしがき

　2007年以降の世界的な金融危機により，世界経済は大きな打撃を受けた．その後も，危機の第二幕ともいえるギリシャ等南欧諸国の財政赤字問題が一段と深刻化し，さらに債務上限引き上げ問題によるアメリカ経済の混乱もあり，2011年8月現在世界金融市場は依然大きく動揺している．わが国でも，経済成長の低下と資産バブルの崩壊に伴い，金融危機が90年代中盤以降深刻化，2000年代前半にようやく解決をしたが，2008年夏のリーマン・ショック後，再び金融市場の逼迫と経済活動の落ち込みを経験したほか，資産市場の変化に伴う格差拡大など様々な問題が顕在化している．なお，2011年3月には，東日本大震災が発生し，日本経済の先行きの不確実性と財政赤字悪化に伴う公的債務残高の増加に懸念が高まりつつある．そうした度重なる金融危機や災害を経験する中で，政策当局は，金融市場や資産市場の動向がマクロ経済に与える影響をどのように判断し，政策に生かしていくか，ということが改めて非常に大きな課題となってきていると考えられる．金融政策，金融規制のあり方，また格差是正のための方策など，資産市場の変化に伴い，政策体系を大きく見直さなければならないことが次第に明らかになってきている．

　2009年夏，上記のような問題意識に立ち，経済学の視点から今後の経済政策上の課題は何であるか，経済学研究において何が課題なのか，といったことを探る必要がある，という考えを共有する日本学術会議経済学委員会の研究者12名が集まり，資産市場とマクロ経済の研究に関する分科会を立ち上げた．この2年間，それぞれの研究者が問題意識を提起，分析し，討論を行う形で研究会を何度にもわたり開催し，熱心に議論を進めてきた．そうした議論を踏まえ，これらの研究成果を，去る2011年2月7日に，「金融危機，資産市場の変化とマクロ経済」というテーマで，シンポジウムを開催し，発表，議論を行った．シンポジウムには，200名近い官界，学界，一般などからの幅広い多くの参加者があり，このテーマに対する関心の深さが改めて感じられた．

　本書は，主に経済学分野の研究者たちが，こうした地道な研究会の活動を踏

まえてシンポジウムで発表し，さらに，当日のコメントなどを反映して改訂した最新の研究成果を所収した学術書である．岩井克人，瀬古美喜，翁百合の3人が，共同で編集を担当した．本書の読者層としては，研究者，政策担当者はもちろんのこと，大学院生，学部の3～4年生，この問題に関心のある多くの方に読んでいただくことを想定して，書かれている．

本書は，全体を3部に分け，それぞれの部は，以下のとおり，テーマごとに近い論文を集めて構成しており，それぞれの部の最後のコメント章を読むと，その部ごとの経済学分野における論点と課題がわかるように工夫してある．第Ⅰ部は，金融政策とマクロ経済を分析した3章とそれらへのコメント，第Ⅱ部は，資産市場の変化を扱った3章とそれらへのコメント，第Ⅲ部は，危機への対応と規制を扱った3章とそれらへのコメントから成る．その上で，終章で総括と展望を述べている．

第Ⅰ部の第1章「金融革新と銀行行動——金融危機の発生メカニズム」（小川一夫）では，証券化といった金融革新によって銀行の情報生産機能が大きく阻害され，それがグローバル金融危機を招来したことが示されている．第2章「サブプライムローン問題の日本経済への影響——日本を襲った2つの金融危機」（宮越龍義，高橋豊治，島田淳二，佃良彦）では，日米の金融危機における金融産業と非金融産業間の危機の波及過程に相違があったことを分析により示している．第3章「金融危機と日本の量的緩和政策」（本多佑三，立花実）では，2001年3月から2006年3月にかけて日本銀行が採用した量的緩和政策が，株価を媒介変数として実体経済に有意な政策効果を及ぼしたことが示されている．金融危機と金融政策，マクロ経済に関する分析を集めた第Ⅰ部については，福田慎一氏がこれら3章各々について，この分野の研究における位置づけを紹介し，コメントを執筆している．

第Ⅱ部の第4章「バブルと金融システム」（柳川範之，平野智裕）では，資産市場のバブル現象と，金融システムにおける不完全性の程度，経済成長が相互に関係することを理論的に示している．第5章「不動産価格の変動とマクロ経済への影響——転居阻害要因と住宅価格変動の分析から」（瀬古美喜，隅田和人，直井道生）では，日本の住宅金融の遡及型融資制度が転居阻害要因になり，住宅価格の変動を小さくしていることが示されている．第6章「貧困率と所得・金融資産格差」（大竹文雄，小原美紀）では，所得，消費，金融資産に注目して日本の貧困状況を分析し，若年の貧困率の上昇などを示している．資

産市場の変化と経済への影響に関する分析を集めた第II部については，小川一夫氏がコメントを執筆し，この分野における政策課題と今後の経済学における課題を指摘している．

　第III部の第7章「金融市場におけるリスクと特性——複雑システムの物理学の視点から」（高安秀樹）では，金融システムや企業活動の基本的な特性を，複雑システムの物理学の視点から考察することが必要であることが示されている．第8章「グローバル金融危機と中央銀行の対応——日本における「非伝統的金融政策」の経験から」（福田慎一）では，2000年代以降のわが国の「非伝統的金融政策」が，短期金融市場の安定化には寄与したが，副作用を伴ったことが指摘されている．第9章「金融危機後の規制監督政策——マクロプルーデンスの視点から」（翁百合）では，規制監督政策には金融システム全体の安定性確保を重視する「マクロプルーデンス」の視点が必要だが，規制監督政策をマクロ経済安定化策として活用するには多くの課題があることが示されている．金融危機への対応，規制と金融政策に関する分析を集めた第III部については，柳川範之氏がコメントを執筆し，この分野における政策課題と今後の経済学における課題を指摘している．

　終章「総括と展望——残された研究課題は何か？」（岩井克人）は，本書の総括と今後の経済学における展望を試みている．まず前半で，経済学における金融危機分析の歴史的視点に立ち，本書に収録された9章を理論と実証，政策評価，政策提言という3つの順番で再構成したうえで，各章を解説し，経済学における各章の意義を評価している．後半で，本書の経済学分野における貢献を総括し，マクロ経済学の分野での今後の課題について展望している．そこでは，流動性それ自体を創り出す市場としての金融市場の不安定性と実体経済全体のマクロ的な変動との相互連関を分析することが，これからのマクロ経済学の最大の研究課題であり，1970年代以前のマクロ経済学——マクロ経済学をミクロ経済学の単なる集計モデルに還元してしまう新古典派経済学の支配が確立する以前のマクロ経済学——の問題意識に立ち帰り，本書で提示されたミクロ経済学的な分析を踏まえた上で，もう一度新たなマクロ経済学を築くことが必要としている．

　なお，総括と展望の終章をまず先に読んでいただき，各章の位置づけを頭に入れ，理論，現実，政策対応という順番で本書を読んでいただいても，体系的に理解しやすいと思われる．

本書の作成にあたって，佐々木公明先生（尚絅学院大学学長），小野善康先生（内閣府経済社会総合研究所長）には，研究会のメンバーとして，貴重なコメントをいただいた．記して感謝申し上げたい．本書の基となる共同研究に関して，二十一世紀文化学術財団学術奨励金の交付を受けている．最後に，本書の出版に関して，大地震という大きな環境変化にもかかわらず，東京大学出版会の大矢宗樹氏には，一貫してサポートをいただき，大変お世話になった．深い感謝の気持ちを伝えたい．

　2011 年 8 月 18 日

岩井克人・瀬古美喜・翁　百合

目　次

はしがき　i

第 I 部　金融政策とマクロ経済

第 1 章　金融革新と銀行行動 …………………… 小川一夫　3
　　　　　──金融危機の発生メカニズム

1. はじめに ……………………………………………………… 4
2. 証券化と銀行行動──既存研究の整理 …………………… 7
　　2.1　証券化の要因に関する実証研究　7
　　2.2　証券化の貸出行動に与える影響に関する実証研究　9
3. 証券化と貸出行動に関する検証仮説 ……………………… 10
　　3.1　証券化行動の定式化　10
　　3.2　証券化と貸出行動　11
　　3.3　証券化と銀行の財務状況　11
4. 使用データと記述統計 ……………………………………… 12
5. 推定結果とその解釈 ………………………………………… 14
　　5.1　どのような銀行が証券化するのか　14
　　5.2　証券化は貸出行動にどのような影響を及ぼすのか　16
　　5.3　証券化は銀行の財務状況を悪化させるのか　17
6. 金融危機の発生メカニズム ………………………………… 19
　　　──日本の経験とグローバル金融危機の比較考察
　　6.1　グローバル金融危機と日本の経験　19
　　6.2　金融革新と金融危機　20
7. おわりに ……………………………………………………… 21

第2章　サブプライムローン問題の日本経済への影響
——日本を襲った2つの金融危機
………………宮越龍義・高橋豊治・島田淳二・佃　良彦　27

1. はじめに …………………………………………………………… 28
2. 危機の実態と経済政策 …………………………………………… 30
   - 2.1　日本金融危機　30
   - 2.2　アメリカ金融危機　33
3. リスク侵入経路 …………………………………………………… 36
   - 3.1　リスクデータの定義　36
   - 3.2　2EGARCH モデル　38
   - 3.3　仮説検定の議論　42
4. 政策アナウンスメント効果のイベントスタディー ……………… 44
5. おわりに …………………………………………………………… 47

第3章　金融危機と日本の量的緩和政策
………………………………………本多佑三・立花　実　51

1. はじめに …………………………………………………………… 52
2. リーマン・ショック後の金融政策対応および本章分析との
   関連 ………………………………………………………………… 56
3. 先行研究と本章の貢献 …………………………………………… 59
4. VAR モデルおよびデータ ………………………………………… 61
5. 推定結果 …………………………………………………………… 65
6. おわりに …………………………………………………………… 71

第I部コメント ……………………………………………福田慎一　75

第Ⅱ部　資産市場の変化

第4章　バブルと金融システム …………… 柳川範之・平野智裕　83

- 1. はじめに ……………………………………………………………… 84
- 2. バブルとは何か …………………………………………………… 84
  - 2.1　資産価格決定モデル　84
  - 2.2　ファンダメンタルズは予想である　86
  - 2.3　投資行動に関するエージェンシー問題　87
  - 2.4　予想の決まり方　88
  - 2.5　流動性不足とファイヤーセール　89
  - 2.6　ファンダメンタルズ以上の価格で転売できる可能性　89
- 3. バブルと経済成長 ………………………………………………… 90
- 4. 金融システムがバブルに与える影響 ……………………………… 92
  - 4.1　金融市場の不完全性　92
  - 4.2　モデルの基本構造　94
  - 4.3　金融システムの不完全性が経済成長率に与える影響　96
  - 4.4　バブルの存在と影響　99
  - 4.5　バブルの存在条件　101
  - 4.6　バブルと経済成長　102
  - 4.7　バブル崩壊の影響　104
- 5. おわりに …………………………………………………………… 104

第5章　不動産価格の変動とマクロ経済への影響
　　　　──転居阻害要因と住宅価格変動の分析から
　　　　……………………………… 瀬古美喜・隅田和人・直井道生　109

- 1. はじめに …………………………………………………………… 110
- 2. 転居阻害要因のミクロ経済学的分析 ……………………………… 112
  - 2.1　転居率と住宅価格変動　112
  - 2.2　流動性制約と転居行動　116

2.3　データと推計モデル　117
　　2.4　分析結果　121
　3. 住宅資産価格変動のパネル・データ分析 ……………………… 122
　　3.1　長期モデル　122
　　3.2　データ　124
　　3.3　長期モデルの推計——単位根検定と共和分検定　126
　　3.4　短期モデルの推定——遡及型融資対非遡及型融資　129
　4. おわりに ……………………………………………………………… 132

第6章　貧困率と所得・金融資産格差
……………………………………………… 大竹文雄・小原美紀　137
　1. はじめに ……………………………………………………………… 138
　2. 所得・消費の年齢階級別平均値の推移 ……………………………… 140
　3. 所得格差の動き ……………………………………………………… 144
　4. 相対的貧困率の動き ………………………………………………… 147
　5. 貧困者の年齢別分布 ………………………………………………… 150
　6. おわりに ……………………………………………………………… 152

第II部コメント …………………………………………………… 小川一夫　155

第III部　金融危機への対応と規制

第7章　金融市場におけるリスクと特性 …………… 高安秀樹　163
　　——複雑システムの物理学の視点から
　1. はじめに ……………………………………………………………… 164
　2. マンデルブロの足跡 ………………………………………………… 165
　3. ベキ分布の基本的性質 ……………………………………………… 169
　4. 金融派生商品の問題点 ……………………………………………… 172
　5. 企業の倒産と脆性破壊 ……………………………………………… 179
　6. 企業ネットワークの特性と可能性 ………………………………… 182

 7. おわりに ………………………………………………………………… 186

第 8 章　グローバル金融危機と中央銀行の対応 …… 福田慎一　189
   ――日本における「非伝統的金融政策」の経験から

 1. はじめに ………………………………………………………………… 190
 2. 日銀の非伝統的金融政策の推移 ……………………………………… 192
  2.1　1990 年代末から 2000 年代前半　192
  2.2　リーマン・ショック以降　193
  2.3　ベース・マネーとマネーストックの推移　197
 3. 日中のコール・レートのスプレッド ………………………………… 199
  3.1　量的緩和政策期のスプレッド　199
  3.2　リーマン・ショック前後のスプレッド　201
 4. 社債のスプレッドの推移 ……………………………………………… 204
 5. 何が信用緩和に寄与したか？ ………………………………………… 207
  5.1　日銀のバランス・シートの推移　207
  5.2　いわゆる「札割れ」　209
 6. 信用緩和政策の副作用 ………………………………………………… 211
  6.1　業態別超過準備額の推移　211
  6.2　コール市場の残高の推移　214
 7. おわりに ………………………………………………………………… 216

第 9 章　金融危機後の規制監督政策 ………………… 翁　百合　219
   ――マクロプルーデンスの視点から

 1. はじめに ………………………………………………………………… 220
 2. なぜ金融規制は危機を未然に防げなかったのか …………………… 220
  2.1　銀行以外のプレイヤーの監督の問題
   ――シャドウ・バンキング・システム　221
  2.2　銀行部門の規制監督の機能不全　225
  2.3　金融機関関係者のインセンティブ上の歪みの問題　226
  2.4　店頭デリバティブ等に対するインフラ整備や監督規制の問題　227
 3. マクロプルーデンスの視点とは何か ………………………………… 227

4. システミックに重要な金融機関（SIFIs）への対処を巡る
　　規制監督改革の評価 …………………………………………… 232
　　　4.1　規制改革の方向性と論点　232
　　　4.2　SIFIs を特定して監督する得失　233
　　　4.3　SIFIs を特定する弊害の緩和策の検討　234
　5. カウンターシクリカルな規制についての検討 …………………… 240
　　　5.1　カウンターシクリカル・バッファーのポイント　241
　　　5.2　信用量／GDP の指標の妥当性の検証　242
　　　5.3　カウンターシクリカルな規制の意義とマクロプルーデンス　243
　6. おわりに ……………………………………………………………… 244
　補論1　大手銀行の規模とリスク分散，実体経済への
　　　　潜在的影響度の分析 ……………………………………………… 245
　補論2　リーマン・ショック時の金融機関資産と実体経済の
　　　　関係の分析 ………………………………………………………… 245

第Ⅲ部コメント ………………………………………… 柳川範之　251

終　章　総括と展望 ……………………………………… 岩井克人　255
　　　――残された研究課題は何か？

索　引　289

第Ⅰ部

金融政策とマクロ経済

第1章

金融革新と銀行行動
金融危機の発生メカニズム

小川一夫

要　旨

　本章の目的は，アメリカにおけるサブプライムローンの不良債権を契機としたグローバルな金融危機と「失われた10年」と形容されるわが国の長期低迷のメカニズムを金融革新に対する銀行行動の変化という視点から解明することである．グローバル金融危機においては，アメリカ発のローカルな不良債権問題が証券化という金融革新によってグローバルな金融危機へと増幅された．われわれは銀行の証券化行動に着目し，商業銀行のパネル・データに基づいて，どのような銀行が証券化を行い，証券化が銀行の貸出行動や財務状況にどのような影響を及ぼしたのか，計量分析を行った．推定結果を要約すれば，貸出債権の証券化は，もっぱら大銀行によって信用リスクを移転する目的で行われ，証券化によって貸出が加速されるという貸出のスパイラルが観察された．しかし，証券化に積極的である銀行ほどバランス・シートは毀損した．わが国では，1980年代中頃以降進行した金融の自由化，国際化という金融革新に対して，主として都市銀行や長期信用銀行といった大手行が貸出行動を変化させた．大手行ほどバブルの時期に地価に反応して中小企業貸出や不動産関連融資を大きく増加させ，バブル崩壊後，不良債権の累積によってバランス・シートが毀損した．金融革新に積極的に関与した大銀行に共通している点は，貸出における審査機能の低下であり，それが金融危機につながったのである．（JEL Classification Number : E 44, E 51, G 21）

キーワード

グローバル金融危機，失われた10年，証券化，不良債権

1. はじめに

　2000年に入り高騰を開始したアメリカの住宅価格は2006年にピークをつけた．わずか6年の間に価格は90%近く上昇した（S&P Case-Shiller 住宅価格指数全国平均）．しかし，その後住宅価格は暴落し2009年にはピーク時に比べて30%近く下落した．住宅バブルの間にサブプライム層に貸し出された住宅担保ローン（mortgage）は，住宅価格の暴落によって不良債権化していった．

　貸出債権の不良債権化は，それ自体景気の下降期には一般的に観察される事象であるが，サブプライムローンが銀行のバランス・シートから切り離されて証券化され，世界の投資家によって購入されたことが事態を深刻化させた．証券化（securitization）とは，金融機関や企業が保有している資産（貸出債権，不動産等）が特別目的事業体（Special Purpose Vehicle）に売却され，資産が生み出す収益を裏付けに特別目的事業体が証券を発行し，投資家に売却する金融活動のことである．

　証券化に関与していた多くの金融機関は財務状況が悪化し，経営危機の状況に陥った．2008年9月におけるアメリカの大手投資銀行リーマン・ブラザーズの経営破綻はこれを象徴する出来事であった．アメリカのみならずヨーロッパの大手金融機関も次々と経営破綻する中で，金融危機は世界中に伝播し，各国の経済に大きな打撃を与えることになった．このような状況は「グローバル金融危機」と呼ばれている．

　グローバル金融危機は，信用供給が伝統的な金融仲介部門から市場金融仲介部門（market-based financial intermediaries）にシフトした過程で生じたことに注意する必要がある．市場金融仲介部門は，民間住宅ローンの買い取りや不動産担保証券（MBS）との交換を行う連邦住宅抵当金庫（Fannie Mae），連邦住宅貸付抵当公社（Freddie Mac）等の政府支援機関（GSE），ブローカー・ディーラー，投資銀行，資産担保証券（ABS）発行者等から構成されている．アメリカにおける伝統的な金融仲介部門と市場金融仲介部門の総資産残高を比較してみると，2000年第4四半期から2008年9月のリーマン・ショックまで，市場金融仲介部門の資産残高が伝統的な金融仲介部門を凌駕していることがわかる[1)2)]．

---

1) 伝統的な金融仲介部門には，商業銀行，貯蓄金融機関（S&L, SB），クレジット・ユニオンが含まれている．

このような信用供給パターンの変化をもたらした最大の要因は証券化の進展である．図1-1は，アメリカにおける貸出債権から証券化された資産残高の大きさと総貸出に対する証券化残高の割合を示したものである．1990年第1四半期における割合は17.1％であったが，その後着実に割合は高まり，2007年第1四半期には40％にも達している．2007年第1四半期における証券化残高の内訳を見ると，貸出の同質性が高い住宅担保貸出（home mortgage）が80.2％と圧倒的な大きさを示している．次いで，消費者信用が8.7％，商業担保貸出が7.2％，集合住宅担保貸出が2.6％，企業向け貸出が1.2％と続いている．住宅担保貸出の中にはサブプライムローンも含まれている．さらに住宅担保貸出の証券化残高のうち政府支援機関以外の民間金融機関（資産担保証券発行者）が保有している割合とケース・シラー住宅価格指数を示したのが図1-2である．1990年第1四半期には，その割合はわずかに4.2％であったが，年々その割合は高まり，特に2004年から2006年にかけて上昇傾向が顕著である．2007年第1四半期には36.6％を記録している．さらに，住宅価格の高騰とともに保有割合が高まり，住宅価格の暴落とともに低下していることがわかる．ちなみに保有割合と住宅価格の相関係数は0.9455にも達している．

　このように証券化の進展は信用供給のパターンに変化をもたらし，原資産の提供者である銀行の貸出行動にも大きな影響を及ぼしてきた．従来，銀行の貸出行動はoriginate and holdモデルと呼ばれてきた．即ち，審査を経て貸出を行った後にも，その貸出債権は銀行内にとどまり続け，銀行はモニタリングによって債務者の監視を行い貸出債権の価値を維持してきた．それが，証券化の下で貸出のビジネスモデルはoriginate-to-distribute（OTD）モデルに変化する．貸出債権は銀行のバランス・シートから分離され，特別目的事業体に売却されて広く投資家が保有することになる．

　本章は，どのような属性を持った銀行が新しい貸出モデルに転換したのか，そしてそれが銀行の貸出行動にどのような変化をもたらし，ひいては銀行の財務状況にどのような影響を及ぼしたのか，アメリカの銀行のパネル・データを用いて実証的に明らかにする．

　その上で，アメリカにおける銀行の貸出モデルの変化とわが国の銀行の貸出モデルの変化を比較考察する．1980年代中頃から後半にかけて金融の自由化，

2）　アメリカにおける市場金融仲介部門の台頭と金融危機の関連を論じた研究には，Adrian and Shin（2009, 2010）がある．

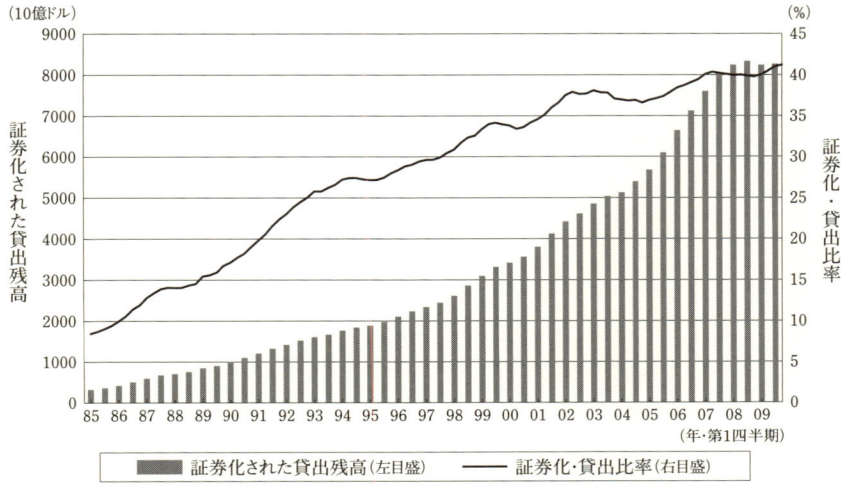

図 1-1　証券化の推移

出所）　連邦準備制度『アメリカの資金循環勘定』.

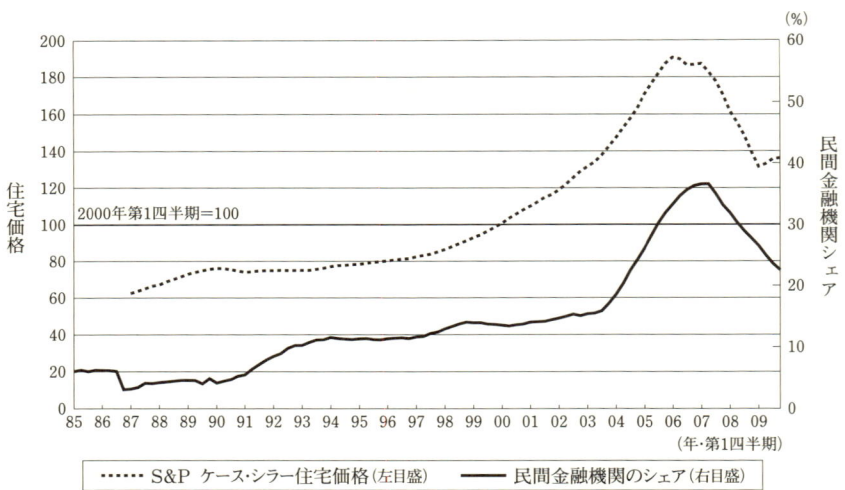

図 1-2　民間金融機関による住宅担保貸出の証券化と住宅価格

出所）　連邦準備制度『アメリカの資金循環勘定』.

国際化が進展する中で，わが国の銀行も貸出モデルを大きく変化させた．その後，バブルの生成，崩壊の過程でバブル期に貸し出された貸出債権は不良債権化して長期間にわたり銀行のバランス・シートを毀損させたことは記憶に新しい．このようなわが国の銀行の貸出モデルの変化と証券化の進展に伴うアメリカの貸出モデルの変化から共通項を見いだし，バブルから金融危機に至るメカニズムを明らかにすることが，本章の最終的な目的である．

次節では，アメリカを中心に証券化と銀行行動に関するこれまでの文献を整理する．第3節は実証分析に用いるデータを解説し，証券化と銀行の貸出行動，財務状況を関連づける推定モデルを提示する．第4節では使用データを説明し，第5節では推定結果を示し，その解釈を行う．第6節では前節で得られたアメリカの貸出モデルの変化に関する分析を1980年代中頃以降のわが国における銀行の貸出行動の変化に関する分析と対比させ，そこからバブルの生成から金融危機に至るプロセスのメカニズムを明らかにする．第7節は本章の結びである．

2. 証券化と銀行行動——既存研究の整理

この節では銀行が貸出債権を証券化する誘因をめぐるこれまでの議論を整理するとともに，証券化を行った銀行の貸出行動や財務状況にどのような影響が及ぶのか，これまでの研究成果を概観しておきたい．この作業を踏まえて次節では証券化が銀行行動に与える効果について本章で検証する仮説を提示する．

2.1 証券化の要因に関する実証研究

銀行が証券化を行う誘因を探るためには，証券化が銀行にもたらす便益を考えてみればよい．従来からいわれてきた証券化のメリットは，銀行に課せられた自己資本比率規制をクリアするための手段として証券化を利用するというものである．自己資本比率の分母はリスクウェイトによって加重された総資産である．貸出に対するリスクウェイトが相対的に高ければ，貸出を証券化してバランス・シートから外し，相対的にリスクウェイトの低い資産を保有すれば同じ自己資本の下でも自己資本比率を高めることができる．従って，必要最小限な自己資本比率に近い銀行ほど，証券化を行う誘因が存在する（regulatory arbitrage）．

第2に，証券化は流動性を確保するための手段になりうる．貸出債権を証券化すれば，銀行は売却代金を手にすることができる．それは銀行の流動性を高め，新たなポートフォリオ構築の原資になる．流動性が低い銀行ほど，証券化を行い流動性の獲得に積極的である．

第3に，貸出債権は常に信用リスクを内在しているから，証券化によって貸出債権を売却すれば貸出に伴うリスクは投資家に移転され，銀行が直面する信用リスクは軽減する．従って，信用リスクの高い銀行ほど，証券化を行う誘因をもつことになる．

第4に，証券化は金融市場の統合を促進し，市場間での資本の移動を可能にする．従って，銀行に発生したショックを弱める役割を果たすことになる．また，証券化を銀行内で立ち上げてシステムとして運用していくには無視できない固定費用がかかることから，規模の大きな銀行ほど証券化を行うと考えられる．

以上述べた証券化のメリットは，実際には銀行にとってどの程度重要性を持つのであろうか．これまでの実証研究をみておこう．まず，自己資本比率規制をクリアするための動機として証券化をとらえる仮説については，Calomiris and Mason (2004) と Ambrose et al. (2005) が支持する結果を得ている．これに対して Minton et al. (2004) や Bannier and Hänsel (2008) は，証券化の自己資本比率仮説に否定的な結果を得ている．

Bannier and Hänsel (2008) は，むしろ流動性が低く信用リスクの高い銀行ほど証券化の確率が有意に高まることを見いだしている．また，Krainer and Laderman (2009)，Elul (2009) も信用リスク軽減としての証券化行動の動機を支持する実証結果を得ている．Minton et al. (2004)，Bannier and Hänsel (2008) は，総資産で測った銀行の規模が証券化に対して有意な正の効果を与えていると報告している．Loutskina and Strahan (2009) は，証券化によって流動性や預金コストの変化といった銀行に固有なショックの影響が弱まることを示唆している[3]．

---

[3] この実証結果は，証券化の進展が資金調達コストの変化に対して貸出を非感応的にするという重要な政策的な含意も有している．換言すれば，政策当局による金融引き締めの銀行貸出を経る経路は弱まるのである．Estrella (2002)，Altunbas et al. (2009)，Loutskina (2011) もこの点を実証的に支持している．

2.2 証券化の貸出行動に与える影響に関する実証研究

　証券化市場における投資家と貸出債権のオリジネーターである銀行との間に情報の非対称性があるならば，銀行は外部の投資家には観察されない私的な情報に基づいて質の低い貸出債権を証券化する誘因を持つ（逆選択の問題）．さらに，貸出債権をいつでもバランス・シートから切り離すことができるから，事前審査や事後的なモニタリングを行う誘因は低下し，銀行による情報生産機能は損なわれてしまう（モラル・ハザードの問題）．さらに，証券化による投資家間でのリスク分散は，投資家からも資産を適正に評価し，信用リスクを正確に見積もる誘因を奪ってしまう．

　このような証券化の負の側面が，証券化の大きな構成要素であるサブプライムローンが不良債権化するにつれて明らかになってきた．以下では，証券化が銀行の情報生産機能を低下させたことを示した実証研究を紹介しよう．まず，Mian and Sufi（2009）は，証券化と密接に関連したサブプライムローンの急増が供給側の要因に起因していたことを示している．Keys et al.（2010）は，住宅担保貸出債権が証券化しやすく，流動性が高い借り手に関して，貸し手は情報収集する誘因が低く，その分デフォルト確率が平均値よりも高まることを明らかにした．

　Purnanandam（2009）は，貸出のビジネスモデルとしてOTDモデルを採用している銀行が，証券化を通じて信用リスクを投資家に移転できるので，審査活動による借り手の選別を怠り，質の低いローンを供給することを示した．Loutskina and Strahan（2008）は，特定の地域に集中して住宅担保貸出を行っている銀行は，貸出を多地域に分散化している銀行に比べて情報生産に注力しており，それだけ銀行のパフォーマンスが良くなることを示した．Dell'Ariccia et al.（2009）も，大都市統計圏（MSA）における住宅担保貸出のうち貸出開始から1年以内に売却される割合が高まれば，ローン申請の拒否率の低下がもたらされることを見出している．Demyanyk and Hemert（2011）は，2001年から2008年までに貸し出されたサブプライムローンについて，延滞確率やデフォルト確率が6年連続で有意に上昇することを見いだし，それが銀行による杜撰な審査を反映した住宅ローンの質の低下を意味していると述べた．

　Rajan et al.（2010）は，銀行の貸出行動の変化により金利やデフォルトの予測式にも変化が生じているという視点からサブプライムローンデータを用いた

実証分析を行った．その結果，証券化の進展とともに，証券化される際に投資家には伝達されずに，貸し手内にとどまる情報の重要性が増し，この情報を無視した場合には，住宅ローンの質の低下が生じることを見いだした．

また，Berndt and Gupta（2009）は，シンジケート貸出市場を対象として，証券化された貸出債権と銀行内にとどまった貸出債権を比較し，前者の超過株式収益率や企業価値が後者よりも有意に低いことを見いだしている．

これまでの実証研究の結果を纏めると，証券化により貸出の原資産保有者（銀行）と最終的なデフォルト・リスクの負担者である投資家の距離が広がり，それが証券化商品の価値を低下させ，貸手の審査機能とモニタリングの誘因を減少させたといえよう．その結果貸出債権の価値が失われたのである．

3. 証券化と貸出行動に関する検証仮説

証券化に関するこれまでの研究成果を受けて，本章で検証する仮説を提示しよう．これまでの実証研究は，主としてサブプライムローンや証券化された個々の貸出債権の特徴から銀行による審査活動を分析するという研究スタイルを取ってきた[4]．われわれの関心事は証券化と銀行行動の関連性にあるので，基本的なデータの単位は銀行となる．この点を念頭におきながら，検証仮説を提示しよう．

われわれは，まずどのような属性をもった銀行が貸出債権を証券化するのか，その定式化を行う．その上で，証券化が銀行の貸出行動，そして財務状況に与える影響を分析するモデルを示す．

3.1 証券化行動の定式化

銀行が証券化を行う動機を分析するにあたって，これまでの研究を踏まえて以下の説明変数を使用する．自己資本比率規制をクリアするために証券化する誘因を考慮するために，リスク調整済み自己資本比率（CAPITAL）を用いる．

---

[4] 個別の住宅担保貸出データに基づいた実証研究は，Home Mortgage Disclosure Act (HMDA) に基づいて連邦準備制度が収集したローン申請データを用いた Loutskina and Strahan (2008, 2009), Dell'Aricca et al. (2009), Mian and Sufi (2009), Purnanandam (2009) の研究，First American Core Logic Loan Performance データを用いた Demyanyk and Hermert (2011), Keys et al. (2010) の研究，そして New Century Financial Corporation の貸出データを用いた Rajan et al. (2010) の研究に大別できる．

流動性の確保に対応する変数は，預金の伸び率（GDEPO）である．信用リスクを軽減する動機に対応した変数は，貸倒引当金を総貸出で除した比率（RISKALLOW）である．銀行の規模は，総資産の対数値（LASSET）で代表させた．また，銀行のポートフォリオ構成が証券化に与える効果を見るために，総貸出に占める住宅担保貸出の割合（MORTGAGE），総資産に占める貸出の割合（LOAN）を説明変数に付加する．マクロな経済環境を表すために，Federal Housing Finance Agency によって収集された住宅価格の上昇率（GHOUSE），実質個人所得の伸び率（GINCOME）を用いている．住宅価格上昇率，個人所得伸び率は，州ベースのデータである．また，各時点におけるマクロショックを考慮するために時点ダミー変数（DUMMY），商業銀行は1，銀行の持ち株会社はゼロをとる業態ダミー変数（DCOMM）も加えられている．

　被説明変数は，銀行が貸出債権の証券化を行っているならば1，証券化をしていないならば0のバイナリーな変数（DSECUR）である．計測方法は，変量効果プロビット分析である．

3.2　証券化と貸出行動

　証券化が銀行の貸出行動に及ぼす影響を見るために，貸出の伸び率（GLOAN）を被説明変数とする貸出関数を特定化する．われわれが関心を寄せる変数は，証券化された貸出債権残高を総貸出残高で除した変数（SECURLOAN）であり，証券化の程度を表している．また，証券化によって銀行は流動性を高めることができるから，流動性に対する貸出の反応は弱まることが予想される．この点を見るために証券化変数（SECURLOAN）と預金伸び率（GDEPO）のクロス項を説明変数に追加する．その他の説明変数は，貸出関数に用いられる標準的なものである．それらは，総資産伸び率（GASSET），預金伸び率（GDEPO），不良債権比率（BADLOAN），住宅価格上昇率（GHOUSE）そして需要要因として個人所得伸び率（GINCOME）である．なお，不良債権比率は90日以上の延滞貸出債権と未収利息不計上の貸出債権の合計を貸出残高で除したものである．時点ダミー変数も使用されている．

3.3　証券化と銀行の財務状況

　前節で紹介した多くの文献は，証券化が銀行の審査機能の低下を招いたことを実証的に明らかにしてきた．審査機能の低下は銀行の財務状況に対してマイ

ナスの影響を及ぼすと考えられる．銀行の財務状態を不良債権比率（BAD-LOAN）によって測定する．説明変数は，証券化変数（SECURLOAN），総資産に占める貸出の割合（LOAN），預金伸び率（GDEPO），銀行規模（LASSET），住宅担保貸出の割合（MORTGAGE）そしてマクロ変数として住宅価格上昇率（GHOUSE），個人所得伸び率（GINCOME）である．時点ダミー変数も使用する．

4. 使用データと記述統計

われわれが使用するアメリカの銀行データは貸借対照表，損益計算書が四半期ベースで利用可能な「コール・レポート」である．コール・レポートについて特筆すべき点は，2001年第2四半期以降，貸出債権のうち証券化された資産，売却されてバランス・シートに記載されていない資産を7つの項目に分けて別途記載することが金融機関に義務づけられたことである（schedule RC-S）．7つの項目とは，1～4人用の家庭向き住宅ローン，ホーム・エクイティ・ライン，クレジットカード債権，自動車ローン，その他の消費者向け貸出，企業向け貸出，その他の貸出・リース債権である．従って，われわれの標本期間は，証券化の情報が入手できる2001年第2四半期から2010年第1四半期までの36期間である．コール・レポートの対象金融機関は商業銀行であるが，本章では銀行持ち株会社の貸借対照表，損益計算書の項目も別途収集して計測に使用した．対象行は12,573行であり，アンバランスト・パネル・データである．なお，すべてのバランス・シート項目は消費者物価指数（全都市消費者対象指数）で実質化されている．

以下では，証券化を中心に使用するデータの特徴を見ていこう[5]．貸出債権を証券化した銀行の割合の推移を図示したものが図1-3である（図1-3の棒グラフ）．証券化を行っている銀行の割合は1%から2%の間で推移しており，極めて少数の銀行しか貸出債権を証券化していないことがわかる．表1-1は2007年第4四半期において証券化を行っている銀行とそうでない銀行の財務構造を比較したものである．表から明らかなように，証券化を行っている銀行は総資産，貸出残高，預金，いずれの尺度でみても規模の大きさで証券化を行っていない銀行を凌駕している．証券化を行っている銀行の総資産平均は889

---

[5] 本章において使用する項目と原データとの対応については付録を参照されたい．

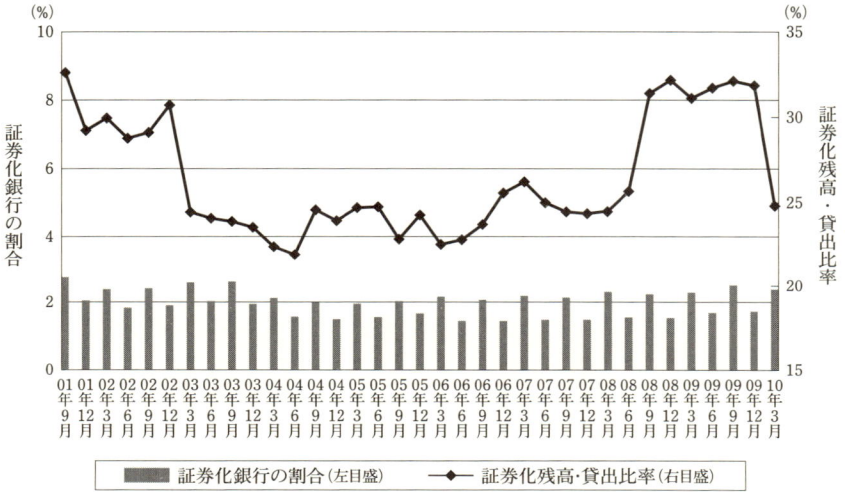

図1-3 証券化の割合

出所) コール・レポート，銀行持ち株会社連結財務諸表．

表1-1 証券化の有無による銀行の財務構造の相違（2007年第4四半期における比較）

財務諸表項目	証券化を行った銀行			証券化を行っていない銀行		
	平　均	中央値	標準偏差	平　均	中央値	標準偏差
総資産	88900	2232	286000	1159	154	10800
貸出残高	45400	1464	134000	571	102	3668
預金	40400	1452	124000	428	48	3391
貸出伸び率	0.0921	0.0408	0.4245	0.0858	0.0142	0.7008
預金伸び率	0.1111	0.0040	0.7622	0.0896	0.0109	0.7647
不良債権比率	0.0104	0.0037	0.0210	0.0106	0.0048	0.0230

注) 総資産，貸出残高，預金の単位は100万ドル．総資産，貸出残高，預金は1991年第1四半期を1とする．消費者物価指数で実質化されている．貸出伸び率，預金伸び率は年率表示．
出所) コール・レポート，銀行持ち株会社連結財務諸表．

億ドルであるのに対して，証券化を行っていない銀行の平均値はわずかに11億5900万ドルである．中央値で比較しても依然として証券化を行っている銀行の総資産中央値はそうでない銀行の約14.5倍の大きさである．不良債権比率は平均値，中央値ともに両者の間に大きな差異はない．

証券化を行っている銀行が，いかに規模の大きい銀行であるかを示すために，証券化された貸出債権残高の総額と証券化の有無を問わず全標本銀行の貸出残高総額の比率を図示したものが図1-3の折れ線グラフである．証券化された貸出債権残高は，全標本銀行の貸出残高の22%（2004年第2四半期）から33%（2001年第3四半期）の大きさを占めていることがわかる．とりわけ，この比率は2008年第3四半期から2009年第4四半期の金融危機の時期に高まっている．

貸出債権の種類別に，証券化残高と貸出残高の比率を求めてみると，家族用住宅担保貸出の証券化が最も大きな比率を占めていることがわかる．その割合は貸出残高の57%（2003年第4四半期）から72%（2008年第4四半期）である．次に割合が大きいのが，クレジットカードの受取債権である．しかし，ピーク時には32%（2003年第4四半期）あった比率は，2008年第4四半期には16%にまで低下している．貸出債権の異質性の高い企業向け貸出では証券化の割合は低く，2008年第4四半期以降は1%を切っている．

最後に，不良債権比率の平均値の推移について説明しておこう．2007年第3四半期までは1%をわずかに下回る水準で安定的に推移していたが，2007年第4四半期から上昇傾向に転じ，2010年第1四半期には平均値は2.7%にまで達している．また，2007年第4四半期以降，不良債権比率の標準偏差が増大し，銀行間で財務状況の優劣のばらつきが大きくなったことがうかがえる．

5. 推定結果とその解釈

5.1 どのような銀行が証券化するのか

変量効果プロビット・モデルに基づいて証券化の要因について計量分析を行った結果（限界係数）が表1-2に示されている．説明変数は内生性を考慮して，すべて1期ラグを取った変数を用いている．推定結果からどのようなタイプの銀行が貸出債権を証券化するのかみていこう．まず，総資産の対数値（LASSET）が有意に正の係数を取っている．即ち，規模の大きな銀行ほど，証券化の確率は上昇する．この結果は，従来の研究と整合的である．貸出債権を証券

表 1-2 プロビット分析による証券化の決定要因に関する計測結果

LASSET	GDEPO	LOAN	MORTGAGE	CAPITAL
0.000093***	-4.59×10^{-6}	0.000020	0.000057***	1.02×10^{-7}
(14.09)	(−0.43)	(1.15)	(4.07)	(1.59)

RISKALLOW	DCOMM	GHOUSE	GINCOME	観測数 対数尤度値
0.000444***	-1.93×10^{-6}	0.000104	0.000037	305227
(3.77)	(−0.28)	(0.85)	(0.92)	−9945.485

注) 係数値は限界効果．括弧内は z 値．期間ダミーは省略されている．*** は 1% 水準で有意．

化する体制を整えるには，ある程度固定費用がかかるとすれば，大銀行ほど費用負担の面で有利となる．

　また，貸出ポートフォリオのうち住宅担保貸出（MORTGAGE）の割合が高い銀行ほど証券化の確率は有意に上昇する．これは証券化される貸出債権の大部分が住宅担保貸出であることを考えれば，予想された結果といえる．注目すべきは，貸倒引当金を総貸出で除した比率（RISKALLOW）が有意に正の影響を及ぼしている点である．この結果は，多くの貸倒引当金を積んでいる信用リスクの高い銀行が，その軽減を目的として証券化を行うことを意味している．

　ただし，証券化をもたらす上記の要因は，統計的に有意ではあるものの，各係数値の大きさから判断してその効果は定量的には大きくないことに注意したい．例えば，銀行の規模が証券化の確率に与える効果を定量的に評価するために，2007 年第 4 四半期における総資産が第 2 四分位にある銀行と第 4 四分位にある銀行を比較してみれば，後者の銀行が証券化する確率は前者に比してわずかに 0.02% 上昇するにとどまる．定量的にみて効果が小さい理由は，証券化している銀行の割合が標本銀行のわずか 2% 前後と極めて小さな割合にとどまっているからである．

　リスク調整済み自己資本比率（CAPITAL）や預金の伸び率（GDEPO）の係数は有意ではなく，証券化の目的が，自己資本比率規制への対応や流動性確保のためではないことを示唆している[6]．

---

6) 証券化の目的が，自己資本比率規制をクリアするためではないという結果は，Minton et al.（2004）や Bannier and Hänsel（2008）と整合的である．

5.2 証券化は貸出行動にどのような影響を及ぼすのか

　表 1-3 には証券化の程度を説明変数に含めた貸出関数の推定結果が示されている．総資産成長率（GASSET），預金伸び率，住宅価格上昇率（GHOUSE），個人所得伸び率（GINCOME）は今期の値を用いており，証券化・貸出債権比率（SECURLOAN），不良債権比率（BADLOAN）は前期末の値を用いている．1 行目にはハウスマン検定によって支持された固定効果モデルの推定結果が示されている．推定結果は良好である．総資産成長率，預金伸び率，住宅価格上昇率は貸出伸び率に対して有意な正の効果を，不良債権比率は有意な負の効果を与えている．しかし，経済理論から要請される条件に反し，個人所得の伸び率は貸出伸び率に対して有意に負の影響を及ぼしている[7]．

　証券化・貸出債権比率は貸出の伸び率に対して有意な正の効果を与えている[8]．銀行は，証券化によって得た流動資金をさらに貸出に向けていることがわかる．2007 年第 4 四半期において貸出債権を証券化している銀行の証券化・貸出債権比率の平均値は 0.2069 であるから，このような平均的な証券化銀行の貸出伸び率は，証券化を行っていない銀行に比べて年率 2.8% 上昇する．さらに預金伸び率と証券化・貸出債権比率のクロス項の係数値は有意に負であり，証券化を行っている銀行ほど，貸出の預金弾力性が低いことを示している．貸出債権の証券化によって銀行はいつでも流動性を手に入れることができるから，預金に対する貸出の反応は低くなるのである．2007 年第 4 四半期における証券化・貸出債権比率の平均値を用いると貸出の預金弾力性は 0.1631 となり，証券化を行っていない銀行の弾力性（0.1677）よりもわずかに低くなる．

　上記の推定結果の頑健性をみるために，今期の総資産成長率，預金伸び率と貸出伸び率の同時性を考慮して操作変数法による計測を行った．推定は階差形に変換された式に操作変数法を適用した．操作変数は各説明変数の 2 期から 4 期までのラグ変数である．その結果が表 1-3 の第 2 行目に示されている．総資産成長率，預金伸び率，住宅価格上昇率の係数値はいずれも有意な正の値で

---

7) Mian and Sufi（2009）は，2002 年から 2005 年にかけて住宅貸出の伸び率と所得の伸び率の間に負の相関が観察されると報告している．さらにこの期間は過去 18 年間（1991 年―2007 年）のなかで唯一負の相関が観察される特異な時期であると述べている．

8) Altunbas et al.（2009）は，ユーロ圏の銀行の財務データを用いて，証券化比率（証券化されたフローの貸出債権を総資産で除した比率）が，貸出の伸び率に対して有意に正の効果を与えていることを報告している．

表1-3 貸出関数の計測結果

	GASSET	GDEPO	SECURLOAN	GDEPO×SECURLOAN
固定効果モデル（今期）	0.6166*** (168.56)	0.1677*** (82.78)	0.0342*** (17.19)	−0.0222*** (−8.69)
操作変数法（階差形）	0.0981*** (2.74)	0.1149*** (7.79)	0.0433*** (12.44)	−0.1483*** (−4.88)
固定効果モデル（1期ラグ）	0.0317*** (9.44)	0.0855*** (46.99)	0.0382*** (20.82)	−0.0122*** (−4.97)

	BADLOAN	GHOUSE	GINCOME	観測数／決定係数
固定効果モデル（今期）	−0.1689*** (−11.13)	0.1821*** (8.99)	−0.0419*** (−3.74)	325258 0.2514
操作変数法（階差形）	−0.1178 (−0.58)	0.3060*** (3.01)	−1.5262*** (−4.40)	263407 0.0439
固定効果モデル（1期ラグ）	−0.3119*** (−22.32)	0.2685*** (14.29)	0.0182* (1.77)	312701 0.0436

注) 括弧内は t 値. 期間ダミーは省略されている. * は10%，*** は1% 水準で有意.

ある．不良債権比率の係数値は負であるものの有意性は失われている．証券化・貸出債権比率の係数値は0.0433と固定効果モデルよりも若干上昇している．2007年第4四半期において貸出債権を証券化している平均的な銀行の貸出伸び率は，証券化を行っていない銀行に比べて年率3.6% 高くなることがわかる．預金伸び率と証券化・貸出債権比率のクロス項の係数値は有意に負であり，その絶対値は固定効果モデルよりもはるかに大きい．2007年第4四半期において貸出債権を証券化している平均的な銀行にとって貸出の預金弾力性は0.0842であり，証券化していない銀行の預金弾力性0.1149を下回る．同時性を考慮した操作変数法による推定結果からは証券化が貸出行動に与える効果が大きく推定されている．

表1-3の各列における最下段には説明変数のすべてについて1期ラグを取り，固定効果モデルにより計測した結果が示されている．この推定結果からも証券化が貸出伸び率を高めること，預金弾力性を低下させたことが確認できる．

5.3　証券化は銀行の財務状況を悪化させるのか

証券化行動が銀行の不良債権比率に与える効果を推定した結果が表1-4に示されている．銀行の財務状況は，過去における銀行のポートフォリオを反映

表1-4 不良債権比率の決定要因

	LASSET	GDEPO	SECURLOAN	MORTGAGE
1期ラグ	0.0062*** (43.73)	−0.0069*** (−28.11)	0.0001 (0.77)	−0.0046*** (−6.70)
4期ラグ平均	0.0082*** (47.03)	−0.0266*** (−41.16)	0.0005 (1.29)	−0.0112*** (−13.23)
8期ラグ平均	0.0125*** (54.66)	−0.0413*** (−34.56)	0.0015** (2.51)	−0.0196*** (−17.32)

	LOAN	GHOUSE	GINCOME	観測数／決定係数
1期ラグ	−0.0085*** (−17.04)	−0.1324*** (−54.39)	−0.0011 (−0.86)	305506 0.0092
4期ラグ平均	−0.0013** (−2.05)	−0.2261*** (−71.32)	0.0021 (0.70)	269143 0.0081
8期ラグ平均	0.0086*** (10.30)	−0.2925*** (−73.69)	−0.0114** (−2.20)	223107 0.0042

注) 括弧内はt値．期間ダミーは省略されている．**は5％，***は1％水準で有意．

していると考えられるから，ラグ付き説明変数を使用した．ラグの取り方は，1期ラグ，4期までのラグの平均値そして8期までのラグの平均値の3通りである．

　ラグの取り方に依存せずに有意な安定した係数値を示している変数は，銀行規模（LASSET），預金伸び率，住宅担保貸出の割合，住宅価格上昇率である．銀行規模が大きいほど，預金伸び率が低いほど，住宅担保貸出の割合が低いほど，そして住宅価格の低い上昇率に直面している銀行ほど不良債権比率は高くなることを示している．銀行規模と不良債権比率の間に見られる正の関係は以下のように解釈できる．規模の大きな銀行ほど州際の貸出業務を展開していると考えられる．従って，貸出活動を特定の地域に限定した銀行に比べて，借り手の審査において地域の特性や借り手の特徴が十分に考慮されているとはいいがたい．このような情報生産の密度の違いが不良債権比率に反映されていると考えられる[9]．

　総資産に占める貸出の割合（LOAN），個人所得伸び率，証券化変数（SECUR-

---

9) Loutskina and Strahan (2008) は，ある地域に限定して貸出を行っている貸し手と全米規模で貸出業務を展開している銀行の財務状況を比較して，前者の方が財務状況が良好であるという結果を得ている．

LOAN) についてはラグの取り方によって係数値に差違がみられる.3つのラグの選択のうち,係数値の符号条件と有意性から判断して最も妥当なものは8期ラグのケースである.8期ラグのケースではこれら3つの変数の係数値はすべて有意に推定されている.個人所得の伸び率が低く,総資産に占める貸出の割合が大きい銀行ほど不良債権比率は高くなっている.この結果は経済理論とも整合的である.最も注目すべき結果は,証券化の度合いが大きいほど不良債権比率が高くなるという点である.すでに多くの研究によって,証券化を行っている銀行ほど貸出における審査機能が低下することが報告されている.従って,証券化を行っている銀行ほど,貸出債権のデフォルト確率が上昇すると予想される.このように考えると,証券化の度合いと不良債権比率の正の関係は容易に解釈できる[10].

6. 金融危機の発生メカニズム
——日本の経験とグローバル金融危機の比較考察
6.1 グローバル金融危機と日本の経験

今時のグローバルな金融危機は,2000年初頭のアメリカにおける住宅価格の高騰と世界的な金融緩和がサブプライムローンの貸出を促し,住宅バブルの崩壊とともにサブプライムローンが不良債権化したプロセスととらえることができる.しかも,サブプライムローンを証券化した金融商品が世界中の投資家によって購入され,証券化商品の資産価値の大幅な下落が国境を越えて波及したことが事態を悪化させた.

わが国でも1990年代には地価の暴落を契機とした金融危機に見舞われている.その経緯は,1980年代中頃からの地価高騰による不動産関連融資の増加と1991年以降の地価の持続的な下落による不動産関連融資の不良債権化である.

両金融危機に共通して,資産価格の高騰に伴った貸出の大幅な伸びとその後の資産価格の暴落による貸出債権の不良債権化が観察されているが,その背後に銀行の貸出行動にも共通して大きな変化が生じていたことにも注意しなけれ

---

[10] Jiangli and Pritsker (2008) は,銀行の持ち株会社を対象に,証券化が銀行の財務状況に与える効果を実証分析している.そこでは証券化は負債・資本比率を有意に上昇させるものの,自己資本利益率に与える効果は有意ではないという結果が得られている.

ばならない．金融危機のメカニズムを理解するには，このような銀行行動の変化にまで遡って考える必要がある．前節までに証券化が銀行の貸出行動や財務状況に与える効果を分析してきたが，本節ではわが国におけるバブル期から金融危機に至る時期について，筆者が行った銀行行動の実証研究と比較考察することによって，金融危機のメカニズムを解き明かしていきたい．

6.2 金融革新と金融危機

まず，両金融危機において共通して金融革新の進行が銀行行動に大きな影響を及ぼしたことを確認しておきたい．いうまでもなくアメリカ発の不良債権問題が国境を越えてグローバルな金融危機にまで拡大した原因は証券化の進展にある．本章における実証分析では，証券化を利用した銀行は規模の大きな銀行であったことを明らかにした．貸出債権の証券化をスタートするには，証券化に伴う銀行組織の再編成等に大きな固定費用を要する．このような固定費用を負担してでも証券化がペイするのは大銀行である．

証券化を行った銀行は，新たな流動性を確保し，さらなる貸出の創出を行っていった．しかも貸出の預金弾力性は低下し，貸出行動は流動性のショックに対して影響を受けにくくなった．このように貸出を証券化することによりさらなる貸出が可能となるという貸出の正のスパイラルがもたらされたのである[11]．

しかも，いつでも貸出債権を証券化してバランス・シートからはずすことができるという期待は銀行側のモラル・ハザードを惹起し，貸出における審査の軽視につながった．このように証券化による十分な審査を経ない貸出債権の増加が金融危機をもたらしたのである．

わが国では，金融の国際化，自由化という金融革新が金融危機を引き起こした根源的な要因である．1980年代中頃から進行した金融の国際化，自由化により，わが国の大企業は資金調達手段の幅を広げることができた．これまで銀行借入一辺倒であった大企業は，海外において安いコストで起債し必要な資金を手に入れることが可能となった．大企業の資金調達が銀行借入から資本市場における直接金融にシフトするにつれて銀行行動にも変化が現れた．従来，大企業の多くは系列グループに属しており，グループの中核をなす銀行（メインバンク）から安定的な資金供与を受けていた．このような大企業による銀行信

---

11) Shin (2009) は，証券化を銀行部門以外からの借入ととらえ，その大きさが最終的な借り手への貸出供給量を決定することを理論モデルで示している．

用からの資金調達のシフトは，銀行にとって新たな貸出先の開拓を余儀なくされた．このような系列グループの中核に位置する銀行は規模の大きな都市銀行や長期信用銀行である点に注意しなければならない．この点は証券化の担い手が大銀行であったことと共通している．

新たな借り手を開拓するには，本来ならば十分な審査活動によって借り手をスクリーニングしなければならない．しかし，わが国においても，ちょうどこの時期に地価の高騰が進行していた．従って，不動産関連融資を実行することにより，たとえ新規の顧客であってもデフォルト・リスクを低減することが可能となったのである．Ogawa and Kitasaka（2000）は，バブル期における貸出行動の特徴として，中小企業への貸出の増加，不動産担保融資の増加，不動産関連産業を中心とした非製造業への貸出の増加，個人融資の増加を指摘した上で，銀行の動学的な貸出モデルに基づいて貸出関数を計測し，地価の高騰により中小企業，非製造業への貸出を増加させたのは主として大銀行であったことを明らかにしている．

さらに，小川（2003）では不良債権比率の要因に関する実証分析を行い，バブルの時期に不動産関連融資に傾注した銀行ほど不良債権比率が高くなっていることを明らかにした[12]．換言すれば，わが国における金融危機は，金融の自由化・国際化という金融革新によって大手行が貸出行動を変化させたことに起因しているといえる．この点はグローバル金融危機が，証券化という金融革新を積極的に取り入れた大銀行による貸出行動の変化に起因している点と共通している．

金融革新は新しい金融商品の提供や資金調達手段の拡大といった恩恵を与えてくれるが，銀行の審査機能の低下による金融危機の発生という大きな代償を支払った点も看過されてはならない．

7. おわりに

本章では，アメリカ発のローカルな不良債権問題をグローバルな金融危機にまで増幅したメカニズムとして証券化行動に着目し，銀行のパネル・データに基づいて，どのような銀行が証券化を行い，証券化が銀行の貸出行動や財務状

---

[12] 詳しくは，小川（2003）第2章を参照のこと．

況にどのような影響を及ぼしたのか，定量的な分析を行った．貸出債権の証券化は，もっぱら大銀行によって信用リスクを移転する目的で行われ，証券化によって貸出がさらに促進されるという貸出の正のスパイラル行動が明らかにされた．また，証券化を行っている銀行ほどバランス・シートの毀損が大きいことも見いだされた．

さらに，今時のグローバル金融危機とわが国の金融危機の事例を比較することにより，大銀行ほど証券化や金融の自由化・国際化といった金融革新に積極的に関与し，貸出行動を変化させたこと，そして貸出行動の変化に伴って，審査機能の低下が観察されたことを報告した．

金融革新が金融市場に参加するプレーヤーに多くの恩恵を与えてくれることは事実であるが，その弊害も看過されてはならない．グローバル金融危機を契機として，このような弊害を抑えるためにどのような方策が有効なのか，本格的な議論が始まった．金融的なショックに対するバッファーとしてこれまで以上に自己資本を厚く手当てするというバーゼルIIIを始めとしてさまざまな方策が提案されてきた．このような諸施策を検討する上で重要な視点は，施策が実施されて銀行を取り巻く環境が変化した場合に，銀行の資産選択行動も影響を受けるという点である．regulatory arbitrage ということばに象徴されるように，新たな規制の下で銀行は利潤が最大となるように資産選択行動を変化させる．換言すれば，規制の導入によって銀行のインセンティブ構造も変化し，それに合わせて銀行行動も変化するのである．

本章では，金融革新によって銀行の情報生産機能が大きく阻害され，それがグローバル金融危機を招来したことを示した．銀行による情報生産活動へのコミットメントがなければ，効率的な資金配分は実現しない．グローバル金融危機と同じ轍を踏まないためにも，現在議論されている種々の方策が銀行の情報生産活動，ひいてはマクロ経済に対してどのような帰結をもたらすのか，周到な分析が必要となる．

謝　辞

本章は，シンポジウム『金融危機，資産市場の変化とマクロ経済』のために準備された論文である．本章を作成する上で福田慎一氏（東京大学）を始め，日本学術会議経済学委員会「資産市場とマクロ経済分科会」のメンバーからは多くの貴重なコメン

トをいただいた．また，データ収集・整理については大阪大学大学院経済学研究科の今井健太郎君にお世話になった．ここに感謝の意を表したい．なお，残された誤りはすべて筆者に帰するものである．本研究の一部は科学研究費補助金（基盤研究（B）課題番号22330068）から研究助成を受けている．

参考文献

Adrian, T. and H. S. Shin (2009) "Money, Liquidity, and Monetary Policy," *American Economic Review*, Vol. 99, pp. 600-605.

Adrian, T. and H. S. Shin (2010) "The Changing Nature of Financial Intermediation and the Financial Crisis of 2007-09," *Federal Reserve Bank of New York Staff Report*, No. 439.

Altunbas, Y., L. Gambacorta and D. Marques-Ibanez (2009) "Securitisation and the Bank Lending Channel," *European Economic Review*, Vol. 53, pp. 996-1009.

Ambrose, B. W., M. Lacour-Little and A. B. Sanders (2005) "Does Regulatory Capital Arbitrage, Reputation, or Asymmetric Information Drive Securitization?" *Journal of Financial Services Research*, Vol. 28, pp. 113-133.

Bannier, C. and D. N. Hänsel (2008) "Determinants of European Banks' Engagement in Loan Securitization," Deutsche Bundesbank DP Series 2, No. 10.

Berndt, A. and A. Gupta (2009) "Moral Hazard and Adverse Selection in the Originate-to-Distribute Model of Bank Credit," *Journal of Monetary Economics*, Vol. 56, pp. 725-743.

Calomiris, C. W. and J. R. Mason (2004) "Credit Card Securitization and Regulatory Arbitrage," *Journal of Financial Services Research*, Vol. 26, pp. 5-27.

Dell'Ariccia, G., D. Igan and L. Laevan (2009) "Credit Booms and Lending Standards : Evidence from the Subprime Mortgage Market," European Banking Center Discussion Paper, No. 2009-14 S.

Demyanyk, Y. and O. Van Hemert (2011) "Understanding the Subprime Mortgage Crisis," *The Review of Financial Studies*, Vol. 24, pp. 1848-1880.

Elul, R. (2009) "Securitization and Mortgage Default : Reputation vs. Adverse Selection," Federal Reserve Bank of Philadelphia Working Paper, No. 09-21.

Estrella, A. (2002) "Securitization and the Efficacy of Monetary Policy," *Federal Reserve Bank of New York Economic Policy Review*, pp. 243-255.

Jiangli, W. and M. Pritsker (2008) "The Impact of Securitization on US Bank Holding Companies," mimeographed.

Keys, B. J., T. Mukherjee, A. Seru and V. Vig (2010) "Did Securitization Lead to Lax Screening? Evidence from Subprime Loans," *Quarterly Journal of Economics*, Vol. 125, pp. 307-362.

Krainer, J. and E. Laderman (2009) "Mortgage Loan Securitization and Relative Loan Performance," Federal Reserve Bank of San Francisco Working Paper Series, 2009-22.

Loutskina, E. (2011). "The Role of Securitization in Bank Liquidity and Funding Management," *Journal of Financial Economics*, Vol. 100, pp. 663-684.

Loutskina, E. and P. E. Strahan (2008) "Informed and Uninformed Investment in Housing: The Downside of Diversification," mimeographed.

Loutskina,E. and P. E. Strahan (2009) "Securitization and the Declining Impact of Bank Finance on Loan Supply : Evidence from Mortgage Originations," *Journal of Finance*, Vol. 64, pp. 861-889.

Mian, A. and A. Sufi (2009) "The Consequences of Mortgage Credit Expansion : Evidence from the U. S. Mortgage Default Crisis," *Quarterly Journal of Economics*, Vol. 124, pp. 1449-1496.

Minton, B. A., A. B. Sanders and P. E. Strahan (2004) "Securitization by Banks and Finance Companies : Efficient Contracting or Regulatory Arbitrage ?" Working Paper, Ohio State University.

Ogawa, K. and S. Kitasaka (2000) "Bank Lending in Japan : Its Determinants and Macroeconomic Implications," in Hoshi, T. and H. Patrick eds., *Crisis and Change in the Japanese Financial System*, Kluwer Academic Publishers, pp. 59-81.（小川一夫・北坂真一（2001）「わが国の銀行行動——その決定要因とマクロ経済への含意」星岳雄，ヒュー・パトリック編『日本金融システムの危機と変貌』日本経済新聞社，pp. 183-225）

Purnanandam, A. (2009) "Originate-to-Distribute Model and the Subprime Mortgage Crisis," mimeographed.

Rajan, U., A. Seru and V. Vig (2010) "The Failure of Models That Predict Failure : Distance, Incentives and Defaults," mimeographed.

Shin, H. S. (2009) "Securitisation and Financial Stability," *The Economic Journal*, Vol. 119, pp. 309-332.

小川一夫（2003）『大不況の経済学』日本経済新聞社．

付　録　使用データと原データの対応について

　本章で推定に使用したデータと原データである商業銀行のコール・レポート（FFIEC 031 フォーム）と銀行持ち株会社の連結財務諸表（FR Y-9C フォーム）の記載項目の対応関係は以下の通りである．

本章のデータ項目	商業銀行	銀行持ち株会社
総資産	RCFD 2170	BHCK 2170
総貸出	RCFD 2122	BHCK 2122
住宅担保貸出	RCON 1430	BHDM 1797 + BHDM 5367 + BHDM 5368
預金	RCFD 2200	BHDM 6631 + BHDM 6636
リスク調整済み自己資本比率	RCFD 7205	BHCK 7205
貸倒引当金	RCFD 3123	BHCK 3123
不良債権	RCFD 1403 + RCFD 1407	BHCP 1403 + BHCP 1407
証券化された貸出債権残高	RCFDB 705 + RCFDB 706 + RCFDB 707 + RCFDB 708 + RCFDB 709 + RCFDB 710 + RCFDB 711	BHCKB 705 + BHCKB 706 + BHCKB 707 + BHCKB 708 + BHCKB 709 + BHCKB 710 + BHCKB 711

第2章

サブプライムローン問題の日本経済への影響

日本を襲った2つの金融危機

宮越龍義・髙橋豊治・島田淳二・佃　良彦

要　旨

　本章は1990年の株価バブル崩壊による日本金融危機と，2007年のサブプライムローン問題によるアメリカ金融危機とに関するそれぞれの仮説を検証した．それは，金融危機の実態と救済策の事実から仮説を支持するシナリオ（状況証拠）を描けるか否かで，また，2変量EGARCHモデルによってリスク侵入経路（物的証拠）を示せるか否かで仮説を検証し，さらには，政策アナウンスメント効果をイベントスターディーすることで検証結果の頑健性を確認した．検証の結果，日本金融危機の前半期1990年代では仮説A（金融産業の危機により発生したリスクが非金融産業に侵入した）が支持され，後半期2000年代では修正仮説A（非金融産業にも危機が発生してリスクが金融産業と非金融産業の双方向で侵入した）が支持された．他方，アメリカ金融危機に対しては，修正仮説B（アメリカに危機が発生して，外国リスクが日本の金融・非金融産業の両方に同時に侵入して不況を引き起こしたが，日本国内の産業間でリスクの相互浸入は無い）が支持された．今日の日本経済への政策的含意は次のようである．輸出依存の日本経済では外国からのリスク侵入経路の遮断は外国貿易を阻害する．また，金融産業からのリスク侵入経路の遮断は間接金融にたよる非金融産業の資金調達を阻害する．こうした観点から，修正仮説Bに従えば，外国リスクの侵入が続くために，リスクの発生元である外国経済への効果的な政策が望まれる．さらに，仮説Aおよび修正仮説Aに従えば，適切な政策が施されないで外国リスクが金融・非金融産業に侵入し続けると，日本金融危機のように両産業間で双方向のリスク侵入が始まり深刻な危機へと発展する．(JEL Classification Number : C 10, G 01, G 12)

キーワード

2つの金融危機，仮説検定，EGARCH，イベントスタディー

1. はじめに

　日本経済は，最近の 20 年間に，日本金融危機とアメリカ金融危機のこれまでに類の無い巨大な金融危機に襲われた．日本金融危機とは，1990 年 1 月の株価バブルの崩壊とそれに次ぐ地価バブルの崩壊によって発生し，日本経済を深刻な不況に陥れ，2006 年 7 月まで続く「日本経済の失われた 10 年」の不況のことである．他方，アメリカ金融危機とは 2007 年 3 月に顕在化したサブプライムローン問題によって発生し，世界中の国々に拡大して行った世界金融危機のことである[1]．

　2 つの金融危機に関して図 2-1 で示される仮説 A, B が存在する．仮説 A，日本の金融産業に不況が発生して，それを発生元とするリスクが非金融産業にも侵入して「失われた 10 年の不況」を作り出した．ここで，金融産業から非金融産業へのリスクの侵入とは，融資元金融機関の経営難により資金が滞って融資先企業の経営難を引き起こすことを意味する．仮説 B，サブプライムローン問題により発生したアメリカ金融危機のリスクが日本非金融産業（輸出産業）に侵入して不況に陥れるが金融産業には侵入していない．また，この非金融産業のリスクも金融産業には侵入していない．これまで，仮説 A については，それぞれ検証方法は異なるが，マスメディアや数多くの研究論文（Bayoumi (2001), Caballero, Hoshi and Kashyap (2006), Miyakoshi and Tsukuda (2004, 2007), Miyakoshi (2009)）はそれを支持した．他方，仮説 B について，マスメディアは，サブプライムローン問題が欧米経済を停滞させたことにより，輸出に依存している日本の非金融産業に深刻な打撃を与えたとの見方を支持した．しかし，日本の金融産業の一部がサブプライムローン問題に関与していた海外の金融機関に融資していたのではないか，またはサブプライムローンを含む証券化商品を保有している金融機関があるのではないかとの懸念から，仮説 B を否定する見方もある．さらに，Zhang et al. (2010), Bartram and Bodnar (2009), Naifar (2010) の研究論文は，景気の総合指標である株価指数の推移を

---

[1] サブプライムローン危機に関する研究はこれまでに数多くあり，サブプライムローン危機の原因については，Reinhart and Rogoff (2008, 2009), Claessens et al. (2010) 等の研究，危機のアメリカ国内への影響については，Longstaff (2010), Bordo and Haubrich (2010) 等の研究，諸外国への影響については Dabrowski (2010), von Hagen et al. (2011), Aloui et al. (2011) や Wang (2010) 等の研究がある．

図 2-1 仮説 A, B

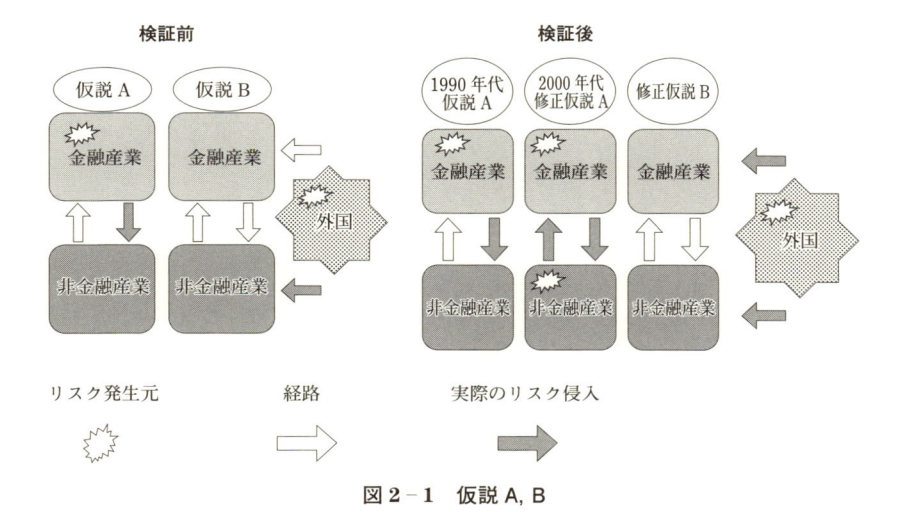

観察することで，危機が欧米諸国より日本に侵入してきた事実を確認している．また，福田他 (2010) は 2 つの金融危機による日本企業の倒産要因を分析している．しかし，いずれの研究論文も仮説 B を検証するものではない．

本章の目的は，第一に金融危機による実態と救済策の事実から 2 つの仮説 A, B を支持するシナリオを描けるか否かで仮説を検証する．第二に債券リスク・プレミアムからなる 2 変量 EGARCH モデルによってリスク侵入経路を推定することで仮説を検証する．第三に自国金融・非金融産業および外国経済に対する経済政策のアナウンスメント効果をイベントスタディーすることで，仮説検証の結果に対する頑健性を検討する．

2 つの仮説を検証することの意義は次の点にある．仮説 B を検証することは，アメリカ危機によるリスクがどのような経路を辿り日本経済に侵入してきたか，また，日本国内でどのような経路を辿って拡大してきたか，を解明することになり，その経路を断つか発生元への対策を行うかという不況克服の処方箋を書くことができる．他方，仮説 A を検証することは，日本危機のリスク侵入経路を確認してアメリカ危機のそれと比較することで，日本危機の政策・教訓が現在のアメリカ危機においても有効か否かを明らかにすることができる．

これまでの仮説検証方法は，倒産件数・失業率等・企業損益・国内総生産などの年次・四半期・月次データを使用してきたが，アメリカ金融危機の発生

(2007年3月) から今日まで3年半ほどしか経過していないことから，十分なデータ数にもとづく統計学的信頼性の高い研究は困難である．こうした中で，株価日次データは，十分なデータ数を確保している．さらに，投資家の将来予想や思惑を反映した指標であり，将来を占う先行指標である．それを裏付ける研究がある．Nadenichek (2007) や Kim (2008) は，投資家の予想や思惑が現在・将来の真の経済状況を反映するのみならず時には真の経済状況に影響を与えて変更させてしまうという自己充足的期待（self-fulfilling expectation）をもつことから，それがアジア通貨危機を発生させたと説明する．債券リスク・プレミアム日次データは，こうした株価日次データと同様の特性を持つが，短期・長期債券のリスク・プレミアムには，短期から長期の異なる将来先の予想をそれぞれ表現しており，先行指標として有益である．何年物リスクの予想が真の経済を反映し，または，真の経済に影響するかは定かではないが，我々の知る限りでは，こうした債券リスク・プレミアムデータを使った研究はない．

　第2節では，2つの金融危機による被害と政策の事実から仮説を支持するシナリオを描けるか否かで，すなわち状況証拠を整えることができるか否かで仮説を検証する．第3節では，外国リスクを外生変数，金融・非金融産業リスクを内生変数とする2 EGARCH モデルを用いて，リスク侵入経路を推定するという，物的証拠を集めることで仮説を検証する．第4節では国内と国外の経済政策のアナウンスメント効果をイベントスタディーすることで，検証結果の頑健性を検討する．第5節で結論を述べる．

2. 危機の実態と経済政策

2.1 日本金融危機

　この節では金融危機の実態と経済政策の事実から仮説を支持するシナリオ（状況証拠）を描けるか否かで仮説を検証する．Miyakoshi and Tsukuda (2004, 2007) と Miyakoshi (2009, pp. 28-34) は日本金融危機の被害について記しているが，きわめて簡潔にその概要を示すと表2-1のようになる．株価・地価バブル関連企業への融資が不良債権化していく中で，中小金融機関は回収不能債権を大量に抱え込み破綻していく．実際に，倒産および合併による金融機関の減少は，銀行数で1991年末の151行から2003年末の131行に，信用金庫数451庫が306庫に，信用組合数407組合が181組合にそれぞれ減少した．他方，

表 2-1　日本金融危機・米国金融危機と日本経済

年	GDP	月・日	出来事
1989	4.6	12.29	日本金融危機の発生：株価バブルの崩壊 38,916 円．翌年 1 月 4 日 38,713 円
1994	1.5	12.1 12.9	信用組合破綻が始まる 東京協和・安全信用組合の経営破綻を収束させるために東京共同銀行設立を表明．現在，整理回収機構
1997	0.0	5.1	証券会社破綻が始まる
1999	0.7	2.1 3.12	銀行破綻が始まる 早期健全化法に基づく大手行へ公的資金を注入約 8 兆円
2001	-0.8	12.31	2001 年には年間約 20,000 件で戦後 2 番目の高水準．2000 年の負債総額約 24 兆円
2002	1.1	10.3	金融再生プログラム開始．金融政策決定会合は景気が下げ止ったと判断する
2003	2.1	12.31	銀行数 1999 年末 151 行が 131 行，信用金庫数 451 庫が 306 庫，信用組合数 407 組合が 181 組合に減少
2006	2.3	3.9 7.14 12.31	量的緩和政策の解除．操作目標を，当座預金残高から無担保コール翌日物に変更 ゼロ金利政策の解除，無担保コール翌日物 0.15% から 0.25% へ引上げ．日銀が失われた 10 年不況の終息 倒産件数・負債総額．約 9,300 件，約 5 兆円
2007	1.8	3.13 7.9	アメリカ金融危機発生：サブプライムローン危機発生 日経平均 18,261 円：2000 年 4 月 12 日 IT バブル 20,833 円の崩壊後最安値
2008	-4.1	9.15 9.16 10.1	リーマン・ショック（リーマン・ブラザーズ，メリルリンチ，AIG 破綻）が世界中に広がる 日経平均 11,609 円：9 月 14 日 12,215 円．10 月 7 日 10,156 円．10 月 8 日 9,203 円 大和生命保険の破綻．13 日に「政府が金融機関への公的資金注入の検討を始めた」との新聞報道
2009	-2.4	2.1 3.31 12.9	鉱工業生産指数が 69.5 に減少（2008 年 5 月に 110） 3 月連結決算純損益　トヨタ 4,369 億円赤字，日産 2,337 億円赤字など輸出産業に巨額の赤字 前年同期比成長率 2008 年の第 4 四半期-2009 年第 3 四半期 実質 GDP：-4.1，-8.9，-5.7，-5.1%．実質輸出：-14，-40，-32，-24%

注）　GDP＝財政年度の成長率 %
出所）　「金融政策決定会合議事要旨」（日本銀行）（http://www.boj.or.jp/mopo/mpmsche_minu/minu_2009/index.htm/），日経金融年報（日本経済新聞社），SNA（内閣府）（http://www.esri.cao.go.jp/jp/sna/qe103-2/gdemenu_ja.html），Miyakoshi and Tsukuda（2004, 2007），Miyakoshi（2009），「早期健全化法に基づく資本増強実績一覧」預金保険機構（http://www.dic.go.jp/katsudou/katsudou3-1.html）．

一般企業への貸出も土地・株を担保にしていたことから，それらの担保価値が急落して，不良のみならずに優良貸出先からも資金回収を行い，その結果，年間の企業倒産件数が，1992 年から上昇しはじめて，2001 年には年間約 20,000 件で戦後 2 番目の高水準，また，2000 年には負債総額は 24 兆円で戦後最悪となった[2]。こうして，2000 年代初めには金融機関のみならず企業の破綻も深刻な問題となって，金融産業のみならずに非金融産業までもがリスクの発生元となり，両産業間で双方向のリスクが侵入していた。

　後掲表 2－2－1 は金融・財政政策を記している。旧来型の公共投資主導の財政拡張政策がバブル崩壊後の 1990 年代終わりまで続いた。しかし，これらの政策効果は目に見えず，実質 GDP 成長率が 1998 年度－2.2％，1999 年度 0.7％ を記録して事態は急激に悪化していった。こうした最悪の時期を経て漸く金融政策に重点が移された。1999 年 2 月 12 日に無担保翌日物コールの操作目標を限りなくゼロに近づけることを目指すゼロ金利政策が採用され，さらに，2001 年 3 月 19 日からは一層の金融緩和を目指して操作目標を日銀当座預金残高に変更し，2002 年 9 月 18 日および 10 月 11 日の日銀金融政策決定会合で目標額を 10～15 兆円で安定させた。さらに，日本銀行表明「不良債権問題の基本的な考え方」などの中で金融機関保有株式の購入を明確にした。また，2003 年 4 月 16 日には，金融と非金融の一体再生を掲げ，約 4 年間に渡り企業の不良債権を銀行から買い取り，後日に債権放棄をして，事業再生を進めた産業再生機構の活動もあり，さらに，表には記されていないが，中小企業の金融円滑化を支援するために代位弁済する信用保証協会の活動も有効であった。こうして，金融機関の破綻は 2003 年末には沈静化した。さらに，企業倒産件数・負債総額も 2006 年には約 9,300 件，約 5 兆円に減少して平静を取り戻した。また，実質 GDP 成長率も 2002 年に 1.1％，2003 年に 2.1％，2006 年に 2.3％ まで回復を示した。そして，日銀「金融政策決定会合 2006 年 7 月 13～14 日」は，ゼロ金利解除をもって「失われた 10 年」は終息したと判断した。

　すなわち，1990 年代のリスク発生元は金融産業だけで，そこから非金融産業にリスクが侵入しつづけて企業を破綻させ続けていたが，公共投資主導の財政拡張政策がとられ続け，発生元の金融産業には適切な政策が施されなかったために，2000 年代には非金融産業にも危機が発生してリスク発生元となり，

2）　帝国データバンク調べ（http://www.tdb.co.jp/report/tosan/syukei/00nen.html）。

両産業間でリスク侵入が発生した，というシナリオを描くことができる．こうして，1990年代は仮説Aが支持される状況で，2000年代は修正仮説A「金融・非金融産業がともにリスク発生元でありリスクは双方向に侵入している」が支持される状況であった．

2.2 アメリカ金融危機

表2-1に見られるように，2007年3月に顕在化したサブプライムローン問題により2007年7月9日に日経平均終値は18,261円で，それは，ITバブル期の最高値20,833円（2000年4月12日）以降の最安値であった．さらに，2008年9月の投資銀行リーマン・ブラザーズの破綻いわゆるリーマン・ショックにより，危機が世界中に伝播するが，日本の金融産業がサブプライムローン問題に関与していた海外の金融機関に融資していたのではないか，またはサブプライムローンを含む証券化商品を保有していたのではないか，と懸念され，2008年9月12日の日経平均12,215円から週明けの16日では11,609円，そして10月7日の10,156円から10月8日の9,203円へと大幅な下落を見せた．そうした最中，表2-1に見られるように，大和生命保険が2008年10月10日に破綻し，他の金融機関の破綻も続くのではないかと懸念されたことから，政府は金融機関に公的資金の注入を検討し始めた，とマスメディア（日本経済新聞2008年10月13日）が報じた．2007,2008年度の実質GDP成長率は，1.8%さらには−4.1%へと急激な悪化を示した．また，2009年度の実質GDP成長率は−2.4%で，前年同期比の四半期成長率は2008年の第4四半期から2009年第4四半期まで−4.1，−8.9，−5.7，−5.1，−1.1%．また，実質輸出の前年同期比の四半期成長率は2009年第3四半期まで−14%，−40，−32，−24%と深刻な減少を見せた．これにより，表2-1に見られるように，トヨタ・日産などの自動車産業をはじめとする輸出産業が巨額の赤字を計上した．

アメリカ金融危機に対しては，表2-2-1に見られるような日本の経済政策が施されている．日本銀行はゼロ金利政策解除後に0.25%まで上昇した無担保コール翌日物を2008年12月には0.1%まで下方に誘導した．さらに，2009年1月よりコマーシャルペーパー（担保適格社債A-1格相当で残高3兆円上限として3月31日まで）や社債（担保適格社債A格以上で1兆円上限として9月30日まで）の買い取りをはじめた．他方，麻生政権（2008年9月～2009年9月）は2009年4月に追加危機対策費として過去最大の15.4兆円の補正予算を閣僚会議で

表 2-2-1　日本金融危機・アメリカ金融危機に対する日本の経済政策

年	月・日	経済政策
1992	8.28	総合経済対策約 11 兆円（公共投資 8 兆円）
1993	4.13	総合経済対策約 13 兆円（公共投資 10 兆円），9.16 緊急経済対策約 6 兆円（公共投資 5 兆円）
1998	4.24	総合経済対策 約 16 兆円（公共投資 8 兆円），11.16 緊急経済対策約 24 兆円（公共投資 8 兆円）
1999	2.	ゼロ金利政策開始：無担保コール翌日物操作目標 0.15%．2000 年 8 月 11 日ゼロ金利解除．2001 年 2 月 28 日再開
2001	3.19 9.18	量的緩和政策開始：操作目標をコールから日銀当座預金へ変更 日銀当預 10〜15 兆円
2002	9.18 10.11 10.3	日銀当預 10〜15 兆円．日銀表明「不良債権問題の基本的な考え方」の中で金融機関保有株式の購入を検討 日銀当預 10〜15 兆円．日銀表明「金融システムの安定に向けた日本銀行の新たな取り組みについて」の中で金融機関保有株式の購入実施 金融庁「金融再生プログラム」公表
2003	4.16	産業再生機構が企業の不良債権を金融機関より買取．のちに債権放棄．2007 年 3 月解散
2006	3.9 7.14	量的緩和政策の解除 ゼロ金利政策の解除，無担保コール翌日物 0.15% から引き上げて 0.25%．その後 2007 年 2 月 21 日 0.5%．2008 年 10 月 31 日 0.3%
2008	12.19	無担保コール翌日物を引下げて 0.1%
2009	1.21 2.19 4.1	コマーシャルペーパー（担保適格社債 A-1 格相当で残高 3 兆円上限として 3 月 31 日まで）の買取 社債（担保適格社債 A 格以上で 1 兆円上限として 9 月 30 日まで）の買取 追加危機対策費として過去最大の 15.4 兆円の補正予算を策定し，56.8 兆円の事業規模を見込んだ

出所）「金融政策決定会合議事要旨」（日本銀行）(http://www.boj.or.jp/mopo/mpmsche_minu/minu_2009/index.htm/)，「内閣府の政策・経済財政政策（経済危機対策）（平成 21 年 4 月 10 日）」（内閣府）(http://www5.cao.go.jp/keizai1/mitoshi-taisaku.html)，「支援資料」（産業再生機構），「日本銀行の取り組み方針・考え方」（日本銀行）(http://www.boj.or.jp/theme/finsys/hoshin/index.htm)．

決定し，56.8 兆円の事業規模を見込んだ．対策の要は，緊急的対策（雇用調整助成金拡充・再就職支援などの雇用対策，中小企業の資金繰支援・日本政策金融公庫・商工中金の貸付枠拡大などの金融政策），さらに，成長戦略（太陽光発電・低燃費車・省エネ製品等の導入支援，健康長寿・子育支援政策）であった．

外国での経済対策は表 2-2-2 に見られるように，2008 年 9 月 15 日のリーマン・ショック直後の 10 月 3 日にアメリカで，10 月 8 日〜14 日にはイギリス・ドイツ・フランス・オーストラリアで，2009 年 2 月 17〜18 日にはアメリカとフランスで，さらに，2009 年 12 月 9 日にはアメリカとイギリスで，同時期に集中的に政策が発動されている．それは 2008 年の 10 月 10〜13 日には，

表 2-2-2　アメリカ金融危機に対する欧米の経済政策

年	月・日	経済政策
2008	10. 3	緊急経済安定化法（アメリカ）
	10. 8	銀行間取引の政府保証 2015 年までの措置（イギリス）
	10.	10 月 10 日に世界金融危機をテーマとする G7 開催．前日に各国中央銀行総裁の記者会見（ワシントン）
	10. 13	金融市場安定化法（ドイツ）金融機関の包括救済策（フランス）
	10. 14	Emergency Economic Stabilization Act（オーストラリア），Conversation of Minister of Finance（日本）
2009	2. 17	米国再生・再投資法（アメリカ）
	2. 18	生活支援策（フランス）
	12. 9	緊急経済安定化法 2008 の延長（アメリカ），予算編成方針発表：企業債務保証 1 年延長など（イギリス）

出所）『通商白書 2010』（経済産業省）pp. 15-16, 第 1-1-1-16 表「主要国の主な景気刺激策（財政・金融政策）」．

G 7, G 20, IMF 総会などがワシントンで開催されたことによる．外国及び日本の経済政策が実行されて，それがリスク発生元の外国経済とリスク侵入先の国内輸出産業の回復に功を奏して，上記のように輸出や GDP 年成長率・四半期成長率がマイナスながらも回復の兆しを見せ始めた，というシナリオを描くことができる．さらに，非金融産業のリスクおよび外国のリスクは金融産業に侵入して，金融産業の破綻が顕在化したという事実も見当たらない．特に，金融産業がサブプライムローン危機に関与していた海外の金融機関に多額の融資をしていた，または，サブプライムローンを含む証券化商品を大量に保有していたという証拠は見当たらない．したがって，仮説 B「サブプライムローン危機によるリスクがアメリカ金融危機として日本非金融産業（輸出産業）に侵入して不況に陥れるが，非金融産業のリスクおよび外国のリスクは金融産業に侵入していない」を支持する．

ところで，本章の分析期間は 2010 年 5 月までである．この月に IMF のギリシャへの融資が決定したことで，ギリシャ危機が世界的に表面化した．その後，日本もそれに続くのではないかという懸念から，IMF が日本に財政再建勧告（2010 年 7 月）をした．したがって，日本独自の財政再建問題も発生してきたので，サブプライムローン危機の影響だけを分析するという意味で，分析期間の終わりを 2010 年 5 月 25 日とした．

3. リスク侵入経路

3.1 リスクデータの定義

金融・非金融産業・外国のリスクを，リスクフリーである国債利回からの各産業発行の債券利回（総合指数）の差であるリスク・プレミアムを用いて，次のように定義する．

(1) 外国のリスク：外国企業発行のユーロ円債（AAA 格）のリスク・プレミアム．
(2) 金融産業リスク：金利スワップのリスク・プレミアム[3]．
(3) 非金融産業リスク：交通・電話等の公益産業を除く製造業発行の AA 格社債のリスク・プレミアム．

ここでは，残存年数が2, 3, 5, 7, 10 年の債券と同じ残存年数の国債利回りとのスプレッドであるリスク・プレミアムを，2, 3, 5, 7, 10 年物リスク（2 YR, 3 YR, 5 YR, 7 YR, 10 YR）として使用する．データはブルームバーグ（Bloomberg）から取得した．

本来は分析期間の始まりは1990 年 1 月であるべきだが，データの開示可能日が1999 年 6 月 9 日からであることから，同日から 2010 年 5 月 25 日までを分析する．したがって，ほぼ2000 年代のデータで仮説検証を行うことから，日本金融危機の前半期のデータが含まれず，仮説 A が支持されない可能性がある．

日本銀行の「金融政策決定会合 2006 年 7 月 13～14 日」がゼロ金利解除をも

---

[3] 金利スワップレートは，変動金利である 6 ヶ月 LIBOR（London Inter-Bank Offered Rate）と交換される固定金利水準である．LIBOR とはロンドン市場での金融機関の（短期）資金貸借の際に指標となる金利である．イギリス銀行協会が，対象とする金融機関よりヒアリングした各営業日におけるロンドン時間午前 11 時時点の金利を，集計・公表したものである．ほかのリスク同様，金融債利回りを使用すべきという考え方もできるが，分析期間前で，ほとんどの金融機関の金融債の発行は停止されている．そこで，短期国債の変動金利に対して長期国債の固定金利は，裁定が働いているもとでは長・短国債間取引のスワップレートとなる．したがって，同じ満期の国債固定金利とスワップレートの差は取引相手双方のリスクを含んでいる．本章は金融機関相互の金利スワップ取引の金利データを使用しているために，そのリスク・プレミアムは金融機関のリスクを表現している．

図 2-2 リスク変数

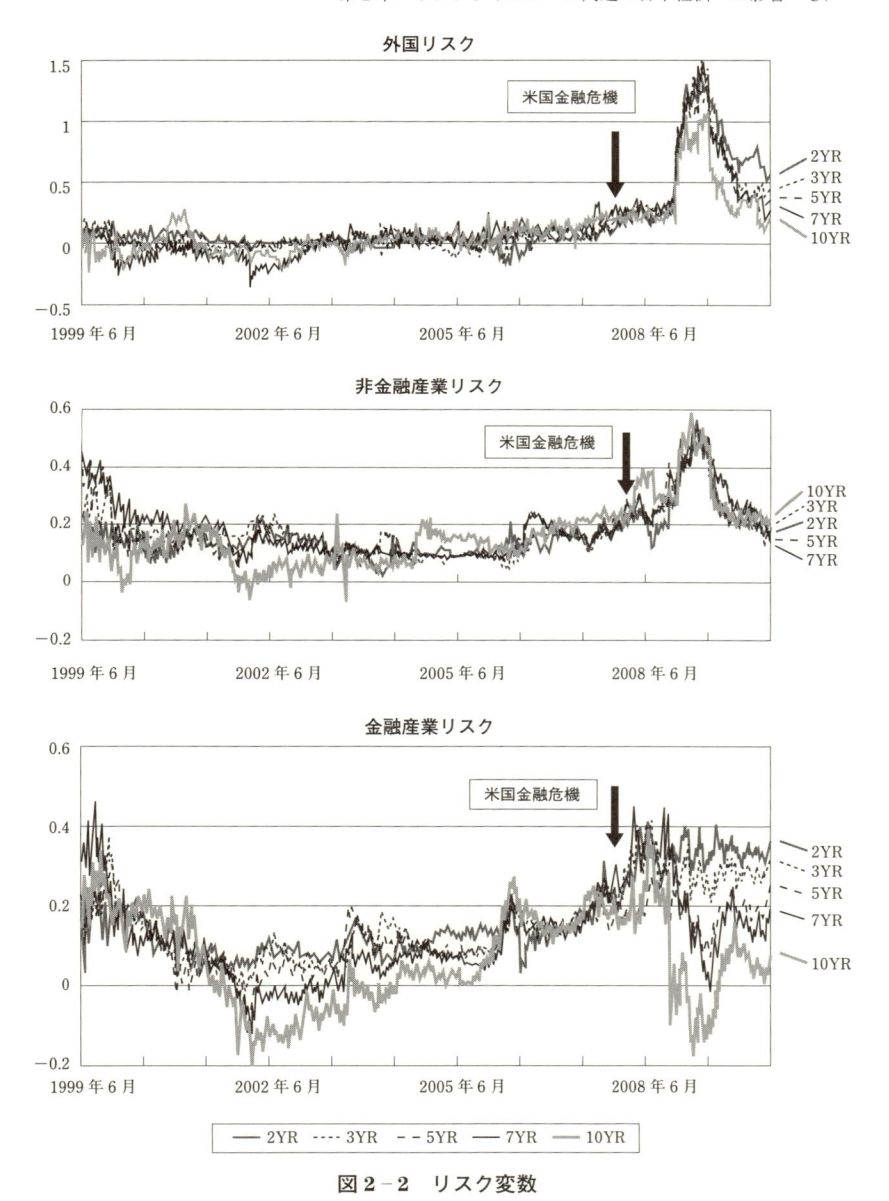

注) 単位は％である．2 YR, 3 YR, 5 YR, 7 YR, 10 YR は 2, 3, 5, 7, 10 年物リスクを表す．

って日本金融危機は終息したと判断していることから，日本金融危機の分析期間は 2006 年 7 月 13 日までとする．さらに，アメリカ金融危機の分析期間は，前述の通り 2007 年 3 月 13 日から 2010 年 5 月 25 日までとする．2 節では仮説を支持する状況証拠を取り上げて検証を行ったが，この節ではリスクデータを使った物的証拠を示すことにより仮説検証を行う．

図 2-2 の外国リスク変数を見ると，日本金融危機の期間では，リスクの大きさは相対的に小さくて変動も少ない．しかし，アメリカ金融危機の期間では，リスクがそれまで 0.2 ほどであったものが，わずかの期間のうちに 7 倍の 1.4 まで急上昇し，かつ，短期のみならず長期のリスクも急上昇した．2010 年 5 月頃には大きく減少しているが依然として，0.5 あたりの値で平時の 2 倍ほどで高止まっている．他方，日本金融産業のリスクを見ると，日本金融危機では，10 年物リスクが高く 2 年物リスクが低い．逆に非金融産業では，10 年物リスクが低く 2 年物リスクが高い．また，アメリカ金融危機では各産業のリスクはその逆の動きを示す．しかし，こうした視覚的分析からは，外国リスクが上昇して，それが非金融産業や金融産業のリスクを上昇させたという，リスク侵入の明確な証拠を見出すことはできず，仮説 A, B の検証は困難である．

3.2　2 EGARCH モデル

外国リスクを外生変数，金融・非金融産業リスクを内生変数とする 2 EGARCH モデルを用いてリスク侵入経路を推定し仮説を統計学的に検証する．そもそも EGARCH モデルは，収益率のボラティリティに相関をもち（ボラティリティの持続性），収益率の無条件分布がスパイクのような尖りをもつ株価収益率の挙動を，捕らえるために開発されたモデルである．したがって，これらの特徴をリスク変数の差分が満たしているかを確認する．表 2-3 においてリスク変数差分の尖度は正規分布と同じ尖りであるという帰無仮説を棄却し，また，リスク変数差分 2 乗が 12 期前まで系列相関が無いという帰無仮説を棄却する．この結果は，リスク変数差分が株価収益率の挙動と同様であり，EGARCH モデルを使用することが妥当であることを意味する．

2 EGARCH モデルは次のようである．

$$\begin{pmatrix} r_{F,t} \\ r_{M,t} \end{pmatrix} = \begin{pmatrix} \alpha_F \\ \alpha_M \end{pmatrix} + \begin{pmatrix} \beta_{FF} & \beta_{MF} \\ \beta_{FM} & \beta_{MM} \end{pmatrix} \begin{pmatrix} r_{F,t-1} \\ r_{M,t-1} \end{pmatrix} + \begin{pmatrix} \delta_F \\ \delta_M \end{pmatrix} r_{EURO,t-1} + \begin{pmatrix} \varepsilon_{F,t} \\ \varepsilon_{M,t} \end{pmatrix}, \quad (1)$$

第2章 サブプライムローン問題の日本経済への影響　39

表 2-3　リスクの差分データの基本統計量（1999年6月9日〜2010年5月25日）

データ数＝2691

金融産業リスクの差分データ

満期	平均	t-値 (平均=0)[b]	標準偏差	歪度[a]	超過尖度[a]	$Q^2(12)$[c]
2-Year	0.007	0.297	1.258	−0.381*	16.339*	703.185*
3-Year	0.004	0.190	1.225	−0.715*	19.578*	1098.289*
5-Year	−0.003	−0.106	1.322	−0.481*	30.696*	584.927*
7-Year	−0.006	−0.195	1.535	−0.514*	18.235*	585.516*
10-Year	−0.005	−0.182	1.438	−0.102*	6.961*	1011.524*

非金融産業リスクの差分データ

満期	平均	t-値 (平均=0)[b]	標準偏差	歪度[a]	超過尖度[a]	$Q^2(12)$[c]
2-Year	−0.004	−0.152	1.201	0.281*	12.334*	810.424*
3-Year	−0.006	−0.271	1.133	−0.777*	27.472*	841.330*
5-Year	−0.011	−0.455	1.211	0.427*	16.512*	1313.753*
7-Year	−0.009	−0.357	1.314	−1.150*	34.276*	441.577*
10-Year	0.002	0.075	1.347	−0.132*	15.961*	565.992*

注）a, b, *は5%有意．cはLjung-Box Q-statisticsで12期前まで系列相関が無を帰無仮説として $\chi^2(12)$ 分布する．その5%有意水準の値は21.03である．

$$\begin{pmatrix} \varepsilon_{F,t} \\ \varepsilon_{M,t} \end{pmatrix} \bigg| \Psi_{t-1} \sim N\left(\begin{pmatrix} 0 \\ 0 \end{pmatrix}, \begin{pmatrix} h_{F,t} & \rho\sqrt{h_{F,t}h_{M,t}} \\ \rho\sqrt{h_{F,t}h_{M,t}} & h_{M,t} \end{pmatrix} \right) \quad (2)$$

r_{EURO} は外国リスクの差分，r_F は金融産業リスクの差分，r_M は非金融産業リスクの差分である．ε_t は誤差項で，$t-1$ の情報集合 Ψ_{t-1} に依存した条件付正規確率分布に従う．平均ゼロ，分散（$h_{F,t}, h_{M,t}$），共分散は（$\rho\sqrt{h_{F,t}h_{M,t}}$）（2）式で示される．

ところで，我々は，データ生成過程を，金融産業リスクと非金融産業リスクからなるレベル2VARモデルで時間トレンド項があると仮定している．したがって，一期ずらして差をとると，データ生成過程は（1）式の階差2VARに書き換えられる．またAR（1）の確率誤差項が存在するが，それを1つの確率誤差項として置き換え，それに（2）（3）（4）式で表現されるEGARCH項を仮定する．実際に表2-3と表2-4-1，2-4-2の推定結果はその仮定を支持している．したがって，レベル2VARと階差2VARの係数は同じで，β_{MF},

表 2-4-1　2 変量 EGARCH (1.1) の係数

データ数 = 1744

	Return Eq.				
	ρ	β_{MF}	δ_F	β_{FM}	δ_M
2-year	0.494* (0.025)	−0.025 (0.025)	0.004 (0.011)	−0.042* (0.009)	0.003* (0.001)
3-year	0.434* (0.033)	−0.080* (0.022)	0.014 (0.011)	−0.032 (0.036)	0.011 (0.009)
5-year	0.380* (0.031)	0.081* (0.037)	−0.027* (0.011)	0.036* (0.013)	−0.017** (0.009)
7-year	0.428* (0.030)	0.127* (0.006)	0.002* 0.000	−0.024* (0.005)	0.003 (0.003)
10-year	0.314* (0.028)	0.012 (0.030)	0.014 (0.012)	0.007* (0.003)	0.003 (0.004)

注) **は 10%, *は 5% の有意である.

表 2-4-2　2 変量 EGARCH (1.1) の係数

データ数 = 785

	Return Eq.				
	ρ	β_{MF}	δ_F	β_{FM}	δ_M
2-year	0.415* (0.035)	−0.087* (0.027)	0.020** (0.010)	−0.012 (0.018)	0.003* (0.001)
3-year	0.403* (0.037)	−0.162* (0.033)	0.029* (0.011)	−0.016 (0.025)	0.017 (0.012)
5-year	0.360* (0.042)	−0.058* (0.011)	0.005* 0.000	−0.015 (0.034)	0.025** (0.014)
7-year	0.323* (0.031)	0.056 (0.045)	0.005 (0.007)	−0.047** (0.027)	−0.004 (0.009)
10-year	0.298* (0.044)	−0.178* (0.026)	−0.024* (0.008)	0.032 (0.020)	0.005 (0.008)

注) **は 10%, *は 5% の有意である.

β_{FM}, δ_F, δ_M は非金融産業 M から金融産業 F へのリスク侵入インパクト，金融産業 F から非金融産業 M へのリスク侵入インパクト，外国から金融産業へのリスク漏出効果，外国から非金融産業へのリスク漏出効果を示している．(2) 式で示される 2 EGARCH モデルの誤差項の共分散行列が正値定符号であることから，$|\rho|<1$ でなければならない．

係数の経済学的意味については，たとえば $\beta_{FM}<0$ は次のようである．金融産業のリスクが高まると，比較的にリスクの少ない非金融産業の債券に買い換

推定値（1999 年 6 月 9 日～2006 年 7 月 14 日）

Variance Eq.		Return Eq.		Variance Eq.	
γ_{FM}	γ_{MF}	β_{FF}	β_{MM}	γ_{FF}	γ_{MM}
0.080*	0.729*	−0.178*	−0.124*	0.905*	0.306**
(0.041)	(0.225)	(0.025)	(0.001)	(0.045)	(0.169)
0.192	0.677*	−0.084*	−0.258*	0.764*	0.396**
(0.122)	(0.260)	(0.036)	(0.028)	(0.149)	(0.222)
0.371*	0.145*	−0.078*	−0.225*	0.362*	0.895*
(0.077)	(0.054)	(0.037)	(0.029)	(0.117)	(0.040)
0.037	0.507*	−0.319*	−0.153*	0.946*	0.497*
(0.031)	(0.153)	(0.001)	(0.035)	(0.040)	(0.135)
0.024	0.042*	−0.157*	−0.189*	0.927*	0.912*
(0.017)	(0.021)	(0.025)	(0.030)	(0.030)	(0.018)

推定値（2007 年 3 月 13 日～2010 年 5 月 25 日）

Variance Eq.		Return Eq.		Variance Eq.	
γ_{FM}	γ_{MF}	β_{FF}	β_{MM}	γ_{FF}	γ_{MM}
−0.015*	0.018	0.018	−0.108*	0.989*	0.966*
(0.008)	(0.012)	(0.014)	(0.009)	(0.009)	(0.010)
−0.007*	0.024**	0.051*	−0.132*	1.004*	0.976*
(0.004)	(0.014)	(0.019)	(0.034)	(0.003)	(0.017)
−0.003	0.031*	−0.046	−0.114*	0.963*	0.965*
(0.015)	(0.016)	(0.029)	(0.034)	(0.027)	(0.023)
−0.021	0.114*	−0.097*	−0.105*	0.982*	0.842*
(0.026)	(0.009)	(0.031)	(0.027)	(0.026)	(0.026)
0.015	0.032*	0.129*	−0.136*	0.942*	0.975*
(0.013)	(0.013)	(0.032)	(0.022)	(0.019)	(0.014)

えるために，非金融産業の債券価格は上昇し，利回りは下落し，国債利回りとの差すなわちリスクは減少する，ことを意味する．したがって，$\beta_{FM}<0$ のとき，金融産業から非金融産業へのリスクの侵入は無いと考えることにする．他方，$\beta_{FM}>0$ の場合は，融資元の金融産業が経営難（リスクが高まる）になると資金が滞り，融資先の非金融産業も経営難になるのではないかという期待から，債券価格が下がり利回りは上昇して，リスクが上昇する．こうして，$\beta_{FM}>0$ の場合は，「金融産業から非金融産業にリスクが侵入する」と本章では定義する．

さらに，$\beta_{FM} \leq 0$ の場合には，「金融産業にリスクは発生していても（経営難になっていても），非金融産業には侵入していない（経営難になっていない）」と定義する．

誤差項（$\varepsilon_{F,t}, \varepsilon_{M,t}$）の分散（$h_{F,t}, h_{M,t}$）は次の2EGARCH プロセスに従うと仮定する．

$$\begin{pmatrix} \log h_{F,t} \\ \log h_{M,t} \end{pmatrix} = \begin{pmatrix} \gamma_F \\ \gamma_M \end{pmatrix} + \begin{pmatrix} g(z_{F,t-1}) \\ g(z_{M,t-1}) \end{pmatrix} + \begin{pmatrix} \gamma_{FF} & \gamma_{MF} \\ \gamma_{FM} & \gamma_{MM} \end{pmatrix} \begin{pmatrix} \log h_{F,t-1} \\ \log h_{M,t-1} \end{pmatrix} \quad (3)$$

$$g(z_{i,t-1}) = \gamma_{i1}\left(\frac{|\varepsilon_{i,t-1}|}{\sqrt{h_{i,t-1}}} - 2\pi\right) + \gamma_{i2} \frac{\varepsilon_{i,t-1}}{\sqrt{h_{i,t-1}}} \qquad (i = F, M) \quad (4)$$

γ_{FF}, γ_{MM} はそれぞれ金融，非金融産業の過去の分散からのインパクトである．(3) においては，簡単化のために，それぞれの分散は，外国リスクの過去の分散の影響を受けないものと仮定している[4]．

我々は対数尤度関数 Log L を書き，さらに，尤度を最大にするようにパラメータ $\theta = (\alpha, \beta, \gamma, \delta, \rho)$ を決定する．このとき，数多くある EGARCH モデルを用いた文献と同様に，パラメータの最尤推定値 $\hat{\theta}$ は漸近的に正規性と一致性をもつと仮定する．それゆえに，t 検定，χ^2 検定などの伝統的な手法が有効となる[5]．

3.3 仮説検定の議論

我々は仮説 A を統計学的に次のように書き表す．

$$H1 : \beta_{FM} > 0 \quad \text{かつ} \quad \beta_{MF} \leq 0 \quad \text{かつ} \quad \delta_F \leq 0 \quad \text{かつ} \quad \delta_M \leq 0 \quad (5)$$

金融産業から非金融産業へのリスク侵入（$\beta_{FM} > 0$）がありその逆は無く（$\beta_{MF} \leq 0$），外国リスクの侵入が無い（$\delta_F \leq 0$ かつ $\delta_M \leq 0$）ことが観測された場

---

[4] 予期せぬリスク変化の分散への効果は γ_{i1}, γ_{i2} によって表現され，γ_{i1} は量的効果を示す．$\gamma_{i1} > 0$ のときは，$\varepsilon_{i,t-1}/\sqrt{h_{i,t-1}}$ が予期した値より大き（小さ）ければ，$\log h_{it}$ は増加（減少）する．γ_{i2} は符号効果を示す．$\gamma_{i2} > 0$ のとき，リスク上昇局面すなわちリスク差分 $\varepsilon_{i,t-1}$ が正のとき分散は増加する．推定された γ_{i1}, γ_{i2} は，表 2-4-1, 2-4-2 には記されていないがほとんどのモデル（各年物リスクからなる 2EGARCH）で有意であった．

[5] ここでは，パラメータの共分散行列は，誤差の分布が正規分布になっていない可能性も考慮して疑似最尤法の頑健標準誤差（Robust Standard Error）によって計算した．

合に，仮説 A が支持される．

ところで，表 2-4-1 の結果は 1999 年 6 月から 2006 年 7 月までパラメータは期間を通して一定であるという前提の下での推定結果である．したがって，推定結果は，政策が施されて危機が回復する過程を反映してその期間の平均的な特性を示していると考えられる[6]．この場合，分析期間は日本金融危機の後半期間いわゆる最悪から回復に至る期間であることから，推定パラメータは最悪と回復を平均したような特性を示しているはずである．他方，最悪より回復の期間が長いことから回復期の特性を平均的特性として反映していると考える．

短期のリスクは，現在の状況が近い将来も続くと予想している．このもとでは，次の解釈が可能である．2 年物，3 年物の短期リスクは，平均的特性として回復期の状況を強く反映して，金融産業および非金融産業のリスクは互いに侵入していない（$\beta_{FM} \leq 0$ かつ $\beta_{MF} \leq 0$）との見方を示している．

他方，中期・長期のリスクは，不況が長かったことから予想は悲観的で，中期・長期の過去における悲観的状況が将来再来するとの予想を強く反映していると考えられる．このもとでは，5 年物の中期リスクは，平均的特性としては回復期のリスクを反映しているが，さらに，5 年前の最悪のリスクの再来を反映していると考えられる．推定結果は，融資先企業から融資元金融機関にもリスクが双方向に侵入して悪化していることを示している（$\beta_{FM} > 0$ かつ $\beta_{MF} > 0$）．7 年物リスクは非金融産業から金融産業に一方向的に侵入しているがその解釈は難しい．10 年物の長期リスクは，過去 10 年間で最悪のリスクの再来を反映していると考えられる．他方，外国リスクの金融産業と非金融産業への漏出効果 $\delta_F, \delta_M > 0$ も 2 年物と 7 年物で存在している．これについてはさらなる分析が必要である．

こうした短期，中期・長期のリスクデータを使った分析結果から，何年物リスクに示される投資家の見方・予想が，将来の真の経済を最も反映しているか，さらに，真の経済に最も影響を与えるのであろうか[7]．これらの問題は稿を改

---

6) 政策が施されて危機が回復する過程においては，データはその政策効果を反映していることから，推定されるパラメータは時間とともに変化している可能性がある．このため一部のパラメータを時変係数としてカルマンフィルター手法によっても推定したが，その結果は稿を改めて報告する予定である．
7) これに対して，政策が施されて危機が回復する過程の中ではデータはその政策効果を反映していることから，推定されるパラメータは時間とともに回復を示す時変係数であるべきである．しかし，この稿で推定したものは，その期間の平均的な特性を示す定数パラメータである．これら

めてより深く検討すべきである．ここでは，先見的に5年物リスクが最も有効な指標であると考えて，この結果で仮説Aの検証をする．そうすると，前節の検証結果と同様に，修正仮説A「金融・非金融産業のリスクは双方向にリスクが侵入している」が支持される．

仮説Bについては次のようである．

$$H1: \beta_{FM} \leq 0 \quad かつ \quad \beta_{MF} \leq 0 \quad かつ \quad \delta_M > 0 \tag{6}$$

非金融産業と金融産業の間でリスク侵入が観測されないが，外国リスクの非金融産業への侵入が観測されることで，仮説Bを支持する．

表2-4-2において，始まったばかりのアメリカ金融危機において，その平均的特性について，2年物と5年物の短・中期リスクから，非金融産業と金融産業間で相互侵入が観測されないが（$\beta_{FM} \leq 0$ かつ $\beta_{MF} \leq 0$），外国リスクの非金融産業への侵入（$\delta_M > 0$），さらに，金融産業への侵入（$\delta_F > 0$）が観測される．これを修正仮説Bとする．3年物リスクは仮説Bを支持する．7年物と10年物の長期リスクの推定結果から，非金融・金融産業間のリスクの相互侵入はない．しかも，外国のリスクの侵入も無く，アメリカ金融危機は長期的には終息すると考えられている．我々は5年物リスクの結果を採用するので，修正仮説B「非金融産業と金融産業間でリスクの相互侵入は観測されないが，外国リスクの非金融および金融産業への侵入がある」を支持する．検証後の仮説は修正されて，図2-1のようになる．しかし，これに対して，本章2節における状況証拠に基づく分析は仮説Bを支持した．すなわち，非金融産業へのリスクの侵入を支持する状況証拠しか集められずに，仮説Bを支持するシナリオしか描けなかったのである．

4. 政策アナウンスメント効果のイベントスタディー

我々は前節で行った2000年代における日本金融危機とアメリカ金融危機の検証結果の頑健性を検討する．アブノーマルなリスク変化 abr_j を次のように

のパラメータは時変係数としてカルマンフィルター手法によっても推定したが，その結果は稿を改めて報告する予定である．中期・長期の悲観的状況が将来再来するとの予想を断ち切ったのが，表2-2-1に見られるゼロ金利政策・量的緩和政策などの非伝統的金融政策の導入，しかも長期の導入であったと考える．

定義する.

$$abr_j = r_j - \bar{r}_j, \text{ここで} \bar{r}_j \text{は} \{r_{j+i}\}_{i=-62}^{+62} \text{の平均} \qquad (7)$$

ここで，j は政策アナウンスメントの日付，$\bar{r}_j$ はリスクの 125 日間の移動平均である[8]．$abr_j < 0$ なら，政策のアナウンスメントがリスクを下げたと判断される[9]．それが確率的な偶然かを t 検定で判断する．日本の経済政策についてはアナウンスメント当日のリスク変化で判定し，欧米のアナウンスメントについては時差の関係で翌日（日本時間）の日本リスク変化で判定する．簡略化のために，その効果の心理学的遅れを考慮した翌々日のリスク変化は計測していない．表 2-5-1, 2-5-2 に結果を示した．表 2-2-1 に示した日本の経済政策の中から，第 3 節の分析期間（1999 年 6 月 9 日〜2010 年 5 月 25 日）内に実行された日本危機とアメリカ危機に対する各々 4 つの政策を取り上げた．前者の危機については 2001 年 9 月 18 日, 2002 年 9 月 18 日, 2002 年 10 月 11 日, 2004 年 9 月 22 日, 後者の危機については 2008 年 12 月 19 日, 2009 年 1 月 21 日, 2 月 19 日, 4 月 10 日の政策である．さらに，後者の危機については欧米の政策も 3 つ取り上げた．中でも，2008 年 10 月 10 日には G 7, 11 日には G 20, 13 日には IMF と世銀の総会（ワシントン開催，財務省ホームページ参照）が行われ，その前日の 10 月 9 日（アメリカ時間）には各国の中央銀行総裁の記者会見が行われている．会議では欧米の協調政策の実行が議題となった．

日本金融危機に関しては表 2-5-1 より，政策アナウンスメントは主に金融産業にアブノーマルなリスク減少をもたらし，しかも，3, 5, 7 年物リスクを減少させていると判断される．非金融産業については効果が若干劣るものの同様の結果を示している．この結果は，リスク発生元が金融産業と非金融産業の両

---

8) ここでの変数 $(r_j, \bar{r}_j)$ は（1）式で使われている変数と同様にリスクデータの差分である．前期からの差分である．レベルデータを使うと，リスクの上昇局面では移動平均はすぐには上昇しないので，政策のアナウンスメント効果が現われて，上昇してきたリスクをかなり減少させたとしても，まだ，移動平均よりかなり高い水準にある場合が多い．しかし，差分データの移動平均はリスクレベルが上昇する局面でプラスとなるが，政策のアナウンスメント効果が現われると前期よりリスクのレベルが減少することでリスクの差分は負となり，移動平均より低くなることから，効果の現われを的確に示すことができる．

9) 各時点のリスクの母分布について，平均は以前の時点からの移動平均で，各時点の平均からのリスクの乖離すなわちアブノーマルリスクの母分布は平均ゼロの正規分布をすると仮定される．従って，アブノーマルリスクの標本平均も平均ゼロの正規分布であるから，アブノーマルリスクの観測値が正規分布の 5% 有意にあるならば，その時点のリスク母分布の平均が，移動平均から外れたと解釈できる．実際の検定は有限標本より t 検定を使う．

表 2-5-1 日本金融危機における日本政策のアナウンスメント効果

アナウンスメント日	リスク減少 金融	リスク減少 非金融
2-Year		
2001年 9月18日	0.043	1.488
2002年 9月18日	-2.751*	-2.874*
2002年10月11日	0.400	0.334
2004年 9月22日	3.632	4.018
3-Year		
2001年 9月18日	-3.269*	0.017
2002年 9月18日	-3.637*	-1.534
2002年10月11日	-0.882	0.461
2004年 9月22日	4.493	4.051
5-Year		
2001年 9月18日	-4.172*	-2.165*
2002年 9月18日	-3.790*	-3.206*
2002年10月11日	-0.959	0.285
2004年 9月22日	-3.540*	-5.522*
7-Year		
2001年 9月18日	-3.268*	0.018
2002年 9月18日	-3.777*	-1.636
2002年10月11日	0.255	0.787
2004年 9月22日	-3.378*	-3.975*
10-Year		
2001年 9月18日	-3.393*	-0.832
2002年 9月18日	-1.227	-0.592
2002年10月11日	-0.167	0.168
2004年 9月22日	-0.468	-0.186

注) *は片側 t 検定における 5% 有意.統計量 $t=abr_j/s$ において,s は標本標準偏差.アナウンスメント効果なしを帰無仮説としたもとでの統計量 t は t 分布すると仮定する.欧米政策のアナウンスメントは時差の関係で日本にとっては翌日に効果を発揮することから,推定値は翌日の値であり,日本政策のアナウンスメント効果については当日の推定値である.

表 2-5-2 アメリカ金融危機における欧米政策のアナウンスメント効果

アナウンスメント日	リスク減少 金融	リスク減少 非金融
2-Year		
2008年10月 9日	-1.856*	-0.174
2009年 2月17日	-0.254	-0.421
2009年12月 9日	-0.985	-1.927*
3-Year		
2008年10月 9日	-1.284	-0.230
2009年 2月17日	-1.246	-1.085
2009年12月 9日	-1.688*	-2.231*
5-Year		
2008年10月 9日	-2.212*	0.588
2009年 2月17日	-1.234	-1.042
2009年12月 9日	-0.780	0.732
7-Year		
2008年10月 9日	-2.822*	-0.126
2009年 2月17日	-1.753*	-2.104*
2009年12月 9日	-0.503	1.656*
10-Year		
2008年10月 9日	-3.138*	-0.762
2009年 2月17日	-2.755*	-3.036*
2009年12月 9日	-2.403*	-0.303

注) 表 2-5-1 に同じ.

方にあったために政策効果が明確に現われたと解釈される．それは，修正仮説Aを支持することになる．他方，アメリカ危機に関しては，日本の政策はいずれの産業にもまったく効果が無かった事から，その結果を省略する．

これとは対照的に，表2-5-2より外国の経済政策は金融・非金融産業の両方のリスクをおおよそすべての年限リスクについて減少させている．この結果は，リスク発生元の外国経済を救済することで，日本の金融・非金融産業のリスクを減少させたと解釈できる．こうした結果は，修正仮説Bを支持する．尚，65日間の移動平均を使っても同様の検証をしたが，結果に大きな変化は無かった．

5. おわりに

本章は1990年のバブルの崩壊と2007年のサブプライム危機によって引き起こされた日本金融危機とアメリカ金融危機に関する2つの仮説A, Bを検証した．それはこれまでにマスメディアを中心に議論されてきた話題である．

検証の結果，日本金融危機の前半期1990年代では仮説Aすなわち金融産業の危機により発生したリスクが非金融産業に侵入したという仮説が支持され，後半期2000年代では修正仮説Aすなわち金融産業の危機によりに発生したリスクが非金融産業に侵入してその産業を危機に陥れ，双方向でリスクが侵入したという仮説が支持された．こうした結果は次の理由による．マスメディアや研究論文の多くは1990年から2000年までのデータを使って分析したゆえに仮説Aを支持した．こうして，危機の真の姿が解明され政策が実行されたことから，その後にさらなる学術研究がなされなかった．しかし，政策が効果を発揮するまでに時間が掛かり，非金融産業もリスク発生元になるまでに被害が拡大していった．このために，2000年以降のデータを使った本章の分析が修正仮説Aを支持することになったと考えられる．他方，アメリカ金融危機に対しては，修正仮説Bすなわち欧米に危機が発生して，外国リスクが金融・非金融産業に同時に侵入して不況を引き起こしたが，両産業間でリスクの侵入は無いという仮説が支持された．

検証結果の政策的含意は次のようである．まず，景気回復には，リスクの発生元を救済する方法と，リスク侵入経路を遮断する方法が考えられるが，本章ではリスクの発生元の救済を重視している．なぜなら，輸出依存の日本経済で

は外国からのリスク侵入経路の遮断は外国貿易を阻害する．また，金融産業からのリスク侵入経路の遮断は間接金融にたよる非金融産業の資金調達を阻害する．こうした観点から，修正仮説Bに従えば，外国からリスクが侵入し続けるために，リスクの発生元である外国経済への効果的な政策が望まれる．さらに，仮説Aおよび修正仮説Aに従えば，適切な政策が施されないで，外国から金融・非金融産業にリスクが侵入し続けると日本金融危機のように両産業間で双方向のリスク侵入が始まり深刻な危機へと被害が拡大して行く危険がある．

謝　辞

　本章の初稿はAsia-Pacific Economic Association Conference（2010年7月香港），Pacific Basin Finance, Economics, Accounting, and Management Conference（2010年8月北京），Australian Conference of Economists（2010年9月シドニー），東北現代経済学研究会および大阪大学IPP研究会（2011年1月）で報告された．岩井克人，福田慎一，本多佑三，小川一夫，佐々木公明，Young-Jae Kim, Tsing-Zai Wu, 秋田次郎，河野達人，北川章臣，及川浩希，家森信善，小川英治，今喜典の各氏から多くの有益なコメントを頂いた．また，第一著者の研究は日本学術振興会科学研究費補助金（科研費，課題番号20530271）および村田奨学財団の研究助成を，第二著者の研究は科研費（課題番号19530287）の研究助成を，第四著者の研究は科研費（課題番号22530205）の研究助成を受けている．ここに記して感謝の意を表したい．

参考文献

Aloui, R. et al. (2011) "Global financial crisis, extreme interdependences, and contagion effects : The role of economic structure ?," *Journal of Banking & Finance*, Vol. 35, pp. 130-141.

Bartram, S. M. and G. M. Bodnar (2009) "No place to hide : The global crisis in equity markets in 2008/2009," *Journal of International Money and Finance*, Vol. 28, pp. 1246-1292.

Bayoumi, T. (2001) "The morning after : explaining the slowdown in Japanese growth in the 1990s," *Journal of International Economics*, Vol. 53, pp. 241-259.

Bordo, M. D. and J. G. Haubrich (2010) "Credit crisis, money and contraction : An historical view," *Journal of Monetary Economics*, Vol. 57, pp. 1-18.

Caballero, R. J., T. Hoshi and A. K. Kashyap (2006) "Zombie Lending and Depressed Restructuring in Japan," NBER Working Paper Series.

Claessens, S., M. A. Kose and M. E. Terrones (2010) "The global financial crisis : How

similar? How different? How costly?," *Journal of Asian Economics*, Vol. 21, pp. 247-264.
Dabrowski, M. (2010) "The global financial crisis : Lessons for European integrations," *Economic Systems*, Vol. 34, pp. 38-54.
Kim, Y. J. (2008) "The role of corporate governance system in magnifying the impact of exogenous changes on the economy with self-fulfilling crisis," *Japan and the World Economy*, Vol. 20, pp. 453-478.
Longstaff, F. (2010) "The subprime credit crisis and contagion in financial markets," Journal of Financial Economics, OnlineFirst.
Miyakoshi, T. and Y. Tsukuda (2004) "The causes of the long stagnation in Japan," *Applied Financial Economics*, Vol. 14, pp. 113-120.
Miyakoshi, T. and Y. Tsukuda (2007) "Assessments of the program for financial revival of the Japanese banks," *Applied Financial Economics*, Vol. 17, pp. 901-912.
Miyakoshi, T. (2009) "The Lost Decade of Japan: A Survey," *The Keizaigaku*, Vol. 70, pp. 27-48.
Nadenichek, J. (2007) "Consumer confidence and economic stagnation in Japan," *Japan and the World Economy*, Vol. 19, pp. 338-346.
Naifar, N (2010) "What explains default risk premium during the financial crisis? Evidence from Japan," *Journal of Economics and Business*, OnLine First.
Reinhart, C. M. and K. S. Rogoff (2008) "Is the 2007 US Sub-Prime Financial Crisis So Different?," *American Economic Review* : Paper & Proceedings, Vol. 98 (2), pp. 339-344.
Reinhart, C. M. and K. S. Rogoff (2009) "International Aspects of Financial-Market Imperfections," *American Economic Review* : Paper & Proceedings, Vol. 99 (2), pp. 466-472.
von Hagen, J. et al. (2011) "Government bond risk premiums in the EU revisited : The impact of the financial crisis," *European Journal of Political Economy*, Vol. 27, pp. 36-43.
Wang, J-C. (2010) "The strategies adopted by Taiwan in response to the global financial crisis, and Taiwan's role in Asia-Pacific economic integration," *Japan and the World Economy*, Vol. 22, pp. 254-263.
Zhang, W. et al. (2010) "How does the US credit crisis affect the Asia-Pacific economies ? : Analysis based on a general equilibrium model," *Journal of Asian Economics*, Vol. 21, pp. 280-292.
福田他（2010）「2つの金融危機とわが国の企業破綻」日本銀行ワーキングペーパーシリーズ，No. 10-J-16，2010年12月．

第3章

金融危機と日本の量的緩和政策

本多佑三・立花　実

要　旨

　2001年3月から2006年3月にかけて，日本銀行は量的緩和政策を採用した．本章では，この日本銀行が採用した量的緩和政策に政策効果があったか否かを検証する．そうすることで，リーマン・ショック後に実施されたアメリカやイギリスの非伝統的金融政策の効果を間接的に評価することも可能となる．分析のフレームワークとしては，VARを用いたHonda, Kuroki, and Tachibana（2007）および本多＝黒木＝立花（2010）（以下，HKT）のモデルを拡張し推定を行った．具体的には，量的緩和政策を実施した期間の前後の期間も含めてHKTの標本数を増やし，さらに量的緩和政策の実施期間に関する先験的情報を有効に利用した．本章の主な結論は2つある．第一に，標本数を増加させた別のモデルを用いても，HKTで得られた質的な結論は変わらない．すなわち，日銀当座預金残高の増額は，株価を上昇させ，その後，生産を増加させる．第二に，日銀当座預金残高1兆円の増額は，株価を0.2%から0.9%の範囲で上昇させ，生産を0.03%から0.18%の範囲で増加させた．最後に，今次の世界的な金融危機時にアメリカやイギリスが採用した非伝統的な金融緩和政策に関しては，大量のベース・マネーの民間経済への注入という一側面だけを取り上げても，これらの政策には実体経済への有意な政策効果があったものと推測される．（JEL Classification Number : E 44, E 52）

キーワード

量的緩和，貨幣注入，ポートフォリオ・リバランス効果，株価チャネル，ベクトル自己回帰モデル

1. はじめに

　2008年9月のリーマン・ブラザーズの破綻を契機として，世界的な金融危機および経済不況が発生した．当時「100年に一度の危機」とまで言われたこの難局に対処すべく，世界各国の中央銀行は金融緩和を実施し，1930年代の大恐慌の再来を未然に防ごうとした．とりわけ危機の震源地であったアメリカでは，連邦準備理事会（FRB）が「信用緩和」や「量的緩和の第2弾（Quantitative Easing 2 : QE 2)」など，非伝統的かつ大規模な金融緩和手段の採用に踏み切った．また，イギリスでも「量的緩和」が採用された．

　こうしたアメリカやイギリスが採用した非伝統的な金融緩和政策の効果を定量的に評価することは，学界および政策担当者にとって今後重要なテーマとなるであろう[1]．しかし同時に，次節で詳述するが，今回のアメリカやイギリスの政策対応を直接的に評価しようとしても，標本数の少なさなどを理由に現時点では十分に信頼に足る分析結果が得られないと思われる．だが幸い，今回のアメリカやイギリスの例に先駆けて，2001年3月から2006年3月にかけ日本で量的緩和政策が実施されていたという事実がある．本章では，この日本銀行が採用した量的緩和政策に政策効果があったか否かを検証する．そうすることで，今次の世界的な金融危機時にアメリカやイギリスで採用された非伝統的な金融緩和政策の効果を間接的に評価することも可能となる．

　加えて本章の検証には，さらに2つの目的がある．第一に，既述の通りアメリカやイギリスでは，リーマン・ショック後いち早く，そして大規模な形で信用緩和あるいは量的緩和が採用された．しかし他方で，日本やユーロ圏では量的緩和政策の採用は見送られた．こうした政策対応の違いが見られた要因のひとつに，短期金利がゼロ・パーセントないしは極めて低い水準において，大量のベース・マネーの注入が，本当に実体経済の活動を活発化させることになるのか否かについて，学界・中央銀行関係者の意見が分かれていることがある．低金利下でも大量にベース・マネーを注入すれば実体経済を活性化できることがはっきり分かれば，そのことは積極的に量的緩和政策を採用することの有力な支援材料となる．反対に，量的緩和政策に効果がないと認められれば，将来

---

[1] Del Negro et al.（2010）は，理論モデルとシミュレーションを用いて，アメリカが採用した非伝統的金融政策によって大恐慌の再来を防ぐことができたと報告している．

のインフレやバブルなどの副作用のリスクを冒してまで,量的緩和政策を実施する意味はないだろう.量的緩和政策の効果をデータを用いて検証することには,現在の日本の金融当局にとっても実践的な意義がある.

　第二に,短期金利がゼロ・パーセントないしは極めて低い水準における,大量のベース・マネーの注入が,政策効果を持つか否かという問題は,学問的にも重要な意味をもつ.そもそもなぜ学界で意見が分かれているのかといえば,政策効果がないという有力な理論が古くから存在するからである.金利が下限に達している状況下で貨幣を注入しても,実体経済への効果はほとんどないという,いわゆる「流動性のわな」の議論がそれである.この考えは,形を変えて今日でも受け継がれている.例えば,Eggertsson and Woodford(2003)やCurdia and Woodford(2010)も,動学的一般均衡モデルを分析することによって量的緩和政策には効果がないことを示している[2].

　これに対して,Clouse et al.(2003),Bernanke and Reinhart(2004)およびBernanke et al.(2004)によれば,短期金利がゼロであったとしても,ベース・マネーの増加が政策効果を持ちうると主張している.量的緩和政策が政策効果を有するか否かに関しての既述の2つの見解は,それぞれの仮定の下では論理的に一貫しており正しいと思われる.しかしながら,両者は全く相対立する結論に到達した.したがって,量的緩和政策に効果があるか否かという問題は,実証分析によって明らかにされるべき問題である.これら2つの理論を検証する経験データはこれまでほとんどなかったが,2001年3月から2006年3月にかけて日本で実施された量的緩和政策が,我々に検証の機会を与えてくれることとなった.この期間の日本のデータを用いて量的緩和政策の効果を検証することで,上述の学術的な論争にも貢献できよう.

　ここで,本章では,中央銀行が短期市場金利をゼロ・パーセント(あるいはその近傍)に誘導するのに十分なベース・マネーの量を超えて,ベース・マネーをさらに供給し続けることを指して「量的緩和政策」と定義することにしよう.Bernanke et al.(2004)をはじめとする既述の文献によれば,政策金利である短期金利が下限に到達したとしても,実体経済に影響を与え得る代替的な

---

[2] Eggertsson and Woodford(2003)は,短期金利が下限に達した状況下では,経済主体の予想に働きかけるコミットメント政策が重要だと主張している.Curdia and Woodford(2010)は,量的緩和については実体経済に効果はないものの,信用緩和に関しては金融市場が非常に混乱した局面では効果があることを示している.

金融政策手段が，この量的緩和政策を含め少なくとも3つ考えられる．

　第一は，「期待」を通ずる政策手段である．中央銀行は平時においては短期市場金利に大きな影響力をもつ．そこで，中央銀行が現時点で，将来の金融政策スタンスについて，なんらかの明示的（「デフレ懸念が払拭されるまでゼロ金利政策を継続する」，あるいは「何時何時まで現在の量的緩和政策を継続する」と中央銀行が公表する，というのがその例である）あるいは暗黙のコミットメント（約束）をすることにより，将来の短期金利に関する市場の期待を変化させ，金利裁定を通じて現在の中長期金利に影響を及ぼすことが考えられる．これが「時間軸効果」と呼ばれる効果である．

　第二は，中央銀行のバランス・シートの資産側に注目する政策手段であり，資産の構成を変えることにより，長期金利に影響を与えようとするものである．一般に，長期市場金利は，裁定が働き，短期市場金利に流動性プレミアム（流動性がない，あるいは流動性が低いことに対するプレミアム）とターム・プレミアム（満期までの期間の長さに対するプレミアム）とリスク・プレミアム（債務不履行あるいは倒産のリスクに対するプレミアム）を加えたものと考えることができよう．アメリカ発の今回のような金融危機が起こると，リスク・プレミアムが平時に比して異常に高まる．そうした際に，例えば米FRBが今回そうしたように，中央銀行が民間経済主体が発行する金融資産を大量に購入すれば，民間経済主体のリスクを中央銀行が負うことになる．中央銀行による民間経済主体の発行する金融資産の購入は，リスク・プレミアムの高まりを緩和し，長期金利を下げる効果があると考えられる．効果の大きさは別として，この効果の存在そのものを否定する文献は，現在のところ筆者の知る限りない．

　ただし，中央銀行が民間経済主体の発行する金融資産を大量に購入することは，民間経済のリスクを中央銀行が負担することにもなる．その意味で民間金融資産の中央銀行による大量購入は，伝統的な金融政策の領域から一歩踏み出し，次に説明するように，財政政策の領域にも入り込んでいる点には留意する必要がある（Blinder, 2010）．

　政府には税収という財源が担保されているのに対し，中央銀行にはそれがないので，民間経済の信用リスクを負うのは政府の方が適している，というのが従来の伝統的な考え方である．もし中央銀行が民間経済主体の発行する金融資産を大量に購入し，仮にリスクが裏目にでて，中央銀行が大きな損失を被り，純資本が大幅な赤字になれば，中央銀行の発行する銀行券の信認が失われ，社

会が混乱することになるであろう．また，中央銀行が民間資産を購入する場合，それを発行する特定の会社や特定の業界などに資金が流れることになるが，どの会社あるいはどの業界に資金を流すのかという財政的判断は，本来選挙で選出された国会議員に委ねられるべきであり，その決定権限を選挙で選ばれていない中央銀行職員に無制限に与えることについては議論の余地があろう．

第三の政策手段は，中央銀行のバランス・シートの大きさ自体を変化させるという手段であり，先に定義した量的緩和政策によって実現される．すなわち，中央銀行のバランス・シートの負債側にあるベース・マネーの供給量を拡大させることで，中央銀行のバランス・シートを膨張させ，さらなる金融緩和を狙う政策手段である．量的緩和政策は，「ポートフォリオ・リバランス効果」および「シグナリング効果」を通じて効果を持ち得る．ポートフォリオ・リバランス効果とは，中央銀行によって供給された貨幣を使って投資家が貨幣との代替が不完全な資産を購入する結果，資産価格が上昇し，実体経済を刺激するというものである．また，シグナリング効果とは，準備預金を増額させることがシグナルとなり，市場の抱いている短期金利の将来経路に対する期待を低下させ，それが中長期金利に波及し，実体経済に影響が及ぶという効果である．

実際に日・米・英で採用された量的緩和政策や信用緩和政策は，以上の3つの政策手段が組み合わさったものとなる．例えば，2008年12月に米FRBが採用した信用緩和政策は，民間経済主体が発行する金融資産を大量に購入したという点では既述の第二の政策手段であるが，同時に大量のベース・マネーを民間経済に注入し，米FRBのバランス・シートを拡大させたという点では第三の政策手段でもある．これに対し，2001年から2006年にかけて日本銀行が採用した量的緩和政策は，当該期間に主として購入した資産が国債であったという意味で第三の手段に近いと考えられるが，国債を購入するといった場合でも，満期の短い国債を買うのか長い国債を買うのかで，その政策効果が異なりうるという意味では，部分的には第二の政策手段をも含んでいると言える．

筆者の二人がこれまで携わった研究，Honda, Kuroki, and Tachibana（2007）および本多＝黒木＝立花（2010）（以下ではHKTと略す）では，ベクトル自己回帰（VAR）モデルを用いて，2001年から2006年にかけて日銀が採用した量的緩和政策が物価や生産に及ぼす影響を分析した．この研究は，量的緩和政策が実施された期間のデータを全て含んでおり，かつ効果の波及経路を包括的に調べている点で他の研究とは異なる．分析の結果，量的緩和政策は実体経済に効

果があり，その効果は株価チャネルを通じたものであることが明らかになった．

HKT では，インパルス応答関数，グレンジャーの因果性検定，分散分解の3つの分析手法を用いて調べたが，どの分析道具を用いても同様な結論が得られたという意味では，HKT の結果は頑健であった．しかし，分析対象とした標本期間は量的緩和政策が実施されたわずか5年間であるので，標本数が少ないという意味では，その結論の頑健性に関して疑問が残るという批判があり得る．本章はこうした批判にできる限り応えるために，新しい分析のフレームワークを導入し，量的緩和政策が実体経済に影響を与えたか否かを再検証することを目的としている．

本章の構成は以下の通りである．第2節では，リーマン・ショック後の主要国・地域の金融政策対応を振り返り，本章の分析がこれらの政策対応とどのように関連しているかについて議論する．第3節では，先行研究の紹介と本章の貢献を述べる．第4節では，分析に用いたモデルおよびデータを説明する．第5節では，VAR モデルによる推定結果を報告する．最後の第6節では，本章で得られた結果を要約するとともに，その含意について説明する．

2. リーマン・ショック後の金融政策対応および本章分析との関連[3]

2008年9月のリーマン・ショック後，危機の震源地であるアメリカは，景気対策や金融規制改革などを矢継ぎ早に実施した．とりわけ金融政策について言及すると，FRB は，リーマン・ショック時に2% だった政策金利（フェデラル・ファンド・レート）を，3ヶ月後の2008年12月には0%～0.25% まで引き下げた．そしてさらなる緩和策として，住宅ローン担保証券を1兆2,500億ドル，政府機関債を1,750億ドル，長期国債を3,000億ドル購入した．住宅ローン担保証券や政府機関債の購入は，機能不全に陥っていた住宅関連市場に直接介入し，信用市場を下支えすることを意図した．そのため，この緩和策は「信用緩和」と呼ばれている．さらに2010年11月には，雇用情勢の回復が思わし

---

[3] 本節では，米・英・欧・日の中央銀行がリーマン・ショック後に取り組んだ政策措置のうち，主なものだけを紹介する．その他の政策対応に関しては，日本銀行企画局（2009）や白塚（2010）が参考になる．また，白塚（2010）では，量的緩和政策と信用緩和政策の関係や，日本が採用した量的緩和政策についての解説が詳しい．

くないことから，長期国債を追加的に 6,000 億ドル購入する「量的緩和の第 2 弾（QE 2）」の実施を決定した．

　政策金利をほぼ 0% にまで引き下げたにもかかわらず，さらなる金融緩和を求められる局面に陥っていたのはアメリカだけではなかった．2009 年 3 月に政策金利を 0.5% まで引き下げたイングランド銀行は，さらに 2010 年 2 月までの間に国債等を総額 2,000 億ポンド購入した．この政策をイングランド銀行は自ら「量的緩和」と呼んでいる．欧州中央銀行（ECB）はリーマン・ショック後に，政策金利の引き下げ，資金供給オペの固定金利・無制限化やカバードボンド（資産担保証券の一種）の買い取りなどを導入したほか，ギリシャ危機に際しては財政懸念国の国債購入にも踏み切った．しかし，これら ECB の金融緩和は，総資産額の増加倍率で見ると，FRB やイングランド銀行ほど大胆な規模ではなかった[4]．

　日本銀行は，2008 年 12 月にコール・レートを 0.1% の水準まで引き下げ，1 年後の 2009 年 12 月より 10 兆円規模の固定金利方式・共通担保資金供給オペを開始した．このオペの規模は 2010 年 8 月までに 30 兆円まで拡大した．また，FRB の追加緩和観測や急激な円高を受け，2010 年 10 月には 5 兆円規模の多様な金融資産（国債・CP・社債・ETF・REIT）の買入措置を導入した[5]．しかしながら，総資産額の増加倍率で見ると，ECB と同様に十分な緩和規模だったのか疑問が残る．加えて，リーマン・ショックの影響が時間差をもって日本に波及した点を割り引いたとしても，アメリカやイギリスと比べて緩和のタイミングやスピードが鈍く，小出しであった感も否めない．

　以上のように，政策金利を極力下げた上で，なおも追加緩和を模索したという点で，リーマン・ショック後の主要国・地域の金融政策対応には共通点がある．しかしながら，その追加緩和の性質や規模，タイミングにおいては違いが見受けられる．このような違いが見られたのは，金融危機の国内経済への影響度合いが異なっていたというだけではなく，非伝統的な金融政策手段に対する

---

[4] リーマン・ショック直前の 2008 年 8 月から 2010 年末までの総資産額の増加倍率はそれぞれ，FRB が 2.6 倍（約 9,400 億ドルから約 2 兆 4,700 億ドル），イングランド銀行が 2.8 倍（約 900 億ポンドから約 2,500 億ポンド），ECB が 1.4 倍（約 1 兆 4,500 億ユーロから約 2 兆ユーロ），日本銀行が 1.2 倍（約 110 兆円から約 129 兆円）である．

[5] 同時に日銀は，コール・レートを 0%～0.1% に誘導し，「中長期的な物価安定の理解」に基づき物価の安定が展望できる情勢になったと判断するまで，実質ゼロ金利政策を継続していくことを発表した．これらの政策をまとめて日銀は「包括的な金融緩和政策」と呼んでいる．

評価が定まっておらず，中央銀行間でその効果や副作用についての見解に温度差があったことが原因の一つに挙げられよう．

　前節における「量的緩和政策」の定義に従えば，アメリカが採用した「量的緩和の第2弾（QE 2）」やイギリスの「量的緩和」は，明らかに量的緩和政策に分類される．一方，アメリカが採用したような「信用緩和」は，機能不全に陥った信用市場に狙いを定めて，当該市場の債券を購入することに主眼を置く．どのような資産を購入するかが重要であり，中央銀行のバランス・シートの資産側に信用緩和の結果が表れる．この点で，購入資産を限定せず，バランス・シートの負債側を積み上げることに主眼を置く量的緩和とは異なる．しかしながら，アメリカの信用緩和の実施期間中には，準備預金残高も急激に膨らんだ．つまり，FRBが購入した住宅関連債券や長期国債の額が保有債券の売却額を上回り，結果として市場に多額のベース・マネーが供給された．その意味で，FRBが実施した信用緩和は量的緩和の側面も併せ持つ．

　こうしたリーマン・ショック後のアメリカやイギリスの例に先駆けて，日本では2001年3月から2006年3月にかけ量的緩和政策を実施していた．導入に際して日本銀行は，操作目標をコール・レートから日銀当座預金残高に変更した．日銀当座預金（以下では，「日銀当預」と略す場合がある）の目標残高は2001年3月時点では「5兆円程度」だったが，段階的に引き上げられ，最終的には「30～35兆円程度」まで増額された．そして，実際の日銀当座預金残高も目標額に見合う形で積み上げられた．

　本章の目的は，この日銀が採用した量的緩和政策に政策効果があったか否かを検証することである．本章の分析によって，リーマン・ショック後にアメリカやイギリスが実施した量的緩和政策を間接的に評価することもできる．本章のように，リーマン・ショック後のアメリカやイギリスの金融政策を検証するのではなく，2000年代前半の日本の経験を分析対象とすることには，以下の点で優位性がある．第一に，量的緩和の採用期間が5年間と比較的長く，計量的な分析にある程度耐え得る標本数を確保できる．第二に，日銀が当時ベース・マネーを注入するために購入した資産は，その多くがリスク資産ではなく国債である．そのため，近年のアメリカの経験を分析対象とした場合に問題となるであろう，信用緩和と量的緩和の効果を区別しなければならないという困難な作業から解放される．第三に，分析手法との相性がよい．日本の量的緩和策のケースでは日銀当座預金残高が金融政策の操作目標とされた．その意味で，

日本が当時採用した量的緩和策は「狭義の量的緩和策」とも言える．本章のVARモデルには日銀当座預金残高の変数を含めているが，その日銀当座預金残高が金融政策変数そのものであることから，日銀当座預金残高にかかるショックは金融政策ショックと解釈することが可能となる．

以上の点から，量的緩和政策の効果を検証する上で，2000年代前半に日本が採用した量的緩和策を分析対象とした方が，アメリカやイギリスが実施している量的緩和政策を対象とするよりも，より信頼できる推定結果を得ることができると考えられる．加えて，日本の量的緩和の経験を検証することによって，リーマン・ショック後のアメリカやイギリスの量的緩和政策を評価する際に有力な情報を提供することも期待できる．

3. 先行研究と本章の貢献

量的緩和政策は2つの異なった側面から，経済に効果を持ち得ると考えられる．第一に，ゼロ金利のもとで経済に注入された貨幣が「ポートフォリオ・リバランス効果」や「シグナリング効果」を通じて経済に波及するという，貨幣の量そのものに着目する考え方である．もう一つは，「時間軸効果」と呼ばれ，貨幣の量そのものよりも量的緩和政策に付随する中央銀行のコミットメントを重視する立場である．本章では前者の視点に立って，量的緩和政策の効果を検証している．後者の「時間軸効果」については本章の範疇を超えているが，量的緩和期における時間軸効果を検証した研究を紹介すると，Okina and Shiratsuka (2004)，Baba et al. (2006)，Oda and Ueda (2007)，白塚他 (2010) などがある．概ねこれらの研究では，少なくとも金融市場においては時間軸効果が機能していたという証拠を提示している[6]．

一方，日銀当座預金残高の増加自体に効果があるか否かを検証した先行研究には，前掲のBaba et al. (2006)，Oda and Ueda (2007) や，そのほかKimura and Small (2006)，Kimura et al. (2002)，Fujiwara (2006) などがある．この中でBaba et al. (2006)，Oda and Ueda (2007)，Kimura and Small (2006) は，量的緩和策の金融市場に対する影響のみに分析を絞っている．Kimura and Small (2006) はポートフォリオ・リバランス効果を検証し，日銀当座預金残高

---

[6] ただし，白塚他 (2010) では，時間軸効果は物価や生産といったマクロ経済変数の動学関係を変えるには至らなかったと報告されている．

が増加すると,信用力の高い社債のリスク・プレミアムは下がるが,株式および信用力の低い社債のリスク・プレミアムは逆に上がるという結果を得ている.Oda and Ueda (2007) は,日銀当座預金残高の増加が日本の中長期国債の利回りを下げる効果を持ち,その効果はシグナリング効果を通じたものであると報告している.また,ポートフォリオ・リバランス効果はないとも結論付けている.Baba et al. (2006) は,日銀当座預金残高の増加が譲渡性預金金利のリスク・プレミアムを引き下げる効果を持ってはいなかったことを示している.しかしながら,これらの3つの研究は,いずれもマクロ経済変数に対する影響を調べていない.

Kimura et al. (2002) および Fujiwara (2006) は,VAR に基づく手法を用いて,ベース・マネーの増加が,2つの重要なマクロ経済変数である生産および物価に与える影響を検討している.これらの研究では,金利がゼロの時にベース・マネーを拡大しても,生産および物価に対してはほとんど効果がなかったことを示している.すなわち,彼等が得た実証結果は,量的緩和策のマクロ経済に対する有効性を支持するものではなかった.しかしながら,Kimura et al. (2002) および Fujiwara (2006) における分析対象期間は,それぞれ 1985 年第 3 四半期から 2002 年第 1 四半期までと 1985 年 1 月から 2003 年 12 月までであり,いずれも量的緩和期の初期の期間しか含んでいない.このことはまた,量的緩和を実施した期間が 2001 年 3 月から 2006 年 3 月まであったという重要な先験的情報を利用していないということにもなる.

そこで Honda, Kuroki, and Tachibana (2007) および本多=黒木=立花 (2010) (HKT) では,量的緩和策の全実施期間のデータをすべて含めて分析した.しかも量的緩和策の採用時には,金融政策の操作目標がコール・レートから日銀当座預金残高に変更されたことに配慮し,量的緩和策を実施した期間のみの標本を分析対象とした.VAR を用いた分析結果によると,インパルス応答関数,グレンジャーの因果性検定,分散分解の分析手法のどれをとっても,日銀当座預金目標額から鉱工業生産への因果関係が存在することと矛盾しない結論が得られた.しかも,生産への波及経路をさらに詳しく調べると,日銀当座預金目標額が変化すると,まず株価が変化し,その後で鉱工業生産が変化するという株価チャネルが検出された.

しかし,HKT が分析対象とした標本期間は量的緩和策が実施されたわずか 5 年間であるので,標本数が少ないという問題点がある.そこで本章ではこう

した問題を解決するために，量的緩和策を実施した期間の前後の期間を含め，標本期間を拡大した．このことに伴い，量的緩和期間を他の期間から区別する必要がある．そこでまず，コール・レートを操作目標とするという従来の金融政策の運営方法を，日銀は量的緩和期間も継続しており，当該期間においては，ゼロ金利を選択していたと解釈する．さらに当該期間においては，この従来の金利誘導政策に日銀当座預金残高を操作目標に新たに加えたと解釈する．その上で，当該期間を特定するダミー変数を用いてモデルを特定化した．当該期間を特定するダミー変数を用いることにより，量的緩和の実施期間に関する先験的情報を有効に利用している点が，他の研究者の先行研究とは異なる．

HKT のモデルに比べると，標本数が増加することにより，マクロ変数間の関係の推定・検定の精度が高まることが期待でき，結果的に量的緩和策の効果に関する統計的推測の精度も高まることが期待される．また HKT では，量的緩和策が解除された 2006 年 3 月の標本は分析の対象外であったが，本研究ではこの時点で量的緩和策が解除されたという情報も含まれている．さらに，HKT では検討していなかった，1 兆円規模の日銀当座預金の増加が鉱工業生産や株価を何 % 変化させるのか，といった数量的な推定値を本章では求めている．

4. VAR モデルおよびデータ

内生変数ベクトル $Y_t(n \times 1)$ の動学的プロセスを記述した以下の VAR モデルを考える．

$$Y_t = c + A_1 Y_{t-1} + A_2 Y_{t-2} + \cdots\cdots + A_l Y_{t-l} + B\varepsilon_t \tag{1}$$

ここで $c(n \times 1)$ は定数項ベクトル，$A_i(n \times n)$ は係数行列，$\varepsilon_t(n \times 1)$ は構造ショック・ベクトルを表す．$B(n \times n)$ は，構造ショック・ベクトル ε_t を誘導型の撹乱項ベクトル u_t に変換する係数行列 ($u_t = B\varepsilon_t$) である．

本章で推定する VAR モデルには，内生変数 Y として物価，生産，金融政策変数（コール・レートと日銀当座預金残高），株価が基本的に含まれる．HKT では量的緩和策の伝播経路を特定するために，様々な満期の金利，株価，為替レート，銀行貸出といった金融変数を VAR に入れて推計を試みた．その結果，株価を通じた経路が最もよく量的緩和策の効果波及経路を捉えていた．この

HKT の結果に従い，本章でも量的緩和策効果の媒介変数として株価を VAR モデルに含めている．

しかしながら，用いた変数に関して本章と HKT では2つの違いが見られる．一つ目は，コール・レートに関する取り扱い方である．量的緩和策の実施期間中，コール・レートは一貫してほぼゼロ % の水準にあり，したがって量的緩和策の実施期間のみを分析対象としていた HKT ではコール・レートを VAR に入れる必要性はなかった．一方，本章では HKT の小標本の問題を克服するために，量的緩和期の前後の期間も推定期間として含めている．これら量的緩和期以外のほとんどの期間においては，日銀は専らコール・レートを政策変数として操作しており，なおかつその水準が 0% から僅かだが乖離していた．そのため本章では，コール・レートも金融政策変数として VAR モデルに加えている．HKT との VAR 変数に関する二つ目の違いは，日銀当座預金についてである．HKT では日銀当預の「目標額」を金融政策変数として採用した．しかし本章では，全標本期間で当該変数の整合性を保つために，日銀当預残高の「実績値」を金融政策変数として用いる．

本章の分析は，HKT の推定期間を単純に拡張しただけではない．分析対象期間を延ばした上でさらに，「2001年3月から2006年3月まで量的緩和策を実施していた」という先験的情報を利用した VAR モデルをここでは推定している．その先験的情報は，具体的には次の2つの観点から検討されている．(1) 量的緩和期における日銀当預の影響の大きさは，それ以外の期間と比べ異なっている可能性がある．(2) 量的緩和期における日銀当預の動学的プロセスについても，それ以外の期間と比べ異なっている可能性がある．以上の2つの観点から量的緩和政策の実施期間に関する先験的情報を考慮した VAR モデルを本章では推定する．

具体的には以下の3タイプの VAR モデルを推定する．

VAR モデル (i)：
$$Y = (p, y, r, d1 \times m, s)', \quad c = c_1 + (c_2 \times d1)$$
VAR モデル (ii)：
$$Y = (p, y, r, d1 \times m, d2 \times m, s)', \quad c = c_1 + (c_2 \times d1)$$
VAR モデル (iii)：
$$Y = (p, y, r, d1 \times m, d3 \times m, d4 \times m, s)', \quad c = c_1 + (c_2 \times d1) + (c_3 \times d4)$$

ここで p は消費者物価指数(生鮮食品を除く総合,以下,コア CPI と呼ぶ),y は鉱工業生産指数(IIP),r はコール・レート(無担保・オーバーナイト物),m は日銀当座預金残高,s は日経平均株価をそれぞれ表す.ただし,r 以外の変数については対数変換し 100 を乗じている.なお,紙面の都合上,使用したデータに関するさらに詳しい情報や時系列グラフについては割愛するが,それらについては本章のフルペーパー版である本多・立花(2011)にまとめて掲載されている.

また,$d1$ は量的緩和策の実施期間(2001 年 3 月~2006 年 3 月)では 1,それ以外の期間では 0 の値をとるダミー変数である.$d2$ は逆に,量的緩和期以外の期間(サンプル開始時点~2001 年 2 月および 2006 年 4 月~サンプル終了時点)を 1,量的緩和期を 0 とするダミー変数である.さらに,$d3$ は量的緩和策の採用前の期間(サンプル開始時点~2001 年 2 月)を 1 とするダミー変数,$d4$ は量的緩和策の解除後の期間(2006 年 4 月~サンプル終了時点)を 1 とするダミー変数である.

VAR モデル (i) は,内生変数としてコア CPI,IIP,コール・レート,株価,そして日銀当預残高に量的緩和ダミーを乗じた $d1 \times m$ からなる 5 変数 VAR モデルである.さらに $d2 \times m$ を加えたのが VAR モデル (ii) であり,これは 6 変数 VAR モデルである.VAR モデル (iii) には,$d2 \times m$ の代わりに $d3 \times m$ と $d4 \times m$ が含まれており,7 変数 VAR を構成する.また定数項 c には,それぞれのモデルに合わせて適切なダミー変数を加えている.

これら 3 つの VAR モデルはいずれも,量的緩和期とそれ以外の期間とで日銀当預の効果に構造変化がある可能性を考慮している.モデル (i) では,量的緩和期のみ m は効果があり,それ以外の期間では m の効果はゼロと仮定している.モデル (ii) では,量的緩和期以外の期間でも m に効果がある可能性を考慮している.モデル (iii) では,標本期間を量的緩和期とそれ以前,そして量的緩和策の解除後の 3 期間に分け,それらの期間では m の効果が異なる可能性を考慮している.

また,日銀当預の動学的プロセスについても,量的緩和期とそれ以外の期間とで構造変化があった可能性をこれら 3 つの VAR モデルは内包している.特に,3 つのモデルとも $d1 \times m$ を含んでいるが,この変数を従属変数とする ($d1 \times m$) 式が量的緩和期における日銀当預の動学的プロセスを表す.また,量的緩和期には日銀当預が政策変数であったことから,($d1 \times m$) 式は政策反応関

数とも解釈できる．その一方で，量的緩和期以外の期間では日銀当預が政策変数として採用されておらず，それゆえ日銀当預の動学的プロセスが量的緩和期とは異なっている可能性がある．モデル (ii) では，量的緩和期以外の期間における日銀当預の動学的プロセスを $(d2 \times m)$ 式として捉え，$(d1 \times m)$ 式と区別している．モデル (iii) では量的緩和策以前の日銀当預の動学的プロセスを $(d3 \times m)$ 式で表し，解除後のそれを $(d4 \times m)$ 式で表している．モデル (i) では，量的緩和期にのみ日銀当預が内生的に決定されると仮定しており，それ以外の時期の日銀当預の動学的プロセスについては何ら定式化されていない．

本章では推定期間を1996年1月から2010年3月までとする．標本の開始時点を1996年1月としたのは，Inoue and Okimoto (2008) が1996年1月に構造変化があったと報告していることに依拠している．Inoue and Okimoto (2008) では，1975年1月から2002年12月までのデータを用いてマルコフ・スウィッチングVARモデルを推定している．彼らは，日本の経済システムは2状態モデルで描写できるが，特に1996年1月に顕著な構造変化があったことを見出している．本章では，この時点の構造変化の影響を避けるために，標本の開始時点を1996年1月とした．

構造ショックの識別（すなわち (1) 式の B の推定）には，HKTと同様に，同時点の変数間に逐次制約を課すコレスキー分解を採用する．変数の順序については，上記VARモデル (i)〜(iii) の Y に記された要素の順序と同じとする．すなわち，コアCPI，IIP，コール・レート，ダミー変数×日銀当預残高，株価の順に並べる．この順番は，日銀が政策変数を決める際には同時点の物価水準と生産高を観察しているが，その物価水準および生産高は，金融政策ショックに対して1期遅れて反応するという仮定に基づいている．さらに，株式市場がマクロ経済ショックや金融政策ショックに対し即座に反応することも仮定している．このマクロ経済変数，金融政策変数，金融変数という順番は，Christiano et al. (1999) に従っている．

本章で提案した新たな3つのモデルにおけるクロスのダミー変数（ベース・マネーとダミー変数の掛け算の変数）は，いずれも量的緩和政策の効果をとらえるための代理変数である．したがって推定したモデルは，量的緩和政策の代理変数を導入したリカーシィヴな構造型VARモデル（recursive structural VAR）である．

最後に，VARのラグ次数 l については，いずれのモデルも4ヶ月で統一し

た．これは，本多・立花（2011）で行われた予備推定（2）で赤池情報量基準（AIC）に基づき選択されたラグの長さと同じ値である．なお，予備推定（2）というのは，内生変数を (p, y, r, m, s) とした5変数VARの推定のことである．

また，次節にある予備推定（1）というのは，HKTの再現を試みるために量的緩和期のデータのみを用いて推定したもので，この場合の内生変数も (p, y, r, m, s) の5変数である．ただし，予備推定（1）のラグ次数は，HKTと同じ2ヵ月である．これら予備推定（1），（2）の結果については，本多・立花（2011）を参照されたい．

5. 推定結果

本節では，VARモデル（i）〜（iii）の推定結果を報告する．図3-1は，量的緩和ショックに対する各変数のインパルス応答関数を表す．1列目にはモデル（i），2列目にはモデル（ii），3列目にはモデル（iii）の結果をそれぞれ掲載している．どのパネルについても，$d1 \times m$ の正のショックに対する動学的反応を表している．ただし，結果の比較を容易にするために，量的緩和ショックの大きさは全て7.383%の正のショックに揃えた．この値は，本多・立花（2011）で行われた予備推定（1）と同じ値である．なお，図の実線はインパルス応答関数の点推定，点線は90%の信頼区間の上限と下限を表している．信頼区間の推定は，モンテカルロ・シミュレーションの500回の繰り返しにより求めた．また，図の横軸は，既述の量的緩和ショックを与えてから経過した月数を表している．

まずはコアCPIの動学的反応についてだが，モデル（i）では正の有意な反応を示している．しかし，点推定の大きさは0.01%未満であり，非常に小さい．モデル（ii），（iii）のコアCPIの反応については，全ての期間で有意ではない．これらの事実から，量的緩和策は物価に対しては効果がほとんど無かったと言えよう．

次にIIPのインパルス応答関数についてだが，いずれのモデルについても正の反応を示し，かつ緩和ショック後1年以内の期間については一部で有意な推定結果が得られた．しかし，その影響の大きさはモデル間で異なっており，モデル（i）が最も小さく，モデル（iii）が最も大きい．実際，表3-1のパネルAには，インパルス応答関数のピーク時における値（点推定）を掲載してい

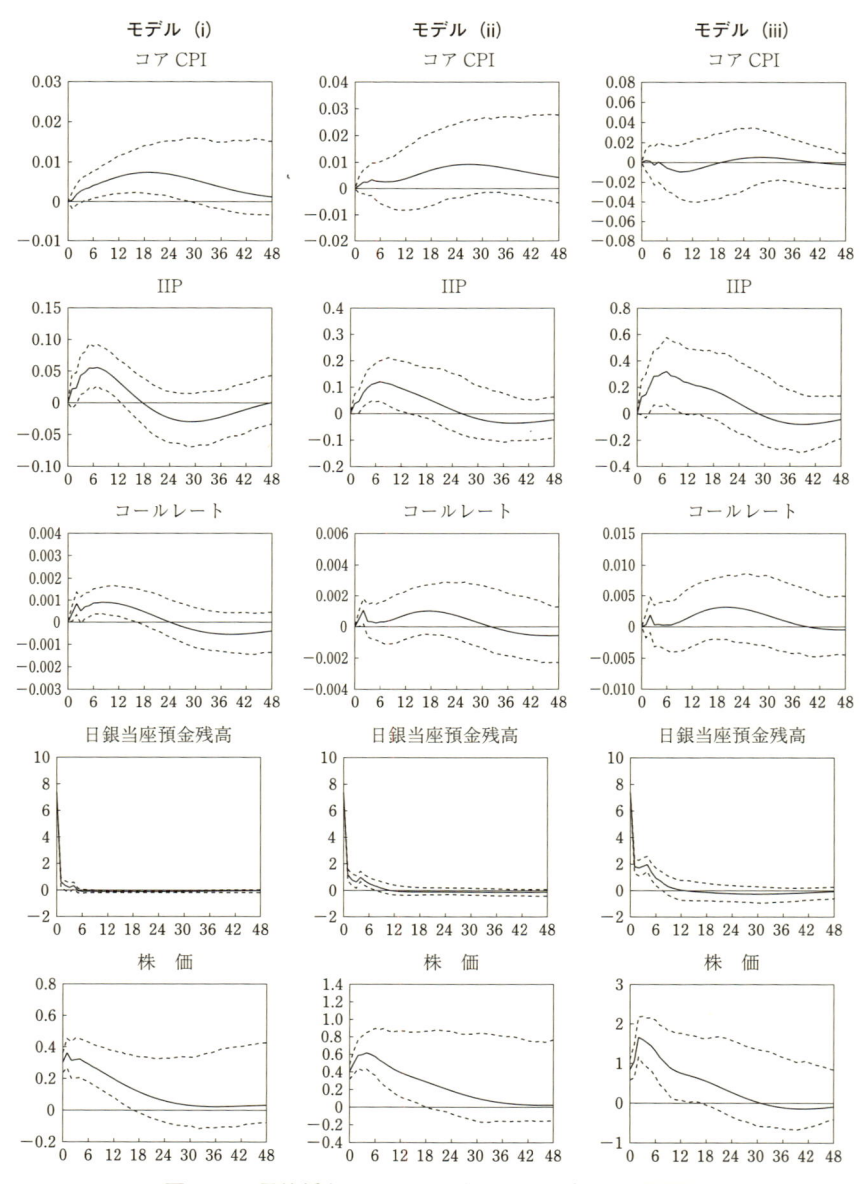

図3-1 量的緩和ショックに対するインパルス応答関数

注） 実線は点推定，点線は90％の信頼区間の上限と下限を表す．横軸は，量的緩和ショックを与えてから経過した月数を表している．縦軸の単位は，本文の第4節を参照．

表 3-1 量的緩和ショックの効果（点推定，ピーク時の反応の大きさ）

パネル A．1 標準偏差（7.383%）の量的緩和ショック

	モデル (i)	モデル (ii)	モデル (iii)	HKT	予備推定 (1)
コア CPI	0.01% (19 ヶ月後)	0.01% (27 ヶ月後)	0.01% (28 ヶ月後)	0.04% (24 ヶ月後)	0.01% (23 ヶ月後)
IIP	0.06% (7 ヶ月後)	0.12% (7 ヶ月後)	0.32% (7 ヶ月後)	0.55% (9 ヶ月後)	0.59% (7 ヶ月後)
株価	0.36% (1 ヶ月後)	0.62% (4 ヶ月後)	1.66% (2 ヶ月後)	3.87% (6 ヶ月後)	3.40% (5 ヶ月後)

注）括弧内は，量的緩和ショックが発生してから反応がピークに達するまでの期間を表す．

パネル B．1 兆円（日銀当座預金残高：24 兆円→ 25 兆円）の量的緩和ショック

	モデル (i)	モデル (ii)	モデル (iii)	HKT	予備推定 (1)
コア CPI	0.00%	0.01%	0.00%	0.02%	0.01%
IIP	0.03%	0.07%	0.18%	0.30%	0.33%
株価	0.20%	0.34%	0.92%	2.14%	1.88%

るが，IIP への影響はモデル (i) とモデル (iii) で約 6 倍の開きがある．

再び図 3-1 に戻ろう．いずれのモデルについても，量的緩和ショックに対しコール・レートは負の有意な反応を示していないことから，流動性効果は検出できなかった．しかし，量的緩和期にはコール・レートはほぼゼロ % の下限に達していた．コール・レートにこれ以上の低下余地がほとんど存在しない中で，流動性効果が見られなかったのは当然だろう．

株価のインパルス応答関数に目を移すと，量的緩和策は株価に対し正の有意な影響を持っていることが分かる．しかし，IIP と同様に，その影響の大きさはモデル (i) が最も小さく，モデル (iii) が最も大きい．表 3-1 のパネル A を見ると，モデル (iii) における株価のピーク時の反応はモデル (i) の 5 倍弱ある．

以上のインパルス応答関数の結果は，標本期間を量的緩和期のみに絞った HKT や予備推定 (1) の結果と質的には同じである．すなわち，量的緩和期の前後の期間を標本期間に含めて推定しても，量的緩和策は株価を引き上げ，その株価上昇によって生産が増加したという株価チャネルを示唆する結果が得られた．しかしながら，その効果の大きさについては，標本期間を拡張したことで大幅に小さくなった．表 3-1 のパネル A には，HKT および予備推定 (1) の推定結果も併せて掲載されている．モデル (i) の IIP と株価の反応の大きさは，HKT や予備推定 (1) と比べ 10 分の 1 程度に縮小した．モデル

(i)～(iii) の中では最も大きな効果を検出したモデル (iii) でさえ，HKT や予備推定 (1) と比べると，IIP と株価への効果はともに 2 分の 1 程度の大きさである．

続いて，量的緩和策の効果の大きさを解釈しやすい形として表現するために，1 標準偏差の量的緩和ショックではなく，1 兆円の緩和ショックが起こった場合の効果を再計算した．表 3-1 のパネル B の数値は，パネル A に報告されている値を，日銀当預残高を外生的に 1 兆円増加させた場合の効果に換算したものである．ここで，本章では変数に対数変換を施した上で推計しているため，同じ 1 兆円の増加でも，増加前の日銀当預残高の水準に応じて，その効果の値が変化してしまう．そのためパネル B では，量的緩和期における日銀当預残高の平均値である 24 兆円を基準とし，その 24 兆円から 1 兆円増加した場合の効果を求めている．この表より，ピーク時の点推定ベースでは，1 兆円の量的緩和は株価を 0.2% から 0.9% の範囲で上昇させ，生産を 0.03% から 0.18% の範囲で増加させたことが分かる．

以上の結果は，リーマン・ショック後の世界的な金融危機時にアメリカやイギリスが採用した非伝統的な金融緩和政策を支持するものである．もちろん，日本とアメリカやイギリスとでは金融・経済構造が異なることから政策波及経路の性質や効果の大きさには違いがあるだろう．しかしながら，量的緩和政策が有効だったという本章の本質的な結果は，今回のアメリカやイギリスの量的緩和政策を評価する上でも貴重な情報を提供している．

最後に，日銀当預残高の増加効果が，量的緩和期とそれ以外の期間で異なるか否かを検証する[7]．とりわけモデル (iii) では，量的緩和政策の期間中だけでなく，量的緩和政策の採用前ならびに解除後における日銀当預残高の増加効果も併せて測定できる[8]．採用前の効果については変数 $d3 \times m$ の正のショッ

---

7) ただし，量的緩和期とそれ以外の期間とでは，日銀当預ショックに対する解釈が本質的に異なる．即ち，量的緩和期にのみ日銀当預残高が金融政策の誘導目標として採用されたという事実から，量的緩和期における日銀当預ショックは基本的には金融政策ショックを表すのに対し，それ以外の期間における日銀当預ショックには，金融政策ショックだけでなく実体経済からのショックもある程度含まれていると考えられる．それゆえ本章では，量的緩和期以外の期間で日銀当預残高を変化させたショックを「量的緩和ショック」とは呼ばず，「日銀当預ショック」と呼ぶことにする．

8) 2008 年 10 月開催の金融政策決定会合の決定により，日本銀行は準備に 0.1% の利息を付けるようになった．このことは，銀行のポートフォリオ行動に影響を与えるので，モデルにおいてもこの制度変更を考慮に入れることが本来は望ましい．しかし，もしこのことをモデル化すると，

クに対するインパルス応答関数，解除後の効果については変数 $d4×m$ の正のショックに対するインパルス応答関数をそれぞれ求めることで確認できる．図 3-2 に，正の日銀当預ショックに対するインパルス応答関数を期間ごとに示した．1列目は量的緩和政策の採用前，2列目は解除後，3列目は採用期間中の動学的効果である．なお，3列目のパネルは，図 3-1 の 3列目と同じものである．

この図を見ると，量的緩和政策の採用前と解除後の時期でも，量的緩和期と同様に，日銀当預の増加は株価を押し上げ，生産を増やす効果を持つことが分かる．しかし，これら 3 つの期間の間には，IIP と株価のインパルス応答関数に僅かだが違いも見られる．まず IIP のピーク時の反応を点推定で比較すると，量的緩和期が 0.32％（7ヶ月後），解除後が 0.33％（7ヶ月後）とほぼ同じ値なのに対し，採用前の時期では 0.25％（15ヶ月後）と他の 2 期間に比べその値は小さく，ピークを迎える時期も遅い．また，量的緩和期と解除後では点推定では同じような値だが，統計的な有意性に目を向けて比較すると，量的緩和期ではショックの 3～10ヶ月後にかけて IIP の反応が有意であるのに対し，解除後には有意な期間がほとんど見られない（12ヶ月後と 16ヶ月後のみ僅かながら有意）．

一方，株価の反応については，点推定のピーク時が量的緩和期では 1.66％（2ヶ月後），採用前が 0.77％（5ヶ月後），解除後が 1.37％（2ヶ月後）となり，量的緩和期が最も大きく，特に採用前と比べると 2 倍以上の差が見られる．さらに，ショックが生じた直後の株価の反応にも，3つの期間の間で違いが見られる．量的緩和期には，日銀当預ショックが起こったのと同時期に株価はプラスに反応しているが，採用前にはショック後の 2ヶ月後，解除後はショックの 1ヶ月になって初めてプラスの反応を示している．量的緩和期間中には日銀当預の目標残高に変更があった場合，その内容をすぐに公表していた．このアナウンスが，株式市場への迅速な効果波及に貢献したのであろう．

総じて日銀当預の変化が株価や生産に与える影響は，量的緩和期の方が解除後に比べ僅かに大きく，そして採用前が最も小さいと言えよう．しかしながら，そのような反応の違いも，信頼区間まで含めて考えると有意な差はないかもしれない（特に量的緩和期と解除後の期間について）．それでは，量的緩和期とそれ以外の時期とでは，何か決定的に異なる点があるのだろうか．日銀当預残高の

パラメータの数が増えすぎるので，本章では，期間を 3 期間に分割したモデル（iii）で部分的に対応することにした．

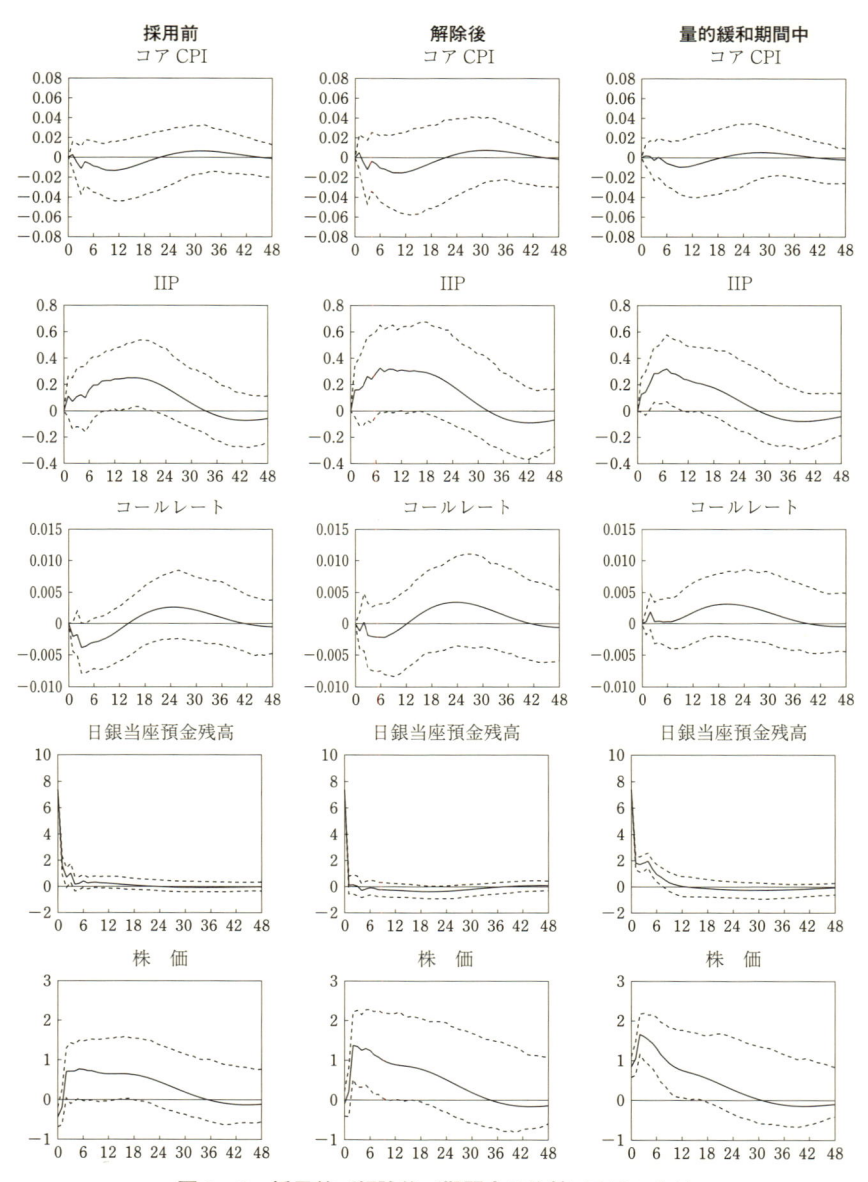

図 3-2 採用前／解除後／期間中の比較（モデル (iii)）

注) 実線は点推定，点線は 90% の信頼区間の上限と下限を表す．横軸は，量的緩和ショックを与えてから経過した月数を表している．縦軸の単位は，本文の第 4 節を参照．

推移をグラフで見ると（当該グラフは本多・立花（2011）を参照），量的緩和期には，その政策を裏付ける形で日銀当預残高が顕著に増加した一方で，量的緩和期以外の期間では，一部の時期を除いて日銀当預残高が低い水準で推移していた．このことから，量的緩和期には大規模な日銀当預の増加とその頻度の多さによって，他の期間と比較して大きな政策効果を持っていたと推察できる．言い換えると，量的緩和期には日銀当預の増加が大規模かつ頻繁に起こったため，インパルス応答関数で観測されたような効果が，他の期間と比べより大きな規模で数多く顕現したのではなかろうか．もしこの推察が正しければ，短期金利がほぼゼロ％の下でも十分な政策効果を持ち得るためには，量的緩和策の枠組みの下で，ベース・マネーを小出しではなく積極的に増やすことができるか否かが決定的に重要だと言える．そういう意味で，日本の量的緩和政策だけでなく，その大胆な緩和規模が目を引くリーマン・ショック後のアメリカやイギリスの金融政策対応も，十分な政策効果を持っていたと予想される．

6. おわりに

本章では，HKTとは異なる分析フレームワークを用いて，量的緩和の政策効果を再検証した．その結果，第一に，HKTで得られた量的緩和政策効果の質的な結果を再確認した．即ち，短期金利がほぼゼロ％の下でも大量のベース・マネーの注入は，株価を引き上げ，その後，生産を増加させる．第二に，ベース・マネー注入の量的な効果についても推定した．本章のモデルによれば，日銀当預残高の1兆円の増加は，株価を0.2％から0.9％の範囲で押し上げ，鉱工業生産を0.03％から0.18％の範囲で増加させていたことになる．ちなみに，HKTにおける株価への効果は2.1％，鉱工業生産への効果は0.3％であり，本章で標本期間を拡張したことで，これらの値が修正された．

本章およびHKTの分析結果より，以下のような経済学へのインプリケーションを導くことができる．それは即ち，貨幣と債券のみの2資産モデルを用いて低金利下の金融政策の有効性を議論すると，誤った結論に陥る危険性があるというものである．本章およびHKTの結果は，既に十分に低位にとどまっている金利ではなく株価が量的緩和策の効果を伝える媒介変数となったことを示唆している．現実経済では株式を含め多様な資産が存在する．そのような多様な資産を考慮した「多資産モデル」が低金利下の金融政策効果を議論する上で

必要になるだろう．

　もう少し具体的に2資産モデルと多資産モデルの本質的な違いを理解するために，2資産モデルと3資産モデルを比べてみよう．例えば，IS-LM モデルのような2資産モデルにおける貨幣と国債の相対価格は利子率ひとつである．2資産モデルにおいて，利子率が非常に低い水準にある場合には，中央銀行がベース・マネーをいくら注入しても，キャピタル・ロスを恐れる人々は国債を保有しようとはしないので，貨幣に対する需要は無限大となり，利子率が変化しない状況が出現しうる．いわゆる「流動性のわな」と呼ばれる状況である．しかし，貨幣，国債，株式の3資産モデルを考えれば，これら3資産に対するそれぞれの需要は，国債の収益率である利子率と株式収益率の両方に依存することになるので，「流動性のわな」の議論は成立しなくなる．

　現に，HKT における時系列分析の結果では，量的緩和期間中の日銀当預の増加に対して，長期国債利回りは上昇した．長期国債利回りについては，ポートフォリオ・リバランス効果が流動性効果やシグナリング効果を上回ったようにみえる．また，HKT においても本章においても，日銀当預の増加に対し，株価は有意に上昇した．つまり，「流動性のわな」が示唆するような結果にはならなかったのである．

　今次の世界的な金融危機に際し，米 FRB が採用した信用緩和策および量的緩和策をどう評価すべきであろうか．米 FRB による大量の民間金融資産の購入が長期利子率におけるリスク・プレミアムをどの程度下げ，民間経済をどの程度刺激したのか，あるいは政策実施後に観察された原油をはじめとする一次産品価格の上昇にどの程度影響を与えたのかなどの問題は，興味深い問題であり，今後の研究成果が待たれる．しかし，こうした問題とは別に，米 FRB の民間資産購入に伴う大量のベース・マネーの民間経済への供給が，単にアメリカ経済における流動性を増加させただけでなく，生産活動を活発化し，景気を下支えするのに大いに役立ったというのが本章から得られる推測である．

　わが国において量的緩和政策を実施した期間がわずか5年間であったことを考慮すると，どのような手法を用いて分析したとしても，断定的な結論を下すことは難しい．しかし同時に，この5年間の経験は貴重な経験であり，事実を客観的に分析することにより，政策効果への理解を深め，今後の政策運営に生かすことが重要である．本章がそうした方向への第1歩となることを願うものである．

謝　辞

　本章を準備するのにあたり，浅子和美，安孫子勇一，岩井克人，植田和男，小川一夫，翁百合，小野善康，粕屋宗久，小枝淳子，地主敏樹，白塚重典，瀬古美喜，田中敦，高屋定美，中尾田宏，中島清貴，畠田敬，浜田宏一，福田充男，福田慎一の各氏との議論が有益であった．また，日本学術会議経済学委員会・資産市場とマクロ経済分科員，東京大学金融教育研究センター＝日本政策投資銀行設備投資研究所，関西社会経済研究所，MEWの各研究会において，報告の機会が与えられ，多くの有益なコメントを頂戴した．さらに，本研究を進めるにあたって，科学研究費補助金・基盤研究（A）（課題番号21243027）の助成を受けた．記して，謝意を表したい．

参考文献

Baba, Naohiko, Motoharu Nakashima, Yosuke Shigemi and Kazuo Ueda (2006) "The Bank of Japan's Monetary Policy and Bank Risk Premiums in the Money Market," *International Journal of Central Banking*, Vol. 2, pp. 105-135.

Bernanke, Ben S. and Vincent R. Reinhart (2004) "Conducting Monetary Policy at Very Low Short-Term Interest Rates," *American Economic Review*, Vol. 94, pp. 85-90.

Bernanke, Ben S., Vincent R. Reinhart and Brian P. Sack (2004) "Monetary Policy Alternatives at the Zero Bound : An Empirical Assessment," *Brooking Papers on Economic Activity*, pp. 1-100.

Blinder, Alan S. (2010) "Quantitative Easing : Entrance and Exit Strategies," *Federal Reserve Bank of St. Louis Review*, pp. 465-480.

Christiano, Lawrence J., Martin Eichenbaum and Charles L. Evans (1999) "Monetary Policy Shocks : What Have We Learned and To What End ?" In : John B. Taylor and Michael Woodford (Ed.), Handbook of Macroeconomics 1A, Elsevier, North Holland, pp. 65-148.

Clouse, James, Dale Henderson, Athanasios Orphanides, David H. Small and P. A. Tinsley (2003) "Monetary Policy When the Nominal Short-Term Interest Rate is Zero," *Topics in Macroeconomics*, Vol. 3, Article 12.

Curdia, Vasco and Michael Woodford (2010) "The Central-Bank Balance Sheet as an Instrument of Monetary Policy," unpublished.

Del Negro, Marco, Gauti Eggertsson, Andrea Ferrero and Nobuhiro Kiyotaki (2010) "The Great Escape ? : A Quantitative Evaluation of the Fed's Non-Standard Policies" unpublished.

Eggertsson, Gauti B. and Michael Woodford (2003) "The Zero Bound on Interest Rates and Optimal Monetary Policy," *Brooking Papers on Economic Activity*, pp. 139-233.

Fujiwara, Ippei (2006) "Evaluating Monetary Policy when Nominal Interest Rates Are Almost Zero," *Journal of the Japanese and International Economy*, Vol. 20, pp. 434-453.

Honda, Yuzo, Yoshihiro Kuroki and Minoru Tachibana (2007) "An Injection of Base Money

at Zero Interest Rates : Empirical Evidence from the Japanese Experience 2001-2006," Osaka University, Discussion Papers in Economics and Business, No. 07-08.
Inoue, Tomoo and Okimoto Tatsuyoshi (2008) "Were There Structural Breaks in the Effects of Japanese Monetary Policy ? Re-evaluating Policy Effects of the Lost Decade," *Journal of the Japanese and International Economy*, Vol. 22, pp. 320-342.
Kimura, Takeshi, Hiroshi Kobayashi, Jun Muranaga and Hiroshi Ugai (2002) "The Effect of the Increase in Monetary Base on Japan's Economy at Zero Interest Rates : An Empirical Analysis," Bank of Japan, IMES Discussion Paper Series No. 2002-E-22.
Kimura, Takeshi and David Small (2006) "Quantitative Monetary Easing and Risk in Financial Asset Markets," *B. E. Journal of Macroeconomics : Topics in Macroeconomics*, Vol. 6, Iss.1, Article 6.
Oda, Nobuyuki and Kazuo Ueda (2007) "The Effects of the Bank of Japan's Zero Interest Rate Commitment and Quantitative Monetary Easing on the Yield Curve : A Macro-Finance Approach," *Japanese Economic Review*, Vol. 58, pp. 303-328.
Okina, Kunio and Shigenori Shiratsuka (2004) "Policy Commitment and Expectation Formation : Japan's Experience under Zero Interest Rates," *North American Journal of Economics and Finance*, Vol. 15, pp. 75-100.
白塚重典 (2010)「わが国の量的緩和政策の経験——中央銀行バランスシートの規模と構成を巡る再検証」『フィナンシャル・レビュー』平成22年第1号 (通巻第99号), 財務省財務総合政策研究所, pp. 35-58.
白塚重典・寺西勇生・中島上智 (2010)「金融政策コミットメントの効果——わが国の経験」『金融研究』第29巻第3号, 日本銀行金融研究所, pp. 239-266.
日本銀行企画局 (2009)「今次金融経済危機における主要中央銀行の政策運営について」日本銀行調査論文.
本多佑三・黒木祥弘・立花実 (2010)「量的緩和政策——2001年から2006年にかけての日本の経験に基づく実証分析」『フィナンシャル・レビュー』平成22年第1号 (通巻第99号), 財務省財務総合政策研究所, pp. 59-81.
本多佑三・立花実 (2011)「金融危機と日本の量的緩和政策」ディスカッション・ペーパー, 大阪大学大学院経済学研究科, No. 11-18.

第Ⅰ部コメント

福田慎一

第1章「金融革新と銀行行動——金融危機の発生メカニズム」(小川一夫)

　日本経済は1990年代初め以降の長い低迷の中で，2度にわたって深刻な金融危機を経験した．1つは日本のバブル崩壊に起因する金融危機(以下では，「日本金融危機」)，もう1つはアメリカのバブル崩壊に起因する金融危機(以下では，「世界金融危機」)である．小川論文および宮越ほか論文はいずれも，2つの金融危機を比較検討することで，そのメカニズムを考察したものである．ただし，2つの論文は，そのアプローチが大きく異なるだけでなく，その着眼点も大きく異なる．小川論文がどちらかといえば2つの金融危機の類似性を模索したのに対して，宮越ほか論文はその違いにフォーカスを当てていた．

　宮越ほか論文と比較した場合，小川論文は，金融革新に対する銀行行動の変化にフォーカスをあてて2つの金融危機を考察しようとする点で大きな特徴がある．2つの金融危機の原因はさまざまで，小川論文で危機の原因がすべて解明されているわけではない．しかし，危機の広範な原因をとらえようとする宮越ほか論文とは対照的に，小川論文は1つの重要な要因を詳細に検討することで問題の所在を明らかにしようとしている．

　世界金融危機が発生した1つの大きな原因には，アメリカ経済で住宅価格などの資産価格を背景に拡大したサブプライムローン問題がある．問題が顕在化するまで，アメリカでは住宅価格の上昇が目覚しく，アメリカの低所得者層でも，一見近視眼的な借入行動が可能な状態が続いていた．不動産の値上がり期待から，各家計は月々の返済負担を増やすことなく，借入額を増やすことができ，それが住宅価格をさらに押し上げただけでなく，アメリカ国民の旺盛な消費行動を支えたといえる．

　小川論文は，このような現象は，アメリカ発のローカルな不良債権問題が証

券化という金融革新によって増幅された要因が大きいとする．分析では，証券化によって貸出が加速されるメカニズムが明らかにされる．そして，ひとたびサブプライムローンの問題が顕在化し，住宅価格が下落すると，これまでの正の連鎖は負の連鎖へと転じたことが示される．小川論文は，アメリカ発の金融危機の本質を適切にとらえているといえる．

ただ，小川論文で1つ残念なことは，商業銀行のみのデータが用いられたことである．貸出債権の証券化は，伝統的な商業銀行の業務ではなく，住宅ローンの証券化に直接携わった政府系金融機関（ファニーメイやフレディーマックなど），証券化商品を保障したAIGなど保険会社，それに投資銀行など幅広い金融機関がかかわって実現したものである．なかでも，証券化市場における圧倒的に重要な役割を果たしたのは，投資銀行であった．投資銀行によって，貸出債権はRMBSという一次証券だけでなく，CDOという二次証券に転換され，それが幅広い投資家に売却された．危機がアメリカだけにとどまらず，世界全体に広がった際にも投資銀行を通じた証券化の役割は大きかったし，金融機関の破たんが及ぼした影響も商業銀行よりリーマン・ブラザーズなど投資銀行の方がむしろ大きかったといえる．データの制約から，これらのルートをすべて取り入れて分析を展開することは難しい面がある．ただ，多少粗いデータであっても，この点の洞察が加えられていればさらに世界金融危機のメカニズムが明確になったといえる．

また，小川論文では，日本金融危機を分析する際に，1980年代中頃以降本格化した金融の自由化・国際化という金融革新に対して，主として都市銀行や長期信用銀行といった大手行が貸出行動を変化させたことが危機の主要因であることが論じられる．こちらも，日本発の金融危機の本質を適切にとらえた議論である．しかし，「金融革新→銀行行動の変化→金融危機の発生」という連鎖で，日本金融危機を世界金融危機と同様にまとめるにはやや無理があるという印象は否めない．日本金融危機の背景の1つに，金融革新による邦銀の行動変化があったことは事実であるが，世界金融危機以上にそれ以外の要因（たとえば，日本経済の制度疲労など）が与えた影響は無視できないと考えられる．

第2章「サブプライムローン問題の日本経済への影響——日本を襲った2つの金融危機」（宮越龍義・高橋豊治・島田淳二・佃良彦）

日本金融危機と世界金融危機という2つの金融危機を比較した場合，日本経

済が悪化したスピードや短期的なダメージでは後者の影響の方がはるかに深刻であった．しかし，金融面での直接的なダメージに限れば，日本の金融危機下の方がはるかに深刻であった．1990年代末から2000年代初頭にかけて大幅に増加したわが国の不良債権比率は，2002年3月期には8%を超えた．しかし，不良債権比率は，2002年3月期を境に減少に転じ，2006年には主要行では2%未満，全国銀行でも3%未満へと低下した．この傾向は，世界金融危機が顕在化した2008年になっても大きく反転することはなかった．

　宮越ほか論文は，このような問題意識から，2つの金融危機が日本経済に与えたルートを，ショックの伝搬という観点から考察している．推計結果は，有意性がやや低いもののおおむね妥当である．ただ，実際に2つの危機で起こったショックの伝搬ルートは，宮越ほか論文が想定しているものよりもかなり複雑であったと考えられる．たとえば，小川論文でも論じられているように，日本金融危機では，中小企業向け貸し出しを中心に「貸し渋り」が観察されただけでなく，大手・準大手の建設・不動産業向け融資などで「追い貸し」が観察されたことはよく知られている．これは，不良債権比率の増加や自己資本比率の低下が足かせとなって，わが国の金融機関の貸出行動を大きくゆがめた結果として発生したと考えられる．

　一方，世界金融危機下では，「貸し渋り」や「追い貸し」といった現象はわが国ではそれほど顕在しなかった．たとえば，日銀の金融システムレポート（2010年3月号）では，「わが国の金融システムは，局面に応じて銀行貸出が金融資本市場の機能も一部補完しながら，全体として概ね円滑な金融仲介機能を維持してきたといえる」と述べている．これは，前回の金融危機の教訓から危機対応の制度設計が以前に比して整ったことに加えて，世界的金融危機下では，一部を例外として，日本の金融機関の健全性は大きく損なわれることはなかった結果といえる．

　実際，世界金融危機の際には，従来は「追い貸し」が発生していると考えられていた建設・不動産業で逆に黒字倒産が顕在化した．当時，サブプライム問題に端を発した不動産市況の急激な悪化や改正建築基準法の影響による住宅着工の遅れなどから，これらの産業では業況が急速に悪化していた．これが経済全体の景気の急激な悪化とも相まって，直前の決算で黒字であっても今後の回復が見込まれないとして融資がストップされたものと考えられる．これは，この時期，建設・不動産業で「追い貸し」が顕在化しなかった証左といえる．

その一方で，世界金融危機下では，製造業で大幅な赤字に陥った場合でも企業倒産は非常に少なかった．金融機関は，一時的な赤字幅が大きくても，製造業に対しては融資を継続したと考えられる．「貸し渋り」が行われた場合に赤字企業を中心に融資がストップされる傾向があるとすれば，以上の状況は世界同時不況の下で，日本経済では「貸し渋り」は顕在化しなかったことを示唆することになる．

宮越ほか論文でも用いられた時系列分析やイベントスタディは，これら複雑な伝搬ルートをとらえるうえで必ずしも適切な分析手法ではないので，これらのルートをすべて取り入れて分析を展開することは難しい面がある．ただ，洞察力のある結果の解釈を展開するにはより広範な伝搬ルートを念頭に置くことが望まれるところで，論文の意義もそうすればより高まったと考えられる．

第3章「金融危機と日本の量的緩和政策」（本多佑三・立花実）

小川論文や宮越ほか論文とは異なり，本多ほか論文は，2つの危機下で行われた日銀の非伝統的な金融政策の効果を，とくに量的緩和政策という観点から分析したものである．大量のベース・マネーの民間経済への注入という側面を取り上げ，その政策が実体経済への有意な政策効果があったことが示されている．名目金利が事実上ゼロとなった流動性のわなの下で金融政策の役割は限られるが，それでもなお金融政策に期待する声は少なくない．本多ほか論文の問題意識もそこにある．

量的緩和政策の効果としては，高水準のベース・マネーそのものが民間部門のポートフォリオ・リバランス効果（ベース・マネーを貸出など他の資産に代替する効果）を生み出す可能性が理論的には指摘されている．ただ，量的緩和政策期でもわが国の貸出量の減少は続き，貸出量が本格的な増加に転じたのは量的緩和政策が解除された後であった．少なくとも日銀が行ったバランス・シートの規模の拡張では，ポートフォリオ・リバランス効果はほとんど働かなかったという評価がこれまでの研究では大半である．この点で，本多ほか論文はやや先行研究とは整合性がない．

しかし，量的緩和政策期には，短期金融市場や社債市場でリスク・プレミアムが大幅に縮小したことが観察されている．この効果は，今日では「信用緩和」と呼ばれ，「量的緩和政策」と区別されることが多いが，信用緩和が有効に働いたという意味で日銀の量的緩和政策が効果的であったと考えれば，本多

ほか論文の結論は妥当なものといえる．とりわけ，本多ほか論文では，株式市場を通じたルートの重要性が強調されているが，これも間接的には信用緩和効果をサポートするものと推測される．

　もっとも，2000年代前半の日銀の量的緩和政策は，当座預金残高をターゲットにしたものであったが，異なるタイプの金融機関の当座預金残高を同じように高めたわけではなかった．むしろ，日銀が当座預金残高の集計量を政策ターゲットとする一方で，その背後では特定の業態の金融機関でのみ当座預金が積まれる傾向にあった．とくに，外国銀行は，資金量に比して超過準備額が大きく，超過準備額を必要準備額に対する比率でみると，量的緩和政策期では100倍程度にもなっていた．外国銀行に関しては，超過準備が増加してもそれが国内貸出の増加につながったとは考えにくく，この点を分析では考慮することが望ましい．

　図A-1は，外国銀行を除く当座預金残高，外国銀行の当座預金残高，消費者物価指数，鉱工業生産指数，および日経平均株価の4変数の対数値を用いて，本多ほか論文と同様のVARを推計し，その結果得られた鉱工業生産指数の当座預金残高に対するインパルス応答関数の結果を示したものである．データの制約上，推計期間が2005年1月から2011年2月と短く，有意性も低いという限界があった．しかし，鉱工業生産指数は，外国銀行を除く当座預金残高に対しては本多ほか論文と整合的な反応を示したのに対して，外国銀行の当座預金残高に対しては全く異なる反応となった．当座預金残高全体の中で大きなシェアを占めてきた外国銀行の当座預金残高が全く異なる効果をもったことの証左である．これらの点も考慮したより詳細な分析が残された課題といえる．

1. 国内銀行の当座預金に対する生産のインパルス応答

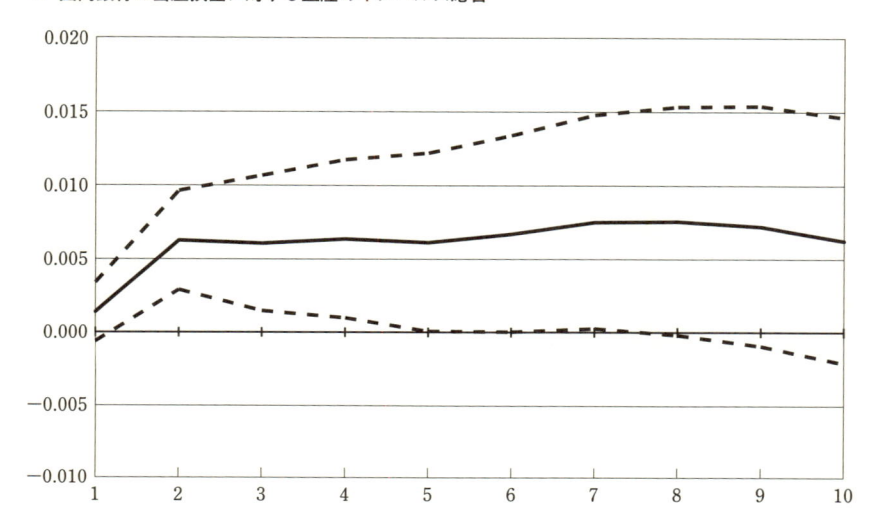

2. 外国銀行の当座預金に対する生産のインパルス応答

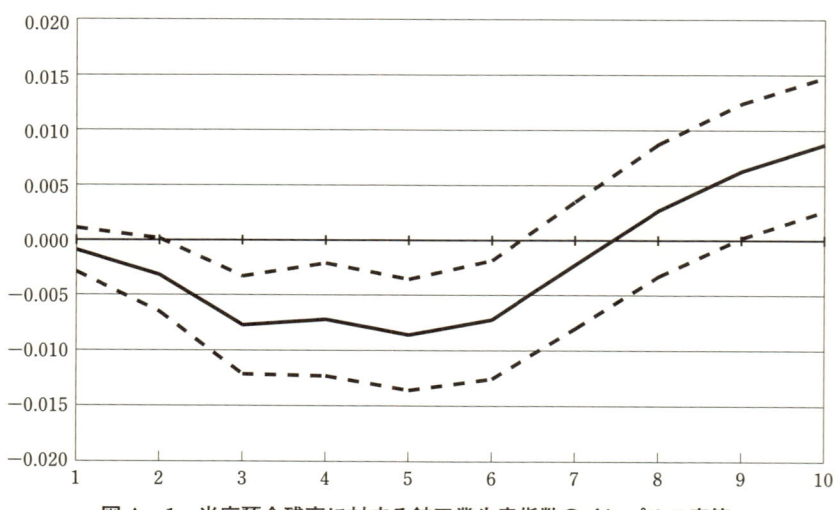

図 A-1　当座預金残高に対する鉱工業生産指数のインパルス応答

第Ⅱ部

資産市場の変化

第4章

バブルと金融システム

柳川範之・平野智裕

要　旨

　バブルはなぜ生じるのだろうか．バブルの生成とその崩壊は，どのようなメカニズムを通じて実体経済に影響を及ぼすのだろうか．本章ではまず，バブルに関して経済理論的に整理することにしたい．その上で，資産バブルの発生メカニズムと金融システムとの関係について分析することにしたい．得られた結果は以下の通りである．バブルは，金融システムの発展の程度が，中程度の状況で生じやすい．このことは，金融システムの改善によって，かえってバブルが発生する可能性があることを示唆している．また，金融システムの発展が比較的遅れた経済では，バブルは長期的な経済成長率を促進する．他方，比較的発展した経済では，成長を鈍化させる．さらに，バブル崩壊後の経済成長パスは，金融システムの質に依存していることが明らかになった．（JEL Classification Number : E 44）

キーワード

バブル，金融システム

1. はじめに

サブプライムローン問題に端を発した金融危機は，世界経済に対して資産バブルの影響の大きさを示すことになった．我が国でも，「バブル」と呼ばれる時期，そして「バブル」崩壊後の経済変動は，日本経済に大きな影響を与えてきた．そのため近年，内外でバブルとその影響に関する論文が書かれている．しかしながら，バブルはなぜ生じるのか，バブルの生成とその崩壊は，どのようなメカニズムを通じて実体経済に影響を及ぼすのかについては，まだ十分に解明されていない部分も多い．特に，資産バブルと金融システムの発展や健全性との関係は，あまり議論されているとは言い難い．そこで本章では，バブルの発生メカニズムと金融システムとの関係について，経済理論的に整理・分析することにしたい．一般的には，不動産や株価等，資産価格の高騰を指して「バブル」と呼ばれることが多い．また資産価格が高騰する時期をバブル経済あるいはその後の大きな景気後退をバブル崩壊後の経済と呼んだりする．しかしながら，これらの論調で使われている，「バブル」という言葉は極めて曖昧であり，どのような面を指しているのか判然としない部分も多い．その中には，経済理論で定義されている「バブル」とは異なった意味で語られているものも少なくない．そこで本章ではまず，資産価格におけるバブルについて経済理論的解説を加えておくことにしたい．その後で，金融システムがバブルの存在やバブルが経済に与える影響にどのように関係しているのかを検討していく．

2. バブルとは何か

2.1 資産価格決定モデル

まず「バブル」とは，どのような現象を指すのか，そして経済理論では，それはどのように整理することができるのか，簡単に説明しておくことにする．一般に「バブル」と呼ばれる場合，それは，「株式や土地などの資産価格が，かなりの期間に渡って，異常に上昇し続けること」と考えられている．しかし，実際には，株式や土地は，様々な理由で上昇するものであり，同じような上昇に直面しても，それがバブルなのかどうなのかで論者の意見が分かれる場合もしばしばである．その場合に「バブル」と呼ぶかどうかの基準は人によって

様々に異なるようであり，上がり方が通常と異なっている場合はバブルなのか？　単に高い値上がり率を経験すればバブルなのか？　あるいは，理由付けが難しい価格の上昇はバブルなのか？　など曖昧な点が少なくない．また，経済理論で説明できない価格上昇をバブルと呼ぶ，と誤解される場合も少なくないが，これは正しい認識ではない．経済理論において，バブルと呼ばれる現象を説明することは可能である．そこでまず，経済理論における資産価格決定メカニズムを簡単に確認しておこう．

　ある資産を転売することはせず，ずっと持ち続ける場合に，その資産が今どの位の価値を持つかを考える．この場合，価値の源泉はその資産から将来生み出される収益（株式であれば配当，土地であれば地代や賃貸料）の合計である．これらの収益がどの位高いかによって，現在の価値つまり，現在支払っても良いと考える価格が決まる．ただし，将来の収益を現在の価値に引き直して考える際には，ある程度割り引いて計算する必要がある．その際の割引の基準となるのは通常は安全資産の名目利子率である．よって，将来の収益の，（名目利子率で割り引いた）割引現在価値の合計が市場価格となる．これが，通常「ファンダメンタルズ」あるいは「ファンダメンタル価格」と呼ばれるものである．後で詳しく述べるように，経済学では，このファンダメンタルズと現実価格との乖離をバブルと定義する．

　ただし，将来どの位の収益をその資産がもたらすかは，かなり不確実で主観的なものである．したがって，ファンダメンタルズというのも，実はきわめて主観的で，その時々に得られる情報によって変化する．この点は，「バブル」と呼ばれる現象を理解する上で，重要なポイントとなる．

　次に，転売の可能性を導入する．しかし，理論的には，転売の可能性を考慮に入れても，価格の決定はほとんど変更を受けず，市場価格はファンダメンタルズに等しくなる．なぜならば，ファンダメンタルズよりも高い価格で購入するということは，将来その資産から生み出される収益よりも高い支払いをすることを意味するからである．よって，論理的に考えれば，誰もファンダメンタルズ以上ではその資産を購入したいと思わないはずである．また逆にファンダメンタルズよりも市場価格が低い場合には，誰もその資産を売却しようとしなくなるはずである．したがって，転売の可能性を考慮に入れても，資産価格はファンダメンタルズに等しくなると考えるのが，通常の資産価格決定理論である．けれども，この議論にはいくつかの問題点や非現実的な仮定が用いられて

いる.そのため,実際には価格がこのように決まらないことも多い.以下では,この点について詳しくみていくことにしよう.

2.2 ファンダメンタルズは予想である

まず,ファンダメンタルズは客観的に決まるものではなく,あくまでも将来の予想に基づくものである.この点を考慮にいれると,議論は上で述べたような単純なものにはならず,もう少し複雑になる.たとえば,投資家によって予想するファンダメンタルズが異なれば,低いファンダメンタルズを予想する人から高いファンダメンタルズを予想する人に,その資産が転売されることは当然ありうる.その場合,低いファンダメンタルズを予想していた人からすれば,ファンダメンタルズより高い価格で売れたことになる.一方,高いファンダメンタルズを予想していた人からすれば,購入価格は(自分の予想する)ファンダメンタルズに等しい.そのため,価格がファンダメンタルズに一致していたとしても,極端にいえば,大多数の人が予想するファンダメンタルズよりも高い価格がつくことはあり得る.

さらに,「バブル」と呼ばれる価格変動と関連が深いのは,情報の変化から生じるファンダメンタルズの変動である.ファンダメンタルズが予想値だということは,予想の基礎となるデータや情報に変化が生じたとすれば,それに基づいてファンダメンタルズも変化することを意味する.そのため,たとえ投資家間の予想に差がないとしても,得られる情報の変化に基づいて価格が大きく上昇したり,暴落したりすることがあり得る.したがって,理論的にはバブルでなく,純粋にファンダメンタルズから価格が決まっていたとしても,資産価格が急騰したり,暴落したりすることはあり得る.巷間「バブル」と呼ばれている資産価格変動の経験も少なくとも一部はこのファンダメンタルズの予想値の変更による部分があると思われる.

予想が変化する要因として挙げられる主なものは,追加情報である.たとえば極端な例を挙げると,宝くじは,当選番号が発表になるまでは,正の価格で売買が成立する.それは,発表以前の情報で判断すると(期待値としては)正の価値(正のファンダメンタルズ)があると考えているからである.けれども,当選番号の発表後は,はずれの宝くじのファンダメンタルズは当然ゼロになる.これは追加情報(当選番号の発表)によって,ファンダメンタルズの値が大きく変化する単純なケースである.

注意すべきなのは，後から得られた情報から判断すると，あたかもファンダメンタルズとはかけ離れた価格の動きをしたようにみえてしまうという点である．たとえば，景気後退の情報が得られて株価が急落した後から判断すると，その情報が得られるまで株価が上昇していたのは，おかしな株価の動きであり，ファンダメンタルズとはかけ離れたプライシングだったと言われがちである．そして，それが「バブル」だったと言われる場合もある．しかし，これは正しい議論ではない．上の宝くじの例でいえば，当選番号の発表後から判断すると，(はずれくじのファンダメンタルズは当然ゼロなので) はずれくじに正の価格がついていたのは，ファンダメンタルズに等しくない，非合理的な価格形成だったということになってしまう．しかし，当選番号発表前時点の情報による判断では，正のファンダメンタルズだと考えるのは，おかしなことではなく，当然この論理は正しくない．この議論は宝くじの例では当然のように思えるが，株式市場でも，同様のことが起こっているにもかかわらず，あとづけの情報から，今までの株価の動きはファンダメンタルズの変化ではない，「バブル」であると主張されてしまう場合がしばしばある．

2.3 投資行動に関するエージェンシー問題

さらに投資家の中には，たとえ更なる転売が不可能であったとしても，ファンダメンタルズよりも高い価格で購入する可能性，つまり，ネット (純益) でマイナスになるような投資を行う可能性も存在する．というのは，機関投資家のように，他人の資金を運用する投資家にとって重要なのは，投資のリターンよりも資金提供者からの評価である場合がしばしばあるからである．

投資家 (正確には資金運用者) は自己資金で投資を行う場合もあるが，資金提供者からの資金を委託運用している場合や，勤めている会社の業務の一環として投資を行っている場合も多い．このような場合には，投資のリターンイコール資金運用者の利益ではない．また，資金提供者と資金運用者との間には，情報の非対称性がある場合が多く資金運用者の評価は，他業者との相対比較による業績評価で行われる場合が多い．このような状況では，資金運用者はたとえファンダメンタルズは今の価格よりももっと低い，つまりネットのリターンはマイナスであると予想していたとしても，他の運用者がその資産を積極的に購入している場合には，同じ行動をとってしまう傾向が出てくる．なぜならば，相対評価の下では他と同じ行動をしている限り損を出しても評価があまり下が

らないが，異なった行動をして損失を出すと大きく評価が下がってしまうからである．もちろん，自己のファンダメンタルズ予想に100％の自信を持っていれば，他の行動を気にすることなく投資を行うだろう．しかし，通常はある程度の不確実性下で判断を行っている．そのため，このような投資の歪みそしてそれによる資産価格の歪みの可能性が出てくる．

2.4 予想の決まり方

今までは，どのような予想が形成されるかは，あまり議論せず経済学が基本的に仮定する合理的予想を主に前提として議論をしてきた．しかし，現実には予想の形成が非合理的な形で行われている可能性も存在する．「バブル」と呼ばれる資産価格の高騰が発生する一つの要因としてはそのような非合理的な予想形成や行動が大きく関係しているかもしれない．そこで，この点について少し議論しておこう．

現実経済においては，合理的根拠がなく，まったく非合理的な形で予想が形成される可能性は存在する．特にシステマティックな形で非合理的な（あるいは非合理的にみえる）予想が形成されている可能性については，十分な検討が必要である．たとえば，一番現実的な状況としては，現在の価格や過去の価格を観察して，それらが高いと，将来の価格がより高まるという予想を形成する可能性がある．その場合，なんらかの一時的なショックによって価格が上がると，それが将来の値上がり予想を生み出して，ますます資産価格が上昇していき「バブル」と呼ばれるような価格の動きをする可能性がある．したがって，このようなシステマティックな形の非合理的な投資家の存在が「バブル」と呼ばれるような資産価格の上昇の発生・持続の原因になる可能性は存在する．

一般的には，今期の価格が高いからといって来期がさらに高くなると予想する合理的な根拠はない．逆に来期には下がると予想するのが合理的な場合も多い．しかし，状況によっては，非合理的だと断定しがたい場合もある．たとえば，情報の非対称性があるため，今期の価格上昇が，将来の高い収益に関するシグナルとなっているような場合，そのシグナルを見て将来のより高い価格を予想することが合理的である場合はあり得る．

また，上で述べたようにエージェンシー問題があると，今期の高い価格が資金提供者の供給可能資金を潤沢にし，資金運用者が運用をしやすくなる可能性も存在する．このような状況は，資金運用者が情報の非対称性等の理由から資

金制約に直面している場合に生じる．このような可能性があると，今期の価格上昇は，他の資金運用者がよりアクティブに投資ができることのシグナルとなるため，場合によっては将来価格の上昇を予想することが合理的になる．したがって，情報の非対称性やエージェンシー問題の存在によって，価格がファンダメンタルズから乖離する場合には，上のような（非合理的にみえるような）予想形成と相まって，資産価格を大きく変動させる可能性が高くなる．

2.5 流動性不足とファイヤーセール

この点に関連して，近年しばしば議論されているのは，流動性不足から発生する資産価格の変動，特に暴落の問題である．この点は，アメリカで発生した金融危機の経験を踏まえて，活発に議論が行われている．本章の今までの検討では，原則として資産の売買には特段の制約は存在しないことが前提とされていた．しかし，現実には，資産を売却しようと思っても瞬時にできない場合も多く，早く売ろうとすれば，割安で売らなければならない場合も少なくない．また，たとえ自分が予想するファンダメンタルズより低い価格がついていて，期待リターンが高い資産だと予想できたとしても，借入れが容易にできないと資産を購入できなかったりする．

このような問題は，経済全体で流動性が不足した場合には，特に顕著となる．アメリカで発生した金融危機では，経済全体で流動性が不足し，投資家が皆，流動性の高い資産を保有しようとしたために，資産の売却が難しくなり，結果としてファイヤーセール（投売り）状態となった．その結果，資産価格は大幅に下落した．つまり流動性不足から，大きくファンダメンタルズを下回る価格がつくことになった．

重要な点は，このようなファンダメンタルズの一時的な低下が，その後のマクロ環境に大きな悪影響をもたらしたと考えられる点である．そのため，一時的な資産価格の低下は，ファンダメンタルズを下回るものだったとしても，それが実体経済を悪化させると，結果としてファンダメンタルズを低下させる．現実の金融危機は，このような悪循環が発生した可能性が高いと考えられている．

2.6 ファンダメンタルズ以上の価格で転売できる可能性

最初に述べた基本的な資産価格決定理論では，ファンダメンタルズより高い

価格では資産を購入する投資家はいないと考えていた。この点は，購入する人がさらにその資産を転売しないとすれば自然な帰結であろう。なぜならば，その資産から得られる収益よりも高い価格を支払うことになるため，ネットでは利益がマイナスになってしまうからである。しかし，この投資家がさらに別の投資家に転売する可能性を考えると状況は変わってくる。たとえファンダメンタルズよりも高い価格で購入したとしても，さらに高い価格で次の投資家に転売することが可能であるならば，投資家はプラスの純利益を得ることができるからである。したがって，購入した資産をより高い価格で売却することが可能である，あるいは可能だと予想するならば，資産価格はファンダメンタルズより高くなることはあり得る。この価格とファンダメンタルズとの乖離が経済学で通常定義されるバブルである。

このようなファンダメンタルズを離れて値上がりする予想は，根拠のまったくない非合理的なものである場合もあるが，実は根拠のある合理的なものである可能性もある。どのような場合に，人々の合理性と矛盾しない形で，より高い価格で転売し続けることが可能かを明らかにしたのが，経済理論における「合理的バブル」の議論である。以下ではその直観的な構造を簡単に説明しておくことにしよう。

今，単純化のため，すべての人がまったく同じ値のファンダメンタルズを予想していたとしよう。そのときAさんがBさんにファンダメンタルズより高い価格で，ある資産を販売しようとした場合，Bさんは例えばCさんにより高い価格で売れるという予想がない限りはこの資産を買い入れない。さらにCさんの立場からすれば，Bさんから購入した価格よりも高い価格でDさんに売ることが予想できなければならない。よって，このような値上がりと転売のプロセスが無限に続き得ることが，合理性を失わずにバブルを予想できるための条件である。逆にいえば，どこかで転売のプロセスが途切れることが明らかな場合には，ファンダメンタルズより高い価格で売れると予想することは合理的ではない。

3. バブルと経済成長

Grossman and Yanagawa (1993) では，このようなバブルの存在条件およびバブルが経済成長に与える影響について内生的成長モデルを使って検討してい

る．結局，後の世代がバブルを買い支えられるかどうかは，それに見合うだけの資金需要があるかどうかによって決まる．それは突き詰めて考えれば，それだけの資金需要を生み出すほどの GDP レベルを実現できているかにかかっている．Grossman and Yanagawa（1993）では，単純な世代重複モデルを使って検討しているため，この問題は貯蓄をする若い世代の総貯蓄が，バブルの総額を上回っているかどうかで表されている．たとえ当初は小さいバブルであっても，先に述べたように転売されていくに従って膨張していく．一方，国民生産あるいは総貯蓄の上昇率はいうまでもなく経済成長率である．したがって，理論的にはバブルの成長率よりも経済成長率の方が高ければ膨らんでいくバブルを経済全体で買い支え続けることができる（つまりバブルが存在しうる）が，逆にバブルの成長スピードの方が早い場合には，バブルがやがては大きくなりすぎることが予想できるため，バブルは存在することができない．

興味深いのは，バブルの存在自体が経済成長率に影響を与える点である．総貯蓄の一部がバブルの購入に充てられるということは，その分投資や研究開発に回るはずの資金が小さくなることを意味している．そのためバブルの存在は投資や研究開発を抑制して経済成長率を引き下げてしまう．Grossman and Yanagawa（1993）は，このようにバブルには，経済成長率を引き下げるクラウド・アウト効果があることを示した．また，バブルが存在するためには，自身の経済成長抑制効果を考慮しても，経済成長率の方が高いという条件が満たされる必要がある．この点は，発生するバブルの大きさには上限があることも意味している．大きすぎるバブルは経済成長率を低下させる効果がそれだけ大きくなってしまうからである．

このような合理的バブルの議論に対しては，人々がそれ程合理的に資産価格の変動を予想しているとは限らないという反論があり得よう．しかし，そのような反論はバブルに限らず，合理的予想を前提とした動学的マクロ経済学全般にあてはまる．現実的な解釈をする際に重要なポイントは，人々が厳密な意味で合理的期待をしているか否かではなく，バブルが発生するためには，人々が将来もバブルが存続しうる環境にあると予想している必要がある，という点にある．

現実には，このような将来を予想して厳密に転売の可能性を考えるのではなく，もう少し根拠のない理由によって，値上がりを予想して価格が上昇する場合もあるだろう．ただしその場合でも，キーとなっているのは，転売できるか

どうかについての予想である．したがって，たとえファンダメンタルズに関する予想が変化しなくても，他の投資家が転売を受け入れてくれると予想するならば，価格はファンダメンタルズから乖離して値上がりし得る．

そして，人々の予想が変化して誰もファンダメンタルズより高い価格では買い入れないと考えるようになった時点で，価格は暴落し，ファンダメンタルズに戻る．予想がこのように変化するのは，何らかの新しい情報が入ったことが原因の場合もあるが，何ら新しい情報がない場合でも，突然予想が変化する場合もあり得る．この点が，社会的にみれば大きな撹乱要因となる可能性があり，バブルが問題とされる一因でもある．

以下では，このような合理的バブルの発生と金融システムの構造とがどのように関係しているのか，合理的バブルが経済成長に与える影響は，金融システムの構造によってどのように変わってくるのかについて Hirano and Yanagawa (2010 a) に基づいて検討していく．

4. 金融システムがバブルに与える影響

4.1 金融市場の不完全性

金融市場が完全な場合，コストに比して将来の収益性が高いプロジェクトは，資金調達がいつでも可能であり，そのようなプロジェクトが資金調達難で実行されないという事態は発生しない．しかし，現実の金融システムには，様々な不完全性が存在するため，投資の割引純現在価値が正のプロジェクトであっても資金調達が可能であるとは限らない．Hirano and Yanagawa (2010 a, 2010 b) の大きな目的は，そのような金融システムの不完全性が，バブルの発生やバブルが経済成長に与える効果にどのような影響を及ぼすのかを検討することにあった．金融危機のきっかけになったと言われているサブプライムローン問題が，証券化商品の中身に関する情報の非対称性に大きな原因があったと言われている点を考えると，このような金融システムの不完全性とバブルとの関連は，現実問題においても密接に関係していると言えるだろう．

金融システムが不完全になる原因としては，大きく分けると二つの理由が指摘されている．一つは，情報の非対称性であり，もう一つはエンフォースメント（強制履行）の不完全性あるいは広い意味での契約の不完備性である．情報の非対称性については，まず考えられるのは，投資収益に関する情報の非対称

性である．そのプロジェクトがどの程度収益性があるものか，投資家側に十分に伝わっていない場合には，たとえ収益性の高いプロジェクトであっても，資金調達が難しくなる．さらに，投資収益そのものに情報の非対称性がなくても，経営者の行動が投資家には十分に観察できずモラル・ハザードの可能性がある場合にも，十分な資金調達が難しくなる．モラル・ハザードの可能性を防ぎ，高い努力水準を引き出すためには，経営者にある程度のレントを保証する必要があるからである．その結果，投資家が期待できる投資収益は，プロジェクト全体の投資収益を下回ることになる．

　大きな理由の二つ目として考えられるのは，エンフォースメントの不完全性あるいは契約の不完備性である．この点は戦略的債務不履行の問題として語られることが多い．通常の理論では，暗黙のうちにエンフォースメントが完全であることが仮定されており，実現した投資収益が約束された返済額を上回る限り，約束された返済は実行されると仮定されている．しかし現実には，実現された収益が全て投資家の手に渡るようなエンフォースメントが不完全にしか機能しない場合も少なくない．それは，法制度や執行制度に限界があるためである．たとえば，実現した利益であっても直ちにそれを海外の金融機関に移してしまうと，裁判所も強制執行することができない場合は多い．あるいは実質的には投資収益が実現していても，その一部を直ちに，たとえば社内改装等にこっそり使われてしまうと実質的に全ての投資収益を投資家が獲得することは不可能になる．

　エンフォースメントの問題があるため，通常の貸出契約においては担保がとられることになる．不動産担保であれば，動産である投資収益に比べるとはるかにエンフォースメントが容易だからである．そのため，実際の銀行貸し出しでは，貸出可能額が不動産担保の金額を上限とする場合も多い．

　このように金融システムに不完全性が存在する場合には，本来の投資収益の一部しか，実質的に投資家に返済することができない．そこでこの点を表現するため，投資収益 R のうち θR が投資家が期待できる返済額の上限とし，θ を金融システムの不完全性を表すパラメータとする．当然，$\theta = 1$ の場合には，金融システムが完全な場合である．

　ここで注意しておくべきなのは，この状況は投資収益に不確実性がある場合とは，決定的に異なるという点である．たとえば，投資収益 R に不確実性があり，確率 θ でしか R が実現しない場合でも，投資家が期待できる返済額の

上限はθRとなる．しかし，その場合には，企業側には収益が残らない．一方，上記のように金融システムの不完全性がある場合には，Rは確実に実現するため，企業側には$(1-\theta)R$だけ収益が残る．この点が，不確実性がある場合との大きな違いである．

金融システムの不完全性がある場合には，上記のように十分な収益性のある投資であっても，資金調達に限界が生じてしまうことになる．そのため，自己資金をどの程度有しているかが，投資の実行可能性に影響を与えることになる．つまり，金融システムの不完全性の程度が高ければ高い程，自己資金をより多く有していないと，投資が実行できない状況になる．この点は，過去の文献においても，議論されている重要な点である（例えば，Bernanke and Gertler (1989)，Kiyotaki and Moore (1997)，Holmstrom and Tirole (1998) 等を参照のこと）．ここでは，この構造を用いて，金融市場の質とバブルの発生がどのような関係にあるのか，バブルの生成とその崩壊が経済成長に与えるインパクトは，金融システムの質の違いによってどのように変わってくるのかについて，検討していく．以下の分析は，Hirano and Yanagawa (2010 a) に基づいている．

4.2　モデルの基本構造

Hirano and Yanagawa (2010 a) では，一種類の同質財が存在する，離散時間モデルを想定する．世界には，無限に生きる起業家が有限人，連続的に存在し，各起業家は以下のような期待効用関数を有している．

$$E_0\left[\sum_{t=0}^{\infty}\beta^t \log c_t^i\right], \tag{1}$$

ここでiは各起業家のインデックスであり，c_t^iはその起業家のt時点における消費水準，$\beta \in (0,1)$は割引ファクター，$E_0[a]$は0時点の情報で評価したaの期待値を表している．通常，このように有限の人数の経済主体が無限期間生きる場合には，合理的バブルは発生しえない．この点はTirole (1982) の研究によって明らかにされている．そのため，通常の合理的バブルのモデルでは，世代重複モデルが用いられる．しかし，後で述べるように金融市場に不完全性がある場合には，無限期間生きる構造であってもバブルは存在しうる．また，世代重複モデルではなく，無限期間生きる経済主体のモデルを用いてバブルを分析する利点として，無限期間生きる経済主体のモデルの方が，数量分析を展

開する上で，適しているという点が挙げられる．

各期に，それぞれの起業家 i は以下のような投資機会を得るものとしよう．

$$y_{t+1}^i = \alpha_t^i z_t^i, \tag{2}$$

ここで $z_t^i(\geq 0)$ はそれぞれが t 期に行う投資のインプット・レベルであり，α_t^i がその起業家が有している投資プロジェクトの限界生産性，y_{t+1}^i が $t+1$ 期に得られるアウトプットである．ここでは単純化のため投資のリターンに関する不確実性は考えておらず，y_{t+1}^i は確実に得られる値である．このモデルの一つの特徴は，2種類の投資機会があり，どちらの投資機会を得るのかが確率的に決まるという点である．具体的には，投資には H プロジェクトと L プロジェクトの 2 種類があり，t 期に H プロジェクトを有している起業家の α_t^i は $\alpha_t^i = \alpha^H$，L プロジェクトを有している起業家の α_t^i は $\alpha_t^i = \alpha^L$ であり，$\alpha^H > \alpha^L$ と仮定される．ここでは，記述の単純化のため，H プロジェクトを有している起業家を H 起業家，L プロジェクトを有している起業家を L 起業家と呼ぶことにする．

それぞれの期に，ある起業家が H プロジェクトを有している確率は p で与えられる．この値は外生的であり，起業家間で独立の確率変数であるとともに，期間を通じた相関も存在しないものと仮定されている．また，起業家は，t 期首には t 期の自らのタイプ，つまり H 起業家なのか，それとも L 起業家なのかを知っているが，$t+1$ 期以降はタイプに関して確率的にしか分からない．このモデルの重要な特徴として，各起業家のタイプ（H 起業家なのか L 起業家なのか）が時間とともに変化していく点である．この特徴は，後で説明するように，バブルの売り買いを描写する上で重要なポイントになっている．

この経済では上で説明したように，金融システムに不完全性が存在するため，投資のアウトプット $\alpha_t^i z_t^i$ を全て投資家に返済するという約束は信用できるものではなく，投資家は，せいぜい $\theta \alpha_t^i z_t^i$ しか確実に押さえることができない．$\theta \alpha_t^i z_t^i$ は借入の際の担保となる．そのため，各企業家は，以下のような借入れ制約に直面することになる．

$$r_t b_t^i \leq \theta \alpha_t^i z_t^i, \tag{3}$$

ここで，r_t, b_t^i はそれぞれ，（経済全体の均衡で内生的に決まってくる）t 期の粗金利，i 起業家の t 期における借入額である．そして，上でも説明したように，

パラメータ $\theta \in [0, 1]$ は金融システムの不完全性の程度を表しており,外生変数である.$\theta = 1$ のケースは,完全な金融市場を意味し,Arrow-Debreu 経済に対応する.

各起業家のフローの資金制約は以下のようになる.

$$c_t^i + z_t^i = y_t^i - r_{t-1}b_{t-1}^i + b_t^i. \tag{4}$$

(4) の左辺は t 期の支出であり,右辺が,資金流入額である.

市場均衡を導出するため,H起業家,L起業家の t 期における総消費をそれぞれ $\sum_{i \in H_t} c_t^i \equiv C_t^H$,$\sum_{i \in L_t} c_t^i \equiv C_t^L$,と定義する.ここで,$Ht$ と Lt は,t 期における H 起業家,L 起業家の集合である.同様に,$\sum_{i \in H_t} z_t^i \equiv Z_t^H$,$\sum_{i \in L_t} z_t^i \equiv Z_t^L$,$\sum_{i \in H_t} b_t^i \equiv B_t^H$,$\sum_{i \in L_t} b_t^i \equiv B_t^L$ として,集計値を定義する.すると,財市場と信用市場の均衡条件式は以下のように表わすことができる.

$$C_t^H + C_t^L + Z_t^H + Z_t^L = Y_t, \tag{5}$$

$$B_t^H + B_t^L = 0, \tag{6}$$

ここで,$\sum_{i \in (H_t \cup L_t)} y_t^i \equiv Y_t$ は t 期の総生産量である.

完全競争均衡は,(5) と (6) を満たし,各企業家が (2),(3),(4) と横断性条件の制約のもとで (1) を最大にしている金利 $\{r_t\}_{t=0}^{\infty}$ と数量

$$\{c_t^i, b_t^i, z_t^i, y_{t+1}^i, C_t^H, C_t^L, B_t^H, B_t^L, Z_t^H, Z_t^L, Y_t\}_{t=0}^{\infty}$$

と定義される.このモデルでは,起業家の効用関数を log-linear としているため,各起業家は,毎期,純資産の $1-\beta$ 割り合いを消費する.つまり,$c_t^i = (1-\beta)(y_t^i - r_{t-1}b_{t-1}^i)$ となる.

4.3 金融システムの不完全性が経済成長率に与える影響

上で述べたように各起業家は,毎期 $c_t^i = (1-\beta)(y_t^i - r_{t-1}b_{t-1}^i)$ だけ消費することから,以下のような関係が成り立つ.

$$z_t^i = \beta(y_t^i - r_{t-1}b_{t-1}^i) + b_t^i.$$

一方,$r_t < \alpha^H$ である限り,H 起業家の借入制約 (3) はバインドし,このとき,H 起業家の投資関数は以下のように書ける.

$$z_t^i = \frac{\beta(y_t^i - r_{t-1}b_{t-1}^i)}{1 - \frac{\theta\alpha^H}{r_t}} \tag{7}$$

これは，借入制約がある場合の投資関数として良く知られているものである（例えば，Kiyotaki（1998），Bernanke et al.（1999），Kiyotaki and Moore（1997），Holmstrom and Tirole（1998））．投資額は，自己資金 $\beta(y_t^i - r_{t-1}b_{t-1}^i)$ に $1/[1-\theta\alpha^H/r_t]$ という乗数を掛けた値になる．$1/[1-\theta\alpha^H/r_t]$ はレバレッジに相当し，θ の増加関数となっている．つまり，θ が上昇するとレバレッジは上がり，起業家はより少ない自己資金のもとでもより多くの投資をファイナンスできるようになる．

それでは，このモデルにおいて，H 起業家に誰が資金を提供するのだろうか．この単純な一般均衡モデルでは，経済主体としては H 起業家と L 起業家しか存在しない．そのため，L 起業家が H 起業家に資金を提供することになる．もちろん L 起業家も，もし $r_t < \alpha^L$ であれば，借入れを増やして投資を増やそうとする．しかし，そうなると貸し手がいなくなってしまうので，そんな金利では市場は均衡しない．市場金利が均衡するのは，$\alpha^L \leq r_t$ の範囲である．$\alpha^L = r_t$ のときには，L 起業家にとっては，自らの投資と H 起業家への貸出は無差別になる．$\alpha^L < r_t$ の場合には L 起業家は自身の L 投資をせず H 企業に融資をすることになる．後で，説明するように，定常均衡において，金利がどの水準に決まるのかは，金融市場の不完全性の程度を表わす θ に依存する．

仮に金融市場に不完全性がなく $\theta = 1$ であるならば，H プロジェクトの方が生産性が高いのであるから，経済全体としては，貯蓄を全て H 投資に回したほうが望ましく，その方が経済成長率も高くなる．しかし，上で述べたように H 起業家の借入限度額は金融システムの不完全性のために限られているから，一部の貯蓄は L 投資にも流れ資源配分は非効率となる．その結果，経済成長率も非効率性を反映して低い成長率にとどまってしまう．

この点についてより正確に定式化すると，経済成長率は，

$$g_t \equiv \frac{Y_{t+1}}{Y_t} = \beta\alpha^H - (\alpha^H - \alpha^L)\beta l_t, \tag{8}$$

で表わされる．ここで，$l_t \equiv Z_t^L/\beta Y_t$ であり，経済全体の貯蓄に占める L 投資

の割合，つまり，

$$l_t = 1 - \frac{p}{1 - \frac{\theta \alpha^H}{r_t}} = \frac{r_t(1-p) - \theta \alpha^H}{r_t - \theta \alpha^H} = l(r_t, \theta),$$

である．(8) の第一項目は，仮に全ての貯蓄が H 起業家のみに流れるのであれば，経済成長率は $\beta \alpha^H$ となることを意味している．第 2 項目は，貯蓄の一部が L 起業家にも流れると，その分成長率を下げることを意味している．このモデルでは，L 起業家に貯蓄が流れれば流れるほど，生産の非効率性が大きくなるため，経済成長率は下がるという構造になっている．

次に金利はどのように決まるであろうか．$Z_t^L \geq 0$ となるには，少なくとも $r_t = \alpha^L$ でなければならない点を考えると，

$$Z_t^L(r_t - \alpha^L) = 0, \; Z_t^L \geq 0, \; r_t - \alpha^L \geq 0.$$

言い換えると，

$$(r_t - \alpha^L) \frac{r_t(1-p) - \theta \alpha^H}{r_t - \theta \alpha^H} = 0, \; l_t \geq 0, \; r_t - \alpha^L \geq 0.$$

これは，r_t は α^L か $\theta \alpha^H/(1-p)$ であることを意味しており，もし $\theta \alpha^H/(1-p) \leq \alpha^L$ なら $r_t = \alpha^L$ となり，$\theta \alpha^H/(1-p) > \alpha^L$ ならば $r_t = \theta \alpha^H/(1-p)$ となる．また，$r_t > \alpha^H$ となることはない．なぜならば，このような金利のときには，誰も借りようとせず，信用市場は均衡しない．したがって，金利の上限は，$r_t = \alpha^H$ となる．これらの結果をまとめると，以下の命題が得られる．

命題 1 もしも $\theta < 1$ でかつバブルが存在しないならば，均衡利子率 r_t，及び均衡経済成長率 g_t は以下のような θ の増加関数となる．

$$r_t = r(\theta) = \begin{cases} \alpha^L, & if \; 0 \leq \theta < (1-p)\frac{\alpha^L}{\alpha^H}, \\ \dfrac{\theta \alpha^H}{1-p}, & if \; (1-p)\frac{\alpha^L}{\alpha^H} \leq \theta < 1-p, \\ \alpha^H, & if \; 1-p \leq \theta. \end{cases}$$

$$g_t = g(\theta) = \begin{cases} \beta\alpha^H - (\alpha^H - \alpha^L)\beta\dfrac{\alpha^L(1-p)-\theta\alpha^H}{\alpha^L - \theta\alpha^H}, & if\, 0 \leq \theta < (1-p)\dfrac{\alpha^L}{\alpha^H}, \\ \beta\alpha^H, & if\, (1-p)\dfrac{\alpha^L}{\alpha^H} \leq \theta < 1-p, \\ \beta\alpha^H, & if\, 1-p \leq \theta. \end{cases}$$

θ が上昇すると,より H プロジェクトに資金が回るようになるため,成長率が上がる構造になっている.また,金利も弱い意味では θ の増加関数となっているが,成長率とは上昇の仕方が異なる.これが後で述べるように,バブルを発生させる一つの原因となる.

4.4 バブルの存在と影響

次にもしバブルが存在した場合にどのような経済となるかを検討し,その過程で,そのようなバブルが存在しうるのか(合理的な予想と矛盾しないのか)どうかを検討していくことにしよう.ここではファンダメンタルズの価値がゼロである資産に対して正の価格がついている状況をバブルと呼ぶ.x_t^i を i 起業家が t 期に購入するバブルの量とし,P_t を一単位あたりのバブルの価格とすれば,各起業家の直面する制約式は以下の3本となる.

$$c_t^{*i} + z_t^{*i} + P_t x_t^i = y_t^{*i} - r_{t-1}^* b_{t-1}^{*i} + b_t^{*i} + P_t x_{t-1}^i, \tag{9}$$

$$r_t^* b_t^{*i} \leq \theta(\alpha_t^i z_t^{*i} + P_{t+1} x_t^i), \tag{10}$$

$$x_t^i \geq 0, \tag{11}$$

ここで * がついているのはバブルが存在する経済(以下,バブル経済と呼ぶ)を意味している.起業家は前の期に購入したバブル資産 x_{t-1}^i から収入 $P_t x_{t-1}^i$ を得るため,最初の制約式の右辺に $P_t x_{t-1}^i$ が追加されており,またこの期にバブルを投資対象として購入することもできるので,左辺には $P_t x_t^i$ が追加されている.さらにバブル資産の将来収益を担保に資金を借りることも可能なので,2番目の制約式の右辺にも $\theta\, P_{t+1} x_t^i$ が追加されている.ここでは,バブル資産の収益 $P_{t+1} x_t^i$ についても,投資収益と同様に,金融システムの不完

性のため，貸手にせいぜい θ 割合しか渡すことが出来ないと仮定しているが，これはあまり本質的な仮定ではない．たとえ，バブル資産の収益については，$\theta^F /= \theta$ だけ投資家に返済できると考えても以下の結果は影響を受けない．

この経済では，バブルが存在することにより，2種類のプロジェクトに加えてバブル資産という選択肢が投資先として加わる．特にL起業家にとっては，均衡では，Lプロジェクトよりもバブル資産のほうが魅力的な投資先となる．なぜならば，均衡においては，バブル資産のリターンの方がL投資のリターンよりも高くなるからである．

バブル資産が均衡で保有されるためには，以下のような関係が満たされる必要がある．

$$r_t^* = \frac{P_{t+1}}{Pt}.$$

各起業家は，バブルが発生している場合には，(9), (10), (11) と横断性条件を制約として効用最大化問題を解くことになる．

バブルがある経済においても，$r_t^* < \alpha^H$ である限り，H起業家の借入制約 (10) はバインドする．また同時に空売り制約 (11) もバインドし，このとき，t 期のH起業家の投資関数は以下のように書ける．

$$z_t^* = \frac{\beta(y_t^{*i} - r_{t-1}^* b_{t-1}^{*i} + P_t x_{t-1}^i)}{1 - \frac{\theta \alpha^H}{r_t^*}}. \tag{12}$$

(7) と (12) を較べてみると分かるように，バブルは純資産を増やす．均衡において，起業家は，収益の低いL投資の際にバブル資産を購入し，収益の高いH投資のチャンスがめぐってきたときにそのバブル資産を売る．バブル資産のリターンはL投資のリターンよりも高いため，その分起業家の純資産は増加する．純資産が増えると，借入制約が緩み，レバレッジ倍だけ投資は増加する．つまり，バブルはいわゆるバランス・シート効果を生み出す．

バブルが存在する場合には，均衡では，L起業家はH起業家への融資とバブル資産への投資に，自身の貯蓄をあてることになる．そこで，社会全体の総貯蓄に占めるバブル資産の割合 k_t を以下のように定義する．

$$k_t \equiv \frac{P_t X}{\beta(Y_t^* + P_t X)}.$$

横断性の条件を満たすためには，$k_{t+1}/k_t \leq 1$ を満たす必要がある．もし $k_{t+1}/k_t < 1$ であれば，この経済は漸近的にバブルのシェアがゼロになる経済に収束していき，長期的にはバブルの実質的な影響はなくなる．そこで以下では，$k_{t+1}/k_t = 1$，つまり総貯蓄に占めるバブル資産のシェアが時間を通じて一定となる定常均衡に絞って検討していく．

$r_t^* = P_{t+1}/P_t$ が成立していることを考えると，$k_{t+1}/k_t = 1$ が成立しているということは，定常均衡では，金利 r^* と成長率 g^* が等しいことを意味する．これらの結果を利用して計算をすると，以下の関係が成立していることがわかる．

$$g^k = \alpha^H \beta - (\alpha^H - r^*)\beta k. \tag{13}$$

さらに

$$k = 1 - \frac{p}{1 - \frac{\theta \alpha^H}{r^*}} = \frac{r^*(1-p) - \theta \alpha^H}{r^* - \theta \alpha^H} = l(r^*, \theta).$$

より，(13) は，

$$g^* = r^*(\theta) = \beta \alpha^H - (\alpha^H - r^*(\theta))\beta l(r^*(\theta), \theta) = \alpha^H \frac{(1-\beta)\theta + p\beta}{1 - \beta + p\beta}.$$

この式から明らかなように，均衡成長率は，θ の増加関数である．θ が上昇すると，H プロジェクトへの投資が増えてバブル資産の占める割合が小さくなり，経済成長率が上昇する．

4.5 バブルの存在条件

それでは次にバブルの存在条件についてチェックしておこう．上でバブルが存在するものとして，均衡を導出した．しかし，バブルが存在するためには，以下の条件を満たしている必要がある．均衡金利が α^L と α^H の間に存在していること，そして k が強い意味で正になっていることである．よって，数学的には以下の条件を満たしていなければならない．

$$\alpha^L \leq r^*(\theta) = \alpha^H \frac{(1-\beta)\theta + p\beta}{1-\beta + p\beta} \leq \alpha^H,$$

$$k = \frac{\beta(1-p)-\theta}{\beta(1-\theta)} > 0.$$

これらの条件から，以下の命題が導かれる．

命題 2 バブルが存在するためには θ は以下の条件を満たしている必要がある．

$$\underline{\theta} \equiv Max\left[\frac{\alpha^L - \beta[\alpha^L + (\alpha^H - \alpha^L)p]}{\alpha^H(1-\beta)}, 0\right] \leq \theta < \overline{\theta} \equiv \beta(1-p).$$

この命題から分かることは，θ が中位の値にあるときに，バブルが存在しうるという点である．このことは，θ が低いレベルからスタートした場合には，金融システムの改善は，むしろバブルを生んでしまうかもしれない，ということを表している．また，この点は，金融市場が不完全な程バブルが発生しやすいとしている過去の文献と大きく異なった結果である（例えば，Caballero (2006)，Farhi and Tirole (2009))．ここで我々が考えているモデルでは，θ が非常に低いと貯蓄が H 投資に回る分が少なくなるため，成長率が大きく低下する．しかし，金利は L 投資の限界生産性が下限になるため，あまり大きくは下がらない．そのため，金利のほうが成長率を上回る形になるため，バブルは存在し得ない．

さらにバブルが存在するための必要条件を，バブルが発生していない場合の金利と成長率の関係から表すならば，以下のような命題を得る．この結果は，Tirole (1985) で得られた結果と同じである．

命題 3 バブルが存在するための必要条件は，バブルが存在しない場合の成長率がバブルが存在しない場合の金利を下回らないことである．

4.6 バブルと経済成長

それではバブルは経済成長にどのような影響を与えるのだろうか．バブルが

経済成長に与える影響は，実は θ の値がどのようなものかに依存する．具体的には，以下の命題を得る．

命題 4 $\theta^* \equiv \beta(1-p)\alpha^L \alpha^H$ と定義すると，もし $\theta \leq \theta \leq \theta^*$ であれば，バブルがある場合の経済成長率は，バブルがない場合の経済成長率を上回る．一方，$\theta^* < \theta < \overline{\theta}$ の場合には，バブルがある場合の経済成長率のほうが低くなる．

　一般的にはバブルの発生は，生産的な投資に回る資金を減少させるという意味ではクラウド・アウト効果をもつと考えられる．この点は，先に述べたGrossman and Yanagawa（1993）でも明らかにされていた点である．しかし，その一方で，借入制約が存在する場合には，異なった影響も考えられる．それは手持ちのバブル資産が値上がりすれば，純資産がそれだけ増えるため，借入が容易になり投資も促進されるという側面である．このように借入制約が存在する場合には，クラウド・アウト効果とクラウド・イン効果の両方が発生すると考えられる．Hirano and Yanagawa（2010a）は，（バブルが発生しうる借入れ制約レンジの中でも）相対的に借入れ制約が厳しい状況では，クラウド・イン効果がクラウド・アウト効果を上回り，バブルは経済成長を促進する効果をもつが，相対的に緩い場合には，クラウド・アウト効果がクラウド・イン効果を上回り，バブルは経済成長を押し下げる効果があることを明らかにしている．それは，借入れ制約が厳しい場合には，投資がかなり押さえられるため，自己資産が増えるという効果が相対的に大きくなり，クラウド・イン効果のほうがインパクトを持つためである．

　言い換えるとこの結果は，金融システムの質が比較的低い国では，バブルは貸借を容易にし，経済成長を高める．バブルは貸し借りの不完全性をある程度補完する．一方，金融システムの質が比較的高い国では，バブルの発生によって経済成長は低下する．これは，金融システムの質が比較的高い国は，もともと貯蓄を十分にH投資に回すことができており，このような状況でバブルが発生すると，H投資に向かっていた貯蓄の一部がバブル資産に流れ，その分H投資をクラウド・アウトさせるからである．以上の結果は，バブルの発生は，もともとの金融システムの良し悪しによって生じる成長率の格差を小さくすることを意味している．

4.7 バブル崩壊の影響

次にバブル崩壊の影響をみていくことにしよう．ここでの理論モデルでは，バブル崩壊は予期しないショックによって発生する．ただし，モデルをもう少し拡張させて stochastic bubble を考えるのであれば，（確率的に起こると予想された）バブル崩壊が実現した，という形で，バブル崩壊は予期された形で生じる．この点の詳細は，Hirano and Yanagawa（2010a）で議論されている．

いずれの国でも短期的にはバブル崩壊によって，バブル資産の価値が無価値になるため自己資産が大きく目減りする．そのため，一時的に経済成長率は大きく落ち込むことになる．しかし，長期的影響は金融システムの不完全性の程度によって大きく異なる．バブルが崩壊すると長期的には経済成長率はバブルが存在しない場合の経済成長率に落ち着くことになるからである．つまりバブルが崩壊すると，借入れ制約が厳しい国では経済成長率が大きく低下し，一方，借入れ制約が緩やかな国では，経済成長率が高まる．つまりバブルは，本来持っていた経済成長力の格差（金融システムの質の違いから生じる）を覆い隠し，その差を小さくするという役割をもつ．そしてバブル崩壊は，そのような，覆い隠されていた「実力」が明らかになるという影響がある．

5. おわりに

現実の経済では情報の非対称性や契約の不完備性などから，資金の貸借がうまく行われない場合も多い．その場合の資産価格は通常の価格決定とは異なった動きをする可能性がある．本章ではこのような問題意識から Hirano and Yanagawa（2010a）に基づいて，金融システムの不完全性の程度はバブルの発生とどのような関係があるのか，またその場合にバブルが経済成長に与える影響はどのようになるのかを検討した．

Hirano and Yanagawa（2010a）で議論されたのは合理的バブルであり，存在条件として問題となるのは，経済成長率と利子率との関係である．金融システムがうまく機能しておらず，借入れ制約が厳しい状況では，金利水準が低下してしまう．その結果，バブルは存在しやすくなる．しかし，その一方で，借入制約の存在は，投資を制約し，経済成長率を押し下げる効果ももつ．この点から考えると，むしろバブルは発生しにくくなる．そのため，金融システムの

良し悪しとバブルの存在・発生には非線形の関係がある．具体的には借入れ制約があまりきつい時にも，あまりゆるいときにもバブルは存在しえず，中位のレンジにあるときにバブルが存在しうることが示された．

この点は，法制度やエンフォースメント・メカニズム等，金融システムを支える制度的基盤や情報の非対称性の程度が，バブルの存在に大きな影響を与えることを意味している．そして，興味深い点は，金融システムが整備されて，借入制約を緩めることがバブルの防止につながるとは限らないという点である．金融システムの整備があまり進んでいない状態からある程度改善すると，むしろバブルの存在条件を満たしてしまうため，バブルの発生を後押ししてしまう可能性もある．

次に検討したのは，バブルが存在した場合に，投資や経済成長に与える影響である．一般的にはバブルの発生は，生産的な投資に回る資金を減少させるという意味ではクラウド・アウト効果をもつと考えられる．この点は，先に述べた Grossman and Yanagawa（1993）でも明らかにされていた点である．しかし，その一方で，借入れ制約が存在する場合には，異なった影響も考えられる．それは手持ちのバブル資産が値上がりすれば，自己資産がそれだけ増えるため，借入が容易になり投資も促進されるという側面である．このように借入制約が存在する場合には，クラウド・アウト効果とクラウド・イン効果の両方が発生すると考えられる．そのため，（バブルが発生しうる借入れ制約レンジの中でも）相対的に借入れ制約が厳しい場合には，バブルは経済成長を高める効果をもつが，相対的にゆるい場合には，バブルは経済成長を押し下げる効果があることを明らかにしている．それは，借入れ制約が厳しい場合には，投資がかなり押さえられるため，自己資産が増えるという効果が相対的に大きくなり，クラウド・イン効果のほうがインパクトを持つためである．

言い換えるとこの結果は，借入れ制約が厳しく相対的に成長率が低い国では，バブルが発生することによって経済成長は高まる．一方，借入れ制約が相対的にゆるく成長率が高い国では，バブルの発生によって経済成長が低下することを意味している．つまりバブルの発生は（借入れ制約の程度＝金融システムの良し悪しによって生じる）成長率の差を小さくする役割をもつ．

ただしバブル崩壊の際には，この点は逆の影響をもつことになる．つまりバブルが崩壊すると，借入制約が厳しい国では経済成長率が大きく低下し，一方，借入制約が緩やかな国では，経済成長率が高まる．ただし，バブルの崩壊は，

経済成長率を，単にバブルが存在しない場合の経済成長率に等しくさせるだけではない．バブルが崩壊するとその分の資産価値はゼロになるため，自己資産が大幅に目減りするからである．その結果，バブル崩壊直後は大きく資産価格が低下し，経済成長率も大きく下落することも示された．

謝　辞

本章は，日本学術会議主催のコンファレンス「金融危機，資産市場の変化とマクロ経済」報告用に書かれたものの改訂版である．編者および討論者の方々からの有意義なコメントに感謝する．なお，本章の研究は，科学研究費・基盤研究B（20330063）の助成を受けている．

参考文献

Bernanke, Ben and Mark Gertler (1989) "Agency Costs, Net Worth, and Business Fluctuations," *American Economic Review*, Vol. 79(1), pp. 14-31.

Bernanke, Ben, Mark Gerlter and Simon Gilchrist (1999) "The Financial Accelerator in a Quantitative Business Cycle Framework," in J. Taylor and M. Woodford eds., *the Handbook of Macroeconomics*, pp. 1341-1393. Amsterdam : North-Holland.

Caballero, Ricardo (2006) "On the Macroeconomics of Asset Shortages," The Role of Money : Money and Monetary Policy in the Twenty-First Century The Fourth European Central Banking Conference 9-10 November 2006, Andreas Beyer and Lucrezia Reichlin, editors, pp. 272-283.

Farhi, Emmanuel and Jean Tirole (2009) "Bubbly Liquidity," IDEI Working Paper 577.

Grossman, Gene and Noriyuki Yanagawa (1993) "Asset Bubbles and Endogenous growth," *Journal of Monetary Economics*, Vol. 31(1), pp. 3-19.

Hirano, Tomohiro and Noriyuki Yanagawa (2010 a) "Asset Bubbles, Endogenous Growth, and Financial Frictions," Working Paper, CARF-223, The University of Tokyo.

Hirano, Tomohiro and Noriyuki Yanagawa (2010 b) "Financial Institution, Asset Bubbles and Economic Performance," Working Paper, CARF-F-234, The University of Tokyo.

Hirano, Tomohiro and Noriyuki Yanagawa (2011) "Bubbles, Bailouts, and Business Fluctuations," mimeo, The University of Tokyo.

Holmstrom, Bengt and Jean Tirole (1998) "Private and Public Supply of Liquidity," *Journal of Political Economy*, Vol. 106(1), pp. 1-40.

Kiyotaki, Nobuhiro (1998) "Credit and Business Cycles," *The Japanese Economic Review*, Vol. 49(1), pp. 18-35.

Kiyotaki, Nobuhiro and John Moore (1997) "Credit Cycles," *Journal of Political Economy*, Vol. 105(2), pp. 211-248.

Tirole, Jean (1982) "On the Possibility of Speculation under Rational Expectations," *Econometrica*, Vol. 50(5), pp. 1163-1182.

Tirole, Jean (1985) "Asset Bubbles and Overlapping Generations," *Econometrica*, Vol. 53(6), pp. 1499-1528.

第5章

不動産価格の変動とマクロ経済への影響
転居阻害要因と住宅価格変動の分析から

瀬古美喜・隅田和人・直井道生

要　旨

　本章の目的は，わが国の住宅金融が遡及型融資制度に基づいているために，流動性制約が著しい転居阻害要因になっており，それが住宅価格の変動の変動にも多大な影響を及ぼしていることを検証することにある．まず全国の家計の個票パネル・データを使用して，ロジットモデルによりロックイン効果の検証を行った．その結果，正の純資産を持つ（住宅・非住宅資産の価値が住宅ローン残高を上回る）家計に関しては，遡及型融資制度に基づく住宅ローン残高と住宅資産価値の比率である $ELTV$ の上昇は，新規に購入する住宅への頭金の減少を通じて，買い替え確率を減少させることが明らかになった．それに対して，純資産額が負である家計は，買い替えようとしても，新規に購入する住宅のための頭金が不足するため，深刻な流動性制約に直面することになる．そのため，$ELTV$ が上昇しても，転居への効果はなかった．すなわち，家計の純資産の水準に依存して，非対称的なロックイン効果が存在する結果が得られた．次に，都道府県単位のパネル・データを用いて，誤差修正モデルにより，遡及型融資制度と非遡及型融資制度のもとでの流動性制約の住宅価格変動に及ぼす影響の比較分析を行った．その結果，非遡及型融資が主流なアメリカでは，LTVの比率が高い地域ほど住宅価格の変動が大きくなっているが，遡及型融資制度を採用している日本では $ELTV$ の比率が高い都道府県ほど，変動は小さくなっていることが明らかとなった．(JEL Classification Number : E 31, R 21, G 21)

キーワード
遡及型住宅融資，流動性制約，転居，住宅価格変動

1. はじめに

　不動産価格の変動は，家計や企業の消費・投資行動の変化を通じて，マクロ経済に多大な影響を与える．金融市場の不完全性を前提とすれば，不動産価格の上昇は，担保価値の上昇によって家計や企業の流動性制約を緩和させる．したがって，これらの家計や企業の消費や投資が増加して，経済全体の商品やサービスに対する需要が増加し，経済全体の GDP も増加すると考えられることになるのである[1]．

　そこで，本章では，以上のような経路の一つとして，わが国の住宅金融制度を前提とした家計の転居行動と，それが住宅価格変動に及ぼす影響に関して，ミクロとマクロの両面から実証分析を行う．

　図 5-1 は，1970 年から 2003 年の先進 17 ヶ国のインフレーション調整済みの住宅価格の動きを示したものである．各国とも，33 年間に，不動産価格に関する循環を経験していることがわかる．また，多くの国々が，90 年代半ば以降に，住宅価格のブームを経験している．しかしながら，個々の国々における住宅価格の動きには，著しい違いがあるのが見てとれる．

　一般的に，住宅価格の長期的な決定要因としては，以下のようなものが考えられる．まず，長期の需要サイドの要因としては，家計の可処分所得の変化，人口構成の変化，資産のポートフォリオにおける住宅（持家）に関する税制上の優遇措置，利子率の平均的水準などが挙げられる．長期の供給サイドの要因としては，土地の利用可能性や地価の水準，建設費用や既存住宅ストックの質を向上させるための投資費用などが挙げられる．

　これらに加えて，住宅市場は，短期的には各地域（国）に固有の要因によって制約されていると考えられる．そのため，国ごとの住宅価格の変動には，著しい相違が生じるのである．その大きな要因として，住宅を購入する際の住宅金融制度の問題がある[2]．

　わが国の住宅ローン融資制度は，債務不履行時には担保住宅以外の資産に対

---

[1] 清滝（2010）は，企業・家計の多様性と信用制約の相互作用が景気循環の分析にとって重要だということを指摘している．
[2] Goodhart and Hofmann（2007）は，資産価格の中でも特に住宅価格に注目して，そのマクロ経済に対する影響をさまざまな観点から概観している．

図 5-1 住宅価格の国際比較

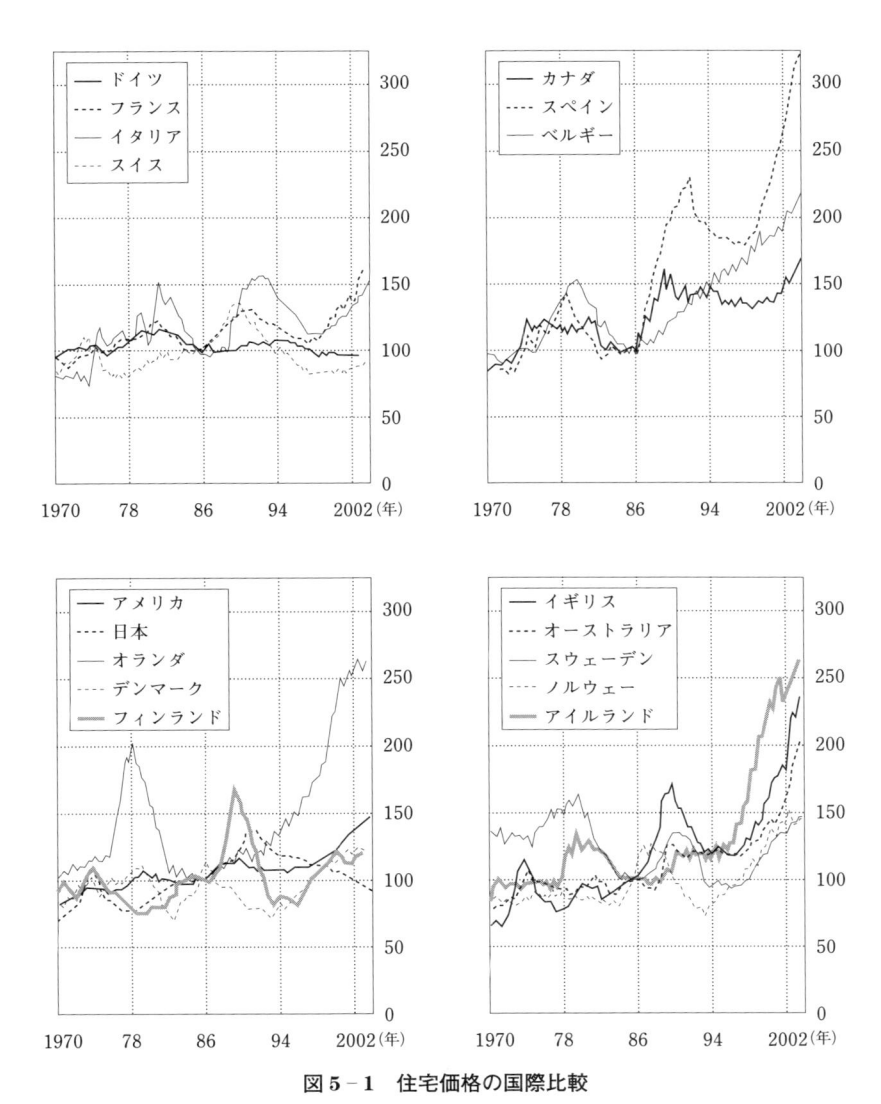

注) データは四半期．各グラフの数値は，インフレ調整済み住宅価格指数（1985年＝100）．
出所) Tsatsaronis and Zhu (2004).

しても請求権が及ぶ遡及型融資（recourse loan, リコース・ローン）制度である．一方，アメリカなどの融資制度は，事実上，非遡及型融資（non-recourse loan, ノンリコース・ローン）制度に近いとされる．非遡及型融資制のもとでは，住宅価格の下落に伴い担保住宅の価値が住宅ローン残高を下回った場合，家計は意図的にデフォルトを選択するインセンティブを持つ．こうした行動は，住宅価格下落時には，競売市場を通じて住宅供給を増加させるため，住宅価格のさらなる下落をもたらす要因となり得る．一方で，遡及型融資制のもとでは，このようなインセンティブは存在しない．遡及型融資制の下では，担保価値が住宅ローン残高を下回るような家計は，新規の住宅ローン借入に際して深刻な流動性制約に直面するため，転居が極端に阻害され，その結果として住宅価格の下落が限定的になる可能性がある．

以下では，第2節で，わが国の全国世帯を調査対象としたミクロ個票データを用いて，遡及型融資制度の特徴を明示的に考慮して，住宅資金に関する流動性制約を介した転居に対するロックイン効果を検証する．次に，第3節で，住宅資産制約（流動性制約）が住宅資産価格に与える影響を，やはり，遡及型融資制度の特徴を明示的に考慮して，都道府県レベルのパネル・データを用いて分析し，さらに，非遡及型融資制度をとるアメリカと，住宅価格に与える影響がどのように異なるのかを比較検討する．最後に，第4節で，本章の分析結果に基づいて，政策提言を行う．

2. 転居阻害要因のミクロ経済学的分析[3]

2.1 転居率と住宅価格変動

家計はライフサイクルの各段階で異なるタイプの住宅を必要とするので，市場経済における住宅市場が円滑に機能していれば，その都度もっとも適した住宅に転居すれば良いことになる．しかしながら，実際には制度・政策的な要因によって，円滑な転居が妨げられている可能性がある．以下では，家計パネル・データを用いた分析に先立って，わが国の転居率および住宅価格変動の実

---

[3] 本節における分析は，Seko, Sumita and Naoi (2011a) にその多くを依っている．また，瀬古・隅田（2008）では，持家世帯に対する転居関連優遇税制（譲渡損失繰越控除制度）と，借家世帯に対する借地借家法の，転居に及ぼす影響を分析している．

第5章 不動産価格の変動とマクロ経済への影響　113

表5-1　転居率の国際比較（1990年）

国名（都市名）	転居率（%）
ポーランド（ワルシャワ）	2.6
エジプト（カイロ）	3.1
フィリピン（マニラ）	4.1
ロシア（モスクワ）	4.9
トルコ（イスタンブール）	5.0
シンガポール	6.1
香港	6.9
日本（東京）	7.2
フランス（パリ）	8.0
スペイン（マドリード）	9.0
ドイツ（ミュンヘン）	9.1
ノルウェー（オスロ）	9.3
フィンランド（ヘルシンキ）	11.0
ギリシャ（アテネ）	12.0
中国（北京）	13.0
イギリス（ロンドン）	13.3
スウェーデン（ストックホルム）	13.7
オーストラリア（メルボルン）	15.2
タイ（バンコク）	16.1
オランダ（アムステルダム）	20.2
カナダ（トロント）	20.9
韓国（ソウル）	24.3
アメリカ（ワシントンD.C.）	26.5

出所）　Angel (2000).

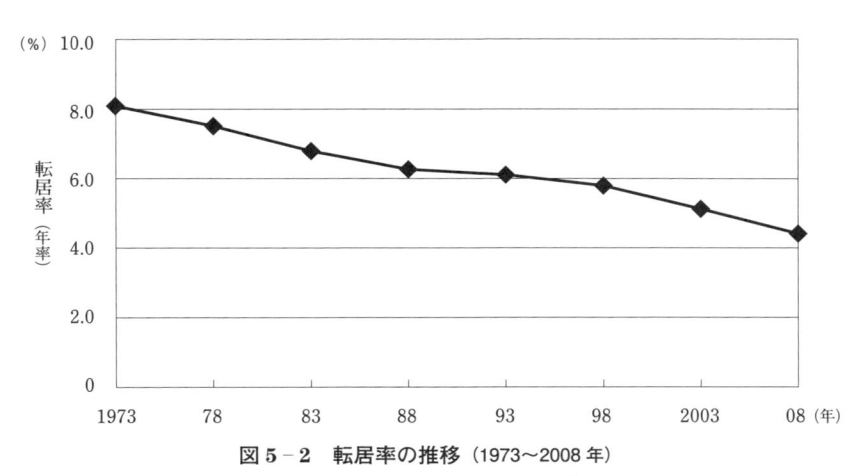

図5-2　転居率の推移（1973～2008年）

注）　普通世帯総数に占める過去4年9カ月に入居した者の割合をもとに計算．
出所）　『住宅・土地統計調査』（総務省統計局）．

態を概観する[4]．

転居率は国によって大きく異なるが[5]，日本は，国際的にみても転居率の低い国として知られていた（表5-1）．

1995年から2000年にかけてのアメリカにおける5年間の転居率は約50.4%であり[6]，カナダでは，1996年から2001年にかけて41.9%であった[7]．それに対して日本の場合は，2003年から2008年の間の転居率は20.8%であり，アメリカの1/2以下の値となっている．また，日本における転居率は最近ではさらに低下してきている．図5-2は，『住宅・土地統計調査』による転居率の推移を表したものである．これによれば，1973～1978年にかけて約7.5%であった転居率（年率）は，1982～1988年には約6.2%，1993～1998年には5.8%，2003～2008年には約4.4%まで低下してきている．

このような転居率の低下と同時に，日本は世界に類を見ない地価や住宅価格の急激な上昇と下降とを経験した．図5-3は，首都圏におけるマンションの平均価格の推移を示したものである．これによれば，マンションの平均価格は1986年からバブル期のピークである1990年にかけて，約2.2倍に上昇し，その後，継続的に下落をしている．同様の傾向は地価についても観察され，六大都市の市街地価格指数は1986年から1990年にかけて，約2.6倍に上昇している（図5-4）．

この価格上昇期に住宅を購入した家計の多くは，住宅価格の絶対的水準の高さゆえに，多額の住宅ローンを抱えることになった．同時に，その後の住宅価格の継続的な下落は，こうした家計の保有する住宅資産価値の目減りにつながった．例えば，2005年には，直前の住宅が持家であり，かつ売却した家計の75.0%が，以前の住宅を売却したときに，キャピタル・ロスを被っている[8]．

---

[4] バブル期のわが国の住宅市場を概観した文献としては，Seko, Sumita and Naoi（2011b）等を参照のこと．

[5] Long（1991）は先進国間の転居率の違いを分析している．Strassmann（1991）は住宅市場における規制と転居の国際比較をしている．Angel（2000），Table A. 25（p. 372）は，1990年における53ヶ国の主要都市の転居率を示している．Harsman and Quigley（1991），Table 1-5はヨーロッパとアメリカの年間転居率を示している．

[6] U. S. census 2000 analyzed by the Social Science Data Analysis Network http://www.censusscope.org/us/s48/chart_migration.html

[7] Statistics Canada releases 2001 census mobility data.

[8] 国土交通省「平成18年住宅市場動向調査」2007年．ただし，この調査は，平成17年に，住宅を購入した世帯に関する調査であり，我々の分析で用いたデータとは，対象が異なることに，注意すべきである．

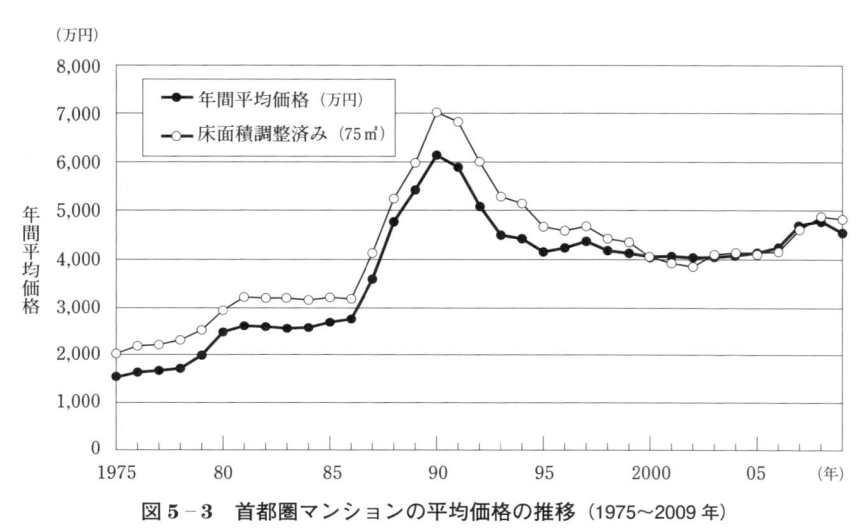

図5-3 首都圏マンションの平均価格の推移（1975〜2009年）

出所）『首都圏マンション市場動向』（不動産経済研究所）各年版.

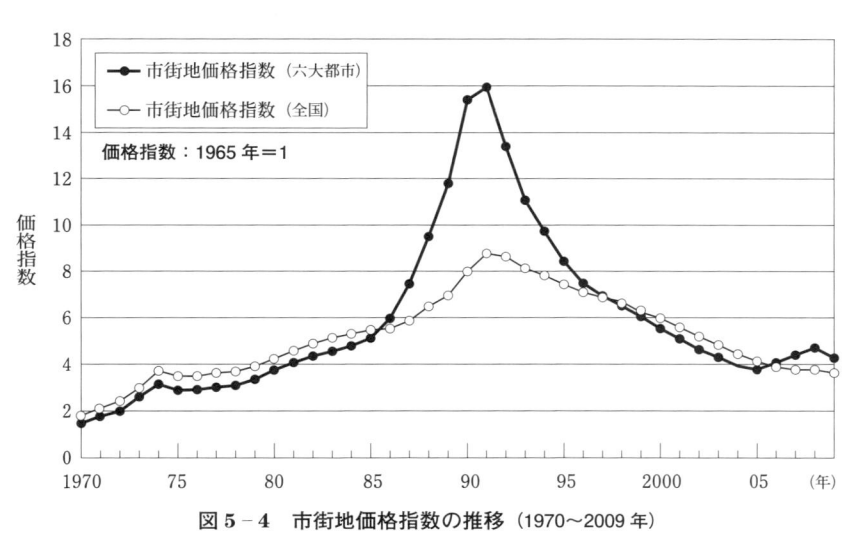

図5-4 市街地価格指数の推移（1970〜2009年）

出所）『不動産関連統計集』（三井不動産株式会社）.

表 5-2 入居年別 LTV

入居年	持家世帯		うち住宅ローン保有者		世帯数
	平均	標準偏差	平均	標準偏差	
1950〜1959	0.044	0.18	0.391	0.38	321
1960〜1969	0.051	0.36	0.929	1.27	1104
1970〜1979	0.053	0.32	0.608	0.93	2813
1980〜1989	0.111	0.39	0.508	0.71	3591
1990〜1999	0.552	0.95	1.047	1.10	4241
2000〜2009	0.589	0.69	0.988	0.64	2474

注) LTV は「年末住宅ローン残高÷持ち家の自己評価額」.
出所) 慶應義塾家計パネル調査.

結果として,住宅価格および地価の急騰と,その後の継続的な下落によって,バブル期に住宅を購入した多くの家計が,担保物件の価値が住宅ローン残高を下回る,負の純住宅資産の状態に陥っているだろうということは想像に難くない.表5-2は,以降の分析において利用する慶應義塾家計パネル調査に基づき,入居年別の住宅ローン残高対住宅資産価値比率（Loan to Value ratio,以下 LTV）を示したものである.全般的な傾向として,バブル崩壊後の90年代以降の入居者で,LTV が大きくなっていることがわかる.

2.2 流動性制約と転居行動

住宅価格の下落が,住宅資金に関する流動性制約を介して持家世帯の転居を阻害する（ロックイン効果）可能性は,いくつかの先行研究において指摘されている（Ferreira et al., 2010; Henley, 1998; Chan, 2001）.しかしながら,住宅価格の下落が持家世帯の転居を阻害するという関係は,上述の流動性制約による説明以外にも,例えば持家世帯の損失回避（loss aversion）などの行動経済学的な説明も可能である（Engelhardt, 2003）.そのため,実証的には流動性制約に起因するロックイン効果の識別が課題とされてきた.本節では,遡及型融資制度の特徴を明示的に考慮することで,ロックイン効果の識別を試みる.

住宅資金に関する流動性制約を介したロックイン効果の理論的説明は,通常以下のようになされる.いま,現住居のローンが残存している持家世帯の転居（買い替え）行動を考えると,保有する非住宅資産と純住宅資産（現住居の売却価額−住宅ローン残高）を原資として,新たな住宅を購入することになる.住宅価格の下落は,家計の純住宅資産の減少を意味するため,住宅資金に関する流動

性制約(頭金制約)を介して,転居を阻害することになる[9].

遡及型融資制度下では,上記のような標準的な議論に加え,いくつかの興味深い理論的な仮説が得られる.まず,家計の保有する総資産(住宅資産＋金融資産)が住宅ローン残高を上回る正の純資産(positive equity)をもつ家計に関しては,現住居の資産価値の下落は,新規に購入する住宅への頭金の減少を意味するため,上記と同様のロジックから,転居確率は減少すると考えられる.それに対して,総資産が住宅ローン残高を下回る負の純資産(negative equity)をもつ家計は,買い替え時の流動性制約に直面するため,転居することはできない.したがって,LTVの限界的な変化は転居への効果を持たないと考えられる.この後者の予想される結果は,非遡及型融資が支配的な国の結果とは,大きく異なると言えよう.なぜならば,非遡及型融資の場合には,債務不履行時に担保住宅以外の資産に対しては請求権が及ばないため,住宅価格の下落に伴い,担保住宅の価値が住宅ローン残高を下回った場合,家計は意図的にデフォルトを選択するインセンティブを持つからである.このようなLTVの非対称な影響は,流動性制約に起因するロックイン効果に特有のものであり,わが国における遡及型融資制度は,ロックイン効果の識別のための重要な機会を与えている.以下では,LTVの非対称的な影響について,ミクロデータを用いた検証を行う.

2.3 データと推計モデル

データとしては,慶應義塾家計パネル調査(KHPS)を用いた.KHPSは慶應義塾大学経商連携21世紀プログラムおよび慶大―京大連携グローバルCOEの一環として,2004年から継続して実施されている家計パネル・データであり,

---

[9] Stein (1995) は,このようなロジックに基づいて,住宅金融市場における流動性制約(頭金制約)と住宅価格変動の関連を理論的に分析している.買い替えに際しての頭金制約を前提とすると,所与の住宅価格のもとで,家計は保有する純住宅資産額に応じて,3つのグループに分類される.第1は,頭金制約の影響を受けずに買い替え可能なグループであり,「制約を受けない転居世帯」(unconstrained movers) と呼ばれる.第2は,頭金制約のもとで最大限選択可能な住宅に住み替えるのが最適となるグループであり,「制約付き転居世帯」(constrained movers) と呼ばれる.第3は,頭金制約の存在によって,転居しないことが最適となるグループである.このような想定のもとで,ファンダメンタルズの微小な変化による住宅価格の下落は,「制約付き転居世帯」の買い替え需要の減少を通じて,乗数効果(multiplier effects)を持ちうることが明らかにされている.すなわち,当初の住宅価格の微小な下落によって,制約付き転居世帯の買い替え需要が減少し,それがさらなる住宅価格の下落を招くことになる.

初年度の標本は無作為に抽出された全国の 20 歳から 69 歳までの男女 4,005 名からなる．調査は，毎年 1 月末日を期日として実施されている．2007 年調査では，1,400 名を新規サンプルとして追加した．本研究では，第 6 波（2009 年 1 月実施）までのデータセットを利用して分析を行った．転居に関する情報としては，各年 1 月の調査において，「昨年 1 年間の転居」に関する質問をしており，これを利用した．本研究は，持家世帯の買い替えを分析対象としているため，サンプルは基準年度で持家の世帯に限定した．分析の被説明変数は，過去 1 年間に転居を経験し，かつ転居後の住宅の所有形態が持家である場合に 1 を取るようなダミー変数として定義される．

転居の規定要因としては，世帯員数や子どもの有無などの世帯属性，居住室数や居住年数などの変数，転居前の居住地属性（地域および市群規模ダミー）および『公庫融資利用者調査』（住宅金融支援機構）に基づく都道府県別平均住宅価格などを利用した[10]．前述の通り，KHPS では過去 1 年間の転居について質問しているため，説明変数を被説明変数と同一年度の調査結果から作成すると，（転居を経験した家計については）転居後の属性を計測してしまうことになる．そのため，説明変数については，前年調査の情報を利用している．

本研究の焦点である住宅資産制約に関連する変数としては，**拡張された**住宅ローン残高対住宅資産価値比率（Extended Loan-to-Value Ratio, 以下 $ELTV$）という変数を作成して分析に用いた．これは，現住居のローン残高から非住宅資産（預貯金・有価証券）を減じたものを，建物価格と敷地価格を合計した住宅資産価値で除した変数として，

$$ELTV = \frac{住宅ローン残高 - 預貯金 - 有価証券}{住宅資産価値} \quad (1)$$

で表わされる．(1) 式の分子にある住宅ローン残高，預貯金額，有価証券額に関しては，いずれも KHPS から得られる各年の回答を用いている．また，分母の住宅資産価値としては，回答者による自己評価額の値を用いた[11]．(1) 式の値が 1 を上回る場合には，当該家計の住宅ローン残高が総資産（住宅資産＋

---

10) 後述のとおり，本研究では固定効果ロジットモデルを利用して分析を行っているため，世帯主の教育水準や年齢などの time-invariant な変数は利用していない．

11) これらの建物価格と敷地価格は，所有者に対する「現在の市場価格（売るとした場合の価格）はいくらくらいだと思いますか．」という問いに対する回答を利用している．

預貯金・有価証券）を上回っている（純資産が負）ことになる．以降の分析では，(1)式で定義される $ELTV$ の指標に加えて，先行研究に倣い，家計が負の純資産に直面していることを示すダミー変数（$ELTV \geq 1$）を作成し，併せて説明変数として利用している．なお，分子が，単に住宅ローン残高だけでなく，そこから預貯金および有価証券保有額を差し引いているのは，日本の住宅金融制度が遡及型融資制度であることと対応している．すなわち，日本では，住宅資産価値のみではなく，他の資産（貯蓄や株・証券）も，住宅ローンの借り入れに対する担保となるためである．この点が，非遡及型融資が支配的なアメリカとは大きく異なる部分である．アメリカの場合には，転居に関する住宅資産制約は，

$$LTV = \frac{住宅ローン残高}{住宅資産価値} \tag{2}$$

となるのである．

所得変動の影響を捉えた指標としては，**拡張された**返済・所得比率（Extended Debt-to-Income Ratio, $EDTI$）を用いた．

$$EDTI = \frac{年間住宅ローン返済額 + その他のローン支払い額}{世帯年収} \tag{3}$$

である．これは，住宅ローンを含めた家計の全ての借入に対する年間返済額を世帯所得で除したものとして定義される．このような定義を用いているのは，遡及型融資の場合，借り手の全ローンの返済能力が問題となるためである．

本推計の被説明変数は，持家世帯の買い替えを表す2値変数であるため，固定効果ロジットモデルによる分析を行った[12]．いま，第 i 世帯の t 年における持家の買い替えに関する潜在変数を S_{it}^* であらわすことにすれば，推計のためのモデルは以下のように示される．

$$S_{it}^* = x_{it}'\beta + \alpha_i + \varepsilon_{it} \tag{4}$$

ここで，実際に観察される買い替えについてのダミー変数 S_{it} は，$S_{it}^* > 0$ のとき1，そうでなければ0を取るものと仮定される．x_{it} は前述の説明変数，α_i は

---

[12] 住宅需要に関する推計において，観察できない異質性（固定効果）を考慮することの重要性については，Börsch-Supan（1990）を参照のこと．

表5-3 変数と記述統計

変　　数	全サンプル		転居サンプル	
	平　均	標準偏差	平　均	標準偏差
持家の買い替えダミー	0.03	0.16	0.23	0.42
住宅ローン保有ダミー（あり＝1）	0.34	0.47*	0.37	0.48
負の純資産ダミー（$ELTV \geqq 1$）	0.10	0.29	0.11	0.32
Extended Loan-to-value ratio : $ELTV$	−0.32	3.02	0.06	0.91
Extended debt-to-income ratio : $EDTI$	0.10	0.25	0.11	0.37
世帯員数	3.59	1.45	3.48	1.33
子どもダミー	0.65	0.48	0.68	0.47
居住室数	5.97	2.04	4.46	1.56
居住年数（年）	19.62	13.45	9.48	9.94
実質住宅価格	33.34	5.30	34.64	5.34
観測値数	9,095		992	

注）「転居サンプル」はサンプル期間中に持家の買い替えを経験した家計のサンプル．観測値数は＊＝9,090．

家計iの観察できない異質性（固定効果），ε_{it}はロジスティック分布に従う誤差項，βは推計されるパラメータである．以下の分析では，Chamberlain（1980）によって提案された方法に基づき，条件付き最尤法によって（4）式を推計している．

2.2節で議論した通り，遡及型融資制度を前提とすれば，住宅価格の変動を通じた$ELTV$の水準の変化は，家計が保有する総資産（住宅資産＋金融資産）が住宅ローン残高を上回るか否かによって，買い替えに対して非対称な影響を持つことになる．そこで，以下の分析では，$ELTV$の非対称な影響を捉えるために，正の純資産を持つ家計と，負の純資産を持つ家計について，それぞれ$ELTV$の係数が異なることを許容する定式化を行った．具体的には，純資産の正負に関するダミー変数と，$ELTV$の交叉項を導入することで，上記の仮説の検証を行っている．

上述の各変数についての記述統計が，表5-3に示されている．よく知られているように，固定効果ロジットモデルによるパラメータの識別は，期間中に少なくとも1回は買い替えを経験しているサンプルのみに依存する．表5-3では，期間中に買い替えを経験した，実際の分析に用いられるサンプルを「転居サンプル」と呼んでいる．一方，期間中に買い替えを経験しなかった家計を含むサンプル全体については，「全サンプル」として記述統計を示している．

表 5-4 流動性制約と持家世帯の転居行動

被説明変数：持家の買い替えダミー

説明変数	係　数	t 値	限界効果
負の純資産ダミー（$ELTV≧1$）	-4.592	-1.42	-1.63
正の純資産ダミー×$ELTV$	-0.611	-3.10***	-0.59
負の純資産ダミー×$ELTV$	1.183	0.49	1.15
正の純資産ダミー×$EDTI$	-2.386	-2.06**	-2.31
負の純資産ダミー×$EDTI$	0.348	0.29	0.34
世帯員数	1.077	1.95*	1.04
世帯員数^2	-0.090	-1.54	-0.09
子どもダミー	1.388	2.52*	1.14
居住室数	-1.720	-4.40***	-1.67
居住室数^2	0.097	3.06***	0.09
居住年数（年）	0.170	4.66***	0.17
実質住宅価格（万円）	-0.037	-0.91	-0.04
地域ダミー	Yes		
市群規模ダミー	Yes		
対数尤度	-236.66		
観測値数	992		
家計数	227		

注）有意水準は，***が 1％，**が 5％，*が 10％．限界効果は 100 倍した値．

2.4 分析結果

(4) 式に基づくモデルの推計結果が，表 5-4 に示されている．住宅資金に関する流動性制約に関して理論的に予想された通りの結果が得られた．すなわち，保有する総資産価値（住宅資産価値＋金融資産）が住宅ローン残高よりも多い，正の純資産をもつ家計に関しては，$ELTV$ が上昇すると，新規に購入する住宅への頭金が減少することになるので，買い替え確率は減少する．それに対して，総資産が住宅ローン残高を下回る，負の純資産をもつ家計は，買い替えようとしても，新規に購入する住宅のための頭金が不足するため，転居することができず，$ELTV$ が変化しても，転居への効果はなかった．このように総資産が住宅ローン残高を下回る家計と，上回る家計では，非対称的なロックイン効果に関する結果が得られているが，この結果は，遡及型融資制度に起因する結果と考えられる点で，極めて興味深い．非遡及型融資が支配的な国における先行研究では，このような結果は得られていない．また，$EDTI$ に関しても，この指標が上昇すると，買い替え確率は減少することが示された．

その他の変数についての推計結果は，以下のようにまとめられる．まず，世帯員数および子どもダミーに関しては，世帯員数が多く，子どもがいる世帯では，買い替え確率が高くなる傾向がみられる．こうした傾向は，ライフサイクルに応じた住み替え需要を反映しているものと考えられる．一方，居住室数およびその2乗項に関しては，いずれも統計的に有意な影響を持っており，居住室数が約8.8室となるまでは，室数の増加に伴って住み替え確率が減少していく結果となっている．この結果は，十分な居住スペースが確保されることで住み替え需要が減少するという解釈が可能であろう．また，実質住宅価格に関しては，係数の符号は事前に予想されるものと整合的であったものの，統計的に有意な結論は得られていない．

3. 住宅資産価格変動のパネル・データ分析

転居率が低い国では，住宅価格変動が大きくなる傾向があると知られている（Englund and Ioannides, 1993）．そこで本節では，我が国の遡及型融資に基づく住宅金融制度に起因する住宅資産制約が，住宅価格変化率にどのような影響を与えているかを分析する[13]．分析に用いたモデルは，住宅価格水準に関して共和分関係として表される長期モデルと，その長期均衡モデルへの調整過程を定式化した短期モデルである．以下では，分析の枠組みを与えるモデルと，モデルの推定に使用したデータ，そして推定結果について述べる．

3.1 長期モデル

第i地域，t年の持家の住宅価格p_{it}は，住宅に関する資産市場と住宅サービスの取引される賃貸市場を反映させる要因X_{it}により決まると仮定し，p_{it}とX_{it}を次のような線型関数で定式化する[14]．

$$\ln p_{it} = X_{it}\beta + \alpha_i + \mu_{it} \qquad (5)$$

ここでX_{it}には，家計所得inc_{it}，持家の資本コストuc_{it}，建設費用cc_{it}，第i地域の人口pop_{it}や，第i地域における住宅地の割合$rland_{it}$が含まれる．

---

[13] 本節の分析は，Seko, Sumita and Konno（2010）を発展させたものである．
[14] 住宅の資産市場と賃貸市場を定式化したストック・フローモデルについては，DiPasquale and Wheaton（1996, Chapter 10）を参照されたい．

次に，これらの変数の符号条件を考える．これらの変数は，住宅資産市場に関連する変数と住宅サービスの取引される賃貸市場に関する変数とに分けて考える必要がある[15]．今回分析しているのは，住宅資産市場における住宅価格である．この住宅価格は，住宅サービスの取引される賃貸市場で決まる住宅サービス価格（帰属家賃）により影響を受ける．持家の資本コストが増加すると住宅の資産市場を通じて住宅価格は低下するので，資本コストの符号条件は負である．家計所得が増加するほど，住宅サービス需要が増え住宅サービス価格も上昇するので，所得増加は住宅価格に対して正の影響を持つ．建設費用が増加するほど住宅供給は減り，住宅サービス価格は上昇し住宅価格も上昇すると考えられるので，建設費用の符号条件は正である．人口が増加するほど住宅サービス需要は増加すると考えられるので，人口増加は住宅価格に対して正の影響を持つ．住宅地割合が増えるほど，住宅サービスの供給が増え，住宅サービス価格を低下させるので，住宅地割合の増加は，住宅価格に負の影響を与えると考えられる．

さらに，住宅ローンに関連する変数も，借手や住宅市場の将来の予想を通じて，長期均衡に影響を与える可能性がある．そのため，これらの変数を説明変数に用いた分析を行った[16]．以下では，わが国の特徴である遡及型融資制度を明示的に考慮した分析を行うが，どのような定式化が適切であるかは先験的に明らかではない．そこで，以下の4種類のモデルを推定することにした．(i) 住宅ローン関連の変数を使用しないモデル，(ii) 住宅ローン残高から貯蓄額を控除した変数 $loan\text{-}deposit_{it}$ を含むモデル，(iii) 住宅ローン残高 $\ln(loan)_{it}$ と貯蓄残高 $\ln(deposit)_{it}$ を別々に含むモデル，(iv) 住宅ローン残高と貯蓄残高の比に対数をとった変数 $\ln(loan/deposit)_{it}$ を使用するモデルである．これらのローン関連変数が増えることは，それだけ，住宅購入資金が潤沢になり，住宅需要が増加することにつながると考えられるので，住宅ローンの増加は住宅価格に対して，正の効果を持つと予想される．また，α_i は第 i 地域の観測されない異質性であり，ここでは固定効果としてダミー変数により定式化している．μ_{it} は定常過程に従う確率的に変動する誤差項である．

---

15) DiPasquale and Wheaton（1996, Chapter 1）を参照されたい．
16) 長期均衡式に，ローン関連変数を含んだ先行研究としては，Hort（1998）や Oikarinen（2009）があるが，スウェーデンもフィンランドも遡及型融資制度を実施していながら，彼らは，その特性を明示的には考慮していない．

3.2 データ

以下の分析で用いられる主なデータは，旧・住宅金融公庫の『公庫融資利用者調査報告——建売住宅購入融資編』(1980～2004 年) である．この報告書には，旧住宅金融公庫からの住宅ローンにより建売住宅を購入した世帯の，購入価格，所得，ローン残高などの都道府県毎の平均のデータが掲載されている．これを基にして都道府県単位のパネル・データを作成し，分析に用いている．

モデルを推定するための変数は，次のようにして作成した．まず実質住宅価格 p_{it} は，『公庫融資利用者調査報告——建売住宅購入融資編』にある「購入価額」を，同報告に掲載されている「住宅面積」で割り，1 m^2 当たりに換算した単位当たり住宅価格を実質化している．実質化に用いた消費者物価指数は次のように作成している．毎年の全国平均を 1 とする都道府県庁所在地別「消費者物価地域差指数」に，2005 年を 1 とする「消費者物価指数（持家の帰属家賃を除く総合指数）」を掛け合わせて，2005 年の全国平均を 1 とする物価指数とした．

家計所得 inc_{it} には，『公庫融資利用者調査報告』にある「世帯の年収」を利用している．住宅価格同様に，2005 年の全国平均を 1 とする物価指数で実質化している．

持家の資本コストは，次のように定式化している．

$$uc_{it} = r_t + t_{it}^h - g_{it} \qquad (6)$$

ここで r_t は，住宅購入の機会費用を表す利子率として，日本銀行『金融統計月報』より長期プライムレートを使用している．t_{it}^h は固定資産税の実効税率を表している．名目の固定資産税率は 0.014 であるが，固定資産税の評価額は市場での価額よりも低いと考えられているので，総務省『固定資産の価格等の概要調書』より，都道府県毎の土地と家屋の単位当たり価格を合計し，これを前述の単位当たり住宅価格で割り，これに 0.014 を乗じている．最後に期待名目住宅価格上昇率 g_{it} については，次のような 2 年前までの名目住宅価格上昇率の加重平均として求めている．

$$g_{it} = \sum_{k=1}^{l} \left[\frac{l+1-k}{(l+1)(l+2)/2} \right] \left(\frac{P_{i,t-1} - P_{i,t-1-k}}{P_{i,t-1-k}} \right) \qquad (7)$$

表 5-5 変数名と記述統計

変数名	定義	平均	標準偏差
p	住宅価格（2005年実質，万円/m²）	28.96	7.69
inc	実質所得（2005年実質，年，万円）	586.74	75.83
uc	資本コスト	1.96	5.46
cc	建設費用（2005年実質，万円/m²）	14.90	2.78
pop	都道府県別人口（千人）	3256.96	2809.57
$rland$	都道府県別住宅地割合	0.13	0.12
$loan$	世帯当り住宅ローン残高（2005年実質，万円）	2106.99	427.60
$deposit$	世帯当り貯蓄額（2005年実質，万円）	740.09	375.64
$loan\text{-}deposit$	実質住宅ローン残高—実質貯蓄残高	1366.91	407.13
LTV	住宅ローン残高／住宅価格	0.705	0.071
$ELTV$	（実質住宅ローン残高—実質貯蓄残高）／住宅価格	0.458	0.113
$HIGHELTV$	$1:ELTV>0.6$，0：それ以外	0.055	0.229

注）観測値数760.

ここでlはラグの長さを表しており，ここでは2としている．また，P_{it}は『公庫利用者調査報告』にある名目住宅価額である．

建設費用cc_{it}は，国土交通省『建築統計年報』にある居住用工事費予定額を居住用建築物床面積合計で割り，1m²当りの建設予定額を求め，2005年を1とする建築デフレーターで割り，実質化したものである．

人口pop_{it}は，総務省統計局『日本統計年鑑』より，都道府県別人口を使用している．住宅地の割合$rland_{it}$は，総務省統計局『日本統計年鑑』にある宅地面積（住宅と非住宅の合計）の民有地総面積に占める割合である．

住宅ローン残高は『公庫融資利用者調査報告』にある，一世帯当たりの平均額である「公庫からの借入金」と「公庫以外からの借入金」を合計した金額であり，前述の物価指数を用いて実質化している．貯蓄額には，全国銀行協会『月刊金融』にある都道府県別貯蓄残高を『住民基本台帳』の世帯数で割り，世帯当り貯蓄残高を求め，これを実質化している．また，名目の住宅ローン残高から，世帯当りの名目貯蓄残高を引き，純住宅ローン残高を求め，さらに『公庫利用者調査報告』にある名目住宅価額で割り，購入当初の$ELTV$とした[17]．

後述の短期モデルの推定に使われているが，購入当初の$ELTV$に基づくダミー変数$HIGHELTV$がある．これは$ELTV$が0.6以上ならば1，それ以外

---

17) 第2節では，パネル・データを用いて，住宅金融制度に起因する流動性制約が転居に及ぼす影響を，各時点での$ELTV$を作成して分析している．それに対して，本節では，持家を購入した当初の$ELTV$を用いて住宅価格変化率に対する効果を分析している．

をゼロとするダミー変数である．なお，$ELTV$ が 0.6 より大きい地域は観測値の 5.53% を占めていた．

これらの変数は，観測期間である 1985 年から 2004 年まで，都道府県毎に作成されているが，沖縄県については，データが存在しない期間があるので，分析から除いている．また，融資件数の少ない県については，複数の県をまとめ一つの地域としてそれを分析単位としている．具体的には，青森県，岩手県，宮城県，秋田県，山形県の 5 県を東北地域とし，新潟県，富山県，石川県，福井県，長野県の 5 県を北信越地域としている．これらの統合により，分析対象とした地域は 38 地域となる．

このようにして作成された変数の記述統計量が表 5-5 にある．

3.3　長期モデルの推計——単位根検定と共和分検定

先の (5) 式の誤差項 μ_{it} が定常過程に従うならば，先の式に含まれる変数間には共和分関係が成立しており，β は共和分ベクトルとよばれる．このような共和分関係が成立しているかどうかを Kao (1999) の検定方法で検定している．ただしその前に，分析に用いた変数の和分の次数を確認するために，各変数の単位根検定を行った．その結果が表 5-6 である．Im et al. (2003) と Maddala and Wu (1999) の検定を行った．各変数の水準については，資本コスト (uc_{it}) と住宅ローン残高と貯蓄残高の比の対数 ($\ln(loan/deposit)_{it}$) を除く，他の変数は単位根を持つ時系列であることが分かる．また各変数の 1 階差分についてはいずれも単位根を持たないことが分かる．これらより，資本コスト (uc_{it}) と，住宅ローン残高と貯蓄残高の比の対数 ($\ln(loan/deposit)_{it}$) は定常過程に従う I(0) ではあるが，それ以外の変数は単位根を持つ非定常過程に従う I(1) であることが分かる．

次に，これらの変数を用い長期モデルを推定している．ローン関連の変数の定式化により異なる 4 つのモデルの共和分ベクトルの推定結果と Kao (1999) による共和分検定の結果が表 5-7 にまとめられている．表 5-7 下段の共和分検定の結果からは，全てのモデルにおいて，非定常の帰無仮説は棄却され，残差は定常過程に従うことが支持されるので共和分関係が成立していることが分かる．そして，共和分ベクトルの推定結果より，全ての係数が有意であり，期待される符号条件を満たしている．モデル (ii) から (iv) に含まれる住宅ローン関連の変数は，全て有意であり，住宅資産価格水準を決める上で，住宅ロ

表 5-6 パネル単位根検定の結果

変数名	(a) 水準		(b) 一階差分	
	Im, Pesaran and Shin (2003)	Maddala and Wu (1999)	Im, Pesaran and Shin (2003)	Maddala and Wu (1999)
$\ln(p)$	5.10 (1.000)	41.07 (1.000)	-11.64 (0.000)	280.05 (0.000)
$\ln(inc)$	7.84 (1.000)	25.75 (1.000)	-24.19 (0.000)	590.83 (0.000)
uc	-4.18 (0.000)	128.58 (0.000)	-16.70 (0.000)	392.33 (0.000)
$\ln(cc)$	6.78 (1.000)	19.31 (1.000)	-18.85 (0.000)	448.04 (0.000)
$\ln(pop)$	2.67 (0.996)	97.50 (0.049)	-4.59 (0.000)	150.81 (0.000)
$rland$	2.09 (0.982)	60.54 (0.902)	-26.38 (0.000)	652.58 (0.000)
$\ln(loan)$	10.62 (1.000)	8.64 (1.000)	12.53 (1.000)	9.54 (1.000)
$\ln(deposit)$	4.14 (1.000)	3.61 (1.000)	9.33 (1.000)	8.64 (1.000)
$loan\text{-}deposit$	5.52 (1.000)	41.01 (1.000)	-17.90 (0.000)	426.24 (0.000)
$\ln(loan/deposit)$	-2.61 (0.005)	-4.32 (0.000)	-3.26 (0.001)	113.28 (0.004)

注) 検定期間：1981〜2004年．帰無仮説：単位根あり（地域毎の単位根過程を仮定）．( ) 内の数値はP−値である．
 (a) 全ての検定で使われた回帰式には，地域毎の固定効果ダミー変数とトレンド変数が含まれている．ラグの長さは，4期としている．検定統計量は，Newey-Westの方法により求められBartlettカーネルを用いている．
 (b) 全ての検定で使われた回帰式には，地域毎の固定効果ダミー変数が含まれている．ラグの長さは4期としている．検定統計量は，Newey-Westの方法により求められBartlettカーネルを用いている．

ーン関連変数が重要であることが分かる．

表 5-7 長期モデルの推定結果 (1985~2004)

被説明変数：$\ln p_{it}$

モデル	(i)		(ii)		(iii)		(iv)	
変数	係数	t値	係数	t値	係数	t値	係数	t値
constant	-8.547	-6.59***	-7.099	-5.96***	-8.048	-6.92***	-7.890	-6.41***
$\ln(inc)_{it}$	0.442	12.28***	0.227	6.08***	0.172	4.39***	0.365	10.41***
uc_{it}	-0.003	-5.69***	-0.003	-6.74***	-0.003	-5.80***	-0.003	-5.70***
$\ln(cc)_{it}$	0.546	10.64***	0.567	12.09***	0.323	4.60***	0.769	14.17***
$\ln(pop)_{it}$	1.059	6.25***	1.036	6.69***	0.976	6.41***	0.931	5.78***
$rland_{it}$	-4.533	-10.99***	-5.839	-14.88***	-6.202	-15.00***	-4.460	-11.42***
loan-deposit			0.0002	11.98***				
$\ln(loan)_{it}$					0.404	13.46***		
$\ln(deposit)_{it}$					-0.062	-2.45**		
$\ln(loan/deposit)_{it}$							0.200	9.19***
固定効果：地域ダミー	○		○		○		○	
決定係数	0.904		0.920		0.923		0.914	
自由度調整済決定係数	0.898		0.915		0.919		0.909	
残差標準誤差	0.074		0.067		0.066		0.070	
時点数	20		20		20		20	
地域数	38		38		38		38	
観測値数	760		760		760		760	
共和分検定								
Kao (1999)	-6.147***		-6.186***		-5.865***		-6.628***	

注) 観測期間：1985~2004. 有意水準は ***が1%, **が5%, *が10%.

3.4 短期モデルの推定——遡及型融資対非遡及型融資

次に，長期モデルに向かって，短期的にどのように調整が行われているかを調べるために，次の短期モデルを推定している．

$$\Delta \ln p_{it} = \Delta Z_{it}\gamma + \lambda \Delta \ln p_{i,t-1} - \eta(\ln p_{i,t-1} - X_{i,t-1}\hat{\beta} - \hat{\alpha}_i) + e_{it} \tag{8}$$

ここで右辺第1項 ΔZ_{it} は，毎期の住宅価格変化率に対して，影響を及ぼすと考えられる変数の差分を取った変数である．この係数 γ は短期パラメータとよばれ，Z_{it} が変化したときの瞬時的な $\ln p_{it}$ への影響を示している．この Z_{it} には (5) 式の X_{it} に含まれる変数だけでなく，住宅価格変化率に関連する変数も含まれる．具体的には，所得変化率 $\Delta \ln(inc)_{it}$，1期前の ELTV が 0.6 以上であれば 1，そうでない場合には 0 を取るダミー変数[18] $HIGHELTV_{i,t-1}$，所得変化率と $HIGHELTV_{i,t-1}$ の交差項，持家の資本コストの変化分 Δuc_{it}，建設予定費変化率 $\Delta \ln(cc)_{it}$，人口変化率 $\Delta \ln(pop)_{it}$，住宅地率の変化分 $\Delta rland_{it}$ が含まれていると想定した[19]．右辺第2項には，1期前の住宅価格変化率 $\Delta \ln p_{i,t-1}$ が含まれており λ は自己回帰係数を表わしている．右辺第3項は，誤差修正項であり，( ) 内は長期関係式 (5) 式の推定結果より得られた残差である．この残差は，住宅価格の観測値と，モデルからの予測値との乖離である誤差を表しており，この1期前の誤差を解消するように住宅価格が変化しているならば，誤差修正係数 η は 0 から 1 の間の値を取ると考えられる．すなわち η は，長期関係式の残差（誤差）を小さく修正するように短期的に価格が変化する調整の速度を表わしている．e_{it} は定常過程に従う確率的な誤差項である．このモデルの推定結果が表 5-8 である．

表 5-8 は，非遡及型融資制下でのアメリカでの，Lamont and Stein（1999）により推定された住宅資産制約（housing equity constraints）と住宅価格変化率の関係（1985 年から 94 年）と，遡及型融資制に基づく日本での両者の関係

---

[18] ここで，HIGHELTV について1期前の値としているのには2つの理由がある．一つは，Lamont and Stein（1999, p. 506）でも述べられているように，住宅ローンの審査にあるであろう将来の住宅価格や貸し出される世帯の将来性を反映しているためである．今一つは，t 期の住宅価格変化率との間に存在すると考えられる内生性を弱めるためである．

[19] 類似の定式化をしている，非遡及型融資が支配的なアメリカの先行研究として，Lamont and Stein（1999）がある．ただし，彼らの場合は，HIGHELTV ではなく，非遡及型融資なので，HIGHLTV である．

表 5-8 短期モデルの推定結果

モデル	米 国 Lamont & Stein (1999)		(i)		(ii)		(iii)		(iv)	
観測期間	1985〜1994		1985〜2004		1985〜2004		1985〜2004		1985〜2004	
変 数	係数	t 値	係数	t 値	係数	t 値	係数	t 値	係数	t 値
定数項	0.088	0.53	−0.003	−0.55	−0.002	−0.36	−0.002	−0.33	−0.002	−0.40
$\Delta \ln(inc)_{it}$	1.784	1.89*	0.129	2.81***	0.112	2.40**	0.109	2.30**	0.119	2.66***
$\Delta \ln(inc)_{it} \times HIGHLTV_{it-1}$	0.071	2.00**								
$HIGHLTV_{it-1}$			0.161	1.38	0.170	1.43	0.164	1.36	0.166	1.41
$\Delta \ln(inc)_{it} \times HIGHELTV_{it-1}$			−0.011	−2.26**	−0.014	−2.68***	−0.015	−2.64***	−0.015	−2.86***
$HIGHELTV_{it-1}$			−0.003	−1.98*	−0.004	−2.03**	−0.004	−2.01**	−0.003	−2.05**
Δuc_{it}			0.283	3.71***	0.283	3.40***	0.277	3.26***	0.294	4.04***
$\Delta \ln(cc)_{it}$			0.990	1.35	0.948	1.30	1.009	1.35	0.952	1.31
$\Delta \ln(pop)_{it}$			−0.640	−0.36	−1.116	−0.64	−1.202	−0.71	−0.949	−0.56
$\Delta \ln(p)_{it-1}$	0.51	9.41***	0.257	4.21***	0.260	4.04***	0.255	3.88***	0.251	4.00***
$\ln p_{it-1} − \ln y_{it-1}$	−0.188	−8.17***								
ECT_{it-1}			−0.249	−4.63***	−0.228	−4.49***	−0.226	−4.27***	−0.242	−4.59***
決定係数	0.74		0.39		0.37		0.36		0.38	
自由度調整済決定係数			0.39		0.36		0.36		0.37	
残差標準誤差			0.04		0.04		0.04		0.04	
Durbin-Watson 統計量			2.07		2.09		2.11		2.07	
期間	11		20		20		20		20	
地域数	38		38		38		38		38	
観測値数	370		760		760		760		760	

注) 従属変数：$\Delta \ln(p)_{it}$。観測期間：1985〜2004。有意水準：*** が 1%, ** が 5%, * が 10%。
米国モデルの推定結果は，Lamont and Stein (1999), p. 506, Table 3 "DEBT = HIGHLTV" より抜粋されており，時点と地域の固定効果が含まれている。
日本のモデルの対応する残差 ECT は，表 5-7 の対応する長期モデルの残差から計算されている。
全ての t 値は，White の不均一分散一致標準誤差に基づき計算されている。

(1985年から2004年)を，比較対照した推計結果を表わしている．日本のモデルについては，表5-7の (i) から (iv) までの4つの長期モデルの結果から導かれる残差として求められる誤差修正項 $ECT_{i,t-1}$ に対応して，(i) から (iv) までの4種類のモデルが推定されている．

表5-7の長期モデルの残差として求められる誤差修正項の係数について述べる．Lamont and Stein (1999) は，住宅価格を所得のみで決定される長期モデルを仮定し，その残差である $\ln p_{it-1} - \ln y_{it-1}$ で定義しているが，この定式化が共和分しているかを検定しているわけではない．この長期モデルの定式化は，現実に対して非常に厳しい定式化なので，本章では共和分関係が存在することが分かっている表5-7の長期モデルの推定結果の残差を誤差修正項として使用した[20]．表5-8の $ECT_{i,t-1}$ の係数は，全て負で有意であり，定式化にもよるが，1年前の誤差の約23%から25%が修正されていることが分かる．

金融市場の不完全性と住宅価格変化率の関係に関して，両国の結果で最も大きな違いが出ているのは，LTV に関する変数（アメリカでは $HIGHLTV$，日本では $HIGHELTV$）の短期パラメータの推定結果である．すなわち，非遡及型融資が主流なアメリカでは，LTV の比率が高い地域[21]ほど，住宅価格の変化率は大きくなっている．それに対して，遡及型融資制である日本では，$ELTV$ の比率が高い都道府県ほど，住宅価格の変化率は低くなっている．また，所得の変化率と，住宅ローン対住宅資産価値に関する変数（$HIGHLTV$ ないしは $HIGHELTV$）の交差項が，非遡及型融資制であるアメリカでは正で有意となっているのに対して，遡及型融資制である日本では有意となっていない．

これは，以下のような理由によるものと考えられる．わが国の住宅ローン融資制度は，債務不履行時には担保住宅以外の資産に対しても請求権が及ぶ遡及型融資制である．一方，アメリカなどの融資制度は，事実上非遡及型融資制に近いとされる．非遡及型融資制のもとでは，住宅価格の下落に伴い担保住宅の価値が住宅ローン残高を下回った場合，家計は意図的にデフォルトを選択するインセンティブを持つ．こうした行動は，競売市場を通じて住宅価格下落時の住宅供給を増加させるため，住宅価格のさらなる下落をもたらすことになる．一方で，遡及型融資制のもとでは，このようなインセンティブは存在しない．

---

20) Benito (2006) も同様なアプローチをとっている．
21) Lamont and Stein (1999) の地域は，大都市圏 (Metropolitan Statistical Area) で定義されている．

遡及型融資制の下では，担保価値が住宅ローン残高を下回るような家計は，新規の住宅ローン借入に際して深刻な流動性制約に直面するため，転居が極端に阻害され，その結果として住宅価格の下落が限定的になっていると考えられるためである．このことは，第2節での，負の純資産をもつ家計と正の純資産をもつ家計の，住宅資産制約に関する非対称な影響（2.4節の表5-4を参照のこと）からも，裏付けられる．

また，短期調整パラメータに関連する所得変化率 $\Delta \ln(inc)_{it}$ の係数が日本では正で有意になっているが，アメリカでは有意ではない．日本のように，遡及型融資制度を採用している国では，所得（借入返済能力）の変化率が，住宅価格変化率に大きな影響を及ぼしているためと考えることができるであろう[22]．

4. おわりに

本章では，わが国の住宅金融が遡及型融資制度に基づいているために，流動性制約が著しい転居阻害要因になっており，それが住宅価格の変動にも多大な影響を及ぼしていることを，ミクロデータに基づく分析とマクロデータに基づく分析の両面から検証した．まず全国の家計の個票パネル・データを使用して，ロジットモデルによりロックイン効果の検証を行った．その結果，保有する総資産（住宅資産＋金融資産）が住宅ローン残高を上回る家計に関しては，遡及型融資制度に基づく住宅ローン残高と住宅資産価値の比を表わす $ELTV$ が上昇すると，新規に購入する住宅への頭金が減少することになるので，買い替え確率は減少した．それに対して，総資産が住宅ローン残高を下回る家計は，買い替えようとしても，新規に購入する住宅のための頭金が不足するため，転居することができないので，$ELTV$ が上昇しても，転居への効果はなかった．すなわち，住宅資産制約に起因するロックイン効果は，当該家計の純資産額の水準に依存して，非対称な効果を持つことが示された．次に都道府県単位のパネル・データを用いて，誤差修正モデルにより，遡及型融資制度と非遡及型融資制度のもとでの流動性制約が住宅価格変動に及ぼす影響の比較分析を行った．その結果，非遡及型融資制が主流なアメリカでは，LTV の比率が高い地域ほど住宅価格の変動が大きくなっているが，遡及型融資制を採用している日本で

---

[22] なお，住宅ローン変数も，$HIGHELTV$ 変数も，推計上，内生性の問題を注意深く検討する必要があると考えられるが，それは今後の課題としたい．

は $ELTV$ の比率が高い都道府県ほど，変動は小さくなっていることが明らかとなった．

　本章の分析範囲を越えるが，上記で得られた結果をもとに，価格の安定化機能の観点で両制度を比較すると，どのようなことが予想されるか，ここで少しまとめてみよう．非遡及型融資制の場合は，短期的には大きな価格下落が生じる一方，価格メカニズムが適正に働く結果，自律的な回復は早いかもしれない．これに対して遡及型融資制の下では，担保価値が住宅ローン残高を下回るような家計は，新規の住宅ローン借入に際して深刻な流動性制約に直面するため，転居が極端に阻害され，その結果として本章の第2節，第3節での分析結果が示しているように，住宅価格の下落が限定的になっていると考えられる．

　今後の日本の住宅金融制度の方向性を考える際には，家計が意図的にデフォルトを選択するインセンティブを防ぐような制度設計を考慮したうえで，非遡及型融資制への移行を考慮することも，選択肢の一つとして考えられるであろう．なぜならば，それによって，市場メカニズムの働きにより，住宅価格が安定化し，わが国の経済の回復力が高まる可能性があるからである．また，非遡及型住宅融資制度を採用すれば，貸し手は，現在の遡及型住宅融資制度の場合のように，借り手という人ではなく，貸す物件を見て，融資額を決定すると考えられるため，貸し手も借り手も，より物件の質に関心を持つことになるので，それが，日本の住宅の質の全般的な底上げにつながるということも考えられる．しかしながら，アメリカのサブプライムローン問題が示しているように，非遡及型融資制にも，意図的にデフォルトを選択するインセンティブを防ぐことが困難であるといったような問題点はある．どちらの制度を，今後の日本で採用していくべきかに関しては，本章で検討した価格の安定化機能だけでなく，両制度下での貸し手の融資条件の違いや，借り手のデフォルトリスクの負担に関する行動の違いなど，総合的に考慮する必要があると考えられる．しかしながら，そのためには，各制度のもとでの，住宅金融の借り手と貸し手の双方の最適化行動の違いを考慮した分析なども行う必要があるが，それらに関しては，今後の課題としたい．

謝 辞

本章は,シンポジウム『金融危機,資産市場の変化とマクロ経済』での発表論文を改訂したものである.「資産市場とマクロ経済分科会」メンバーの諸氏,中でも小川一夫氏から貴重なコメントをいただいた.本研究の一部は科学研究費助成事業(基盤研究(C)課題番号 23530225)と慶應義塾学事振興資金から研究助成を受けている.

参考文献

Angel, S. (2000) *Housing Policy Matters*, Oxford University Press.
Benito, A. (2006) "The Down-payment Constraint and UK Housing Market: Does the Theory Fit the Facts?," *Journal of Housing Economics*, Vol. 15, pp. 1-20.
Börsch-Supan, A. (1990) "Panel Data Analysis of Housing Choices," *Regional Science and Urban Economics*, Vol. 20, pp. 65-82.
Chamberlain, G. (1980) "Analysis of Covariance with Qualitative Data," *Review of Economic Studies*, Vol. 47, pp. 225-238.
Chan, S. (2001) "Spatial Lock-in: Do Falling House Prices Constrain Residential Mobility?," *Journal of Urban Economics*, Vol. 49, pp. 567-586.
DiPasquale, D. and W. C. Wheaton (1996) *Urban Economics and Real Estate Markets*, Prentice-Hall.(瀬古美喜・黒田達朗訳(2001)『都市と不動産の経済学』創文社)
Engelhardt, G. V. (2003) "Nominal Loss Aversion, Housing Equity Constraints, and the Household Mobility: Evidence from the United States," *Journal of Urban Economics*, Vol. 53 (1), pp. 171-195.
Englund, P. and Y. M. Ioannides (1993) "The Dynamics of Housing Prices: An International Perspective," in D. Bos ed., *Economics in a Changing World: Public Policy and Economic Organization*, v. 3, Palgrave Macmillan, pp. 175-197
Ferreira, F., J. Gyourko and J. Tracy (2010) "Housing Busts and Household Mobility," *Journal of Urban Economics*, Vol. 68 (1), pp. 34-45.
Goodhart, C. and B. Hofmann (2007) *House Prices and the Macroeconomy: Implications for Banking and Price Stability*, Oxford University Press.
Harsman, B. and J. Quigley (1991) *Housing Markets and Housing Institutions: An International Comparison*, Kluwer Academic Publishers.
Henley, A. (1998) "Residential Mobility, Housing Equity and the Labour Market," *Economic Journal*, Vol. 108, pp. 414-427.
Hort, K. (1998) "The Determinants of Urban House Price Fluctuations in Sweden 1968-1994," *Journal of Housing Economics*, Vol. 7 (2), pp. 93-120.
Im, K. S., M. H. Pesaran, and Y. Shin (2003) "Testing for Unit Roots in Heterogeneous Panels," *Journal of Econometrics*, Vol. 15, pp. 53-74.
Kao, C. (1999), "Spurious regression and residual-based tests for cointegration in panel data," *Journal of Econometrics*, Vol. 90, pp. 1-44.
Lamont, O. and J. C. Stein (1999) "Leverage and House-Price Dynamics in U.S. Cities,"

RAND Journal of Economics, Vol. 30 (3), pp. 498-514.
Long, L. (1991) "Residential Mobility Differences Among Developed Countries," *International Regional Science Review*, Vol. 14, pp. 133-147.
Maddala, G. S. and S. Wu (1999) "A Comparative Study of Unit Root Tests with Panel Data and a New Simple Test," *Oxford Bulletin of Economics and Statistics*, Vol. 61, pp. 631-652.
Oikarinen, E. (2009) "Household Borrowing and Metropolitan Housing Price Dynamics : Empirical Evidence from Helsinki," *Journal of Housing Economics*, Vol. 18, pp. 126-139.
Seko, M., K. Sumita and M. Naoi (2011a) "Residential Mobility Decisions in Japan : Effects of Housing Equity Constraints and Income Shocks under the Recourse Loan System," *Journal of Real Estate Finance and Economics*, DOI : 10. 1007/s 11146-011-9322-3.
Seko, M., K. Sumita and M. Naoi (2011b) "The Recent Financial Crisis and the Housing Market in Japan," in Bardhan, A., R. Edelstein and C. Kroll (eds.), *Global Housing, Real Estate, and Finance : The Crisis, Its Effects, and Innovative Policy Responses & Strategies*, John Wiley & Sons, Inc., forthcoming.
Seko, M., K. Sumita, and K. Konno (2010) "Leverage and House-Price Dynamics Under the Recourse-Loan System in Japanese Prefectures," Paper presented at the 46 th Annual AREUEA Conference. Available at SSRN : http://ssrn.com/abstract=1717056.
Stein, J. C. (1995) "Prices and Trading Volume in the Housing Market : A Model with Down-Payment Effects," *Quarterly Journal of Economics*, Vol. 110, pp. 379-406.
Strassmann, W. P. (1991) Housing Market Interventions and Mobility : An International Comparison," *Urban Studies*, Vol. 28, pp. 759-771.
Tsatsaronis, K. and H. Zhu (2004) "What Drives Housing Price Dynamics : Cross-Country Evidence," *BIS Quarterly Review, March*, pp. 65-78.
清滝信宏 (2010)「現代景気循環理論の展望」『日本経済学会75年史』有斐閣, pp. 275-288.
瀬古美喜・隅田和人 (2008)「わが国の住み替えに関する制度・政策の影響」『季刊・住宅土地経済』夏季号, pp. 12-22.

第6章

貧困率と所得・金融資産格差

大竹文雄・小原美紀

要　旨

　2009年10月に厚生労働省は，日本の相対的貧困率を公式統計として初めて発表した．2006年で15.7％という貧困率は，OECD諸国の中でも高い水準である．豊かな平等社会と多くの人が思っていた日本に，貧困者が7人に1人もいるという事実は，多くの日本人にとって衝撃だった．本章では，日本の所得格差と貧困の実態について，年齢階級別の特徴とその変化を明らかにする．主な発見はつぎのとおりである．高齢者の中での貧困率が他の年齢層よりも高いこと，貧困者の中での高齢者の比率が高いこと，高齢者の貧困世帯が増加していることは事実である．一方で，つぎのことも事実である．高齢者の平均的な生活水準は，必ずしも低くない．金融資産の年齢階級別平均保有額は，高齢者が最も高い．日本の家計の所得分配の特徴は，高齢層の所得不平等度が他の年齢層に比べて高いことである．高齢者の中における貧困率は，2000年代になって上昇していない．むしろ，貧困率が上昇しているのは，20歳代後半から30歳代であり，5歳未満の年齢層である．しかし，高齢者の増加の影響が大きく，貧困者に占める高齢者の比率は上昇傾向にある．（JEL Classification Number：I 32）

キーワード

所得格差，貧困率，年齢階級間比較

1. はじめに

2009年10月に厚生労働省は，日本の相対的貧困率を公式な統計として初めて発表した．2006年において15.7％というOECD諸国の中でも高い水準である．ただし，日本政府が発表したのは初めてであっても，OECDがそれ以前に計算した結果を発表していたので，研究者にとってはそれほど驚くべき数字ではなかった．しかし，一般の人にとって，日本に貧困者が7人に1人もいるという事実はかなり驚きをもって迎えられた．不況が続く日本であるとは言え，豊かな平等社会と多くの人が思っていた日本に，それほど多くの貧困者がいるという事実は，衝撃的だったと考えられる．

貧困率の議論で注意すべきことは，日本で高いのは，相対的貧困率であって絶対的貧困率ではないという点である．相対的貧困率は，所得の順位が50％の人の所得の半分以下の人の人数比である．日本では，比較的低位から中位の人の所得が高いので，50％目の人の所得（中位所得）は高めに出る．相対的貧困率が高いことは，それ自身問題であるが，貧困という言葉から一般の人がイメージするものとは乖離がある．多くの人は，貧困という言葉から，生活の絶対水準が低いことをイメージするために，日本の貧困率が高いという事実から大きな衝撃を受ける面もある．

相対的貧困率だけで日本の分配状況を判断するのも問題である．第一に，全体の貧困率だけでは，どのような年齢層で貧困が深刻なのかが分からない．第二に，所得を用いた貧困率の指標では本当に生活水準が低い人が多いのかどうか分からない．特に，高齢化が進んだ日本では，所得は少なくても，資産保有額が多い高齢者も数多く存在する．そのためには，資産の分布や消費額の分布を検討することも重要である．

実際，高齢者は経済的弱者であるという認識は，日本では広く行き渡った認識である．引退した高齢者は，勤労者に比べるとフローの所得が少ないものが多い．そのため，所得で測った貧困率は，人口が高齢化するとともに上昇する傾向がある．一方，資産からの取り崩しも考慮した消費支出で測った貧困率は，より正確に人々の貧困水準を計測することができる．したがって，貧困率を議論する場合には，年齢別の動きを検討するとともに，所得に加えて消費支出でも計測する必要がある．

本章で明らかにされるように，高齢者の中での貧困率が他の年齢層よりも高いこと，貧困者の中での高齢者の比率が高いこと，高齢者の貧困世帯が増加していることは事実である．しかし，一方で，つぎのことも事実である．高齢者の平均的な生活水準は，必ずしも低くない．金融資産の年齢階級別平均保有額は，高齢者が最も高い．日本の家計の所得分配の特徴は，高齢層の所得不平等度が他の年齢層に比べて高いことである．高齢者の中における貧困率は，2000年代になって上昇していない．むしろ，貧困率が上昇しているのは，20歳代後半から30歳代であり，5歳未満の年齢層である．一方で，人口構成の変化で高齢者の人数そのものが増えているため，貧困者の中での高齢者の比率は，上昇傾向にある．人口構成の変化と年齢階級別の貧困率の変化の両方が生じている．この二つの変化は，日本の貧困問題に関する議論を混乱させる原因になっている．

日本のように高齢者の同居比率が高い社会では，貧困など所得分配を分析する上で，世帯ベースでの分析には問題点があることが知られている．貧困高齢者が，子供世帯と同居することで，高齢者の貧困がデータから観察されにくくなるのである．この問題に対処するためには，個人ベースの所得を把握する必要がある．山田（2000），清家・山田（2005），Foster and Mira d'Ercole（2005）は「調整済み個人化世帯所得」という所得概念を用いて，高齢者の貧困について分析している．この指標は，二つの仮定を用いて世帯所得を個人所得に変換するものである．第一に，等価尺度を用いて，世帯に関する規模の経済性をコントロールする．彼らは，世帯人員数の平方根の逆数を等価尺度として採用している．この手法は，多くの国際比較研究で用いられているものである．第二に，所得の源泉が誰に由来するかとは無関係に，世帯内での所得分配が均等になされているという仮定である．現実には，所得を稼いでいるものがより多く所得を分配されている可能性がある．しかし，この手法では単純化のためにすべての所得が合算された後，各世帯員に平等に分配されていると仮定されている．

年齢階級別の所得や消費を分析する場合に問題なのは，どのような年齢階級を考えるかという問題である．通常，さまざまな家計所得や消費に関する統計では，世帯主の年齢階級別のデータが示されている．しかし，この場合の問題点は，世帯構成や世帯主が変わることによって，同じ世帯であっても異なる世帯主年齢階級としてあらわされてしまうという問題である．そこで，いくつか

の仮定のもとで，個人別の年齢階級別所得や消費のデータを作成し，そのデータをもとに高齢者の消費水準や所得水準に関する分析を行うことが標準的になされてきた．本分析でもその手法を踏襲することにしたい．

2. 所得・消費の年齢階級別平均値の推移

小原・大竹（2011）による『全国消費実態調査』の特別集計によれば，消費者物価指数で実質化した一人当たり課税前所得の平均値は，1984年に330万円，89年に385万円，94年に423万円と上昇したのち，下落に転じ，99年に404万円，2004年には391万円に低下した（図6-1）．可処分所得の動きも同様である．しかし，90年代後半以降の減少は，消費でみるとより小さくなっており，実質非耐久消費財支出については，この間一貫して増加してきた．

それでは，年齢階級別の課税前所得はどのように変化しただろうか．図6-2は，年齢階級別の実質課税前所得を示している．まず，一人当たり所得が多い年齢階層は，15歳から30歳までの年齢層と45歳から60歳までの年齢層であり，そのパターンは1984年から2004年までの間，大きくは変わっていない．平均所得が少ない年齢層は，15歳未満の年齢層，30歳から45歳，60歳以上の三つのグループである．

平均所得が高い年齢層は，世帯主の平均所得が高い45歳から60歳のグループとその子供の年齢層である．単身あるいは結婚して親から独立して生計を営む比率が高い30歳以上で一人当たり所得が大きく低下する．年齢とともに平均所得が増加して45歳以上になると一人当たり所得が高いグループに移る．20歳代前半から30歳代前半にかけての平均所得の落ち込みは約20%程度と非常に大きい．これは，平均所得がピークを迎える50歳代後半から最低となる60歳代後半への所得の落ち込みである約26%に匹敵するものである．

このことは，社会保険料および課税後の可処分所得の動きでみると更に明確になる．図6-3には，一人当たり年齢別実質可処分所得の推移を示している．1984年から2004年にかけて，主に社会保険料率の引き上げのために，高齢世代と勤労世代を比較すると相対的に勤労世代の可処分所得が低下してきている．その結果，20歳代前半から30歳代前半にかけての可処分所得の落ち込みは，1984年で約17%であったものが，2004年には約19%に拡大している．一方，50歳代から60歳代後半にかけての可処分所得の落ち込みは，1984年には約

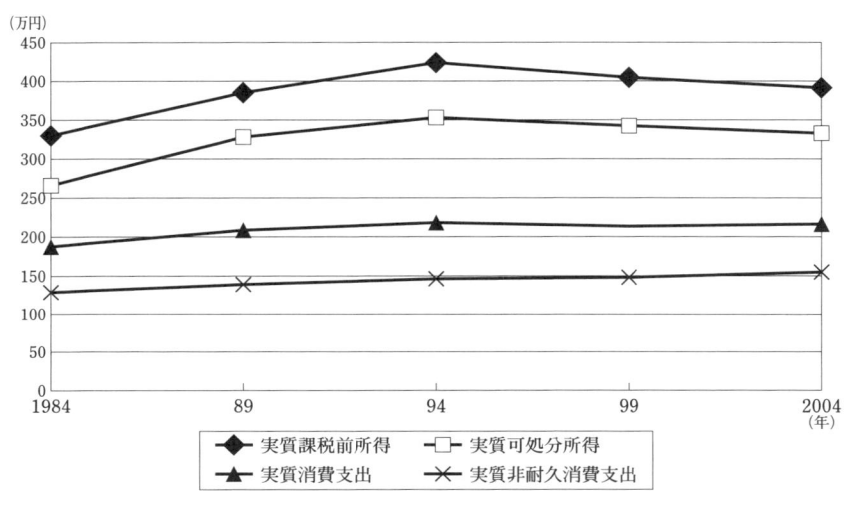

図 6-1 等価所得と等価消費の推移

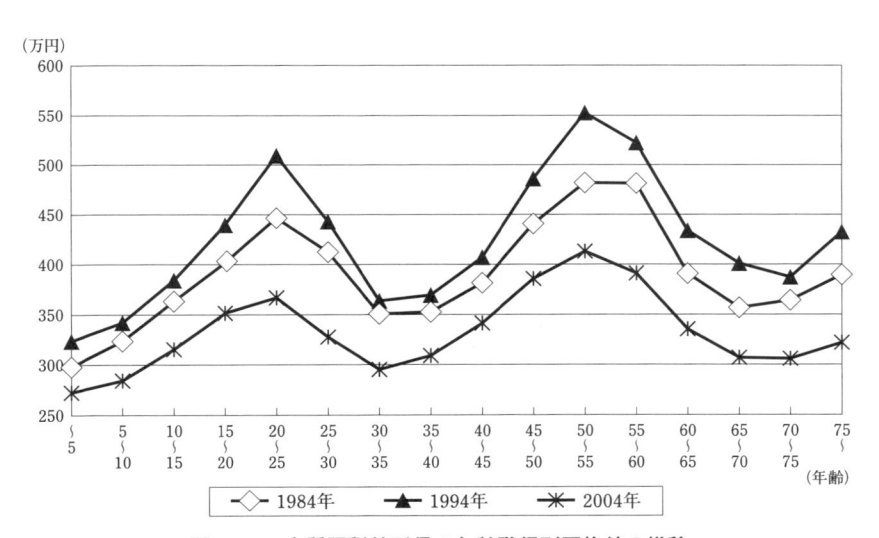

出所）『全国消費実態調査』から筆者らが特別集計．

図 6-2 実質課税前所得の年齢階級別平均値の推移

出所）『全国消費実態調査』から筆者らが特別集計．

142 第Ⅱ部 資産市場の変化

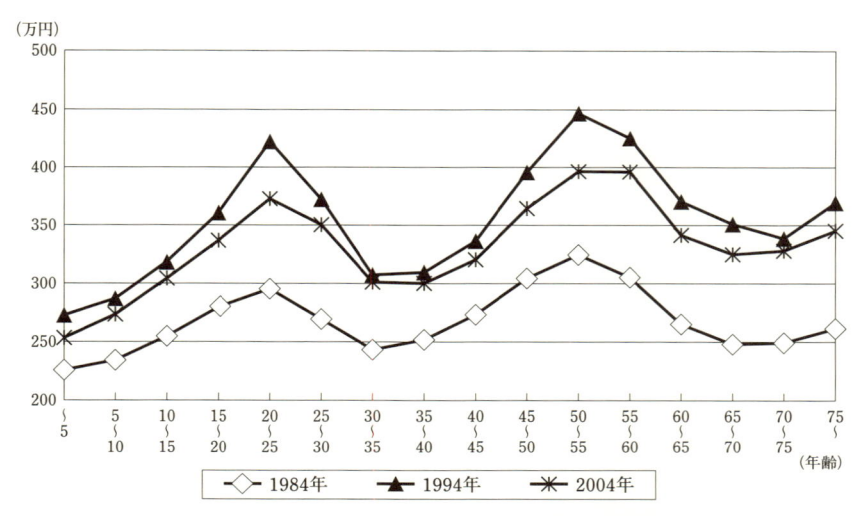

図6-3 実質可処分所得の年齢階級別平均値の推移

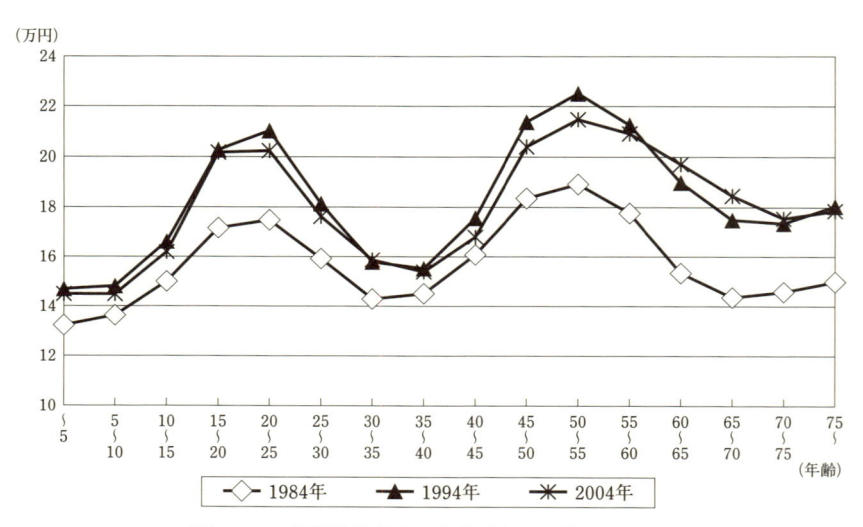

出所）『全国消費実態調査』から筆者らが特別集計.

図6-4 実質消費支出の年齢階級別平均値の推移

出所）『全国消費実態調査』から筆者らが特別集計.

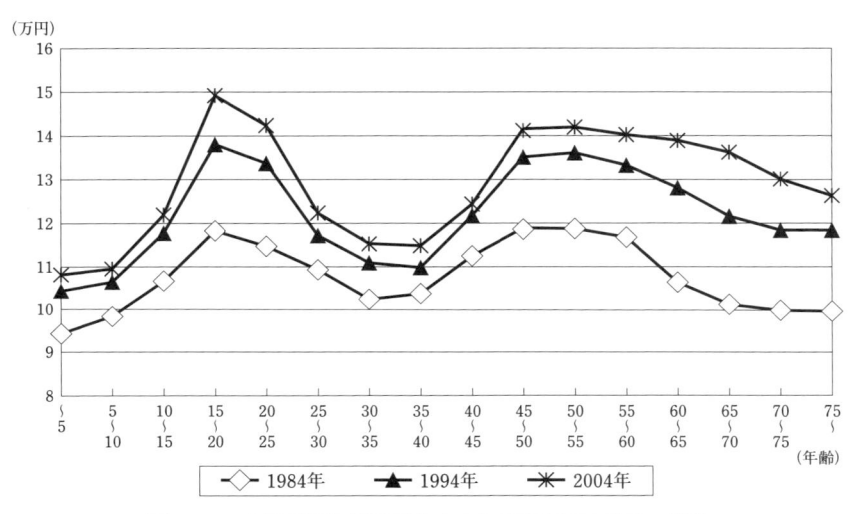

第6章　貧困率と所得・金融資産格差　143

図6-5　実質非耐久消費財支出の年齢階級別平均値の推移

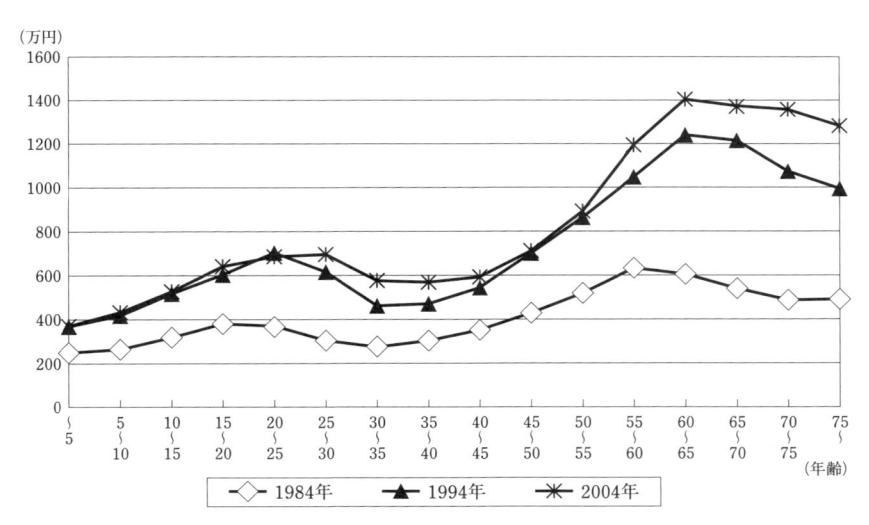

出所）『全国消費実態調査』から筆者らが特別集計．

図6-6　実質金融資産保有額の年齢別平均値の推移

出所）『全国消費実態調査』から筆者らが特別集計．

24%であったものが，2004年には約18%に縮小している．

　ただし，可処分所得では完全には生活水準の年齢別格差を測ることができない．高齢者は，平均的には若年者よりも資産を蓄積しているため，1年間の可処分所得が低くても，高い生活水準を達成できる可能性もある．この点を確認するために，実質消費支出額の年齢階級別平均値を図6-4で示した．図6-3の可処分所得の場合よりも，近年になって高齢者の消費の低下率が小さくなってきていることが分かる．1984年においては，消費額が低下する年齢層のうち30歳代の消費額と65歳以上の消費額は，どちらも約14万円で同じ水準であった．ところが，近年になるほど相対的に高齢者の実質消費支出額は高まっている．2004年において30歳代の実質消費支出額は約15万円であるのに対し，60歳代後半層で約18万円になっている．20歳代前半層から30歳代前半層の平均消費額の低下率は，1984年で約18%であったが2004年には21%に拡大している．一方，50歳代前半から60歳代後半にかけての消費の低下率は，1984年に約24%あったが2004年には約14%にまで縮小している．

　図6-5には，非耐久消費財支出の年齢階級別平均値を示している．ここからも，高齢者の一人当たり消費の相対的上昇が観察される．1984年では，平均消費額がもっとも少ない年齢層は，10歳未満の子供，その親である30歳代の年齢層，そして60歳以上の高齢者であった．それが，2004年になると高齢者の平均消費水準が上昇したため，低消費水準の年齢層は，10歳未満の子供とその親の世代の30歳代だけになっている．この背景には，図6-6に示されているように，高年齢層における金融資産の蓄積が進んだことがある．1989年から2004年の間，40歳代から50歳代前半までの金融資産平均保有額は，実質値でほとんど変化していないが，55歳以上の年齢層では大幅に増加している．それが，高齢者に資産を取り崩して消費水準の維持を図ることを可能にしたのだと考えられる．平均（可処分）所得の低下にもかかわらず，高まった金融資産残高が，高年齢層の消費水準を支えたのである．

3. 所得格差の動き

　日本の個人別所得格差はどのように変動してきただろうか．前節と同様に，『全国消費実態調査』から筆者らが算出した等価所得および等価消費支出の不

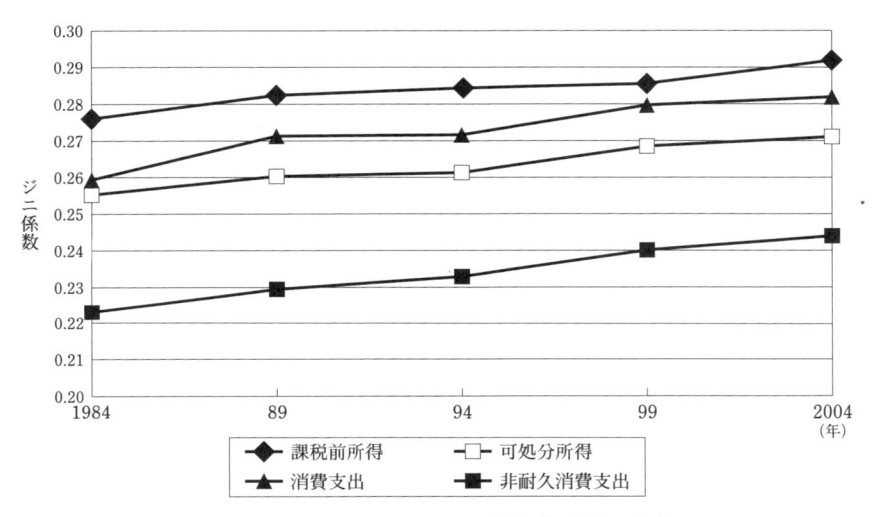

第6章　貧困率と所得・金融資産格差　145

図6-7　個人ベースの所得・消費ジニ係数の推移

出所）『全国消費実態調査』から筆者らが特別集計．

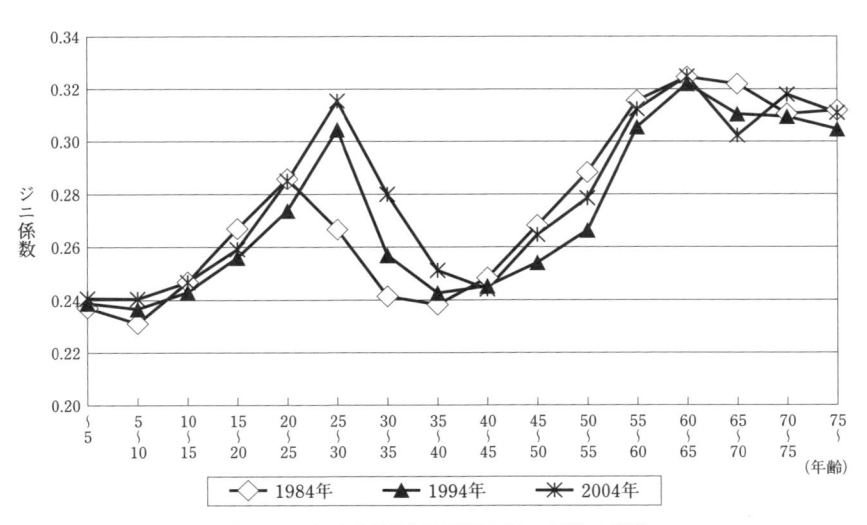

図6-8　個人別課税前所得のジニ係数の推移

出所）『全国消費実態調査』から筆者らが特別集計．

146　第Ⅱ部　資産市場の変化

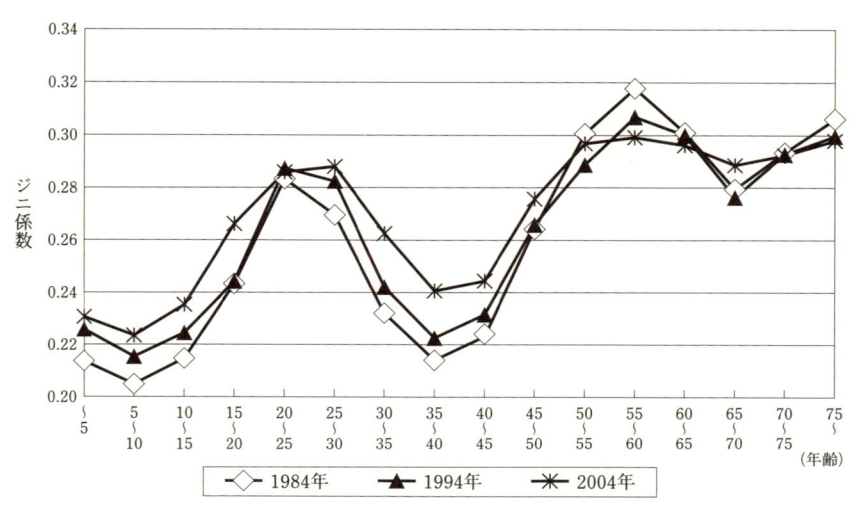

図 6-9　消費支出の年齢階級別ジニ係数

出所）『全国消費実態調査』から筆者らが特別集計.

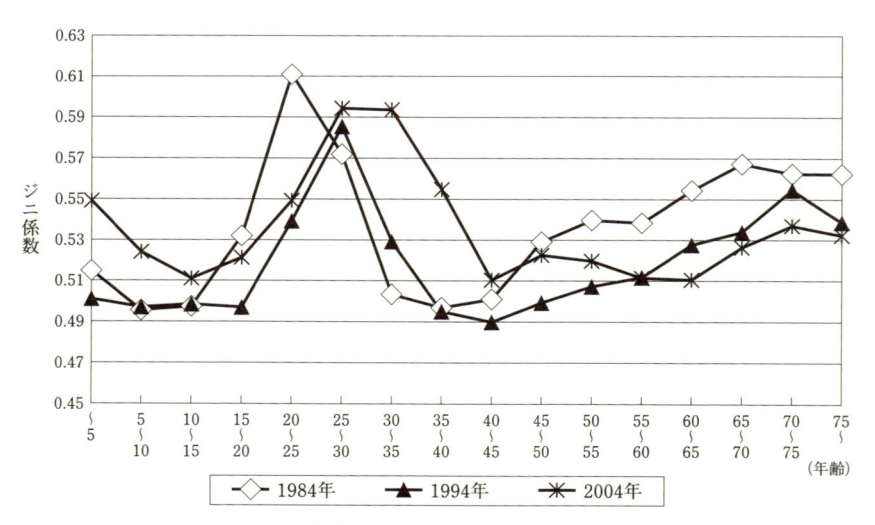

図 6-10　年齢階級別の金融資産保有額ジニ係数

出所）『全国消費実態調査』から筆者らが特別集計.

平等度をジニ係数[1]で示した（図6-7）．1984年から日本の個人ベースの所得および消費の不平等度は，一貫して上昇してきたことがわかる．

このような個人間所得格差の拡大は，年齢構成の変化と年齢内の変化の両方の要因によって引き起こされる．年齢階層内の所得格差の変化を検討してみよう．図6-8に年齢階級別個人等価所得のジニ係数の動きをプロットした．年齢階級別個人別所得格差は，年齢階級別の所得平均値と同様に，等価所得の計算の方法から，親子が同居している間は似たパターンを取るので平均的な親子の年齢差の分だけ平行移動した形になっている．1984年から2004年の10年ごとの動きをみると，20歳代後半から30歳代までの年齢グループでの所得格差が拡大したこと，5歳から9歳の年齢層の所得格差が拡大したことが目立つ．一方で，55歳以上の年齢層の所得格差には拡大傾向は観察できない．

恒常所得の代理変数である消費支出の年齢階級別不平等度の推移はどうであろうか．消費支出の格差は，20歳未満の子供とその親の年齢層である25歳から49歳の年齢層で上昇している（図6-9）．一方で，50歳以上の年齢層の消費格差にはあまり大きな変動は見られないことが特徴的である．35歳から49歳の年齢層では，所得格差には大きな変動が見られなかったのに，消費格差の拡大が観察された．

年齢階級別の所得格差と消費格差の動きに大きな違いがあった理由は，年齢階級別の平均所得と平均消費の乖離の理由と同様，年齢階級別金融資産格差の動きにあると考えられる．図6-10に，年齢階級別金融資産格差の推移を示した．1984年時点では，金融資産格差が大きかったのは20歳代前半層と50歳以上のグループであった．これが2004年になると，10歳未満の子供のグループと25歳から39歳の年齢層で資産格差が拡大し，50歳以上の年齢層の資産格差は縮小した．

4. 相対的貧困率の動き

中位所得（消費）の半分以下の所得（消費）しかない人の比率を貧困率として定義し，その特徴を分析しよう．まず，等価所得（消費）の概念で，『全国消費実態調査』から算出した貧困率の推移を図6-11に示した．ただし，課税

---

[1] ジニ係数は，ゼロから1の間の指標で，所得が完全に均等の場合にゼロ，1人が独占する場合に1をとる．

前所得，可処分所得，消費がゼロ以下のサンプルは集計対象外とした[2]．

　図6-11をみると，課税前所得あるいは可処分所得といった所得によって貧困率を定義した場合の方が，消費支出によって貧困率を定義した場合よりも，貧困率が高く算出されることが分かる．これは，貯蓄の取り崩しや借入によって，消費が平準化され，所得ショックに人々が対応しているため，所得で定義するよりは，貧困率は小さいことを意味している．「全国消費実態調査」の所得データから算出した貧困率は，8％前後で推移している．一方，消費支出で定義した貧困率は，5％から6％の間の値をとっている．

　年齢階級別の貧困率を検討してみよう．可処分所得でみた貧困率が高いのは，60歳以上の高齢層，20歳代後半から30歳代前半層，10歳未満層の3つの年齢階層である（図6-12）．中でも1984年から94年にかけて高年齢層における貧困率が大きく低下したこと，90年代半ば以降に，20歳代後半から30歳代前半層と10歳未満層の2つの年齢層の貧困率が上昇したことが目立っている．特に，5歳未満の貧困率の上昇が特徴的である．

　可処分所得で測った貧困率は，資産保有額が平均的に高い高齢者の貧困状況を適切に計測できていない可能性がある．ここでは，消費支出でみた年齢階級別貧困率を検討しよう．図6-12によれば，90年代の終わりから2000年代にかけて，25歳から35歳の年齢層と10歳未満の年齢層のグループで，貧困率が高まっていることを示している．

　所得統計は，一時的所得の変動の影響を大きく受ける．特に，貧困率のように分布の端の方の情報は，観測数が少ない統計であれば，所得変動の影響を受けやすい．これに対し，消費支出は，もともとゼロということはなく，恒常所得仮説からいっても所得よりも変動幅が小さい．特に，高齢者の場合は，高い資産を保有している場合もあり，所得で定義した貧困率が，本当に貧困状況にある人たちの比率を示しているか問題である．その意味で，消費支出で計測した貧困率の動きに注目すべきであり，その方が統計による差が小さいこともわかる．

　消費支出で測った高齢者の貧困率は，80年代半ばから後半にかけて低下し，

2）　所得がゼロの世帯をどのように扱うかは，非常に難しい．本当に所得がゼロであるのか，回答を拒否してゼロと調査票に記入しているのかが識別できないからである．ゼロデータを含んだ計算を行ったところ，年齢階級別貧困率や不平等度等の指標が非常に不安定になるため，本章では所得や消費がゼロとなっているデータを欠値として処理している．

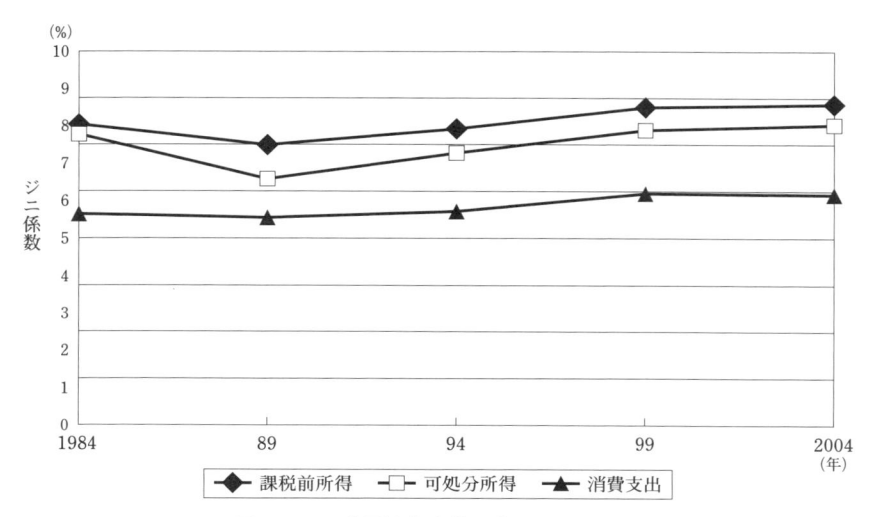

図6-11　全国消費実態調査による貧困率

出所）『全国消費実態調査』から筆者らが特別集計．

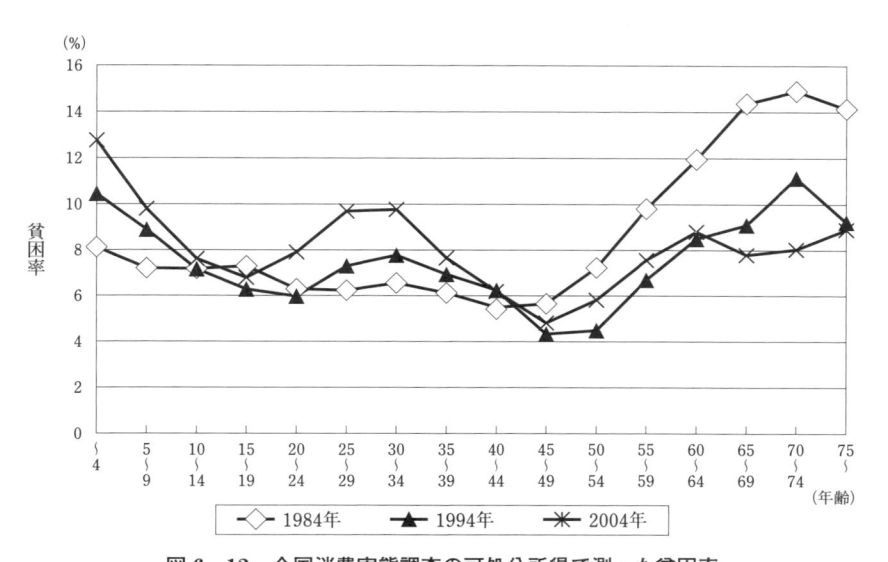

図6-12　全国消費実態調査の可処分所得で測った貧困率

出所）『全国消費実態調査』から筆者らが特別集計．

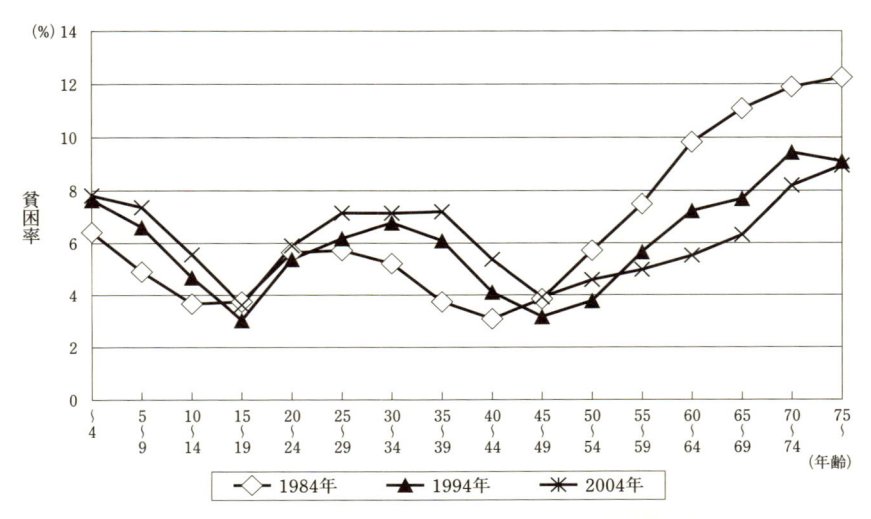

図6-13　全国消費実態調査の消費支出で測った年齢階級別貧困率

出所）『全国消費実態調査』から筆者らが特別集計.

　その後あまり大きな変動はない（図6-13）．一方，25歳から35歳までの年齢層と10歳未満の年齢層の貧困率は，90年代を通じて上昇した．そして，2004年時点で，最も貧困率が高いグループは，70歳以上の高齢層，20歳代と30歳代，そして，10歳未満の年齢層という三つのグループである．特に，5歳未満の子供の貧困が深刻になっていることに注意すべきである．

　20歳代と30歳代の貧困率の上昇は，非正規労働者の増加や離婚率の上昇を背景にしている．こうした非正規労働者がこの世代で高まったことは，将来公的年金で十分にカバーされない人々が増加することを意味し，彼らが高齢者になったときに，高齢者の貧困率が再び上昇に転じる可能性を意味している．

5. 貧困者の年齢別分布

　貧困率の年齢別分布からは，20歳代・30歳代と10歳未満の年齢層で，貧困率が90年代後半から高まっていることが，統計的に確認された．では，貧困者の年齢分布は，どのように変化してきただろうか．

　図6-14に，「全国消費実態調査」消費支出で消費支出データから算出した貧困者の年齢分布を84年から2004年にかけて示したものである．年齢別の貧

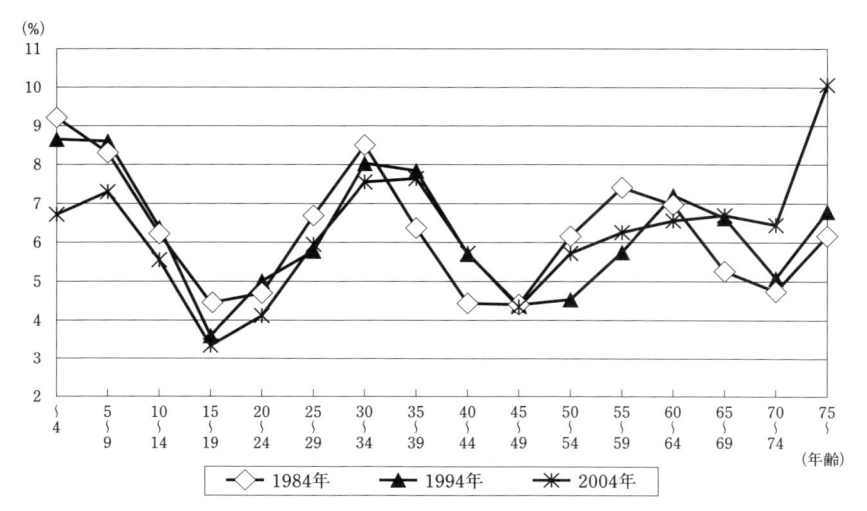

図 6-14 全国消費実態調査の消費支出で測った貧困者の年齢分布

出所)『全国消費実態調査』から筆者らが特別集計.

困率では低下傾向が観察された高齢者は，貧困者の中ではそのシェアが高まっている．これは人口の高齢化が引き起こしている．貧困者の中では70歳以上の高齢者の比率が上昇し，10歳未満の貧困者が占める比率は低下してきている．貧困者の年齢分布をみれば，貧困対策の必要度が高いのは高齢者であるというのは事実である．ただし，貧困政策を考える上で重要なのは，貧困者のなかでの年齢分布ではなく，年齢別の貧困率の指標である．人々の行動に影響を与えるのは，個々の人にとっての貧困確率であって，同世代の貧困の実数ではない．

たとえば，10歳未満の貧困率が上昇していることは，その親の世代の年齢層で貧困率が上昇していることが原因であると考えられる．親の世代の貧困率の上昇が，子供の貧困率を高めると同時に少子化を発生させている可能性が高い．しかし，少子化の結果，子供の中の貧困率が高まったとしても，貧困な子どもの数そのものは減る可能性も高い．仮に，貧困者の数をベースに年齢別の貧困政策が立てられるとすれば，人口が減っている子どもの貧困問題は，重視されない．逆に，年齢内の貧困者の比率が低下している高齢者は，人口の高齢化が進んだ結果，貧困である高齢者の人口が増えることが実際に起こっている．貧困者の中で高齢者が増えているために，高齢者の貧困対策を子供の貧困対策よりも重視すると，結果的に，子供の貧困率は低下せず，高齢者の貧困率だけ

が低下することになる．

　少子高齢化が急速に進む時期には，同一年齢内の貧困率の指標を重視しないと，貧困対策に大きな歪みが発生する可能性が高い．

6. おわりに

　本章では，日本の貧困の状況を，所得・消費・金融資産に注目して統計的に明らかにしてきた．日本の貧困率が高いグループは，かつては高齢者であった．高齢者の貧困率は低下傾向にあるが，貧困率の水準は他の年齢層よりも高いままである．近年の特徴は，新しい貧困層が生まれてきたことである．すなわち，10歳以下の子供たちとその親である25歳から35歳までの間の年齢層である．同時に，人口構成の変化による高齢化は，そのスピードを上回っている．すなわち，人口に占める高齢者の比率が急増しているため，貧困者に占める高齢者の比率は上昇傾向にある．逆に，年齢内の貧困率が急上昇している10歳未満の子供が貧困者に占める比率は低下傾向にある．ここに，日本の貧困問題の難しさが端的に表れている．貧困問題を扱う福祉の現場では，貧困問題といえば高齢者ということになる．しかし，同じ年齢層の中での貧困率という指標でみれば，かつてより貧困問題が深刻になっているのは子供であり，その親の世代である．このことは，数字以上に重要である．若者の貧困率上昇が，結婚率の低下，出生率の低下を招いているとすれば，貧困者に占める子供の貧困率は，決して上昇しない．貧困対策を行う福祉の現場で感じられる以上に，日本の貧困問題が深刻になっている可能性が高い．

謝　辞

　本章のもととなった原稿に対し，小川一夫氏をはじめとする日本学術会議・資産市場とマクロ経済分科会メンバーから有益なコメントを頂いた．また，本研究は大阪大学グローバルCOEから資金援助を得た．記して感謝したい．なお，本章は大竹・小原（2010）を元に大幅に加筆修正したものである．

参考文献

Foster, Michael. F. and Marco Mira d'Ercole (2005) "Income Distribution and Poverty in OECD Countries in the Second Half of the 1990s," Social, Employment and Migration Working Papers, No. 22, OECD.

大竹文雄・小原美紀 (2010)「貧困・消費」『新老年学』第3版, 東京大学出版会, pp. 1740-1752.

小原美紀・大竹文雄 (2011)「消費格差の経済学」日本経済新聞出版社 (近刊).

清家篤・山田篤裕 (2005)『高齢者就業の経済学』日本経済新聞社.

山田篤裕 (2000)「社会保障制度の安全網と高齢者の経済的地位」国立社会保障・人口問題研究所編『家族・世帯の変容と生活保障機能』東京大学出版会.

第 II 部コメント

小川一夫

はじめに

　わが国では 1980 年代後半に資産価格が高騰した．東証株価指数（TOPIX）は 1986 年に入り上昇を開始し，87 年 10 月のブラック・マンデーで一息ついたものの，その後も高騰は続き，89 年 12 月末にピークを迎えた．86 年 1 月から 89 年 12 月までの株価上昇率は平均すると年率 26.2% にも達した．また，地価についても 86 年から 90 年まで高騰が続いた．六大都市市街地価格指数（日本不動産研究所）を見ると 86 年 3 月から 90 年 9 月まで地価は 2.7 倍に上昇した．このような資産価格の高騰は「バブル」と呼ばれ，資産バブルということばがマスコミを賑わした．

　資産価格の急騰に対する反動も大きかった．株価は 89 年末のピークから急落し，底を打った 92 年 8 月までの株価の下落率は年率換算で 31.9% にも及んだ．地価についても 90 年 9 月にピークを迎えた後，2005 年 3 月に底を打つまで，実に 15 年近く地価の下落が続いた．この間に銀行部門では不良債権が累増し，金融市場は機能不全の状態に陥った．「失われた 10 年」という造語に象徴されるようにこの時期のわが国経済は混迷を極めた．

　海外に目を転じると，アメリカの住宅価格（S & P Case-Shiller 住宅価格指数）は 2000 年に入り高騰を開始し，2006 年まで上昇を続けた．わずか 6 年の間に価格は 90% 近く上昇した．その後，住宅価格は暴落し 2009 年にはピーク時に比べて 30% 近く下落した．住宅価格の高騰期にサブプライム層に貸し出された住宅担保ローンは，住宅価格の暴落とともに不良債権化していった．住宅価格の高騰から暴落に至る一連の出来事は，まさにわが国の 90 年代を彷彿させるものであった．さらに事態を悪化させたことに，サブプライム層への貸出債権は証券化され，世界中の投資家が購入したことにより，不良債権の影響はア

メリカ国内にとどまらず，世界に伝播していった．まさに「グローバル」金融危機が到来したわけである．

このように80年代以降わが国を初めとして世界中で資産価格の大きな変動が観察され，それが金融部門のみならず実物経済に対しても大きな影響を及ぼしてきた．第II部では，このような資産市場の変化という重要な今日的なテーマに3本の論文が取り組んだ．各論文は資産市場の変化に関連した次のような問題を扱っている．

バブルといわれる資産価格の高騰現象が，どのような状況で発生するのか，その生成を経済発展段階と関連させて分析を行ったのが，柳川ほか論文である．さらにバブルの生成，崩壊が経済成長に与える効果についても理論的に検討が加えられている．

資産価格が変化した場合，それは経済主体の行動を通じてマクロ経済に影響を及ぼしていく．このような資産価格のマクロ経済への波及経路は，それぞれの国に固有な制度に依存している．瀬古ほか論文はわが国の住宅金融制度に着目して，住宅価格の変化が家計の住み替え需要（転居行動）に与える効果をミクロ，マクロ両面のデータに基づいて実証的に検討を加えた．

資産市場は，家計にとって現在から将来にわたる消費を安定化させる重要な機能を担っている．資産市場における家計の資産蓄積行動と格差の関連性についてわが国を対象に実証的に検討を加えたのが，大竹ほか論文である．

次節ではそれぞれの論文を要約することを通じて各論文の意義を明らかにする．そして第3節では各論文から導かれるインプリケーションに基づいて今後の研究方向について評者なりに展望を行ってみたい．

3つの論文の意義と評価

第4章「バブルと金融システム」（柳川範之・平野智裕）は，バブルがどのような経済において発生する可能性があるのか，そして経済成長にどのような影響をもたらすのか，理論的に論じた興味深い論文である．まず，資産価格決定モデルの枠組みでバブルを定義した後，バブルの発生可能性が金融システムの発展段階に依存していることをモデル分析によって明らかにしていく．金融システムの発展段階は，投資プロジェクトにより生み出される生産物価値のうち，どの程度借り入れができるのかという借入制約の度合いによって測られている．生産物価値の分だけフルに借り入れできるならば金融システムの不完全

性はないが,一般には情報の非対称性や契約の不完備性のために生産物価値全額を借り入れることはできない.経済成長率と金利水準の相対的な大きさにバブルの発生メカニズムは依存するが,金融市場が未発達であり,借り入れ制約が厳しい状況では金利の低下が大きくなく,バブルが発生しないことが示される.むしろバブルは金融市場の発展段階が中間的なケースで起こるのである.この結果は過去の文献とは異なったものであり,本論文の大きな発見といえよう.

論文ではバブルが経済成長率に与える効果についても分析を行っている.バブルは2つの経路で経済成長率に影響を及ぼす.一つは資産価値の高まりによって借り入れ制約が緩和され,投資を誘発する効果(クラウド・イン効果)である.もう一つは生産的な投資にまわる資金が減少し,経済成長率が低下する効果(クラウド・アウト効果)である.借り入れ制約が厳しい経済では前者の効果が後者の効果を凌駕し,バブルによって経済成長率が高められることになる.逆に,ある程度金融システムが発展している経済では,バブルが経済成長率を低下させることになる.バブルが崩壊する場合には,経済成長率がバブルのない状況に戻るため金融システムが未発達の経済では経済成長率が低下し,金融システムがある程度発展した経済では経済成長率が高まることになる.バブルは本来各経済に内在している真の成長力を覆い隠してしまうという論文における指摘は,バブルの弊害を的確に表現している.

第5章「不動産価格の変動とマクロ経済への影響——転居阻害要因と住宅価格変動の分析から」(瀬古美喜・隅田和人・直井道生)は,資産価格の変化がマクロ経済に与える影響を見る上で制度的な要因が重要であることを示した好論文である.わが国の住宅金融制度は,債務不履行時に担保住宅以外の資産にも請求権が及ぶ「遡及型融資(リコース・ローン)制度」である.本論文は,慶應義塾家計パネル調査(KHPS)の個票データを用いて,このような制度の下で,現住居の資産価値の低下が,正の純資産を保有している家計にとっては,新規購入のための頭金の減少を通じて転居確率を低下させること,住宅ローン残高が家計の保有する総資産を上回る負の純資産を有する家計に対しては転居確率に全く影響を及ぼさないことを実証的に明らかにした.後者の家計は,当初より流動性制約下にあり転居確率がゼロであるから,さらなる資産価値の低下によって転居確率は変化しないのである.この推定結果から,地価が継続して低下した90年代のわが国では後者の家計の割合が高かったと考えられるか

ら，このことが中古住宅市場の取引を停滞させた一因であったことが類推される．

瀬古ほか論文では，さらに都道府県のパネル・データを用いて住宅価格と住宅ローン関連変数の間に長期的に安定的な関係（共和分関係）が成立し，誤差修正モデルに基づいた短期的分析では，住宅ローン残高を住宅価格で除した比率（LTV 比率）が高い地域ほど住宅価格の変動が低いという結果を得ている．これはアメリカにおいて LTV 比率が高い地域ほど住宅価格の変動が大きい結果と対照的である．この結果は以下のように解釈される．遡及型融資制度を採用しているわが国では住宅価格の低下により，家計は流動性制約に陥り，住み替えが困難な状況が出現する．従って，中古住宅市場は停滞し，住宅価格の変動が抑えられるのである．この結果は，ミクロデータを用いた実証結果と整合的である．このように住宅融資制度という各国に固有の制度によって住宅価格の変動パターンは異なり，それが家計の転居活動という実物経済にも異なった影響を及ぼすのである．

第 6 章「貧困率と所得・金融資産格差」（大竹文雄・小原美紀）は，1980 年代から 2000 年代にかけてわが国における「格差」がどの年齢階層で進んできたのか，さまざまな指標を用いて丹念に分析した労作である．用いられた指標は，課税前実質所得，実質可処分所得，実質消費支出，実質非耐久財消費財支出，実質金融資産保有額，相対的貧困率であり，データソースは総務省『全国消費実態調査』をベースにしている．また，高齢者の同居比率が高い場合には，貧困など所得分配を分析するには世帯ベースには限界があることから，個人ベースに変換されて分析が進められている．論文において明らかにされたいくつかの興味深い事実を紹介しよう．まず，近年において高齢者層では所得の落ち込みに比べて，消費水準の落ち込みの程度が和らげられている．この背景には，高年齢層による金融資産の蓄積とその取り崩しによる消費水準の維持がある．個人の効用を高めるのは所得ではなく消費であるという消費理論の観点に立てば，この観察事実は，個人が勤労期に蓄えた資産によって老後の消費を安定化させるという「ライフサイクル仮説」がわが国においても支持されていると解釈できよう．高齢者とは対照的に若年層（20 歳代から 30 歳代）とその子供の世代では所得，消費水準ともに近年低下が見られている．

この高齢者層と若年者層の対照的な結果は，年齢階級別に見た貧困率でも支持されており，25 歳から 35 歳とその子供の世代において貧困率は 90 年代を

通じて上昇している．

　高齢者の貧困率を低下させてきた大きな要因は自らの資産蓄積であり，資産市場が重要な役割を果たしていることがわかる．他方，若年者層における貧困率上昇の背景には，非正規雇用労働者の増加や離婚率の上昇があるという指摘は極めて説得的である．

資産市場をめぐる今後の研究展望

　第Ⅱ部を構成する３つの論文の内容を要約してきたが，そこから導かれる政策的なインプリケーションに基づいて，資産市場に関する今後の研究方向について，最後に評者の主観的な展望を述べておきたい．

　今回のグローバルな金融危機が世界経済に与えたインパクトの大きさは，国際間で協力してバブルを未然に防ぐ強固な金融システムを設計する必要性の認識を高めた．柳川ほか論文による金融システムの整備が必ずしもバブルが起こる可能性を減じるわけではないという指摘は，この点について大きな示唆を与えてくれる．金融技術の発達により借入制約が軽減され，低金利で融資を受けられることは逆にバブルを生起させる可能性を増すこともあるのである．金融システム安定化のために導入される諸策が，市場参加者にどのようなインセンティブをもたらすのか，客観的に分析するとともに，その結果マクロ経済にどのような影響が及ぶのか，金融システムとマクロ経済の連関性にも十分に目を配る必要があろう．

　瀬古ほか論文は，資産市場が実物経済に及ぼす影響を考察する上で，さまざまな制度が重要な役割を果たすことを改めて想起させた．住宅金融制度を例にとっても，わが国の遡及型融資制度とアメリカの非遡及型融資制度の下では，住宅価格の変化に対して転居行動という家計の反応は異なったものとなる．各国固有の制度の下で資産価格の波及プロセスを比較考察する上で重要なことは，その制度の下で資産市場に参加する経済主体がどのようなインセンティブを有しているのか，明らかにすることである．異なったインセンティブの下では，当然異なった反応が予想される．このような方向で実証分析を進めるにはミクロデータの利用が不可欠である．わが国ではこれまで研究者による家計のミクロデータへの利用可能性は著しく制限されてきたが，このデータ・アクセスに対する障壁は少しずつであるが取り払われてきている．今後，制度の違いを考慮に入れた家計の個票データによる日米の家計の比較分析を期待したい．

資産市場の発展は，家計のライフサイクルのニーズに合った多様な金融資産の提供を可能にし，それが老後の生活の安定につながることを大竹ほか論文は日本の事例から教えてくれている．しかし，同時に最近のわが国ではこのような資産市場の恩恵に浴することのない若年者層が増えていることも論文は正確に指摘している．このような状態が続けば，この世代が老後を迎えても貧困率は低下するどころか上昇する可能性が高いだろう．資産市場に関する情報整備による金融リテラシーの向上はもとより，資産市場に参加できない経済主体をいかに救済していくのか，公的年金制度の設計を含め今後の公共政策の大きな課題となろう．

第Ⅲ部

金融危機への対応と規制

第7章

金融市場におけるリスクと特性
複雑システムの物理学の視点から

高安秀樹

要　旨

　本章では，金融システムや企業活動の基本的な特性を複雑システムの物理学の視点から考察し，データ解析やモデル構築における基本的な問題点や将来起こりうる金融危機への対策などについて考察する．データ解析における最も基本的な問題とは，経済現象において広く観測されるベキ分布に関する扱いである．正規分布に基づく統計手法は数多く開発され様々な分野で使われているが，平均値や標準偏差といった基本的な統計量が意味を持たないベキ分布に従う変数に対してはこれらの従来手法は適用範囲外であることが多い．金融市場の変動や企業の売上や企業のネットワークの特性などベキ分布に従う量を扱う場合には，特に注意が必要である．既存の金融派生商品はベキ分布の特性を無視したものが多く，リスクを過小評価しがちであり，その結果としてのリスクの蓄積がリーマン・ショックにもつながったとも考えることができる．企業の倒産は数理物理学的な視点から見ると，極めて非線形性の強い非可逆な現象であり，脆性破壊現象と酷似した数理的な構造を持っていることがわかる．このような脆性を理解した上で，企業のネットワーク上での価値を評価し，ネットワーク力を高めることによって，次の金融危機の発生を抑制することができる可能性もある．(JEL Classification Number : C 40, G 20, G 30)

キーワード

金融危機，ベキ分布，ネットワーク構造

1. はじめに

2008年のリーマン・ショックとそれに引き続いた金融危機は，一般には突然に発生した防ぎようのない自然災害のように理解されがちであるが，その発生は何年か前からいろいろな形で予見されていた．経済学の視点からのアプローチとしては，2006年の時点で，ルービニは，国際通貨基金の会議の講演の中で，経済学の枠組みからデータを分析し，アメリカの住宅バブルの破綻とそれに引き続く金融派生商品の信用喪失に伴って金融市場に激震が走ることを的確に指摘していた（倉都，2009）．また，フランスの政府をブレーンとして支えてきているアタリは，人類の歴史の流れという長期的な視点から，金融市場の破綻が近い将来起こることを，やはり2006年の時点で明言していた（アタリ，2008）．

そして，もうひとりの注目すべき人物は，フラクタルという複雑さの科学の基本概念の産みの親であるマンデルブロである．彼は，数理科学の視点に基づいた経済現象の研究の成果として，これまでに経験のないような大きな金融危機が近い将来発生することを2004年の時点で明確に主張していた（マンデルブロ，2008）．マンデルブロの指摘は，次のようなものであった．

> 1：金融市場の変動はベキ分布に従う性質があり，無相関なランダムウォーク理論に基づく金融工学が想定する変動よりも桁違いに大きな変動が現実には頻繁に起きている．
> 2：金融派生商品は現実の変動の特性を無視した金融工学に基づいて値付けされており，大変動が発生した場合には破綻する．
> 3：金融機関の自己資本比率などを規制するいわゆるBIS規制は現実の金融変動の特性を無視した金融工学に基づいており，大変動に対しては無力である．

彼はこのような状況を，金融工学が作り出した豪華客船は晴天しか想定していないので，嵐がくれば全て沈没してしまう，というような表現で著書の中で繰り返し警告し，大災害が現実のものとなる前に金融派生商品や金融機関への規制の在り方を現実のデータと整合するような形に置き換えるような研究に着

手すべきであると訴えていた．しかし，彼の忠告は無視され，彼の懸念していた通りの形で事態が進行した．金融工学によって値付けされた債務担保証券などの金融派生商品が信用を喪失し，巨大な金融機関を破綻させ，実体経済も大きく後退する100年に一度と言われるほどの大災害が現実のものとなってしまったのである．彼の研究の背景を追いかけると，なぜ彼が金融危機の発生を予見できたのか，そして，なぜそれが無視されてしまったのか，を理解することができる．

本章では，まず，マンデルブロのたどった道をおさらいし，金融危機の発生においてベキ分布に関する数理的な取り扱いの問題が重要な役割を演じていたことを指摘する．次に，経済現象全般の中で見られるベキ分布とその基本的な特性を述べ，金融の現場で広く売買されている金融派生商品の根本的な問題点を議論する．さらに，視点を変えて企業の倒産と脆性破壊という物理現象の類似性に注目し，企業同士の形成するネットワーク構造の特性と意義について言及する．

2. マンデルブロの足跡

自然科学の世界では，マンデルブロの業績は高く評価されており，2003年には「複雑系における普遍的概念の創出」の業績で，天皇陛下から日本国際賞を授かっている．彼の創出した概念『フラクタル』とは，拡大しても縮小しても同じように見える自己相似性とよばれる性質を持つ無限の複雑さを内在した構造や現象を意味する（マンデルブロ，1984）．18世紀にニュートンが微積分法と力学を確立して以来，物質の世界は微分方程式によって支配されているという根本的なものの見方を疑った物理学者はいなかった．それに対し，マンデルブロは，微分という概念が通用しないような，いくら拡大しても滑らかにならないような構造や運動が自然界に存在する複雑さの根源であると考えた．複雑な現象の本質に迫るためには，従来の数理科学の最も強力な道具である解析学を捨てるような斬新なアプローチが不可欠だったのである．

複雑なシステムに関する研究は，1970年代にフラクタルやカオスといった基本概念が生まれ，コンピュータの発展とともに数理科学としての研究が深まり，1980年代には自然科学全般，工学全般，さらには，医学などの領域にまで広がっていった．そして，1990年代に入って，金融市場における価格の変

動におけるフラクタル性の解明が端緒となり，経済現象を物理学の新たな研究対象とする経済物理学という新分野が誕生した（高安，2004）．フラクタルが経済物理学を産んだような形であるが，実は，マンデルブロがフラクタルの概念を着想したのは，彼が市場価格の変動の解析をしていた 1960 年代であり，そもそも経済現象がフラクタルの原点だった．

マンデルブロがフラクタルの概念に至ったのは，綿花の市場価格のデータを解析した結果，経験則として次のふたつの特性を見出したときだった（マンデルブロ，2008）．

1：市場価格の変動のグラフには，時間軸を拡大しても縮小しても同じように見える性質がある．
2：市場価格の単位時間当たりの変化量（変位）は，分布関数がベキ関数で表されるベキ分布にしたがう．

特性 1 が一般化されてフラクタルの概念となったのであるが，実は，特性 2 のベキ分布も，フラクタルの基本的な特性である．というのは，ベキ分布はスケールを変換しても分布の関数形が変化しないというフラクタル性を有する唯一の分布だからである（高安，1986）．ベキ分布は平均値や標準偏差などの基本的な統計量の値が強いサンプル依存性を持ち，サンプル数を無限大にする極限では発散してしまうなどの扱いにくい特性があり，正規分布で近似される通常の分布とは異なる取り扱いが必要とされる．つまり，市場価格の変動は，時間方向でフラクタル的であるだけでなく，価格の変位に関してもフラクタル的な性質を有しているというのがマンデルブロの発見だったのである．この発見の後，マンデルブロは，自己相似性こそが複雑さに関する最も基本的な概念であると確信し，価格変動以外の自然現象の中にそのような特性を持つものを求め，研究のテーマを自然科学に移していき，フラクタルという彼の造語はあらゆる科学の分野に波及した．

マンデルブロが確認した 2 つの市場価格の変動の基本的な特性のうち，第一の時間スケールを変えても同じように見える特性は，実は，最も基本的な市場価格の変動モデルであるランダムウォークモデルも満たす性質である．しかし，ランダムウォークモデルでは，第二の特性である価格の変位の大きさに関するベキ分布の性質は満たさない．単純なランダムウォークモデルでは，単位時間

後の変位の分布は正規分布となり，大きな変位の発生頻度は指数関数的に急激に小さくなるからである．マンデルブロの発見により，ランダムウォークモデルでは現実の市場よりは大変動の発生確率を過小評価することになることは，当時から認識されていた．しかし，そのころ台頭してきた金融工学の分野では，バシェリエが 1900 年に発表した学位論文の中で議論している市場価格のランダムウォークモデルの数理が再評価され，数学的な枠組みの構築に研究の重点が置かれていた．その結果，理論的に扱いにくく，その起源も不明確だった価格変位のベキ分布の特性は理論体系に組み込まれずに，忘れ去られてしまった．その後，ノーベル賞の対象となったマーコウィッツのポートフォリオ理論や金融派生商品の値付けモデルとしてのブラック・ショールズ方程式などのランダムウォークモデルに基づく理論的な研究が高く評価され，実務家にも受け入れられて金融機関に大きな利益をもたらすこととなり，価格変位のベキ分布の特性は置き去りにされる形で金融工学が大きく発展した．マンデルブロの表現を借りれば，嵐が来ないという設定で作られた豪華客船が，構造的な弱点を隠したまま製造され，人気を博したというわけである．嵐が来ても沈まないような地味で頑丈で価格が高い船よりも，瀟洒で値ごろな船が好まれたということになる．

1980 年代には，金融工学の応用として開発された金融派生商品が金融の世界のブームになっていた．しかし，1987 年のいわゆるブラックマンデーにおいて世界中の株価が大きく下落したとき，単純なランダムウォークモデルの問題点が明らかになった．市場の価格の変位の分布に付随するベキ分布の裾野が，現実の市場に対して大きな影響を及ぼすことが実証されたことになる．これを契機に，ブラック・ショールズ方程式は見直され，様々な改良が施され，実務でのオプションの売買でも，公式のままの値付けで取引されることはなくなった．

ブラックマンデーを経て，金融工学は大きく進化し，例えば，市場の価格変動のベキ分布の特性を再現できるような数理モデルとして，のちにノーベル賞の対象となる価格変位の分散が自己回帰モデルに従うというエングルの ARCH モデル（不均一分散モデルの先駆け）が脚光を浴び，金融の実務の中で様々に改良された数理モデルが大きな役割をになうようになった．しかし，ショールズとマートンという二人のノーベル賞受賞者を率いて金融工学に基づく運用で驚異的に大きな利益をあげていたヘッジファンド LTCM（ロングターム

キャピタルマネージメント）がロシアの短期国債の債務不履行宣言という大事件が直接的な引き金となって資金繰りができなくなり，1998 年に破綻し，ふたたび，金融工学の問題点がクローズアップされた．ここでも問題の原因は，金融工学に基づくリスクの過小評価だった．金融工学によれば，これは 100 万年に一度しか起こらないはずであると想定されていた大変動がふたたび起こったことになる．しかし，マンデルブロの経験的なデータ解析の視点に立てば，過去 10 年に一度くらいの頻度で起こっていたレベルの嵐が，その統計性どおりに発生しただけのことである．

　この LTCM の破綻のころから，マンデルブロは金融市場の抱える根本的な問題に取り組む必要性を感じ，自然科学の研究から金融市場の研究に戻ることになる．当時，自然科学の中ではフラクタルやベキ分布の特性は広く認識されるようになり，それらを基盤とした応用研究も様々な形で展開され，マンデルブロは世界中を講演旅行していた．それに対し，彼自身がフラクタルの発想を得た原点である金融市場では，2 度の大きな失敗を経験してもなお相変わらず現実のデータをきちんと見ることをおろそかにした理論先行の金融工学が基盤になっていた．経験則に基づけば次の 10 年くらいの間にもう一度大災害が発生することは明白であるにもかかわらず，あいかわらずリスクを軽視した理論に基づいた金融商品が金融機関にもてはやされていたのである．なんとかして多くの人々にこの金融の世界の根本的な問題点を理解してもらい，次の金融危機での被害を少しでも小さくしなければ，という責任感と焦りが，彼を居心地のいい自然科学の世界から理解者のほとんどいない金融の世界に引き戻した．

　マンデルブロが次の大きな金融危機の発生を警告したのは，LTCM の破綻から数年後，ふたたび金融工学が復活し，アメリカの住宅バブルに押されるような好景気の最中だった．長期間のデータから彼なりに予測した金融市場の大変動のリスクは，金融工学が見積もっているレベルよりもずっと大きかった．また，本来は市場のリスクを分散させる目的に開発されたはずの金融派生商品は，リスクを分散させるどころか，ハイリスク・ハイリターンのギャンブルと化し，リスクの発生源になっていることに気付いていた．さらには，金融機関の自己資本を規制するルールまでもが，正規分布を基準にした金融工学に準拠しており，大きな変動が発生すれば危機が連鎖することは，十分に想定できていたのである．しかし，残念ながら彼の声はビジネス優先の金融の現場までは届かず，2008 年には，彼が最も恐れていたような形でリーマン・ショックが

発生したのである．2010年10月，彼はすい臓癌のために逝去したが，彼にははっきりと見えていた危機回避の道に社会が進めなかったことを残念に思っていたことだろう．

3. ベキ分布の基本的性質

ここでは視点を変え，マンデルブロが一貫して注目していたベキ分布について経済現象に焦点を絞って概説し，特に，正規分布に基づく通常の統計処理ではおろそかにしがちな問題点を指摘する．

確率変数を x としたとき，その確率密度関数，$p(x)$ が，$x^{-\alpha-1}$ というベキ関数にしたがっているとき，この確率変数は指数 α のベキ分布に従うという．ここで，指数が1だけずれているのは，ベキ分布を扱うときには，x 以上の値をとる累積確率 $P(>x)$ で表現することが多く，その場合には，$P(>x) \propto x^{-\alpha}$ となるからである．指数 α は通常 0 から 3 程度の値をとる．それよりも大きな α の値は，理論的には考えられるが，データから観測することは非常に困難である．例えば，$\alpha=4$ だとすると，x の値が10倍変わると発生頻度は1万分の1になるので，よほどデータが多い現象でないかぎりベキ乗にしたがっているかどうかを判定することができない．

ベキ分布は，変数のスケールを換える変換，$x \to ax$，を行っても比例定数が変わるだけで，$P(>x) \propto x^{-\alpha}$，という関数形は変わらない．これは，縮尺を変えて観測しても同じように見えるということを意味しており，ベキ分布は，拡大縮小に対する対称性，つまり，フラクタル性，を有している．これは，逆も成り立ち，拡大しても縮小しても同じように見えるようなフラクタル構造には必ずベキ分布が付随している．

ベキ分布の重要な特徴は，平均値や標準偏差といった最も基本的な統計量が無限大になる性質である．より正確に言えば，分布の指数が α のとき，α 次よりも高次の統計量はサンプル数の増加とともに発散する傾向を示す．例えば，$\alpha=1.5$ であれば，1次の統計量である平均値は有限であり，サンプルを増やせば一定値に漸近するが，2次の統計量である標準偏差は理論的には無限大であり，サンプル数が多くなればなるほど，際限なく大きくなる性質がある．3次の統計量である歪度や4次の統計量である尖度などは，より顕著に発散する傾向を示す．経済データの解析でこれらの標準的な統計量を見積もっている文

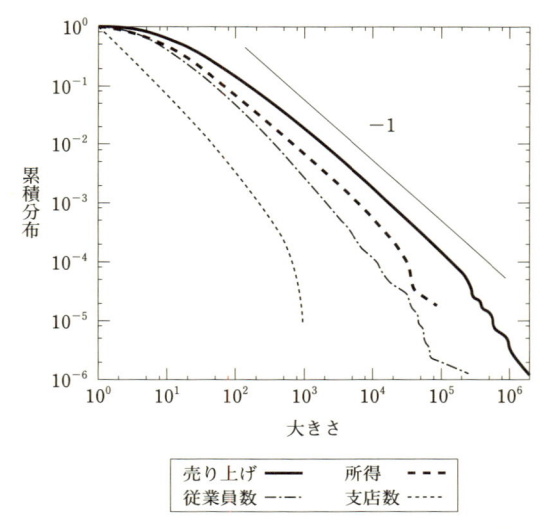

図7-1　国内の企業における主要データの累積分布

献は多いが，サンプル数を増減しても期待値が変化しないことを確認したものでなければ，その統計量はあまり意味がないことになる．α の値が1よりも小さい場合には，平均値すらもサンプル数に依存することになるので，さらに，対処には十分に気をつけなければいけない．

　例えば，統計学で最も基本的な手法である線形回帰は経済学でも日常的に使われているが，その処理の中で平均値や標準偏差を用いているので注意が必要である．現実に観測されるデータの値は全て有限であるし，データの数も有限なので，もちろん，公式をそのまま使えば線形回帰は一応の答えを出してくれる．問題は，ベキ分布にしたがう変数の場合には，その答えがデータの数やデータの値そのものに依存してしまい，データがわずかに違うだけで結果が異なってしまう可能性がある，という点である．このような場合には，データの数をいろいろと変えてみたり，データの順番をランダムに入れ替えて人工的に相関をなくしたデータでどの程度結果が変化するかを吟味したり，あるいは，順位相関のように数値の相対的な関係だけに限定して期待値が発散しないように変換した上で変数の関係性を調べるなど，の方法によって得られた結果の収束性をチェックすることができる．

　経済現象に関連して，どのような量がどのような指数のベキ分布になってい

表 7-1 ベキ分布に従う量と
ベキ指数

金融市場の価格変動	2.5
企業の売上	1.0
企業の所得	1.0
企業の成長率	1.0
倒産企業の負債額	1.0
従業員数	1.3
企業の取引相手数	1.4
金融機関の資産総額	1.0
金融機関間の送金量	1.6
金融機関間の取引相手数	1.3
金融機関の累積合併数	1.0
個人の所得	2.0
個人の1回の買物金額	2.0

注) 数値は代表的な値で，測定誤差は0.1程度あり，また，時期や国などによる違いは，0.5程度生じることもある．ベキ乗の関係が2桁程度得られない場合はベキ分布とはみなさない．

るかは，例えば，文献（Takayasu et al., 2008 a）に最近のレヴューがある．図7-1には，日本国内の企業をほぼ網羅する約100万社の企業の売上，所得，従業員数，そして，支店数の分布を両対数でプロットしている．売上や所得はほぼ指数が1，従業員数と支店数はほぼ指数が1.3のベキ分布になっていることが確認できる（Takayasu et al., 2008 b）．その他の例も含めて表7-1にまとめているが，金融市場の価格変動から，企業の倒産時の負債額，金融機関間の送金額，企業間の取引相手の数，個人の年間所得や1回の買物で使う金額まで，実に様々な経済現象においてベキ分布が報告されている（Takayasu et al., 2008 a）．経済現象に関して言えば，標準的な統計学で想定されている正規分布に従うような変数に出会うことの方がむしろまれといってもよい．

このようにベキ分布がいたる所に見られる性質は，実は，自然現象でも同様である．実験室のような閉じた環境の中で行う実験の場合には，熱平衡状態での気体の速度分布のように正規分布にしたがうような現象も数多く知られているが，自然界を観測すると状況は一変する．風速，ガラスなどの破片の大きさ，地震によって解放されるエネルギー，湖の大きさ，河川の流量，大気中のエアロゾルの大きさ，魚の群れの大きさ，月のクレータの直径，小惑星の大きさ，など枚挙にいとまがない（高安，1986）．自然科学の分野でも，フラクタルとい

う概念が広まるまでは，正規分布に基づく統計解析を行っていた分野も多かったが，1980年代のフラクタルのブーム以来，ベキ分布の重要性に配慮した研究が進められるようになってきている．

例えば，地震に関して言えば，小さな地震はかなり頻繁に発生するが，大地震は数10年から数100年に一度しか発生しない．地震のエネルギーの大きさの分布は，指数がほぼ0.6程度のベキ分布にしたがっており，地震の大きさの平均値は観測する時間と地域を大きくすればするほど増大する傾向を示す．平均値ではなく，最多値や中央値で測った場合には最も数の多い小さな地震ばかりが統計の主役になり，大きな地震は無視される．しかし，建物が倒壊し，死者がでるのは大地震である．そこで，建物に対する耐震基準は，一般に，過去にその地域で起こったことのある最大の地震を想定することが多い．地殻が硬く，有史以来，一度も過去に大きな地震が起こったことのない地域では耐震基準が非常に緩いのは合理的である．しかし，日本のようにいつどこで大地震が起こるかわからないような地域では，過去のデータから起こりうる最大級の地震が発生しても大丈夫なように準備しておくことが人命を守る上からも，後の被害の大きさを考慮しても適切な対処となる（2011年3月11日に発生した東日本大震災は世界最大級のマグニチュード9であり，日本では観測史上最大であるが，世界ではそれ以上の地震も過去発生していた．大きな被害を引き起こした津波に関しても，過去の世界最大を基準にしていれば，想定外という言いわけはできなかったはずである）．

マンデルブロが危惧していたのもまさにその点であった．特に，金融の世界では，従来の金融理論の期待に反し，10年に一度くらいの頻度で大地震とよべるような大きな危機が発生している．また，世界の多くの国がGDPの成長率がプラスになっていることからも明らかなように，年々，金融の世界の大きさ自体が膨張している．となると，次に起こる金融危機がこれまでにないような規模になることは，ごく自然に想定される結論だったのである．

4. 金融派生商品の問題点

金融工学が生み出した金融派生商品は，多くの場合，保険のような機能を持つ．典型的な金融市場のオプションに関していえば，現在の市場の状態から，T時間だけ未来の市場価格の分布を想定し，その未来の時点において与えられた価格で商品を買う（あるいは売る）権利の価格を算出する．例えば，ある企

業の株を買った時に同時にオプションを買っておけば，将来株を売る時に，株価が下落していた場合にはオプションを使って市場価格よりも高い価格で売ることができ，市場価格が上昇していた場合にはオプションを放棄して市場で売れば，利益を出せる．価格が下落するリスクがなくなった代わりに，保険金に相当するオプションの代金を支払うわけである．市場の価格変動をランダムウォークと仮定すれば，価格の確率密度は拡散型の方程式に従うので，あとは，初期値と境界条件を与えれば，オプション価格を推定することは単なる数学の問題になる．ブラック・ショールズ方程式は，まさにその結果を公式化したものである．数学の問題としてはこの金融派生商品の計算方法は全く問題ないが，しかし，実務が絡んでくると，金融派生商品には次の4つの深刻な問題が潜んでいることがわかる．

まず，第一の問題は，マンデルブロが心配していた変位のベキ分布の特性である．ベキ分布に従うような大きな裾野を持つ変動と比べるとブラック・ショールズ方程式は桁違いに小さな変動しか想定しない．地震で言えば，建物が倒れる心配のない小さな地震だけを想定していることに対応する．この問題は，先にも述べたようにブラックマンデー以来，明白になり，現在，市場でブラック・ショールズ方程式のままの価格でオプションの売買をしている人はいない．様々な試行錯誤的な改良がなされ，スーパーコンピュータを駆使したような込み入った方法で金融機関は値を付けるようになっている．

進化した金融工学のモデルであるARCHモデルは，市場価格の変位の分布がベキ分布にしたがう特性を再現できるという点，および，現実の市場のデータを用いてモデルのパラメータをフィッティングする，という点ではアカデミックには大きな前進ではあったが，実務での使われ方には本質的な問題が残っている．ARCHモデルのような金融工学のモデルは，一定期間の市場のデータからモデルのパラメータを決めて未来の予想を行うが，しかし，晴れた日ばかりのデータを使ってモデルのパラメータを設定すれば，そのモデルは嵐の日には使えないものになってしまう．金融市場が混乱をきたすのは何年かに一度程度の大変動のときなので，パラメータ設定に使うデータの期間が短いと結局リスクを正しく評価できないことになる．例えて言えば，過去50年大地震が発生していないので地震対策をおろそかにした豪華な家を安い価格で提供する，という状況になってしまうことになる．高層ビルの設計時には過去の様々な地震波をシミュレーションによって再現し，どんな地震が来ても倒れないように

建物が十分な強度を持つようにチェックしているように，過去の金融危機における市場のデータを用いて金融派生商品がどの程度のリスクを抱えているのかを調べておくことを標準的に行うようにすべきである．

　第二の問題は，市場の連動性である．平静時には，市場間の相関はあまり強くない．したがって，平静時の過去データを用いて市場の連動性を評価したモデルを用いると，市場間相関が弱いことから，ポートフォリオ理論を適用し複数の銘柄の金融商品を持てば，リスクを小さくすることができるはずであるということになる．しかし，暴騰や暴落の時になると市場間の相関が急激に強くなる性質があることがわかってきており，このような平静時の評価は金融危機においては全く無力化する（Takayasu et al., 2008 b）．これが現実のものとなったのが，LTCM の破綻とリーマン・ショックである．リーマン・ショックの場合には，通常では住宅ローンを組むことができない低所得の人向けに用意された極めてリスクの高いサブプライムローンを，リスクの低い国債や社債などの金融商品と混合して見掛け上リスクをマイルドにした債務担保証券（CDO）が開発され，世界中の金融機関に販売された．アメリカの住宅バブルがはじけるまでは夢のような金融商品としてもてはやされ，多くの金融機関が類似の金融商品を競って開発し，販売していた．このとき金融商品を開発する側では，連動性を無視し，混ぜ合わせる市場が全て独立に変動するものとして数学的にリスクを計算していた．しかし，リーマン・ショックで明らかになったように，土地バブルの崩壊とともにほとんどの金融商品が連動して下落する事態が起こり，金融商品を販売した金融機関そのものが破綻する可能性が高くなり，CDO は保険としての機能を全く果たせなくなってしまった．それ以来，CDOのように連動性リスクのある金融商品を混ぜ合わせる金融商品はすっかり信用を失い，今では金融市場から CDO そのものが事実上消失してしまった．

　第三の問題は，金融派生商品を連続して取引した時に累積されるリスクである（Takayasu, 2010）．金融派生商品のリスクを考察するとき，一定の未来の時刻 T でのリスクのみを考えて金融派生商品の値付けをするが，仮に，その値付けが完璧であったとしても，そのような金融派生商品を連続的に販売している金融機関には，非定常で消すことのできないリスクが蓄積する．この状況は，次のような実例を通して説明できる．

　図 7-2 は，ドル円市場の交換レートのデータとオプション売買のデータを元に，2001 年 1 月から 2008 年 7 月までの期間 6 ヶ月のプットオプションを，

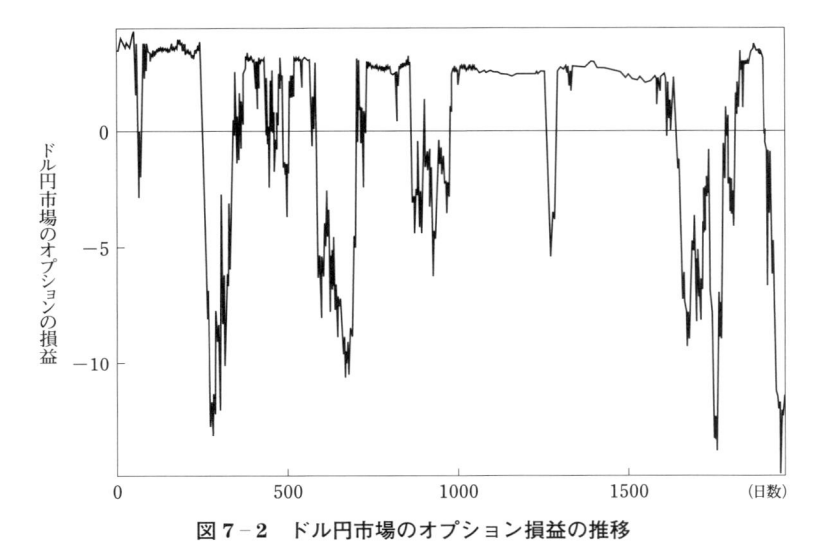

図7-2 ドル円市場のオプション損益の推移

仮想的に毎日販売したとして，その販売した金融機関の満期時における損得をプロットしたものである（Takayasu, 2010）．ここでは，オプションの取引価格は契約時の市場価格と同じに設定しており，市場価格が半年後に上がっていればオプション価格分の利益が入り，市場価格が下落していれば，その差額分を賄うために損失が出ることになる．価格変動のボラティリティ（市場価格の変位の標準偏差）は日々変化するのでオプション価格はそれに応じて変動するが，利益が得られる時にはおおむね一定の正の値になる．それに対して，損失額は市場の変動に応じてそのまま大きく変化する．もしもオプション価格の値付けそのものが期待値を正しく見積もっていなければ，損得の差（図のプラスとマイナスの部分の囲まれた面積の差）が時間に比例して大きくなる．しかし，ここで問題にするのは，そこではない．

図7-2におけるプラスの時期とマイナスの時期の継続性，特に，1年以上も続けて毎日損得がプラスになっている日が継続している時期があることに注目していただきたい．理論的にオプションの価格を推定するためには仮想的なサンプル時系列を無数に用意してT日後の市場価格の分布を推定する．しかし，現実に起こる市場価格の軌跡はひとつであり，オプションを毎日連続して取引した場合には損得の出現はランダムではなく，むしろ過去の損得の発生と強い相関を持つのである．

このような金融派生商品の損得における時間方向の極めて強い相関は、仮に市場価格の変動が純粋なランダムウォークであったとしても、変わらない。市場価格がランダムウォークに従う場合には、オプション取引で毎日連続して利益を出し続ける期間は、ランダムウォークが初期値よりも大きな値をとっている期間であり、その期間の長さ S の分布は、$P(>S) \propto S^{-0.5}$ というベキ分布に従うことが知られている (Takayasu, 2010)。ベキ分布であるから、頻度としては短い期間で損得が入れ換わる事象が多いが、持続する日数の期待値は無限大になっていることからもわかるように、$S = \infty$、つまり、未来永劫ずっと損をし続けるような可能性も無視できないのである。

　金融機関は単発のオプションのリスクに関しては周知されており、様々な形でリスクを打ち消すような取引を同時に行い、リスクそのものを小さくしている。しかし、あるオプションのリスクを完全に打ち消せるような取引は実務上存在しないので、金融派生商品を継続して売買し続けることにより、期待値が発散するようなリスクを知らず知らずのうちに背負っていることになっている。そのために、金融派生商品を多く扱う金融機関は、運が良ければ大きな利益を出し、運が悪ければ取り返しのつかないほどの損失を累積することになる。勝ち負けが過去とは無相関にランダムに発生するギャンブルを持続して行った場合であっても累積の勝ち数や負け数の分布が大勝か大敗に集中するという逆正弦定理は、別名『つきの定理』ともよばれ、よく知られているが、オプション売買に伴う勝ち負けは過去に依存して継続する傾向が強いのであるから、状況は逆正弦定理よりもはるかに危険なのである。

　最後の第四の問題は、これまでの3つのような数理科学に根差す問題ではなく、実務上での問題であるが、最も深刻で本質的とも言える。それは、金融派生商品の取引は多くの場合相対取引で処理されており、当事者間でしか、取引の情報がわからないという点である。

　金融商品は一般に価格や金利などの数字が全てであり、同じ数字で特徴づけられる金融商品であれば、販売元が違ってもその中身は全く同一である。ということは、仮にある金融機関が過去のデータから最も正しいと考えられる金融派生商品の価格を推定し、その価格を取引したい相手に提示したとしても、競合する他社がそれよりも低い価格で全く同じ金融派生商品を販売していたとすれば、値の高い方があえて選択される可能性はほとんどないことになる。つまり、価格競争の下では、販売元が負うかもしれないリスクを矮小化してでも他

社よりも安い値段を付けなければ，金融派生商品はそもそも買ってもらえないようなしくみになっているのである．

　これは，金融商品だけでなく，生命保険などにも共通する構造的な問題である．保険を買う方の立場からみれば，そもそも保険の値付けの妥当性はあまり問題ではなく，幾つかの保険会社が販売している同じ条件の保険を横並びにして，最も安い価格のものを選ぶのが最適な戦略となる．より厳密には，保険会社が倒産して保険金を支払わなくなる可能性があるので，その確率を推定して，そのリスク分を考慮して価格を比較するのがよいが，通常保険を買うときには保険会社が倒産するリスクは考慮する必要がない．そのようなリスクを少しでも考慮しなければならないような保険会社はそもそも対象外にするからである．

　では，保険を売る立場ではどうかというと，理論的には過去に発生した事例から保険金を支払う事態に至る確率をできるかぎり厳密に推定し，その期待値に企業としてのコストと利益分を上乗せして保険の価格を決定するのが合理的である．しかし，もし，全く同じ保険を他社が安い価格で販売していると，利益分を削って値を下げる必要が生じる．元々，過去の事例があまり豊富にはないような保険であれば，期待値の計算にも誤差の幅があるということから将来のリスクを低めに想定しなおして，安めの価格を付けて売ることを優先することになる．

　商品が物質である場合には，多くの場合，売り手と買い手の間で適正な価格が決まるのは，実は，物質の場合には全く同等の商品というものは存在せずしかも量も限定的であることが背景になっている．例えば，となり合う八百屋で，同じ名称の野菜を別の値段で売っていても，見た目の色や形の違いや新鮮さなどから差が生じ，価格の違いを克服しうる．しかし，金融商品や保険は，販売する企業が違っても全く同じ商品を無尽蔵に作り出せるので，価格だけの問題になり適正価格を維持することが難しいわけである．

　金融機関の間で金融派生商品の適正価格が維持できず，競争によって安い価格が優位になってしまうメカニズムになっているということは，金融機関のリスクが未来に積み上げられていることになる．結局，リーマン・ショック後のように最後には政府が資金援助をすることで金融機関を救うことになるのであれば，政府のお金は広く国民全員から集めたお金であるから，国民全員に金融派生商品の安売り競争のつけが回されていることになる．相対取引による金融派生商品の自由な売買の結果が金融機関の破綻を加速し，国民全員への負担の

分配ということになるのであれば，大きな問題を山積みにしたまま金融派生商品の自由な相対取引を継続するのではなく，適正な規制を導入して金融機関の破綻を防ぐ方向に進むべきではないだろうか？

では，どのような規制を導入すれば金融機関の破綻を防ぐことになるのであろうか？　まず，必要なのは，取引の実態を何らかの公の機関に報告させることである．つまり，どの企業とどの企業がいつどのような金融派生商品をいくらでどれくらい取引したかを報告させるようにするのである．これによっていろいろなメリットが生まれる．

金融派生商品は保険と同様に小額の投資で多額の収益を得られるハイリスク・ハイリターンの金融商品となる可能性があり，簡単にギャンブルに化ける性質を持っている．したがって，過度に沢山の金融派生商品の取引をしている企業はギャンブルに走っている可能性があるので，まずは，取引の量に関して警告を出すことができる．また，複数の企業の取引価格を見比べることにより，例えば，際立って安い価格を付けている企業があれば，その企業に値付けの根拠を問うことができる．むろん，科学的な根拠なく安くしている場合には価格を適正化することを要求できる．金融派生商品は一般にハイリスクなことは金融機関も十分に認識しているので，リスクを相殺するような金融派生商品を同時に購入してリスクを減らしている金融機関も多い．つまり，単独の金融派生商品の評価だけでなく，金融派生商品を累積した総計として，どれくらいのリスクがあるのかを評価する必要もある．その上でリスク分散がうまくできてない企業があれば，それを指摘して大きなリスクを出さないように注意を促すべきであろう．

取引結果を報告させるだけでなく，データから金融派生商品の適正価格を計算し，量の妥当性をチェックするような中立的な組織も必要である．常時様々な市場価格の変動を解析し，値付けの基本となっている仮定がどの程度成立しているのかをチェックし，仮定が成立しない状況になった場合には警告をだし，金融派生商品の基準となる価格を推定する方法も刷新する必要がある．

特に，金融市場の高頻度データを分析する研究は近年急激に進展し，金融工学が想定するような単純なランダムウォークの効果以外の市場のポテンシャル力とよばれる量もデータから直接計算できるようになってきている（Watanabe et al., 2009）．その結果，確率論に基づく金融工学の枠組みでは記述できないような暴騰や暴落，さらには，その前兆となるような方向性を持った価格変動ま

でが，リアルタイムで定量的に特徴づけられるようになっている．

また，このような定式化は，単にミクロな特性を再現するだけでなく，無数のミクロな変動をひとまとめにしてマクロな量に置き換えるくりこみという物理学における理論的な解析手法を使うことで，ミクロな方程式から演繹的にマクロな方程式を導くことができる（Takayasu et al., 2009）．そのようにして導かれるマクロな方程式は，マクロ経済学においてよく知られているインフレ・マインドをモデル化したインフレ時の価格の方程式を包含したものになっており，通常のインフレにおいて典型的な価格の指数増大やハイパーインフレにおける2重指数関数的な時間発展を記述することができる（高安他，2001）．このような技術を使えば，金融工学の土俵から外れたような状況においても金融派生商品の価格推定を行うことはできるのである．

工業製品に関しては日本工業規格，農林水産物に対しては日本農林規格が定められ，市場に並んでいる商品の安全性が保障されているので，消費者は安心して商品を購入することができる．また，不良品を製造・販売した場合にはリコールというかたちで，問題が発生したしないにかかわらず同じ型の商品を全て製造・販売業者の責任で回収するような義務も負わされている．それと比べると，金融商品に関しては商品の安全性を規定する商品規格も制定されておらず，商品の安全性をチェックする公的あるいは中立的な機関もなく，不良商品とわかった後でのリコールの制度すら定められていない．このような状況のままでは安全性を最優先する多くの日本人の貯蓄が金融商品に流れる可能性は低く，金融業の活性化は期待できない．金融商品の安全規格を検討するような公的あるいは中立的な組織を作り，安全規格を制定することが強く望まれる．世界に先駆けてそのような規格を作ることができれば，日本が世界をリードする金融大国になることもありうるシナリオである．

5. 企業の倒産と脆性破壊

アメリカのゼネラルモーターズ社は自動車の売り上げの総額では世界トップクラスだったにもかかわらず2009年に倒産した．また，日本航空も同様に売り上げもシェアも高かったにもかかわらず2010年に倒産した．これらの事例に象徴されるように，ある程度以上大きな企業に関しては，売り上げが少なくなって企業が消滅するのではない．売り上げは大きくても，支出がそれを上回

る赤字の状態が持続していれば，いずれ資金が欠乏して金融機関から借金をしなければならなくなる．そして，金融機関から借りたお金を約束の期日までに返済できなくなることで，突然に起こるのが企業の倒産の基本形である．金融機関への返済の不履行や不渡り手形を出したという情報は，ただちに全金融機関に共有された上で，その企業の全口座が凍結されてお金の流れが止められ，企業活動が維持できなくなるからである．実際には，日本航空の場合もそうであったように，口座が凍結される前に破産や再生のための手続きをとることも多いが，ともかく，金融機関に対するお金の貸し借りに関する約束を破ることが企業にとっては文字通り致命的である．このような世界的な常識となっている企業に関する規則が，物質科学における脆性破壊という現象と経済現象の中の連鎖的な企業倒産や金融危機を結び付けることになる（Takayasu, 2010）．

　脆性破壊とは，例えば，ガラス棒の両端に力を掛けて歪めていったときに，あるしきい値を超える応力を与えると，それまでは弾性を持っていたガラス棒が突然破壊し，非可逆的に弾性を失う現象である．このような特性は，図7-3の1図のように横軸に応力の大きさを，縦軸に弾性率をとると，応力があるしきい値を超えない間は大きな弾性率を持つが，応力がしきい値を超えると破壊が起こり，非可逆的に弾性率が0になる，というグラフによって表現することができる．ガラス板を歪ませた場合には，空間的に弾性率は一様ではないので，ガラスは不均一に歪み，応力は弾性率が小さく歪みやすい場所に集まる性質がある．応力が集中した地点における応力が破壊のしきい値を超えると，その部分で脆性破壊が起こる．破壊された部分の弾性率は0になり，そこに蓄えられていた応力は周囲に分配される．応力を分配された周囲の領域では急激に応力が増大し，新たに破壊のしきい値を超えることになる．このようにして破壊と応力の再分配の連鎖が発生し，一点から発生した破壊が板全体を横断するような破壊にまで発展することが脆性破壊の特徴である．

　脆性破壊におけるこのようなしきい値に基づく非可逆なダイナミクスと破壊後の応力の再分配の機構は，企業の連鎖倒産と数理的には全く同じ構造を持っていることが次のように理解される．2008年秋のいわゆるリーマン・ショックの時，まず，リーマン・ブラザーズ社が資金繰りに行き詰まり倒産した．これが最初の破壊の発生に相当する．資金繰りができなくなったということは，自由に使える現金と預金の和から返済すべき借金を差し引くとマイナスになったということであり，図7-3の2図のように，借金分を考慮すると現金プラ

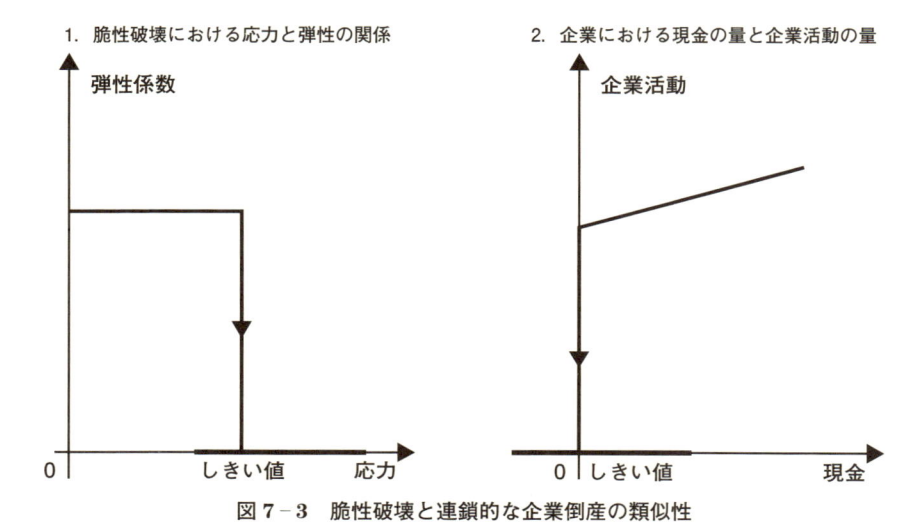

1. 脆性破壊における応力と弾性の関係　　2. 企業における現金の量と企業活動の量

図7-3　脆性破壊と連鎖的な企業倒産の類似性

ス預金が負の領域に入り，企業の活動力が突然，非可逆的に0になることとして記述できる．破壊の場合と比較すると横軸の方向が逆になり，しきい値の値は0になっているが，しきい値を超えるまでは可逆な動きが可能なのに，一度非可逆な領域に陥ると，もはや元には戻れないというしきい値動力学としての特性は全く同一である．また，リーマンの破綻の報道によって，何らかの形でリーマンからの入金を近い将来約束されていた金融機関はその入金が期待できないことを知らされたことになる．つまり，リーマンの抱えていた借金が返済されなくなることによって，取引関係のあった金融機関に借金が分配されたことになり，破壊における応力の再分配と数理的な構造が全く同じになっていることがわかる．

　どの企業がどの企業にどれくらいの借金をしているかということは一般に公開されておらず，特に，リーマン・ショックで問題が明らかになった金融派生商品は相対取引が基本である．そのため，リーマンと少なからず仕事上の付き合いのあった全ての金融機関は借金が分配された可能性を疑われ，倒産のリスクが高くなったと判断された．その結果として，金融機関の極短期のお金の貸し借りをする市場である短期金融市場の金利が高騰し，事実上，金融機関間の貸し借りが停止した．民間の金融機関はどこも無駄にお金を寝かせておくことはしないので，いわゆる自転車操業で日常的な業務をこなしている．返済さ

れるお金を見込んで次の貸し出しをしているわけであるから，見込んだお金が焦げ付いたことによって自由に使えるお金が不足してマイナスになるリスクが生じる．そのような時に頼りになるのが短期金融市場であり，ほんの1日か2日だけ短期金融市場からお金を借りて，自己の支払いの約束を守ることで直近に迫る倒産を回避するのである．したがって，短期金融市場からお金の調達ができなくなったら，しきい値を超えて倒産に至る金融機関が発生するのは時間の問題である．もしも，短期金融市場が機能しない状態を放置しておいたならば，前世紀の大恐慌の時のように金融機関の連鎖的な倒産が起こり，金融システム全体に及ぶような破綻が現実のものとなった可能性が極めて高い．

　リーマン・ショックの場合には，各国政府から金融機関への緊急の融資が行われ，破綻をリーマン1社でくい止め，連鎖倒産は免れることができた．政府の資金はいわば，ヒビの入った窓ガラスに貼られたテープのような役割を担っていることになる．しかし，リスクそのものがなくなったわけではなく，2010年のギリシャの財政破綻に象徴されるように，今度は，歪の蓄積が金融機関から国家財政へと移りつつあるとも言える．

6. 企業ネットワークの特性と可能性

　企業は単独では存在しえない．数多くの企業と取引をすることでその機能が維持できる．では，企業は現実にはどのような取引のネットワークを形成しているのであろうか？　最近，このような企業のネットワークを実際のデータから分析するような研究ができるようになってきた（Takayasu et al., 2008 b）．経済産業研究所の提供する膨大な企業データが研究目的で使用できるようになったからである．このデータの中には日本国内のおよそ百万社の企業の取引の関係が記載されている．どの企業からものやサービスを買い，どの企業にものやサービスを売っているか，という取引のネットワークが観測できるのである．このような企業のネットワークのデータは海外には例がなく，研究としても日本の研究者が活躍している分野である（Aoyama et al., 2010）．まだ研究が始まって数年であり，基本的な性質を確認しているような段階であるが，それでも様々な重要な特性が見つかっている．

　企業をひとつの点（ノードとよぶ）で表し，お金の流れる方向の矢印を付けた線（リンクとよぶ）で取引の関係を表現することによって，全企業の形成す

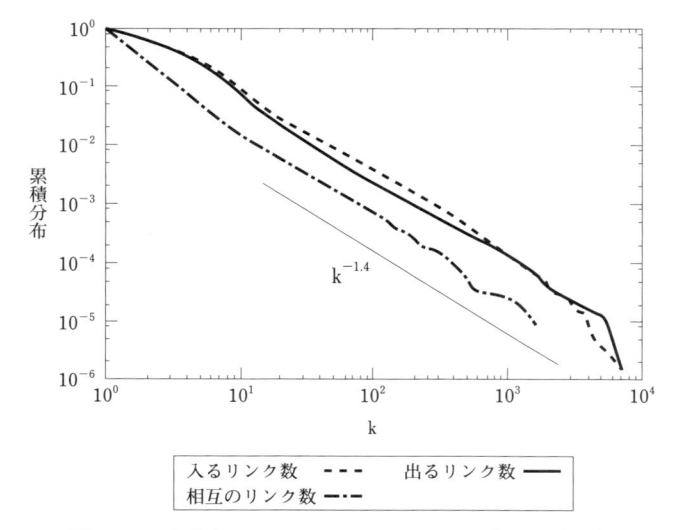

図7-4 企業ネットワークにおけるリンク数の累積分布

(凡例: 入るリンク数 ----　出るリンク数 ——　相互のリンク数 -·-·-)

るネットワーク構造を，グラフ理論という数学の分野の枠組みで捉えることができる．企業に番号を付け，i番目の企業からj番目の企業にお金の流れがあるときに，行列 A_{ij} の成分を1とし，取引がない企業間の成分を0とすると，この行列 A_{ij} は隣接行列とよばれるグラフ理論の基本行列となり，この行列の特性を調べることにより，様々なネットワークとしての特性が計算できるわけである．

観測によって確認された企業ネットワークの最大の特徴は，フラクタル性（スケールフリー性ともよばれる）である．ネットワークにおける各ノードからお金の流れ出る方向のリンクの数，入ってくる方向のリンクの数がどちらも図7-4に示したように両対数プロットで直線的になり，リンク数の分布は指数がおよそ1.4程度のベキ分布になっていることが確認できる（Ohnishi, 2009）．ベキ分布になっているということは，リンク数が1本しかないような小さな企業から，数千本ものリンクを持つ大企業まで連続的に様々な大きさの企業があり，数としては小さなものが圧倒的に多いという状況を表している．最多値は1であり，リンク数の平均値は4.5程度であるが，平均値はあまり意味がなく，企業のネットワークはフラクタル性を持つことが重要である．通常，中小企業や大企業は従業員数などで分類されることが多いが，従業員数の分布も既に図

7-1で示したようにベキ分布であり，どこかに境目があるような分布ではなく連続的に分布している．

　企業が様々な形でフラクタル性を有しているので，企業のことを議論する時には，平均値や標準偏差といった通常の統計では当たり前の量が意味を持たなくなっていることに注意しなければならない．つまり，平均的な企業，という概念そのものが成り立たないのである．取引相手が1社しかない企業と常時10,000社と取引をしている企業を平均して一緒に議論するようなことはそもそも無理である．全企業を合わせた売り上げの総和の大部分が上位数％の企業だけの売り上げの和によって占められており，日本全体の議論をするときには，まず，大企業の寄与を考えなければいけない．実際，ネットワークとして見ても，大企業が中心になって，その周囲に様々な企業がいろいろな形で連結したような構造が見られる．しかし，だからといって中小企業が無視できるわけではない．フラクタル性があることからもわかるように，例えば，ある地域に限定して考えれば，その地域の中でのシェアの大部分は，全国的にみれば小さな企業が占めており，その企業の周囲にさらに小さな企業がネットワークを形成しているのである．

　ネットワークの構造において，スモールワールドという興味深い性質がある．地球上の任意の人を2人選び，面識がある人を介して何人を仲介するとこの任意に選ばれた2人を結びつけられるか，という問題があり，6人程度の仲介で結びつけることができる場合が多いと言われている．このような性質がスモールワールドである．企業のネットワークについて同様の調査をすると実際，5社あるいは6社を介することでほとんどの企業同志が結びついていることが確認されている（Takayasu et al., 2008 b）．ある企業に問題が発生するとほんの数社を介して日本国中の全ての企業に影響を与えることになるのである．

　そのようなスモールワールド性が顕著に現れたのが，2007年の新潟県中越沖地震である．地震そのものによる被害は局所的だったのであるが，リケンという企業のひとつの工場が大きな被害を受け，生産が停止した．それは，自動車のエンジンの中のピストンを構成するひとつの部品であるピストンリングというものを専門に作る工場だった．小さな部品を作る工場だったのだが，この工場の生産が止まったことによって，トヨタ，ホンダ，ニッサンなど日本国内の主要な自動車工場の製造ラインが一斉に止まってしまったのである．取引関係を調べてみるとリケンから直接これらの自動車製造会社に部品を納入してい

るわけではなく，ほとんどは2段階先のつながりだった．しかし，どの企業の自動車にも欠かすことのできないような重要な部品だったため，そして，余分な在庫を置かないような無駄のない製造ネットワークを形成していたため，ひとつの工場のトラブルが日本中の自動車産業を巻き込むトラブルにまでなってしまったのである．

ライバル関係にある同業種の大企業同士は，通常，助け合うことはあまりない．しかし，このときには，自主的にそれぞれの大企業からリケンの工場を再開するために救助要員が送り込まれ，共同で作業を進めたことによって，当初の予想よりもずっと早く復旧することができた．企業ネットワークの中で重要な役割を担っている企業は，ネットワークがその企業を救ってくれるのである．

この事例に象徴されるように，企業の活動を考える上で，ネットワークの構造の中での位置づけや役割を明らかにしていくことは非常に重要なことである．しかし，現在の標準的な企業の評価方法では，このようなネットワークの効果は完全に無視されている．欧米の代表的な企業の格付け企業の評価方法は，素朴な株価第一主義で，株価にあらゆる情報が反映されていると盲信しており，取引ネットワークの中での役割などは観測もされていないのが現状である．

企業のネットワークの構造や機能を明らかにしていくことにより，これまで単独のものとして評価されがちだった企業の活動を企業の集合体として見ることができるようになり，新しい発想から企業を評価できるようになることが期待される．例えば，ある企業が倒産しそうになったときに，企業のネットワークが何らかの方法で応力を吸収して破壊を防ぐ，というような方法も考えだせるかもしれない．また，ネットワーク全体の構成を解析して，構造的に弱いところを事前に見出し，ネットワークを強化するような対策をうつこともできるようになるかもしれない．金融主体の従来の視点からの企業活動の評価には限界があり，また，金融の世界の動乱がそのまま実体経済の評価にも反映しがちであった．実体経済そのものである企業のネットワークからの視点に基づく研究が，今後，大きなブレークスルーを引き起こす可能性もあると期待している．

東日本大震災によって東北地方の半導体や自動車部品の工場が生産停止状態になり，国内に留まらず，世界的に電気製品や自動車の製造が滞るという問題が発生している．数万種類にもおよぶ部品から構成されるこれらの商品は，ひとつでも部品が欠損すれば商品にならないという脆弱性があり，全ての部品に関するネットワークは極めて複雑である．ネットワークが一部分機能停止に陥

ったときに，どのようにすれば速やかに機能を回復できるか，という問題は，重要な研究課題である．

7. おわりに

本章では，物理学の視点で経済現象を解析する経済物理学の立場から，金融危機の発生の原因を議論した．平均値や標準偏差が意味を持たないようなベキ分布をどのように扱うべきか，非定常で相関がときおり非常に強くなるような現象をどのように数理モデルで記述しデータを整合させるべきか，といった数理的な基本的な問題が金融危機の背後にあったことを指摘した．また，企業に関しては，その倒産時の振る舞いは脆性破壊と数理的に同じ構造を持っており極めてデリケートな扱いが必要であるが，企業のネットワーク自体がお互いの企業を助けあう安全ネットになりうる実例を紹介した．金融商品の開発競争・価格競争は金融機関全体のリスクを高めるばかりであり，現状のままでは近い将来，また，大きな金融危機が発生する可能性が高くなる．そこで必要となるのは，通常の工業製品と同じように安全基準とそれを管理する中立的な組織を作り，リコールなどのルールも導入することによって徹底的に購入する人が安心できるような仕組みを作ることである．企業に関しても，株価に頼らずにネットワーク構造の中での価値を評価するような方法を開発することによって，企業ネットワーク全体を強化できる可能性が期待される．金融商品の根本的な問題を解決し，企業のネットワーク力を最大限に発揮する方法を開発すれば，嵐でも沈まないような船としての強い経済基盤を築くことができるのではないだろうか．

謝 辞

次の共同研究者の方々との生産的な議論に感謝します．伊藤隆敏，大西立顕，高安美佐子，中井孝宜，山田健太，渡辺広太，渡辺努の各氏．

参考文献

Aoyama, H., Y. Fujiwara, Y. Ikeda, H. Iyetomi, W. Souma and H. Yoshikawa（2010）Econo-

physics and Companies-Statistical Life and Death in Complex Business Networks, Cambridge University Press.
Ohnishi, Takaaki, Hideki Takayasu, and Misako Takayasu (2009) "Hubs and authorities on Japanese inter-firm network : Characterization of nodes in very large directed networks," *Progress of Theoretical Physics*, Supplement 179, pp. 157–166.
Takayasu, Misako and Hideki Takayasu (2008a) "Fractals and Economics," Robert A. Meyers editor, *Encyclopedia of Complexity and Systems Science*, pp. 619–620, Springer.
Takayasu, Misako, Sinjiro Sameshima, Takaaki Ohnishi, Yuichi Ikeda, Hideki Takayasu and Kunihiko Watanabe (2008b) "Massive Economics Data Analysis by Econophysics Methods-The case of companies' network structure," Annual Report of the Earth Simulator Center, April 2007–March 2008, pp. 263–268.
Takayasu, Misako and Hideki Takayasu (2009) "Continuum Limit and Renormalization of Market Price Dynamics Based on PUCK Model," *Progress of Theoretical Physics*, Supplement No. 179, pp. 1–7.
Takayasu, Hideki (2010) "How to Avoid Fragility of Financial Systems : Lessons from the Financial Crisis and St. Petersburg Paradox," M. Takayasu, T. Watanabe and H. Takayasu editors, *Econophysics Approaches to Large-Scale Business Data and Financial Crisis*, pp. 197–210, Springer.
Watanabe, Kota, Hideki Takayasu and Misako Takayasu (2009) "Random walker in temporally deforming higher-order potential forces observed in a financial crisis," *Physical Review E*, 80. 056110.
アタリ，ジャック・(林昌宏訳)(2008)『21世紀の歴史・未来の人類から見た世界』作品社.
倉都康行(2009)『予見された経済危機――ルービニ教授が「読む」世界史の転換』日経BP社.
ソネット，D.(森谷博之訳)(2004)『入門経済物理学――暴落はなぜ起こるのか？』PHP研究所.
高安秀樹(1986)『フラクタル』朝倉書店.
高安秀樹・高安美佐子(2001)『エコノフィジックス――市場に潜む物理法則』日本経済新聞社.
高安秀樹(2004)『経済物理学の発見』光文社新書.
マンデルブロ，B. B.(広中平祐監訳)(1984)『フラクタル幾何学』日経サイエンス社.
マンデルブロ，B. B.(高安秀樹監訳)(2008)『禁断の市場――フラクタルでみるリスクとリターン』東洋経済新報社.

第8章

グローバル金融危機と中央銀行の対応

日本における「非伝統的金融政策」の経験から

福田慎一

要　旨

　本章では，2000年代前半および2008年秋以降にわが国で行われたさまざまな「非伝統的な金融政策」のあり方を，その類似点および相違点に焦点を当てて再検証する．いずれの時期も，デフレが長引く中で日銀はかつてない超低金利政策を実施した．しかし，金融市場の不安定性が高まる状況下で，極端な金融政策は信用緩和政策として一定の効果を発揮した．分析では，まず1990年代末以降の日銀の金融政策を概観すると同時に，当時のベース・マネーやマネーストックの推移を検討する．次に，日中のコール・レートの最高値と最安値の差や社債スプレッドが2つの期間で特徴にどのような違いがあるかを分析し，金融市場のリスク・プレミアムへいかなる影響があったのかを検証する．分析の結果，究極の金融政策は，とくにインターバンク市場の流動性リスクや信用リスクを減少させる上で大きな効果をあげたことが明らかにされる．ただし，それ以外の市場へ効果が及ぶには一定のラグが必要であった．また，信用緩和の一方で，量的緩和政策は，金融機関にモラル・ハザードを生み出す可能性も指摘される．本章の後半部分では，このような観点から，超金融緩和政策の下で業態別超過準備の推移やコール市場残高の推移を検討し，そのような副作用の一端を考察する．（JEL Classification Number : E 40, E 50）

キーワード

非伝統的金融政策，金融危機，リスク・プレミアム，信用緩和

1. はじめに

　2008年秋以降，グローバルな経済・金融危機が拡大するなかで，主要国の中央銀行は相次いで「非伝統的な金融政策」を採用した．特に，アメリカの中央銀行にあたるFRB（アメリカ連邦準備制度）は，2008年末に金融危機対策として特定資産を大量に購入した（いわゆる「QE1」）だけでなく，2010年11月には「QE2」と呼ばれる新たな量的緩和政策に踏み込み，バランス・シートの規模を大きく拡大させた．しかし，非伝統的な金融政策を採用したという点では，1990年代末以降の日銀は間違いなく先駆的な役割を果たしている．本章の目的は，2000年代前半および2000年代末に行われた日本における「非伝統的金融政策」のあり方を，その類似点および相違点に焦点を当てて再検証することである．

　白川（2009）は，日銀が採用した金融政策のうち，革新的な要素として，ゼロ金利政策，量的緩和政策，資金供給オペレーションの期間の長期化，政策の継続期間に関するコミットメント，信用緩和政策（credit easing），金融機関保有株式の買入れの6つを挙げている．これらの政策の有効性に関しては，鵜飼（2006）による実証研究のサーベイでも論じられているように，必ずしも意見の収斂が見られているわけではない[1]．しかし，総需要や物価に対する直接的な押し上げ効果に関しては，その効果は限定的であったという理解は主流となりつつある．実際，1990年代半ば以降，貨幣乗数は大きく下落する一方，マーシャルのkは大きく上昇し，その結果，ベース・マネーの大幅な上昇にもかかわらず，名目GDPはほとんど上昇しなかった．また，銀行貸出も，量的緩和政策を通じて減少が続き，一部の時期を除いて低迷を続けた．

　しかし，2000年代前半の量的緩和政策期でも，信用緩和政策は満期が長めの市場金利の低下と各種リスク・プレミアムを縮小させる上で一定の効果があったとする見解が一般的となっている．そうしたなか，2008年秋のリーマン・ショック以降の世界的な経済・金融危機や日本経済のデフレの悪化を受けて，日銀は2008年末以降，再び非伝統的な金融政策へと舵を取った．とりわけ，2008年末以降の金融政策は，先に挙げた革新的な要素のうち，資金供給オペ

---

[1] 名目金利がゼロとなった流動性のわなの下での金融政策の有効性に関しては，Bernanke and Reinhart（2004），植田（2005），白川（2008），福田（2009），岩田（2010）などを参照のこと．

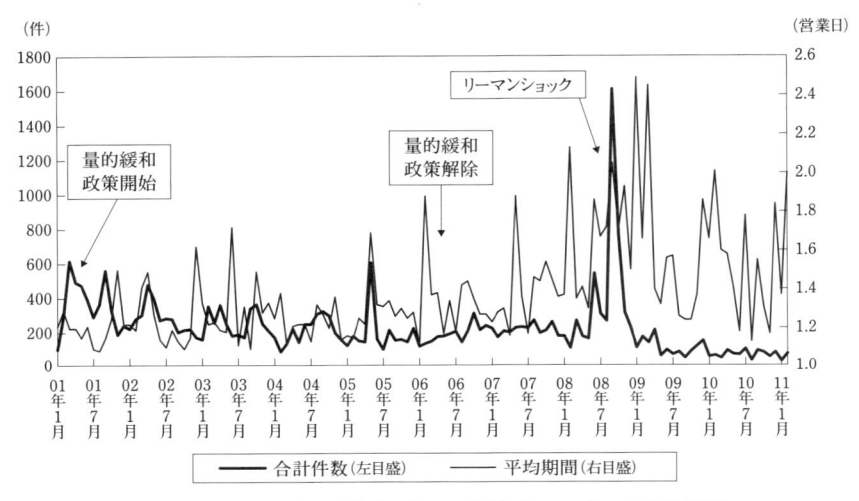

図8-1 わが国の国債受け渡しに関するフェイルの発生状況

注) フェイルとは、国債の受け方が、その渡し方から予定されていた決済日が経過したにもかかわらず、対象債券を受け渡されていないことをさす。フェイルの「平均期間」は、アンケートの回答先において当月中に解消されたフェイルにつき、当該フェイルが発生してから解消されるまでの日数（継続日数）を平均したものである。
出所) 日本銀行。

レーションの期間の長期化，信用緩和政策，それに金融機関保有株式の買入れを再開・拡張した面が強く，広い意味での「信用緩和政策」に大きな軸足をおいたものであった．

不良債権問題が顕在化した1990年代末から2000年代初頭とは異なり，日本の金融機関の多くはリーマン・ショックが発生した後でもその健全性が大きく毀損したわけではない．主要行の不良債権比率は，2002年3月をピークとして低下し，グローバルな金融危機下でも安定していた．しかし，一時的に市場の流動性が枯渇し，市場メカニズムが麻痺したという点では，リーマン・ショック以降の金融市場の方が深刻であった．たとえば，図8-1は，国債の受け方が決済日を経過したにもかかわらず対象債券を受け渡されていないことを示すフェイルの発生状況を示したものである．図からわかるように，リーマン・ショック以前は，フェイルの発生は限定的であった．しかし，リーマン・ショック以降，フェイルの件数は急増し，かつフェイルが解消されるまでの期間も長くなっている．市場への流動性供給の必要性という意味では，リーマン・ショック以降の非伝統的な金融政策の方が「マクロプルーデンス政策」という観

点からより重要であったといえる．

　もっとも，リーマン・ショック以降の金融政策であっても，2009年末から導入された固定金利オペ，2010年6月に決定された成長基盤強化オペ，さらに2010年10月に決定した包括的な金融緩和政策は，金融市場の混乱から経済がほぼ回復してからの追加的な政策であった．また，包括的な金融緩和政策で導入された資産買入等の基金の創設は，金融政策が財政政策の領域にまで踏み込んだ非伝統的なものであった．これら日銀の追加的施策は，金融システムを安定化させる上でどのように異なる効果があったのか？　以下では，これらの問題意識のもとに，1990年代末から2000年代前半および2008年秋のリーマン・ショック以降という2つの期間に行われた日本における非伝統的金融政策のあり方を，その類似点および相違点に焦点を当てて再検証する．

2. 日銀の非伝統的金融政策の推移

2.1　1990年代末から2000年代前半

　本章の主な目的は，2000年代前半にかけての金融政策と2008年秋のリーマン・ショック以降の金融政策のあり方を比較検討することである．分析に先立ち，本節では，各時期に実施された金融政策の概要を簡単に振り返ってみることにする[2]．

　1990年代末から2000年代前半にかけての金融政策の詳細はすでに多くの文献で紹介されているので，ここではその概要を簡単にまとめるにとどめる．日銀の非伝統的な金融政策は，1999年2月12日のゼロ金利政策の導入に始まる．それまでも1990年代半ば以降，日銀はかつてない超低金利政策を行ってきたが，誘導目標である無担保コール（翌日物）の金利がゼロ以上という意味では伝統的な金融政策の範疇であった．ゼロ金利政策導入から2ヶ月後の4月13日には，当時の速水総裁が「デフレ懸念が払拭されるまで」ゼロ金利政策を継続することを表明した．これは，のちに「時間軸効果」と呼ばれる「政策の継続期間に関するコミットメント」を最初に行ったものであり，その意味でもゼロ金利政策は非伝統的な金融政策のさきがけであったといえる．

　ゼロ金利政策は2000年8月11日に一時的に解除された．しかし，その後の

---

[2]　当時の金融政策の決定プロセスについては，梅田（2011）が参考になる．

日本経済の急激な悪化を受けて，2001年3月19日に量的緩和政策が開始された．量的緩和政策は，結果的に誘導目標である無担保コール（翌日物）の金利がゼロに近づくという点ではゼロ金利政策と共通している．しかし，金融市場調節の主たる操作目標を日銀当座預金残高とし，その目標水準をその後徐々に引き上げていった点で，それまでのゼロ金利政策と大きく異なる非伝統的な金融政策であった．また，ゼロ金利政策期と同様に「政策の継続期間に関するコミットメント」を行ったが，量的緩和政策では「金融市場調節方式を，消費者物価指数（全国，除く生鮮食品）の前年比上昇率が安定的にゼロ％以上となるまで継続する」と，具体的な数値目標を付した点でそれまでより一歩踏み込んだコミットメントであった[3]．

　量的緩和政策の期間中には，2001年夏及び2002年以降，長期国債買い入れの増額や手形買入期間の延長など「資金供給オペレーションの期間の長期化」が実施された．また，金額は限定的であったが，リスク資産である資産担保証券ABCPやABSの買い入れが行われたのに加えて，金融機関の株式保有に伴う市場リスクを軽減させるため，金融機関保有株式の買入れが実施された．これらは，いずれも短期金融市場における信用リスクを大幅に縮小させる「信用緩和政策」であり，当時の量的緩和政策は日銀のバランス・シートを拡大させただけでなく，その質的な面も変化させたといえる．

2.2　リーマン・ショック以降

　日銀の量的緩和政策は2006年3月9日に解除され，ゼロ金利も同年7月14日に解消し，誘導目標である無担保コール（翌日物）の金利は2007年2月21日には0.5％まで引き上げられた．しかし，2007年夏以降，アメリカのサブプライム問題に端を発する信用不安が世界経済に広がった．特に，2008年9月15日にリーマン・ブラザーズが破綻すると，信用不安は「百年に一度」といわれる深刻な世界同時不況へと発展した．日本経済は，金融システムへの直接の打撃こそ軽微だったが，2008年秋以降，輸出の急激な落ち込みによって，未曾有の深刻な不況へと転げ落ちた．

　このような日本経済の状況に対応して，日銀は再び非伝統的な金融政策を実施した．その概要は，表8-1にまとめられている．この時期の非伝統的な金

---

[3]　2003年10月10日には，金融政策の透明性の強化（経済・物価情勢に関する日本銀行の判断についての説明の充実，量的緩和政策継続のコミットメントの明確化）が行われている．

表 8-1　日本銀行の金融政策（2007 年 1 月～2010 年 12 月）

1. 2008 年秋以降の金融危機局面において日本銀行が講じた政策

2007 年 2 月 21 日	無担保コール・レートの誘導目標を引き上げ，0.5% 前後で推移するように促す．
	基準貸出利率を引き上げ，0.75% とする．
2008 年 9 月 16 日	国債売現先（国債補完供給）の実施条件の緩和．
2008 年 9 月 18 日	ドル供給オペの導入．（総額 600 億ドル）
2008 年 9 月 18 日	ドル供給オペの拡充．（総額 1200 億ドル，翌年 4 月末まで）
2008 年 10 月 14 日	国債レポ市場における流動性改善のための措置の実施．
	CP 現先オペの積極化．資産担保 CP などの適格条件の緩和（2010 年末をもって完了）．
	年末越えのターム物オペの開始．
	ドル供給オペの拡充．（適格担保の範囲内で無制限）
	保有株式売却の停止を決定．
2008 年 10 月 31 日	無担保コール・レートの誘導目標を 0.2% 引き下げ，0.3% 前後で推移するように促す．
	基準貸出利率を 0.25% 引き下げ，0.5% とする．
	補完当座預金制度（超過準備に対して利息を付す措置）を導入．適用利率を 0.1% とする．(11 月の積み期から翌年 3 月の積み期までの臨時措置)
2008 年 12 月 2 日	民間企業債務の適格担保範囲の拡大（A 格以上から BBB 格相当以上へ）（2010 年末に完了）．
	民間企業債務を活用した新たなオペレーションの実施．
2008 年 12 月 19 日	無担保コール・レートの誘導目標を 0.2% 引き下げ，0.1% 前後で推移するように促す．
	基準貸出利率を 0.2% 引き下げ，0.3% とする．
	補完当座預金制度の適用利率は，0.1% に据え置く．
	長期国債買入れを年間 16.8 兆円ペースに増額．
	買入対象国債に 30 年債，変動利付国債，および物価連動債を追加．
	企業金融支援特別オペレーションの決定．（翌年 1 月 8 日より実施）
	CP 買現先オペ等の対象先に日本政策投資銀行を追加．
	CP 買入れを含めた企業金融面での追加措置の導入を検討．
2009 年 1 月 22 日	CP 等の買入決定（2009 年末をもって完了）．
	残存期間 1 年以内の社債の買入を検討．
	買入対象国債の対象拡大．
	不動産投資法人債等の適格担保化．
2009 年 2 月 3 日	金融機関保有株式買入れの再開（2010 年 4 月末をもって完了）．
2009 年 2 月 19 日	企業金融支援特別オペレーションの拡充．実施頻度の増加，期間の長期化，実施期限の延長．
	社債の買入を決定．（A 格相当以上，残存期間 1 年以内）（2009 年末をもって完了）
	日本政策金融公庫が発行する政府保証付短期社債の適格担保化．
	国債補完供給の拡充．
2009 年 3 月 17 日	金融機関向け劣後特約付貸付の供与の検討開始．

2009年 3月18日	長期国債買入れを年間21.6兆円ペースに増額.	
2009年 4月 7日	公的部門に対する証書貸付債権の適格担保範囲の拡大.	
2009年 4月10日	金融機関向け劣後特約付貸付の供与の決定（2010年3月末をもって完了）.	
2009年 5月22日	アメリカ国債，イギリス国債，ドイツ国債，フランス国債の適格担保化.	
2009年 7月15日	CP買現先オペ等の対象先に日本政策投資銀行の際の特則を拡充.	
2010年 2月 1日	米ドル資金供給オペの終了.	
2010年 3月末日	企業金融支援特別オペの完了.	
2010年 5月10日	米ドル資金供給オペの再開決定.	

2. 物価安定および持続的成長へ向けた政策運営

2009年12月 1日	固定金利方式の共通担保資金供給オペレーション＜固定金利オペ＞の導入.
2010年 3月17日	固定金利オペの拡充＜固定金利オペを大幅に増額＞.
2010年 4月30日	成長基盤強化を支援するための資金供給の検討開始.
2010年 5月21日	成長基盤強化を支援するための資金供給の骨子素案.
2010年 6月15日	成長基盤強化を支援するための資金供給の決定.
2010年 8月 2日	国債補完供給の拡充.
2010年 8月30日	固定金利オペの拡充＜期間6ヶ月物の導入，同オペを通じた資金供給を大幅に拡大＞.
2010年10月 5日	「包括的な金融緩和政策」の実施： (1) 金利誘導目標の変更 (2) 「中長期的な物価安定の理解」に基づく時間軸の明確化 (3) 資産買入等の基金の創設
2010年10月28日	「資産買入等の基金運営基本要領」の制定等.
2010年11月 5日	「指数連動型上場投資信託受益権等買入等基本要領」の制定等.

出所）筆者作成.

融政策は，(1) 2008年秋以降の金融危機局面において講じた政策と (2) 物価安定のもとでの持続的成長へ向けた政策運営，の2つに大別できる．このうち，(1) の大きな特徴は，世界的な金融危機によって金融市場の流動性が大きく枯渇するなかで，日銀が他の主要国の中央銀行と足並みをそろえる形で行った非伝統的金融政策である．

この時期の非伝統的金融政策の大きな特徴は，誘導目標である無担保コール（翌日物）の金利を0.1％前後まで引き下げたことに加えて，短期金融市場における信用リスクを大幅に縮小させる「信用緩和政策」を大胆に行ったことである．長期国債買入れペースの増額，買入対象国債の拡大，CPや社債の買入れ，民間企業債務の適格担保範囲の拡大，金融機関保有株式買入れの再開などが，これにあたる．また，2009年1月8日より実施された企業金融支援特別オペレーションは，貸付利率を無担保コール・レートの水準の貸付期間中における

平均値として期間の長い貸出を対象金融機関に行ったもので，それまで貸出金利をオークション形式で決定していた共通担保貸出とは異なる政策であった[4]．

これら非伝統的政策の多くは，金融市場混乱が沈静化するにつれてその役割を終え，CPや社債の買入れは2009年末，金融機関保有株式買入れの再開は2010年4月末，民間企業債務の適格担保範囲の拡大は2010年末にそれぞれ終了した．また，2009年2月19日に拡充された企業金融支援特別オペレーションも，2010年3月に終了した．

しかしながら，金融危機の沈静化にもかかわらず，急速な円高の進行もあって，日本経済の物価はむしろ下落幅を拡大した．それを受けて，日銀は，2009年末に固定金利方式の共通担保資金供給オペレーション（固定金利オペ）の導入，2010年6月15日には成長基盤強化を支援するための資金供給（成長基盤強化オペ）をそれぞれ決定した．これらの政策は，導入の動機は異なるが，0.1％という市場より低めの固定金利で長期の貸出を対象金融機関に行ったという意味で企業金融支援特別オペレーションと類似している．中央銀行と対象金融機関との資金のやり取りを市場金利で行うという公開市場操作（オープン・マーケット・オペレーション）とは性格を異にするもので，そのメカニズムは市場金利より低い固定金利で日銀が貸出を行うという意味ではかつて行われていた公定歩合政策と類似点がある．

さらに，2010年10月5日には，「包括的な金融緩和政策」の実施を決定した．これは，(1) 金利誘導目標の変更，(2)「中長期的な物価安定の理解」に基づく時間軸の明確化，(3) 資産買入等の基金の創設，の3本柱からなる．このうち，金利誘導目標の変更は，それまで0.1％程度としていた無担保コール・レートの誘導目標水準を「0～0.1％程度」とし，実質的にゼロ金利政策を採用していることを明確化したものである．ただ，2008年10月31日に導入された補完当座預金制度（超過準備に対して利息を付す措置）の適用利率が0.1％に据え置かれたため，無担保コール・レートが0.1％を大きく下回る余地は少なく，実質的にはこれまでの政策の大きな変更ではなかった．

また，「中長期的な物価安定の理解」に基づく時間軸の明確化では，1％程度の物価上昇率を物価が安定しているとの理解に基づき，物価の安定が展望で

4）　それ以外に，他の主要国の中央銀行と協調してドル資金の供給も行われた．わが国におけるドル資金供給オペの効果に関しては，Fukuda（2011）を参照のこと．

きる情勢になったと判断するまで、実質的なゼロ金利政策を継続していく方針が明らかにされた。ただ、デフレが進行する中ですでに「政策の継続期間に関するコミットメント」は市場で十分に認識されており、その意味でこちらの政策も追加的な効果は限定的であったといえる。

これに対して、資産買入等の基金の創設は、リスク性資産を含む資産買入等の基金の枠組みを整え、この活用を通じて長めの市場金利の低下と各種リスク・プレミアムの縮小を促進することを目標にしたものである。これは、広い意味ではこれまでも行われてきた「信用緩和政策」に分類できるが、既に金融市場の混乱は収まっており、リーマン・ショック直後の政策とは性質を異にする。特に、買い入れ対象となる資産も、国債、CP、社債に加えて、指数連動型上場投資信託（ETF）と不動産投資信託（J-REIT）が加えられた。また、これまで日銀が守ってきた長期国債保有額を日銀券発行額の限度内に収めるという、通称「日銀券ルール」は、基金の範囲内では事実上破棄されることになった。資産買入等の基金の創設は、このような意味で、金融政策が財政政策の領域にまで踏み込んだ非伝統的なものであったといえる。

2.3 ベース・マネーとマネーストックの推移

以下では、量的緩和の程度という観点から2000年代前半と2008年秋以降の金融政策のあり方を比較検討するため、それぞれの期間のベース・マネーおよびマネーストックの推移を簡単に概観する。図8-2は、1997年第1四半期から2010年第4四半期までのベース・マネー（平均残高）、M2（平均残高）、および名目GDPの増加率をそれぞれ示したものである。図をみると、量的緩和政策期（2003年から2006年）のベース・マネーの増加が際立っており、多い時には30%を超えたときもあった。これに対して、量的緩和解除後のベース・マネーは、解除直後に大幅に減少しただけでなく、リーマン・ショック後に非伝統的な金融政策が開始された後も、緩やかに増加したに過ぎない。ベース・マネーの増加率だけを比較すると、リーマン・ショック後の増加率は1990年代後半のゼロ金利政策採用前よりもむしろ低い。リーマン・ショック後、名目GDPが大幅に下落し、デフレも進行したことを鑑み、この時期のベース・マネーの拡大が不十分ではなかったのかと主張されるゆえんである。

しかし、同じ時期のマネーストック（M2）の推移をみると、期間を通じて増加率はほぼ安定しており、リーマン・ショック後の増加率が量的緩和政策期

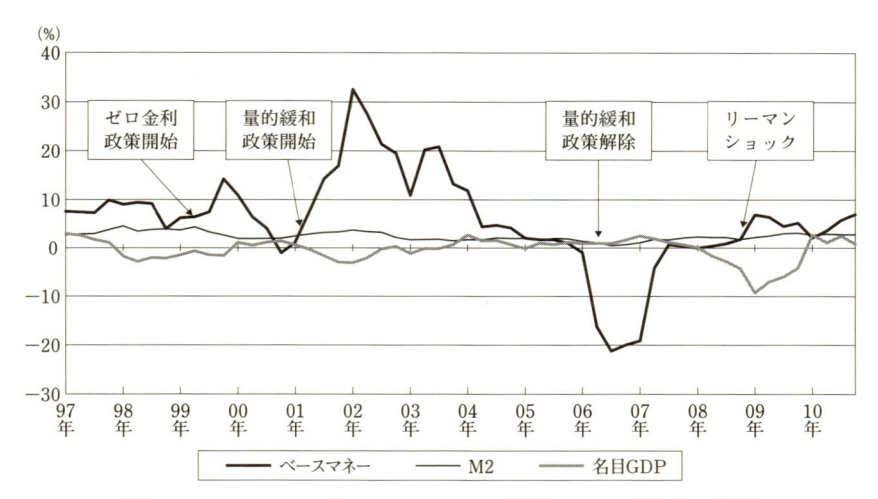

図 8-2　ベース・マネー，M2，および名目 GDP の増加率の推移

注)　ベース・マネーおよび M2 は平均残高．いずれも対前年比．マネーストック M2 は，2004 年 3 月以前は
　　マネーサプライ．
出所)　日本銀行および内閣府．

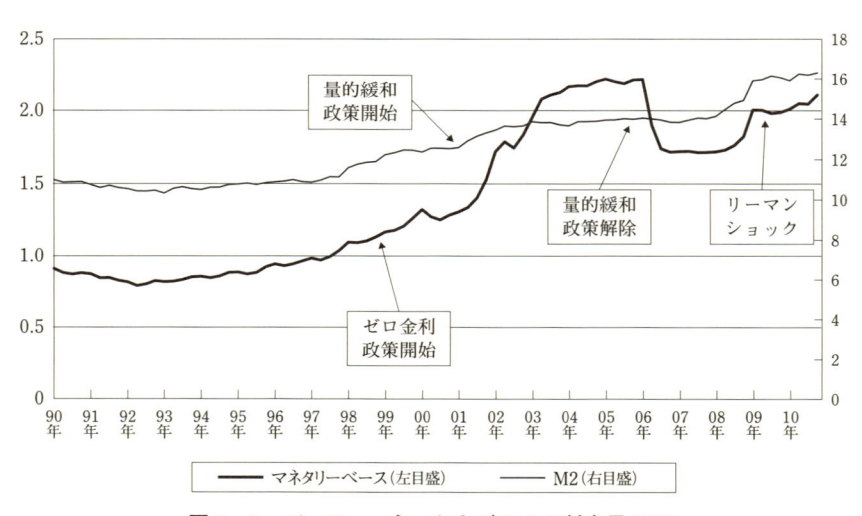

図 8-3　ベース・マネーおよび M2 の対名目 GDP

注)　単位は倍．ベース・マネーおよび M2 は平均残高．いずれも季節調整済み．マネーストック M2 は，2004
　　年 3 月以前はマネーサプライ M2+CD．
出所)　日本銀行および内閣府．

に比べて低いという事実は観察されない．より重要なポイントは，ベース・マネーとＭ２の推移を，増加率ではなく，対名目GDP比で見てみると，リーマン・ショック後に非伝統的な金融政策が開始された後のベース・マネーの残高が他の超金融緩和期と比べて小さいとは必ずしもいえないことである．図8-3は，1990年第1四半期から2010年第4四半期までのベース・マネー（平均残高）およびＭ２（平均残高）の対名目GDPでそれぞれ示したものである．図をみると，リーマン・ショック後のベース・マネーの対GDP比は，量的緩和政策期のそれよりはやや低いものの，1990年代末のゼロ金利政策期よりも高く，かつリーマン・ショック後に非伝統的な金融政策が開始された後，上昇している．

さらに興味深い点は，Ｍ２の対名目GDPだけを比較すると，リーマン・ショック後の値が最も高く，量的緩和政策期のそれを大きく上回っていることである．日本の貨幣乗数は量的緩和政策期には大幅に低下したが，量的緩和政策解除後はやや回復し，リーマン・ショック後もほぼ横ばい状態を保ってきた．貨幣乗数の違いが，量的緩和政策期には大幅なベース・マネーにもかかわらずＭ２をさほど増加させなかったのに対し，リーマン・ショック後の非伝統的な金融政策ではＭ２を増加させるのにつながったといえる．

3. 日中のコール・レートのスプレッド

3.1 量的緩和政策期のスプレッド

1998年4月施行の新日銀法を契機として，日銀は日々の無担保コール・レート（オーバーナイト物）の加重平均を誘導目標として金融政策を運営している．しかし，実際に適用されるコール・レートは，市場参加者によって異なり，しばしば大きなばらつきがあるため，その加重平均を見るだけでは，日々の短期金融市場の動向を知る上で不十分である．そこで，以下では，コール・レートの加重平均値ではなく，日々のレートの最大値と最小値の差（スプレッド）に注目する．

日々のコール・レートの最大値と最小値の差（スプレッド）は，日中決済が異なる時点で行われることでも発生する．しかし，金融危機下でより重要なのは，借り手の信用力の差を反映したリスク・プレミアムに起因するスプレッドである．信用力の低い金融機関が流動性不足に陥った場合，コール市場でも金

融機関の間で適応されるコール・レートに差が発生する．金融システムが安定しているときには，その差はごくわずかである．しかし，金融システムが不安定となり，金融機関ごとに信用リスクの差が発生すると，リスク・プレミアムを反映したスプレッドは無視できないものとなる．

　量的緩和政策期には，当時採用された極端な金融政策がコール市場における流動性を高め，リスク・プレミアムを大きく低下させた結果，日々のコール・レートの最大値と最小値の差（スプレッド）も大幅に増加したことが知られている（福田，2009；福田，2010 a）．実際，量的緩和政策が開始されるまでの段階的な金融緩和は，政策的に変更された誘導目標（コール・レートの加重平均）以外，それほどドラスティックな変化をもたらさなかった．特に，最高値は，かつての公定歩合に相当する基準貸付利率（および基準割引率）が引き下げられてもさほど低下せず，その結果，基準貸付利率を上回る水準で推移した．しかし，量的緩和政策の導入は，コール・レートの加重平均と最低値をほぼ 0％ にしただけでなく，コール・レートの最高値も大きく下落させた．特に，最高値は基準貸付利率を大きく下回った水準で安定的に推移し，最高値と加重平均とのスプレッドも 0.1％ ポイント近くまで縮小した．これは，ゼロ金利政策期とは大きく異なる特徴で，量的緩和政策がリスク・プレミアムを反映する最高値を安定化させる上で強力であったことを示す結果である．

　コール・レートの最高値は，量的緩和政策が強化された 2002 年末以降に，さらにドラスティックに下落した．その直前，2001 年 9 月 18 日の基準貸付利率の引き下げによって，最高値は再び基準貸付利率の近傍を推移するにとどまっていた．しかし，相次ぐ量的緩和政策の強化の結果，2002 年末以降，最高値はこれまでになく大きく下落し始めている．2002 年 11 月以降，量的緩和政策は大胆に強化され，当座預金の目標値が大幅に引き上げられただけでなく，長期の国債や手形に加えて，株式などリスク資産が日銀によって買い取られた．その結果，最高値は，2003 年の 4 月ころまでは 0％ と基準貸付利率の間をかなり乱高下したが，2003 年 5 月以降はついに 0％ 近傍で安定的に推移するようになった．量的緩和政策の強化によって，コール市場の取引でリスク・プレミアムが反映されることがほとんどなくなったといえる．

　このような最高値の低下は，部分的には景気回復によって市場における金融不安が金融政策以外の要因で徐々に解消したことを反映したものかもしれない．しかし，金融システムが非常に安定している時期でも，コール・レートの最高

値と最低値のスプレッドは少なくとも 0.1% ポイント以下になることはほとんどない．したがって，この時期，最高値も 0% 近傍で安定的に推移したという結果は，単に景気回復による金融不安の解消では説明できない．また，それまでは 0.1% 近傍を安定的に推移していた最高値が，2002 年 11 月 26 日以降，大幅な下落を示すようになった．このような急激な構造変化は，量的緩和政策の強化による効果が現れたものと考えられる．このような最高値が 0% に近い水準で推移する状況は，量的緩和政策の終了する 2006 年初めまでほぼ続いた．

3.2 リーマン・ショック前後のスプレッド

以下では，同様のスプレッドの縮小が 2008 年秋のリーマン・ショック以降の金融政策でもみられたかどうかを，加重平均，最大値，最小値の 3 つに関して日々のコール・レートの推移を示すことで検討する．図 8-4 は，コール・レートの加重平均，最大値，最小値それぞれの推移を，リーマン・ショック前後（2008 年 8 月～2009 年 6 月）と 2009 年 7 月～2010 年 12 月の 2 つに分けて示したものである．なお，検討に際しては，参考指標として，基準貸付利率（および基準割引率）の推移も同時に示し，その影響も検討する．

2007 年夏以降，欧米の短期金融市場ではしばしば不安定な動きが観察されていた．しかし，日本の短期金融市場は，リーマン・ショックまでは比較的安定しており，0.5% という政策的に変更された誘導目標（コール・レートの加重平均）を中心にわずかにスプレッドが見られる程度であった．特に，最高値はおおむね 0.6% 以下の水準で推移し，基準貸付利率の 0.75% を大きく下回っていた．しかし，リーマン・ショックが発生すると，コール・レートの最低値は大幅に下落したのとは対照的に，最高値は大きく上昇した（図 8-4 の 1）．最高値は基準貸出利率とほぼ等しくなり，最高値と最低値とのスプレッドはしばしば 0.7% ポイント近くまで拡大した．リーマン・ショック後，危機に直面した金融機関とそうでない金融機関で大きなリスク・プレミアムの格差が生まれたことを示唆する結果である．

より興味深いのは，2008 年 10 月 30 日に日銀が政策金利を 0.5% から 0.3% に，基準貸付利率を 0.75% から 0.5% へそれぞれ引き下げた後，このようなスプレッドは逆に拡大したことである．すなわち，利下げ以降，コール・レートの最低値はきわめて低水準で推移することになったが，最高値は逆に上昇し，基準貸付利率を常に上回る水準で推移した．10 月 30 日の利下げは信用緩和策

202　第III部　金融危機への対応と規制

1. リーマン・ショック前後　(2008.8.1～2009.6.30)

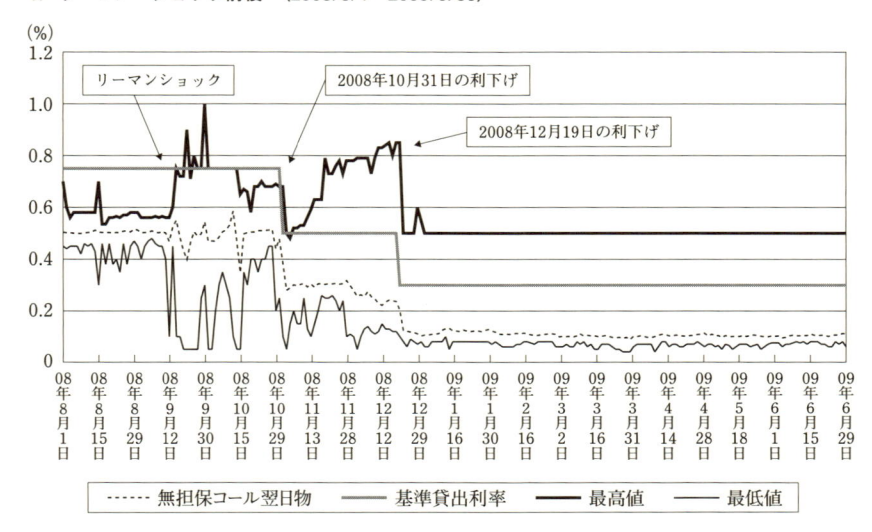

［リーマンショック、2008年10月31日の利下げ、2008年12月19日の利下げの注釈付きグラフ］

　　　……… 無担保コール翌日物　　── 基準貸出利率　　── 最高値　　── 最低値

2. リーマン・ショック後　(2009.7.1～2010.12.30)

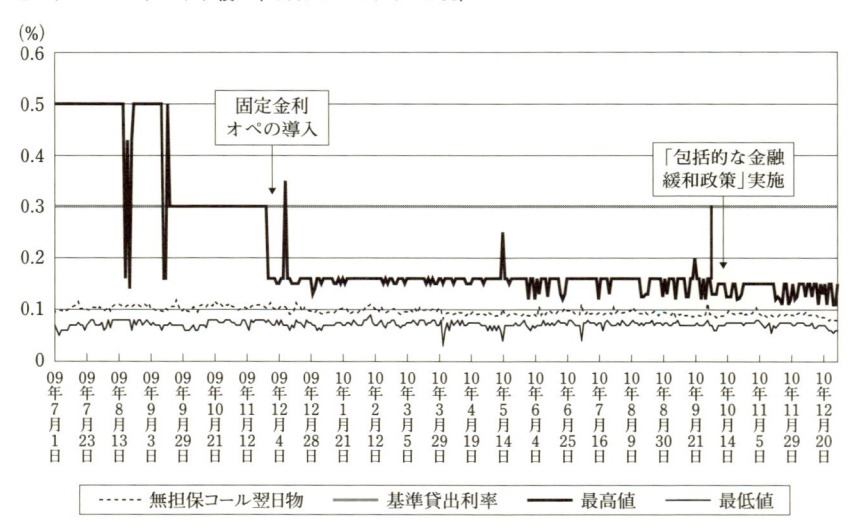

［固定金利オペの導入、「包括的な金融緩和政策」実施の注釈付きグラフ］

　　　……… 無担保コール翌日物　　── 基準貸出利率　　── 最高値　　── 最低値

図8-4　コール・レートの推移（リーマン・ショック前後）

出所）　ロイターおよび東京短資.

を伴っていなかったことから，信用力の高い金融機関の資金調達をより容易にしたが，危機の影響を大きく受けた金融機関のリスク・プレミアムは解消できなかったといえる．利下げという伝統的な金融政策だけでは信用緩和の効果がほとんど発揮されないことの証左である．

　これに対して，2008 年 12 月 19 日の金融政策の決定はコール・レートのスプレッドの解消に大きなインパクトがあった．すなわち，コール・レートの最低値はそれまでとほとんど変化がなかった一方で，最高値は 0.5% の水準でほぼ安定し，それ以上跳ね上がることはなかった．最高値は依然として基準貸出利率を上回っていたという点では，リスク・プレミアムは解消されたわけではなかったが，危機に直面した金融機関のリスク・プレミアムが一時的に急上昇するという現象は見られなくなった．2008 年 12 月 19 日の政策決定会合では，政策金利を 0.1% 前後に，基準貸出利率を 0.3% にそれぞれ引き下げただけでなく，長期国債買入れの増額，30 年債，変動利付国債，および物価連動債を買入対象国債に追加，CP 買入れを含めた企業金融面での追加措置の導入など，各種の信用緩和政策も同時に決定された．また，企業金融支援特別オペレーションを翌年 1 月 8 日から実施することも決定されている．これら，非伝統的な金融政策の導入によって，信用リスクの高い参加者のコール市場の取引でもリスク・プレミアムが大きく減少したといえる．

　もっとも，コール・レートの最高値が基準貸出利率を上回るという状況は 2009 年末頃まで続き，2009 年の 11 月末までは最高値が基準貸出利率を下回ることはなかった．2009 年の 11 月末までの金融政策は，リスク・プレミアムを低下はさせたが，2000 年代前半の量的緩和政策に見られたような強力な効果はなかったといえる．しかし，2009 年 12 月の固定金利方式の共通担保資金供給オペレーション（固定金利オペ）の導入以降，最高値は大きく下落し，おおむね 0.15% の水準で推移している（図 8-4 の 2）．この時期，コール・レートの最低値は 0.7% 程度で推移したのでわずかなスプレッドは残ったが，量的緩和政策期に近いスプレッドの解消が 2009 年 12 月以降の非伝統的金融政策では実現されたと考えられる．

　固定金利オペは，0.1% というきわめて低い金利でやや長めの資金（当初 3 ヶ月，その後 6 ヶ月へ拡大）を十分潤沢に供給することにより，現在の強力な金融緩和を一段と浸透させ，短期金融市場における長めの金利のさらなる低下を促すことを目的としたものである．固定金利オペは，適格担保の範囲内で必要

な資金を必要なだけ日銀から借り入れられるという点では，従来の共通担保資金供給オペと本質的に同じである．しかし，従来の共通担保資金供給オペでは借入利率がオークションで決定していたのに対して，固定金利オペは 0.1% に固定された．このため，借り手は，信用リスクにかかわらずきわめて低金利で資金調達が可能になった．これが，コール市場での最高値の金利を大きく引き下げるのに寄与したと考えられる．

なお，類似の貸出は，2008 年 12 月に決定した企業金融特別支援オペでもすでに内在していた．しかし，こちらは貸付対象先が「企業金融の円滑化に資する」という制約が課せられていた．この点で，固定金利オペは，より幅広い市場参加者にきわめて低い金利で長めの資金（当初 3 ヶ月，その後 6 ヶ月へ拡大）を十分潤沢に供給することを可能にしたと考えられる．

スプレッドの減少は，2010 年 10 月 5 日の包括的な金融緩和政策の実施以降，わずかながらさらに進んだ．包括的な金融緩和政策では，基金の創設によってリスク性資産を含む資産買入等を行うことが決定され，この活用を通じて長めの市場金利の低下と各種リスク・プレミアムの縮小がコール市場でも限定的ながら起こったといえる．ただ，既に十分に縮小していたコール市場のリスク・プレミアムを追加的に縮小させるという点で，包括的な金融緩和政策というこれまでにない大胆な信用緩和の意義は限定的であったといえる．

4. 社債のスプレッドの推移

前節では，2008 年秋のリーマン・ショック以降の金融政策がコール・レートのスプレッドに与える影響を考察し，各種の信用緩和政策を伴った 2008 年 12 月 19 日の金融政策の決定や 2009 年 12 月の固定金利オペの導入はスプレッドの解消に大きなインパクトがあったことを明らかにした．もっとも，コール・レートのスプレッドは，インターバンク市場という短期金融市場に参加する金融機関のリスク・プレミアムを反映するものであり，インターバンク市場に参加しない非金融機関のリスク・プレミアムを反映するものではない．そこで，以下では，同じ時期の社債のスプレッドの推移をみることによって，2008 年秋以降の金融政策が事業会社のリスク・プレミアムに与えた効果を考察する．

分析では，いくつかの格付けごとに 2 年物の社債利回りと国債利回りの差および 5 年物の社債利回りと国債利回りの差によって社債のスプレッドを計算し，

1. 2年物のスプレッド

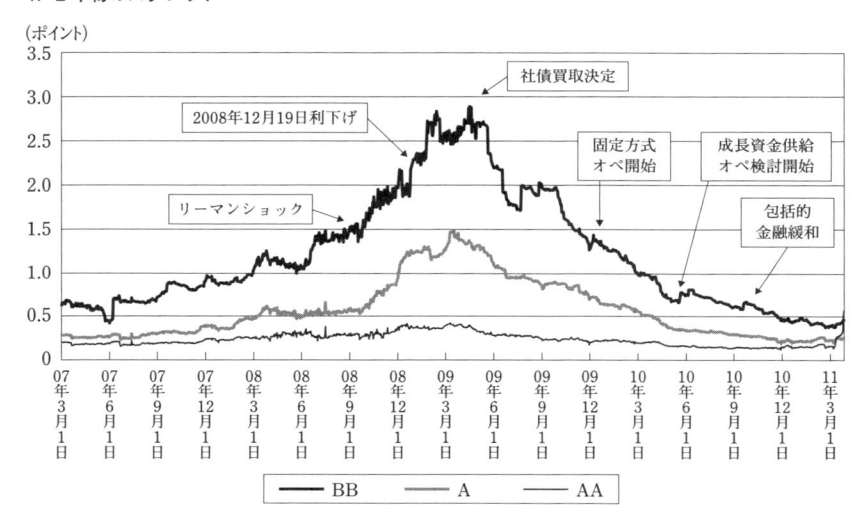

(ポイント)

- リーマンショック
- 2008年12月19日利下げ
- 社債買取決定
- 固定方式オペ開始
- 成長資金供給オペ検討開始
- 包括的金融緩和

凡例: BB、A、AA

2. 5年物のスプレッド

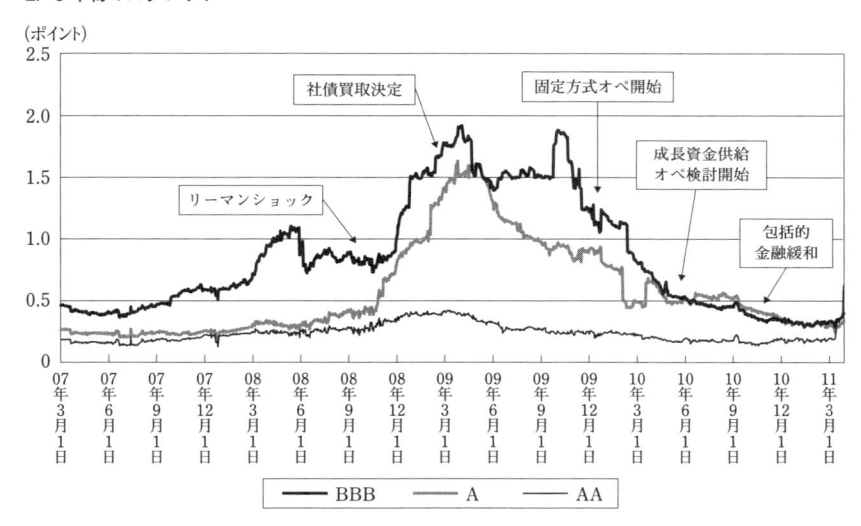

(ポイント)

- リーマンショック
- 社債買取決定
- 固定方式オペ開始
- 成長資金供給オペ検討開始
- 包括的金融緩和

凡例: BBB、A、AA

図8-5 社債のスプレッドの推移(リーマン・ショック前後)

出所) データ・ストリーム.

その変化を検討した．格付けはスタンダード＆プアーズ（S＆P）のものを用い，2年物の社債利回りは BB, A, AA の3つの格付けを，また，5年物の社債利回りは BBB, A, AA の3つの格付けをそれぞれ用いて比較検討した．図8-5の1は2年物のスプレッドを用いた場合，また図8-5の2は5年物のスプレッドを用いた場合の結果をそれぞれ示したものである．

図からまず読み取れることは，社債のスプレッドは2009年3月頃まで上昇を続け，その下落が始まったのは2009年5月末頃であることである．これは，コール・レートのスプレッドが2008年12月19日の金融政策の決定の後に低下し始めたのとは対照的であり，信用緩和政策がインターバンク市場のリスク・プレミアムを低下させる上では即効性があるのに対して，社債市場など公開市場にその効果が及ぶには時間が必要だったことを示唆している．この傾向は，高格付けよりは低格付けの社債スプレッドで，2年物よりも5年物の社債スプレッドで，それぞれ顕著である．

異なる格付けの社債スプレッドを比較した場合，スプレッド（社債利回りと国債利回りの差）は，AA 格では最大でも 0.4 ポイントをやや超える程度で極端な変化は見られない．これに対して，A 格やそれ以下の格付けでは社債のスプレッドが，2008年秋から2009年初頭にかけて急上昇している．A 格は2年物と5年物いずれも 1.5 ポイント程度まで上昇し，スプレッドが本格的に縮小し始めたのは2009年5月に入ってからであった．一方，2年物 BB 格社債のスプレッドは一時的に3ポイント近くにまで急上昇し，ようやく縮小の兆しをみせたのは2009年5月末であった．また，5年物 BBB 格社債はスプレッドこそ2ポイント弱にとどまったものの，2009年10月半ばまで高水準で推移した．

2年物と5年物の社債スプレッドを比較した場合，2年物 BB 格を除けばスプレッドは5年物の方が大きく，かつ縮小が始まったのも遅い傾向がみられる．5年物の BBB 格社債が縮小し始めたのが際立って遅いが，同じ A 格でも2年物の社債のスプレッドは日銀が2009年2月19日に社債買取を決定して以降は上昇がストップしたが，5年物のスプレッドはそれから1ヶ月以上上昇を続けた．

これら比較的緩やかな社債スプレッドの下落に日銀による幾多の信用緩和政策がどれほど寄与したのかは，今後詳細な検討が必要である．ただ，タイミング的には，信用緩和を伴う2008年12月19日の金融政策の決定は社債スプレッドの縮小には効果がなかった．これに対して，2009年2月19日の社債買取

決定はそれまでの社債スプレッド上昇の転換点とほぼ対応している．また，その後の固定金利オペの開始（2009年12月1日），成長基盤オペの開始（2010年4月30日），包括的金融緩和政策の開始（2010年10月5日）は，それぞれその後のさらなる社債スプレッド下落に対応している．とくに，成長基盤オペや包括的金融緩和政策は，コール市場のリスク・プレミアムへの影響はきわめて限定的であったが，社債市場のリスク・プレミアムを縮小させるうえでは一定の効果があった可能性はある．

5. 何が信用緩和に寄与したか？

5.1 日銀のバランス・シートの推移

これまで見てきたように，日銀の非伝統的な金融政策では，単にベース・マネーの拡大という量的緩和が実施されただけでなく，長期の国債や手形，および株式などリスク資産が日銀によって買い取られた．その結果，リーマン・ショック以降の金融政策でも，コール・レートに反映される信用リスクは2009年12月以降大きく低下し，社債スプレッドも2009年2月末頃から徐々に低下していった．

それでは，このような信用緩和政策は，日銀のどのようなバランス・シートの変化によってもたらされたのであろうか．福田（2010b）は，この時期の日銀のバランス・シートのうち，資産の部の内訳がどのように推移したかを検討し，いずれの期も，日銀の資産は長期国債の増大によって大きく拡大していることを明らかにしている．資金供給オペレーションの期間のさらなる長期化が，民間金融機関の流動性を高めて信用不安を払拭した面は大きいといえる．加えて，2000年代前半は手形の買入が，また2000年代後半は共通担保貸出が大幅に増加している．

このうち，2000年代前半の買入手形の増加は，期間が長めの手形の買入の増加によってもたらされたものである．実際，この時期の買入手形の額を期間別にみると，2002年1月までは5ヶ月以内のみであったが，2002年2月からは5ヶ月を超えるもの，11月からは6ヶ月を超えるものが購入されるようになっている．その一方，この時期，手形買入とほぼ同額の（月によってはそれより多い）手形売出が行われている．手形売出はすべて期間が1ヶ月以内と短期であったので，期間が長めの手形買入オペを多用する一方で，手形売出オペを

利用し，過剰となった短期資金を吸収するという，「ツイスト・オペ」を特に信用力が低い金融機関向けに行ったことが，この時期，信用緩和に大きく寄与したといえる[5]．

一方，リーマン・ショック以降の非伝統的な金融政策では，企業金融支援特別オペ（2009年1月8日より実施），固定金利オペ（2009年末から導入），成長基盤強化オペ（2010年6月に決定）が共通担保貸出の増加につながったと考えられる．これらはいずれも，固定金利で金融機関に貸し出すもので，期間が長めの資金を市場へ供給するという意味では，2000年代前半に行われて期間が長めの手形買入オペと同じ効果が期待できる．ただ，貸出の金利は固定金利となっている点で，標準的な公開市場操作とは大きく異なる．事実上，市場の実勢よりもやや低い固定金利となっているため，日銀がオファーしても応札がない「札割れ」は起こりにくく，資金供給がスムーズに行えるというメリットがある．その半面，金融機関に対する補助金的な側面もあるため，本来資金が必要でない金融機関も応札するといった資源配分の歪みが発生する恐れもある．また，手形売買とは異なり，共通担保貸出には資金吸収の機能はないので，資金吸収には日銀手形の振り出しなど別の手段を用いる必要があり，将来的に量的緩和政策を解除する際に資金吸収面で難しい局面も生まれるかもしれない．

これら「資金供給オペレーションの期間の長期化」に加えて，リスク資産が日銀によって購入されたことも信用緩和に寄与したといえる．2000年代前半には，資産担保証券と金融機関保有株式が購入された．当時購入したリスク資産に関しては，資産担保証券の購入額は2000万円程度と少なかったが，2002年11月29日に始まった株式の購入は総額で2兆円を超えた．このような株式の購入は，総額で100兆円を超えた日銀のバランス・シートに対しては限定的な影響しかない．しかし，2001年3月末時点で銀行が保有していた株式は，全国銀行136行合計で約44兆円（うち，都市銀行9行合計で約27兆円）であった．したがって，日銀は全国銀行が保有する株式の5％近くを購入したことになり，それが銀行，特に都市銀行が直面するリスクの軽減に貢献した可能性は高い．

また，2009年にはCP等と社債が購入されると同時に，金融機関からの株式の購入も再開された．さらに2010年10月5日に実施が決定した「包括的な金融緩和政策」では，資産買入等の基金を創設することで，買い入れ対象とな

---

[5] 実際，この時期，2002年10月30日に当座預金残高の目標値が引き上げられて以降，2003年4月1日まで目標値は一定で，その結果，ベース・マネーも5ヶ月間は安定的に推移した．

る資産を，国債，CP，社債に加えて，指数連動型上場投資信託（ETF）と不動産投資信託（J-REIT）にまで拡大した．これらリスク資産の購入は，日銀のバランス・シートの健全性が毀損するリスクを高めたことは言うまでもないが，市場のリスク・プレミアムを低下させる上で一定の効果はあったといえる．

5.2 いわゆる「札割れ」

公開市場操作（オープン・マーケット・オペレーション）では，中央銀行は取引先金融機関と債券等の売買を市場価格で行うことが大原則となっている．日銀の買いオペもその例外ではなく，債券，手形，現先等を原則として市場価格で買い取ってきた．その意味で，金融機関にとって，市場での取引と日銀との取引は無差別である．しかし，金融機関は，そのポートフォリオ選択の観点から，特定の資産を大量に売却しなければならない場合がある．また，金融市場が不安定な状況下では，カウンターパーティー・リスクが高まり，一時的に一部の金融商品の値がつかないことがある．このような場合，日銀による大規模な買いオペは，しばしば金融市場の安定に大きく資する．量的緩和政策期やリーマン・ショック以降に行われた信用緩和政策も，この意味で有用であったと言える．

もっとも，日銀による量的緩和政策や信用緩和政策は，必ずしも当初から順調に行われてきたわけではない．2000年代前半の量的緩和政策期でも，日銀が行った買オペにおいて日銀のオファー額に応札額が達しないいわゆる「札割れ」が，2002年前半と2005年に多発したことが知られている．特に，2005年の札割れは，わが国の景気がおおむね回復し，信用緩和政策の意義が薄れたにもかかわらず，日銀が量的緩和政策を持続させた結果生まれた札割れと考えられている．

また，ABCPの買入に関しても，2005年になって札割れが頻発するようになった．リスク資産の買入という観点から，日銀によるABCPの買入は2003年8月から開始された．買入金額自体は，株式の買入や他の買いオペに比べると大きなものではなかったが，2004年までは比較的順調に応札された．しかし，2005年になると，応札額がオファー額に達することはほとんどなくなった．特に，2005年4月以降は，応札額がオファー額の半分にも満たない状況が一般的となった．日銀によるABCP買取に対する市場のニーズが，この時期ほとんどなくなってきたことの証左である．

同様の「札割れ」は，リーマン・ショック以降の金融危機局面において講じられた CP や社債の買入れでも発生した．CP に関しては，買入が始まった最初の 2 ヶ月は応札倍率が高かった．しかし，その後，応札倍率は急落し，3 月以降は応札額がオファー額の半分にも満たない状況が続いた．状況は社債買入ではさらに極端で，買入が始まった 2009 年 3 月時点ですでに応札額がオファー額を大幅に下回り，それが 2009 年末に買取が終了するまで続いた．リーマン・ショック以降，CP・社債市場が大きく混乱し，一時的には高格付けの債券でもリスク・プレミアムは跳ね上がったが，そのような状況は 2009 年春にはおおむね沈静化へと向かっていた．当時の CP・社債の買取で発生した「札割れ」はこのような市場の改善を反映したものといえる．

　これに対して，包括的金融政策の下で始まった基金による CP や社債の買入れに関しては，2011 年 7 月末の段階でも「札割れ」が発生していない．2010 年 12 月の買取の応札倍率は，CP 等が約 5 倍（1000 億円のオファーに対して約 5000 億円の応札），社債は約 2.7 倍（1000 億円のオファーに対して約 2700 億円の応札）であった．このように基金による CP や社債の買入の応札倍率が高かった理由は，包括的金融政策の下で買い取られる CP や社債の範囲が，2009 年よりも大幅に緩和されたことが考えられる．すなわち，2009 年の買取では，CP 等は「適格格付機関から a-1 格相当の格付けを取得しかつ残存期間が 3 ヶ月以内であること等」，社債に関しては「適格格付機関から A 格相当以上の格付を取得しかつ残存期間が 1 年以内であるものであること等」の条件を満たす必要があった．一方，基金による買取では，CP 等は「適格格付機関から a-2 格相当の格付を取得していること等」に，社債に関しては「適格格付機関から BBB 格相当以上の格付を取得しかつ残存期間が 1 年以上 2 年以下のものであること等」になり，それぞれ格付けと残存期間の制約が大幅に緩和された．

　2009 年春以降と 2010 年末を比較すると，CP・社債市場はむしろ後者のほうが安定していたと考えられる．それにもかかわらず 2010 年末の買取で「札割れ」が発生しなかったのは，リスクが相対的に小さい CP や社債の買取では「札割れ」が発生する状況でも，よりリスクの大きい CP や社債の買取では「札割れ」が起こらないことを示唆するものである．わが国の CP・社債市場では，高格付けの債券は他の先進国と比べてデフォルトの頻度も少ない安全なものである一方，低格付けの債券は取引量が非常に限られており，潜在的に大きな損失を被るリスクが大きい．債券市場の育成という観点からこのような低

格付け債券を公的な資金で購入することは理論的には正当化できないわけではないが，これはあくまで財政政策の役割である．その意味で，財政政策の領域に包括的金融政策は一歩踏み込んだ形になっているといえる．

なお，2011年1月以降，金利を市場で決定するオークション方式の共通担保資金供給オペで「札割れ」が頻発した．この傾向は東日本大震災後の大量資金供給のもとでも変わっていない．包括的金融政策によってそれまでの固定金利オペの規模が大幅に拡大したことで，特に期間の短いオークション方式の共通担保資金供給オペに応札するインセンティブが金融機関側に小さくなったことが原因と考えられる．包括的金融政策は，インターバンク市場の限られた市場メカニズムさえ取り去るという副作用を伴った．

6. 信用緩和政策の副作用

6.1 業態別超過準備額の推移

コール・レートや社債のスプレッドの縮小が実現したことなどをみれば，日銀の量的緩和政策やリーマン・ショック後の非伝統的金融政策は，短期金融市場の流動性リスクや信用リスクを減少させる上で効果的であったといえる．特に，リーマン・ショック直後の金融市場では，流動性が一時的に枯渇したため，日銀の信用緩和政策は，市場メカニズムのスムーズな回復に有効であったといえる．もっとも，量的緩和政策期の長期間にわたる継続や包括的金融緩和政策がもたらした追加的な効果は必ずしもはっきりしないと同時に，無視できない副作用も伴っていたと考えられる．

たとえば，2000年代前半の日銀の量的緩和政策は，当座預金残高をターゲットにしたものであったが，異なるタイプの金融機関の当座預金残高を同じように高めたわけではなかった．むしろ，日銀が当座預金残高の集計量を政策ターゲットとする一方で，その背後では特定の業態の金融機関でのみ当座預金が積まれる傾向にあった．たとえば，図8-6は，2005年以降の銀行の超過準備額を業態別に示したものである．

まず，量的緩和政策期（2006年3月まで）をみると，総額では都市銀行の超過準備額がもっとも多く，量的緩和政策期の当座預金残高の半分近くを占めていた．これは，都市銀行の資金量が突出していることを反映したものであるが，当時，都市銀行もある程度は流動性を確保しておくインセンティブがあったこ

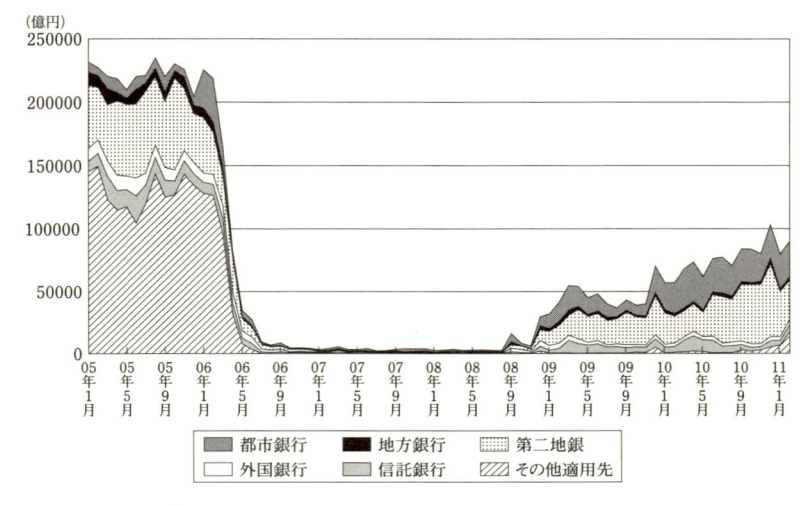

(図凡例)
都市銀行　地方銀行　第二地銀
外国銀行　信託銀行　その他適用先

図 8-6　業態別超過準備の推移

出所）　日本銀行．

とを示唆している．ただ，超過準備額を必要準備額に対する比率でみると，都市銀行の比率は量的緩和政策期でも5倍程度と，他の業態に比べてとりわけ多いわけではない．また，地方銀行や信託銀行は，資金量に比して超過準備額が小さい．超過準備額を必要準備額に対する比率でみると，量的緩和政策期に地方銀行が2倍を超えた時期は少なく，信託銀行も2倍から3倍の間を推移している．

これに対して，第二地方銀行や外国銀行は，資金量に比して超過準備額が大きい．超過準備額を必要準備額に対する比率でみると，量的緩和政策期では，第二地方銀行は10倍程度，外国銀行に至っては100倍程度になっている．このうち，第二地方銀行に関しては，定期性預金のペイオフ解禁（2002年4月）によって預金が減少するなかで，比較的経営基盤の脆弱な銀行を中心に，予備的な動機から当座預金が積まれたと考えられる．その意味で，第二地方銀行の超過準備の増加は信用緩和政策という金融政策の趣旨とも合致する．

しかし，外国銀行は，当時，経営基盤に問題があったわけではなかった．むしろ，外国銀行に関しては，量的緩和期にマイナス金利で円資金の調達ができるようになった結果，取引費用がない当座預金にゼロ金利で預けるという裁定が働いたといえる．外国銀行に関しては，超過準備が増加してもそれが国内貸

出の増加につながるとは考えにくい．外国銀行の超過準備の増加が邦銀のドル資金調達を容易にした面は否定できないものの，本来は信用緩和政策のターゲットではなかった外国銀行がそれを利用して利益を上げたといえる．

特定の業態に偏った超過準備の積み上げは，リーマン・ショック後の非伝統的な金融政策下でより顕著になっている．たとえば，2008年10月以降をみると，量的緩和政策期に見られたような都市銀行の超過準備の積み上げはほとんど見られない．これは，世界的な金融危機のなかでも邦銀の主要行の健全性が保たれていたことを反映したものといえる．リーマン・ショック後でも，日本の都市銀行は円資金に限れば，流動性の調達が比較的容易であったことを示唆している．この状況は，都市銀行よりも資金量が少ない地方銀行や信託銀行でもおおむね当てはまる．量的緩和政策期には，地方銀行や信託銀行は，所要準備の2倍を超える超過準備を持つことも少なくなかったが，リーマン・ショック後にそれらの超過準備が所要準備を上回ることはほとんどなかった．

国内銀行の例外は，第二地方銀行やその他準備預金制度適用先（ゆうちょ銀行など）である．特に，第二地方銀行では，その当座預金残高が所要準備の4倍を上回る月もあった．これは，他の業態に比べて財務基盤が相対的に脆弱な第二地方銀行では，世界的な金融危機に直面して予備的な資金を積み増す傾向があったことを示唆している．ただ，第二地銀でも，その規模は量的緩和政策期と比較すると相対的には小さかった．

これに対して，外国銀行は，量的緩和政策期と同様に，大きな超過準備をリーマン・ショック後に積んでいる．外国銀行の超過準備額の必要準備額に対する比率は，2010年末には160倍を超え，これは量的緩和政策期よりも大きくなっている．ただし，外国銀行の超過準備を積み増す動機は，量的緩和政策期とリーマン・ショック後では大きく異なっていたと考えられる．すなわち，量的緩和政策期には，経営基盤が健全な外国銀行が，それを背景にマイナス金利で調達した円資金を超過準備として積み上げた．しかし，リーマン・ショック後は，多くの外国銀行の経営基盤は大幅に悪化し，円資金の流動性の調達にも支障が出る可能性が生まれた．2008年10月以降は補完当座預金制度が導入され，超過準備に対して利息が付されるようにもなり，外国銀行は予備的な動機で，この時期に大幅に超過準備を積み上げたものといえる．

6.2 コール市場の残高の推移

ゼロ金利政策や量的緩和政策などの究極の信用緩和政策は，短期金融市場の取引量を大幅に減少させ，本来働くべきマーケット・メカニズムを大きく歪めるという副作用を伴っていた．非伝統的な金融政策が実施される以前のわが国のコール市場では，1980年代半ば以降，取引規模が大きく拡大し，市場の需給条件を敏感に反映する金利が形成されるようになっていた．コール市場の残高は，1980年代初めはトータルでみても5兆円に満たなかったが，1986年頃から大きく上昇し，ピーク時の1993年にはトータルで45兆円にまで増加した．特に，1990年代前半は，超短期の翌日物・オーバーナイト物だけでなく，期間物の取引残高も増加した．しかし，日銀が1999年2月にゼロ金利政策を採用すると，コール市場の残高は，トータルでも30兆円を大きく割り込むまでに激減した．2001年3月に量的緩和政策が開始されると，コール市場の残高はこれまで以上に激減し，トータルでも20兆円を大きく割り込み，2002年には15兆円程度にまで下落してしまった．2002年末以降，景気の緩やかな回復もあって，コール市場の残高はわずかに増加した．特に，量的緩和政策やゼロ金利政策の解除によって，2007年には残高は20兆円を回復した．ただし，これはピーク時の半分にも満たず，わが国のコール市場の取引は依然として低迷したままである．低迷は，期間物の取引残高でより顕著である．また，2007年以降わずかながら回復したコール市場の取引は，2008年夏以降，世界的な金融危機が深刻となる中で，再び大きく減少した．

日銀が1990年代末から2000年代半ばにかけて実施した非伝統的な金融政策は，「信用緩和政策」として，インターバンク市場におけるリスク・プレミアムを沈静化させる上で有効であった．しかし，それと同時に，日銀による極端な流動性供給によって，コール市場に代表されるインターバンク市場の取引は極端に減少し，本来の市場としての機能は大きく損なわれてしまったという副作用が発生したといえる．

もっとも，コール市場での取り手を業態別残高でみると，事情はやや複雑である．図8-7は，1990年以降のコール市場の取り手の平均残高の推移を示したものである．日本の短期金融市場は，伝統的に資金の偏在があり，長い間，都市銀行が一方的な資金の取り手であった．1990年以降でも，1997年頃までは都市銀行が圧倒的な取り手であり，2000年代に入ってシェアはやや低下し

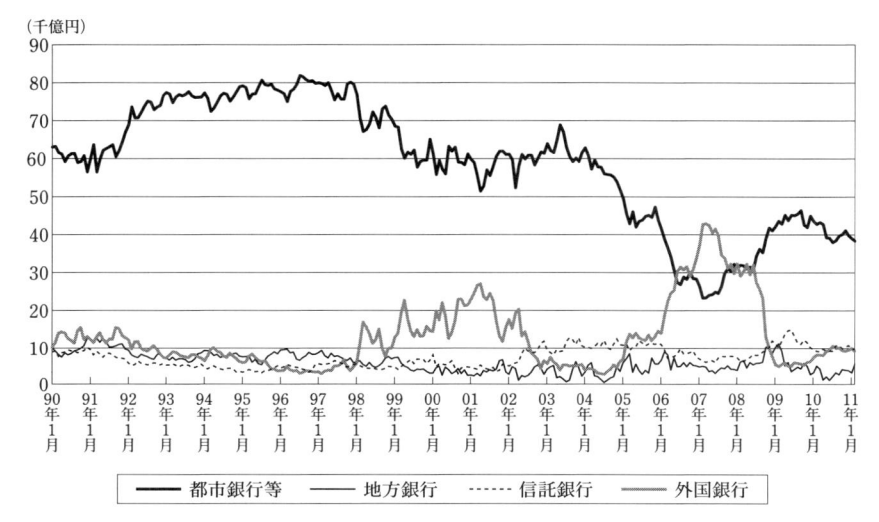

第 8 章　グローバル金融危機と中央銀行の対応　215

(千億円)

図 8-7　コール市場における取り手の推移

凡例：都市銀行等　地方銀行　信託銀行　外国銀行

出所）日本銀行．

たが，2000年代半ばまでは圧倒的な取り手であることは変わらなかった．しかし，コール市場での取り手としての都市銀行の残高は2004年頃から急速に低下し始めた．量的緩和政策の強化や大企業の資金需要低迷を受けて，相対的に資金の運用機関が多い都市銀行でも，コール市場での資金調達の必要性が大きく低下したといえる．その一方で，外国銀行が取り手としてのシェアを増加させ，2006年にはついに都市銀行を抜いて最大の取り手になった．

この時期，日米の金利差が大幅に拡大したため，外国銀行が円資金を調達し，それを海外で運用する「円キャリー・トレード」がこれまで以上に広がっていた．特に，邦銀の国際的な信用力が依然として低迷するなかで，邦銀とのスワップ取引で有利な立場に立つ外国銀行が，マイナス金利で円をコール市場で調達したと考えられる．このような外国銀行のコール市場からの円資金の調達は，2007年3月にピークを迎えたものの，2008年夏頃までは高水準で推移した．

しかし，世界的な金融危機の発生，とりわけ2008年秋のリーマン・ショック以降は，日米の金利差が大幅に縮小したこともあり，外国銀行のコール市場での資金調達は急減した．その一方で，世界的な金融危機下でも信用力が低下しなかった都市銀行は，同じ時期，コール市場での資金調達を増加させ，予備

的な手持ち資金を増加させている．2000年以降のコール市場の残高の推移は，日本経済のファンダメンタルズに対応した資金需要ではなく，極端な量的緩和政策のもとで，日米の金利差に起因する円キャリー・トレード，外国銀行の信用力の低下，金融市場の不安定性等に大きく左右されたといえる．

7. おわりに

　日本では，1990年代半ば以降，歴史的にほとんど例のない超金融緩和政策が続いている．名目金利がほぼゼロにまで下落したなかで，「流動性のわな」が発生し，オーソドックスな金融政策は有効でなくなった．そうしたなかで実施された非伝統的な金融政策は，単なる量的な緩和にとどまらず，特定リスク資産の購入にまで及んだ．本章では，日本におけるこのような非伝統的金融政策のあり方を，2000年代前半の量的緩和政策とリーマン・ショック後の政策と比較することで，その類似点および相違点に焦点を当てて再検証した．

　期間が長めの金利や各種リスク・プレミアムを低下させたという点では，これら非伝統的な金融緩和政策は効果的であった．その一方で，ゼロ金利政策や量的緩和政策などの究極の金融政策は，金融機関にモラル・ハザードを生み出す可能性もある．リーマン・ショック後の非伝統的な金融政策の下でも，超過準備を積み上げた業態は偏っており，またより期間が長いか，よりリスクの高い資産を購入しなければ資金供給オペで「札割れ」が発生することにもなった．超金融緩和政策は，短期金融市場の安定化という点で重要であったものの，さまざまな副作用を伴うものであることは十分に留意が必要である．

謝　辞

　本章は，日本学術会議主催のコンファレンス「金融危機，資産市場の変化とマクロ経済」のために準備された草稿の改訂版である．会議で頂いたコメントは，草稿を改訂する上で大変有益であった．なお，本章の基礎となる研究は，科学研究費・基盤研究B（20091023）の助成を受けている．

参考文献

Bernanke, Ben S. and Vincent R. Reinhart (2004) "Conducting Monetary Policy at Very Low Short-Term Interest Rates," *American Economic Review*, vol. 94(2), pp. 85-90, May.

Eggertsson, G. and M. Woodford (2003) "The Zero Bound on Interest Rates and Optimal Monetary Policy," *Brookings Papers on Economic Activity*, 1, pp. 139-211.

Fukuda, S. (2011) "Market-specific and Currency-specific Risk during the Global Financial Crisis : Evidence from the Interbank Markets in Tokyo and London," NBER Working Paper 16962.

Jung, T., Y, Teranishi and T. Watanabe (2005) "Optimal Monetary Policy at the Zero-interest-rate Bound," *Journal of Money, Credit, and Banking*, Vol. 37(5), pp. 813-835.

Krugman, P. (1998) "It's Baaack : Japan's Slump and the Return of the Liquidity Trap," *Brookings Paper on Economic Activity*, 1998 : 2, pp. 137-205.

Okina, K., and S. Shiratsuka (2004) "Policy Commitment and Expectation Formation : Japan's Experience under Zero Interest Rates," *North American Journal of Economics and Finance*, 2004 : 15, pp. 75-100.

岩田一政 (2010)『デフレとの闘い』日本経済新聞社.

植田和男 (2005)『ゼロ金利との闘い――日銀の金融政策を総括する』日本経済新聞社.

梅田雅信 (2011)『日銀の政策形成』東洋経済新報社.

鵜飼博史 (2006)「量的緩和政策の効果――実証研究のサーベイ」『金融研究』第25巻第3号, 日本銀行金融研究所, pp. 1-45.

白川方明 (2008)『現代の金融政策――理論と実際』日本経済新聞社.

白川方明 (2009)「非伝統的な金融政策――中央銀行の挑戦と学習」中国人民銀行・国際決済銀行共催コンファランス (上海) における講演 (2009年8月8日).

白塚重典・藤木裕 (2001)「ゼロ金利政策下における時間軸効果――1999-2000年の短期金融市場データによる検証」『金融研究』第20巻第4号, pp. 137-170.

白塚重典 (2010)「わが国の量的緩和政策の経験――中央銀行バランスシートの規模と構成を巡る再検証」『フィナンシャル・レビュー (〈特集〉通貨と短期金融市場)』平成22年第1号 (通巻第99号).

福田慎一 (2009)「バブル崩壊後の金融市場の動揺と金融政策」吉川洋編『デフレ経済と金融政策 (バブル デフレ期の日本経済と経済政策)』慶応義塾大学出版会.

福田慎一 (2010a)「金融危機と中央銀行の役割――ゼロ金利政策, 量的緩和政策, および信用緩和政策」『現代経済学の潮流2010』第二章, 東洋経済新報社.

福田慎一 (2010b)「非伝統的金融政策――ゼロ金利政策と量的緩和政策」『フィナンシャル・レビュー (〈特集〉通貨と短期金融市場)』平成22年第1号 (通巻第99号).

第9章

金融危機後の規制監督政策
マクロプルーデンスの視点から

翁　百合

要　旨

　アメリカ発金融危機の背景には，様々な規制監督政策の不備があった．そうした反省に立ち，規制改革が国際的に進捗しているが，その中で，ミクロ的な金融機関の破綻を防ぐいわゆる「ミクロプルーデンス」の視点だけでなく，金融システム全体の安定性の確保を重視する「マクロプルーデンス」の視点が重要との認識が広まっていることは適切な方向であると考えられる．特に，銀行以外のシステミックに重要な金融機関の監督体制を整備したり，金融機関の行動を契機にリスクが金融市場全体に広がるメカニズム，金融システムとマクロ経済の相互関係に目を配るといった視点が今後極めて重要になる．

　しかしながら，現在提案されている具体的な規制改革案については，様々な問題点と課題がある．確かにセーフティネットの存在故に銀行の規模は拡大している側面があるが，システム上重要な金融機関に追加的に自己資本比率規制を強化するといった案は副作用の懸念がある．また規制に景気増幅効果を持たせないことは重要であるが，各国の金融仲介経路の違いを踏まえた規制の設計が必要である．今後規制監督政策をマクロ経済安定化策として効果的なものとしていくためには，多角的かつ実証的な分析や研究が求められる．（JEL Classification Number : G 18, G 28）

キーワード
シャドウバンク，マクロプルーデンス，システミックに重要な金融機関，Too Big to Fail，プロシクリカリティ

1. はじめに

　2008年のリーマン・ショックから既に2年を越え，様々な監督規制の見直しが進捗した．本章では，そうした動きの中で注目されるようになった規制監督政策における，金融システム全体の安定性の確保を重視する「マクロプルーデンス」の視点（具体的には第4節参照）を取り上げ，その概念と背景について論点整理をし，現状の規制改革を評価した上で今後の課題を展望する．

　第2節では，国際的な銀行に対する自己資本比率規制などが整備されていたにもかかわらず，なぜ08年以降の危機においてこれらの規制や監督がうまく機能しなかったかについて整理し，第3節では，今後求められるべきマクロプルーデンスの視点とは何か，その概念を論点整理する．

　第4節以降では，マクロプルーデンスの視点を具体化した規制改革の要と考えられる，①システム上重要な金融機関への対処，②規制の景気循環増幅効果の制御，という2つの改革案について，現在の議論の方向が適切か評価を試みる．第4節では，システム上重要な金融機関がもたらす金融システム全体に対するリスクに対処するために提案されている様々な規制改革案を，第5節では，銀行行動，規制の景気循環増幅効果を制御するための規制上の工夫であるカウンターシクリカル・バファー提案を検討，評価する．

2. なぜ金融規制は危機を未然に防げなかったのか

　金融機関の監督体制は，各国毎に監督当局を中心に構築され，また1980年代より，国際的にもバーゼル銀行監督委員会が中心となって銀行の自己資本比率規制が統一的に構築されるなど整備が進んだが，2007年以降の世界金融危機を回避できなかった．その理由としては，従来の規制監督政策が，以下の通り，証券化などの金融技術革新やグローバル化に伴う金融システムの変化を踏まえたものになっていなかったことがある．

　第一に，従来のプルーデンス政策[1]が，銀行の健全性確保を主軸として設計

---

[1] プルーデンス政策とは，信用秩序維持政策または規制監督政策と訳される．ただし，マクロプルーデンスの視点という場合，金融政策なども含めた広い政策体系を視野に入れる必要があるため，本章では，規制監督に関わる政策を明示的に指す場合には，規制監督政策という表現を使う

され，規模が大きく複雑な取引を行う投資銀行，保険会社など，銀行以外の規制の比較的緩いプレイヤーのリスクについて，システム全体の観点からの視座を持って監督していなかった．

第二に，個別銀行（ミクロレベルで）の規制も，適切でなかった．住宅価格の変動といったマクロ経済変動リスクに対して脆弱な証券化商品への集中的な投資など，多くの銀行が共通に持っていたリスクエクスポージャーに対する備えは十分ではなく，また銀行行動が市場や実体経済に与える外部不経済についての配慮が十分でなかった．

第三に，証券化の進展等によって様々なプレイヤーが金融仲介機能を担うようになったにもかかわらず，各金融市場参加者のインセンティブの歪みについて監督上の配慮に欠けていた．

第四に，店頭デリバティブ市場などに典型的にみられたように，取引所を経由せず，清算機関を通じてネッティング[2]が行われないなど，システミックリスクを未然に防ぐためのインフラ整備が十分でなかった．

アカデミックサークルや監督当局の議論から，以上の4点の規制監督上の不備を敷衍すれば次の通りである．

2.1 銀行以外のプレイヤーの監督の問題
―――シャドウ・バンキング・システム

第一は，シャドウ・バンキング・システムの存在である．銀行と同様の機能を果たし，金融システムの中に並存しながら，銀行のような厳しい規制監督を受けない投資銀行やファンドなどのプレイヤーや，銀行自らが厳しい規制の抜け穴として作り上げた子会社等――例えば，会計上連結対象となっていなかった投資子会社 SIV（Special Investment Vehicle），AB CP conduits（AB CP を発行して投資を行う銀行子会社）など[3]――が，2000年以降拡大した．多くの市場のプレ

こととする．
2) 取引に伴う受け取り債権と支払い債務を相殺し，債権・債務の差額であるネット額のみを決済すること．
3) 銀行はリスクの高い融資を実行し，すぐに売却，証券化するようになったが，こうした OTD（originate to distribute）型ビジネスモデルが盛んになったのも，自己資本比率規制をクリアするため，銀行がリスクアセットである分母の貸出を縮小するインセンティブが働いたことが背景にあった．特に，バーゼルII（後述）では，自己資本比率規制算出の際，格付けなどに応じてリスクの掛け目を精緻に変化させることになっており，銀行はそうした規制の変化を織り込んでリ

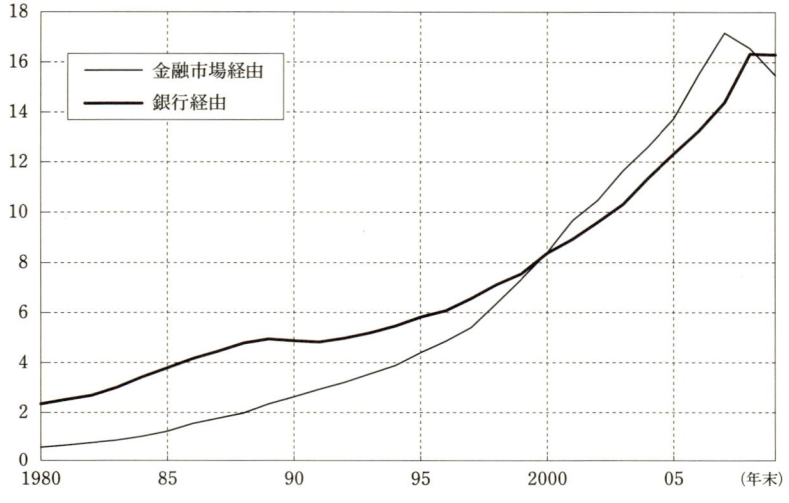

図 9-1 アメリカにおける市場を経由した資金仲介の拡大

注) 金融市場経由は GSE, Agency-and GSE-backed Mortgage Pools, Finance Company, Security Brokers and Dealers, Issuers of ABS の金融資産残高の合計値．銀行経由は Commercial Banking, Savings Institutions, Credit Union の金融資産残高の合計値．
出所) FRB「Flow of Funds」．

イヤーは，金融技術を活用し規制を回避して取引しようとした（いわゆる regulatory arbitrage）ため，銀行以外のシャドウ・バンキング・システムが広がった（図 9-1）．

アメリカの場合，投資銀行（ブローカーディーラーに含まれる）の資産規模が 90 年代後半以降拡大し，2000 年代半ばから急拡大した（図 9-2）が，これは投資銀行が，自己資本が薄いまま短期の市場性資金借入に依存する形で積極的に投資し，主に機関投資家等向けに取引を活発化，レバレッジを拡大したことが背景である．投資銀行の健全性規制は，もともと SEC（Securities and Exchange Commission，証券取引委員会）による緩やかなものだったが，2004 年にアメリ

スク管理を行い，貸出債権を積極的に売却する一方，格付けの高い AAA 債券は本体で投資し，規制対象外の前述の SIV や AB CP conduit がリスクのやや高い証券に投資した．ただし，銀行はこれらの会社に最終的に流動性を供給する信用補完契約を結んでおり，結局 SIV のリスクは最終的に銀行本体にはね返った．

このように，自己資本比率規制やその精緻化がかえって金融市場の不安定化をもたらし，所期の目的を達成できなくなった側面があった．

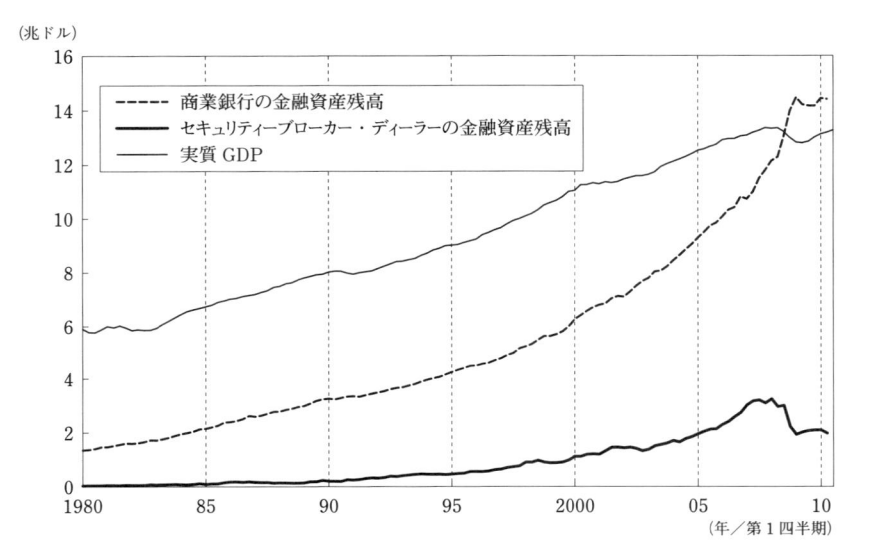

第 9 章 金融危機後の規制監督政策 223

(兆ドル)

- ------ 商業銀行の金融資産残高
- —— セキュリティーブローカー・ディーラーの金融資産残高
- —— 実質 GDP

<参考資料> 金融資産残高前年比推移

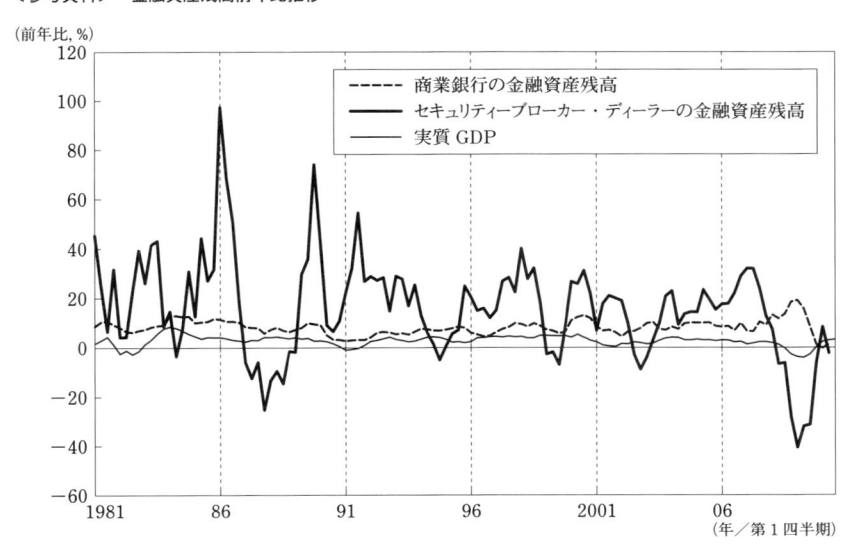

(前年比, %)

- ------ 商業銀行の金融資産残高
- —— セキュリティーブローカー・ディーラーの金融資産残高
- —— 実質 GDP

図 9-2　商業銀行およびブローカーディーラーの金融資産推移

出所）　FRB, U. S. Department of Commerce.

の金融機関の競争力強化の観点から，投資銀行の自己資本比率規制が緩和されたこともレバレッジ拡大の背景となった[4]．

また，銀行以外の主要金融機関が破綻した場合，連邦破産法が適用され，こうした金融機関の金融機能を維持する工夫が定められていなかった．アメリカ政府はベアスターンズ証券をNY連銀による融資を活用して08年3月に事実上救済合併した一方，9月15日には市場ではベアスターンズ証券よりも健全性が高いとみられていたリーマン・ブラザーズ証券が連邦破産法第11章を申請し，その翌日に保険会社であるAIGが救済された．一貫性のない救済原則について，当局が説明責任を果たせなかったのは，破綻処理制度整備の遅れが背景にあった．他方，商業銀行は連邦破産法の適用除外として，破綻はさせても金融機能を維持する必要がある，という要請から従来から連邦預金保険公社法で様々な工夫が施されていた[5]．

---

4) SECは，認可を受けたブローカー・ディーラーのうち，いくつかの持株会社について2004年からCSE（Consolidated Supervised Entities）プログラムを導入し，連結ベースで監督する仕組みを導入した．こうした変更を行った目的は，主にアメリカ金融機関の競争力強化の必要があったことであるが，そのために大手投資銀行は積極的なロビイング活動を行ったとされている．SECは投資銀行をグループとして監督するvoluntaryな（任意の）仕組みを構築し，ブローカー・ディーラー単体に対して課したレバレッジ比率規制（net capital rule 具体的には負債対資本の割合の上限12:1）を免除した．この対象となったのが，危機で経営が悪化し，結果的に元の経営形態で生き残れなかった主要5投資銀行であった．

5) 例えば，銀行破綻時には預金保険制度を活用して小口預金者を保護，預金をすぐに払い出すことを可能にしている一方，他の債権者との関係では預金者優先弁済制度も用意されている．また早期是正措置が導入され，破綻銀行を承継する銀行を迅速に探し，承継銀行がすぐに見つからない場合にも財産保全人（conservator）等を任命したり，時限的な受け皿銀行（ブリッジバンク）を用意してその機能を承継する工夫が法律で用意されている．このように，迅速な破綻処理体制を築き，金融機能を維持するために通常の破綻処理とは異なる特別な対応が，従来から様々な変遷を経て連邦預金保険法に定められている．

また，その影響が大きすぎて当該銀行を破綻させられない場合，大口預金者を救済することがコスト最小化原則の例外として想定されている．この銀行救済をする場合の基準は，90年代初頭に定められたFDICIA（連邦預金保険公社改善法）において，システミックリスクがある場合のみという「システミックリスク・エクセプション」が定められた．

この背景には，80年代のS&L（Savings and Loans Associations 貯蓄貸付組合）危機に約10兆円もの多額の税金を投入せざるを得なかった反省から，銀行の経営悪化に際しては国民経済的コストを最小化する必要があるという認識に立ち，コスト最小化原則を定めたことがある．仮に例外的に救済をする場合でも，これを認定するプロセスにおいて連邦預金保険公社（Federal Deposit Insurance Corporation，以下FDIC）が裁量的に決めないよう，財務省，FRB，大統領も関与する形とした．しかし，この例外規定は91年に法律成立以降適用されることなく，2008年の危機を迎えることとなった．

2.2 銀行部門の規制監督の機能不全

規制，監督体制の不備の第二は，厳重な規制がかけられていたはずの銀行部門の問題である．国際的に活動している銀行グループには，90年代前半からリスクアセットベースの自己資本比率規制（バーゼルI）が適用され，先進国の主要銀行は求められる8％を大幅に上回る水準でクリアしていた（表9-1）．わが国では2007年度からさらにこれを精緻化したバーゼルIIが導入され，また，欧米主要銀行も，バーゼルII導入に向けた取り組みを完成させようとしてい

表9-1　欧米主要金融機関の自己資本比率の状況

(％)

	リスクアセットベース		レバレッジレシオ	
	2000年	2007年	2000年	2007年
シティグループ（アメリカ）	11.2	10.7	8.1	6.1
BOA（アメリカ）	11.0	11.0	9.3	7.8
JPモルガン・チェース（アメリカ）	12.0	12.6	7.5	8.5
ウェルズ・ファーゴ（アメリカ）	10.4	10.7	8.4	9.0
バークレイズ（イギリス）	11.0	11.2	5.1	3.2
RBS（イギリス）	11.5	11.2	6.3	3.6
HSBCホールディングス（イギリス）	13.3	13.6	7.6	6.5
ドイツ銀行（ドイツ）	12.6	11.6	3.9	1.9
コメルツ銀行（ドイツ）	9.9	10.8	4.8	4.1
ソシエテ・ジェネラル（フランス）	12.5	8.9	4.5	2.7
BNPパリバ（フランス）	10.1	10.1	4.2	3.2
MUFG（注1）	10.2	11.2	5.9	6.3
SMFG（注2）	11.1	10.6	6.7	6.0
みずほ（注3）	11.4	11.7	7.3	5.0
Royal Bank of Canada（カナダ）	12.0	11.5	6.6	4.8
TD Bank Financial Group（カナダ）	10.8	13.0	5.3	4.7
Scotiabank（カナダ）	12.2	10.5	7.5	5.6
BMO Financial Group（カナダ）	12.0	11.7	6.9	5.7
CIBC（カナダ）	12.1	13.9	6.0	5.2
UBS（スイス）	15.7	12.0	3.9	2.0
クレディ・スイス（スイス）	18.2	14.5	4.4	3.3

注）　1．2000年度の数値は三菱東京フィナンシャルグループの数値．
　　 2．2000年度の数値はさくら銀行と住友銀行の合算値．
　　 3．2000年度の数値はみずほホールディングスの数値．
　　 TD Bank Financial Group：トロント・ドミニオン銀行
　　 BMOフィナンシャルグループ：モントリオール銀行
　　 CIBC：カナディアン・インペリアル商業銀行
出所）　各社決算資料．

たが，今回の危機でこれらの健全であったはずの銀行の経営が軒並み大きく悪化した．

この背景には，①前述の通り，会計上オフバランス化していた子会社が規制対象となっていなかった，②トレーディング勘定上の再証券化商品などリスクの評価が不十分でバッファーが足りなかった，といったことがある．また，③自己資本比率規制が導入された結果，銀行が流動性の枯渇や景気後退の局面でこの比率を維持するために，資産売却や投融資への慎重化姿勢を余儀なくされ，かえって状況を悪化させた．また，銀行部門の業務範囲規制の緩和が進展して，厚いセーフティネットに守られながら他のリスクの高い業務が兼営できるようになり，銀行業が金融コングロマリットや規模拡大を図り，寡占状況となったこと（いわゆる Too Big to Fail 問題（後述））も，金融システムの健全性を脅かす問題として指摘された．

2.3　金融機関関係者のインセンティブ上の歪みの問題

08年の金融危機では，レバレッジ拡大時に金融機関や市場関係者の経営モラルやインセンティブ上の歪み，利益相反があったことも顕在化した．規制監督の不備の第三は，そうした個々の主体のインセンティブの歪みに監督当局が配慮していなかったという点である．

AAAといった最上の格付けを得た「健全」なはずの証券化商品に大量に投資していた主要金融機関が，マクロ経済ショックに伴い軒並み経営が悪化し，金融システムを脆弱化させた．この背景には，証券化を通じて金融仲介経路に様々な金融機関や経済主体が多層的に関与するようになり，各主体のインセンティブ上の歪みが顕在化したことも関係していた．従来の銀行中心の金融システムでは，中心的なプレイヤーは借り手と銀行だけの単純な構造であった．しかし証券化により金融仲介に関係する商品の製造者や販売者，投資家などの金融機関が何段階も入り込み，格付会社などのプレイヤーもこのルートに関与してくる．この各段階で，各主体のインセンティブ上の歪みが生じた．

例えば，融資のオリジネーター（モーゲージバンクや銀行，貯蓄貸付組合など）は，融資実行後すぐに売却が可能なモデルに変化したため，融資における審査のインセンティブは欠如し，安易な融資に傾斜しがちであった．中にはいわゆる「略奪的貸付」ともいわれるモラル低下をきたした業者もいた．アメリカでは，証券化の際にオリジネーターは劣後部分も含め全債権を売却している例が

多く，リスクを証券化商品に転嫁し，再証券化商品を次々に作ることによって原債権のリスクが見えにくくなった．しかし，投資銀行のトレーダー等は，短期的な収益と報酬が直結し，証券化商品を多く製造販売，投資することが，合目的的な行動であった．また，格付け機関は発行体から収入を得る構造となっており，発行者に有利な格付をつける疑義があるという，利益相反問題もかねてから指摘されていた．

2.4 店頭デリバティブ等に対するインフラ整備や監督規制の問題

　第四の規制監督の問題は，レポ市場やデリバティブ取引などの決済システムや監督にかかわる問題である．まず，CDS（クレジットデフォルトスワップ）とよばれるデリバティブ取引は，既に世界で57兆ドルと世界全体のGDPを超えるほどの規模に膨らんだ．こうした取引が清算機関で行われれば，効率的な取引が可能で透明性も増し，ネッティングにより取引リスク自体が縮小する．また，デリバティブの取引を集中的に扱うことにより，清算機関が取引の当事者になって取引相手のデフォルトに伴うカウンターパーティー・リスクは小さくなる．しかし，CDSは，銀行の融資からリスクを切り離し，金融システム全体に分散させる効果を持ったが，相対の店頭取引で行われていたため，その取引実態はわかりにくく，各国監督当局が必ずしもこれを適切に把握していなかった．リーマン・ショック直後のAIG破綻の原因は，CDSをロンドン証券現地法人で大量に扱っていたことであったが，保険会社の監督は州に委ねられ，システム全体の視点からリスクの所在をどこも把握できていなかった．

　08年以降の金融危機で顕在化した規制監督上の課題は以上の4点に整理できるが，ミクロの規制の問題点があったことに加え，市場全体の視野に立った規制監督上の配慮が足りなかったことが大きな問題として顕在化したといえるだろう．

3. マクロプルーデンスの視点とは何か

　従来，プルーデンス政策（信用秩序維持政策または規制監督政策）は，預金を扱う銀行を特別な存在として扱い，預金者保護と決済システム保護のために，「個々の銀行の破綻を予防する目的」で規制監督するという考えに立って構築されていた．その背景には，銀行は私企業だが，①決済システムの担い手で，

表9-2　従来の規制監督政策の枠組み

	破綻の防止	銀行の経営悪化	個別銀行破綻への対応	多くの金融機関の連鎖的経営悪化，破綻への例外的対応
預金保険	付保預金の保護		必要に応じ保険金支払い	●預金等の全額保護[1]
監督当局	規制		破綻処理	●自己資本の毀損に対する公的資金投入[1]
	監督	監督の強化		●不良債権の集中処理への支援等[1][2]
	検査	検査の強化		●破綻金融機関の一時的な国有化
中央銀行	市場モニタリング	流動性供給	必要に応じ流動性供給	●市場への流動性供給 ●信用市場の機能回復（CP市場等） ▲金融緩和政策
財政当局等[1]				▲マクロ経済政策による需要喚起[1] ▲公的金融による信用補完の強化[1]

注）1．中央銀行が監督を担っている国もあるが，ここでは監督当局が規制監督を行っているケースとして記述．
　　2．財政的支援が必要なケースには1）を付している．
　　3．2）については，状況によって必要な手段をとることが重要である．国が主導して何らかの組織を作って，集中的に処理することが効率的かつ有効なケースが多い（バッドバンク制度，アメリカのRTC（整理信託公社），産業再生機構などが例として挙げられる）．
　　4．▲の政策はプルーデンス政策の範疇には従来含まれないが，危機対応として通常とられる施策を列挙．
出所）筆者作成．

②元本保証のある貯蓄手段である預金を受け入れ，③金融仲介に重要な役割を果たしている，という意味で，特別な存在とされてきたことがある．仮に銀行が破綻した場合には，①から③の役割を果たせなくなることが社会的に大きな影響を及ぼしかねない．このため，各国では，預金保険というセーフティネットを供与しつつ，破綻した場合に決済システムの麻痺や金融仲介機能が中断して破綻が連鎖的に波及しないよう中央銀行が流動性を供給し，破綻金融機関の貸出債権なども極力承継先が業務を継続できるような破綻処理方式を選択しようと取り組んできた（表9-2，右欄から2番目の欄）．

わが国の90年代後半以降の危機時のように，銀行の多くが景気悪化等により一斉に経営が悪化した場合，銀行の破綻が決済システムを麻痺させ，貸し渋り等を惹起して資金仲介機能に打撃を与え，マクロ経済に悪影響を与える．こうした事態を食い止め，金融システム全体の安定性を維持する観点から，①公

的資金の予防的投入により金融機関の自己資本の毀損を穴埋めして貸し渋りを防ぐ，②不良債権処理や融資継続の促進のために，金融機関の不良債権を集中的に買い取り処理する，③中央銀行が市場に厚めに資金を供給する，④公的金融の拡充によって民間金融の機能不全を補完する，といった例外的かつ特別な対応が必要になる（表9-2右欄）．こうした施策はまさにマクロプルーデンスの視点，すなわち金融システム全体の安定性を確保するためになされてきた事後的対応である．リーマン・ショック後，各国で公的資金の投入，中央銀行による流動性の供給，不良債権の買取の実施等，従来の金融危機に学んだ事後対応がとられた．

このように金融危機時には政府は，従来も金融システム全体の安定を図るための様々な対応を実施している．近年監督当局は，こうした金融システム全体の安定を図ることを「マクロプルーデンス[6]」という表現で議論している．金融技術革新，グローバル化など金融システムが大きく変化し，金融危機が多大な影響を実体経済に与えたことから，「危機予防」として事前的な監督，規制のあり方を金融システム全体の観点から大きく見直し，「危機後の対応」も一層配慮，工夫すべき点があることが改めて認識された．

「マクロプルーデンスの視点」とは，以上のように，「金融システム全体を安定化させ，国民経済的なコストを最小化することを目的とする視点」といえる．金融規制監督政策上は，個別の銀行の破綻回避を目的とするミクロプルーデンスとは異なる視点と位置づけられよう（規制監督政策におけるミクロプルーデンスとマクロプルーデンスの視点の比較は，表9-3，Borio（2003）の整理を参照）．個々の金融機関に対する自己資本比率規制など画一的な規制は以下にみるように，時として金融システム全体の安定化につながらないことがある．一方，個々の金融機関のインセンティブを活用し，またそのガバナンスの状況を監視すれば，金融システム全体の安定につながることもあり，ミクロプルーデンスとマクロプルーデンスの二つの視点は相互補完的な側面も併せ持つ．また，危機の予防や対応には規制監督政策が有効だが，これだけでは達成できず，金融政策[7]，

---

6) マクロプルーデンスという表現は1970年代から国際的な監督当局では使用されていた．Clement（2010）によれば，79年にバーゼル銀行監督委員会委員長であったクック氏（イングランド銀行）が，国際的な金融機関の途上国向け融資の急速な拡大が，マクロ経済と金融システムの安定性に影響を与えるのではないかといった当時の懸念について，マクロプルーデンスという言葉を使って説明したのが，初めであった．
7) 金融政策においてもいわゆるBISビューとよばれる資産価格を視野に入れたアプローチをと

表 9-3　ミクロプルーデンスとマクロプルーデンスの視点の違い

	マクロプルーデンス	ミクロプルーデンス
中間目標	金融システム全体に危機が及ぶことを防ぐ	個々の金融機関の経営危機を防ぐ
最終目標	経済全体のコストの最小化	消費者（投資家・預金者）の保護
モデルにおけるリスクの位置づけ	（部分的に）内生的	外生的
金融機関間の相関や共通のリスク	重要	無関係
信用秩序の測定	● システム全体の危機の観点から捉える ● トップダウン	● 個々の金融機関のリスクの観点からとらえる ● ボトムアップ

出所）　Borio（2003）より引用.

政策金融，財政政策などの政策も，マクロプルーデンスの視点に配慮する必要があると考えられる.

アメリカ発の金融危機の教訓として，今後危機の深刻化を未然に防ぎ，事後的に適切に対応するためにより配慮すべきという観点で，現在議論が行われているマクロプルーデンスの視点は，相互に関連する次の3つに整理できよう.

① 金融機関行動（とりわけ同調的行動）を契機にリスクが内生的に変化，波及することにより，システミックリスクが顕在化する状況，またシステム上重要な金融機関について金融機関行動の私的費用と社会的費用の乖離（「外部不経済」）に十分な注意を払う.
② 金融システムの構造変化によって大きな存在となった金融コングロマリット，銀行以外の「様々なプレイヤー」に配慮し，金融システム全体に目を配る.
③ 金融機関行動によってもたらされる信用量の増加，資産価格バブルといったマクロ経済的現象や，実体経済の変化が金融機関行動に与える影響など「金融システムとマクロ経済の相互関係」に十分に目を配る.

これらを敷衍すれば次の通りである．①の外部不経済をもたらすメカニズムは二つに分解できる.

　　る必要があるとの認識が広がりつつある．ただし，金融政策がクレジットサイクルの緩和に効果的な手段かどうかは多くの議論がある（後述）.

第一のメカニズムは，金融機関の投融資によるリスクテイクの増大が景気拡大を増幅する一方，危機後の融資抑制や資産売却の動きが，景気悪化をさらに下押しするという「time-series でみた」景気循環の増幅（プロシクリカリティ，Pro-cyclicality）による実体経済への影響である．特に，②のような，銀行だけでなく様々な業態の「システミックに重要な金融機関」（Systemically Important Financial Institutions, 以下 SIFIs）が短期調達に依存した形で，「高いレバレッジ」やリスクを抱えると，経営悪化時のリスクの広がりが懸念される．また，住宅価格の下落[8]のように，住宅ローンやこれを原債権とする証券化商品など，「互いに高い正の相関関係を持つリスク」を多くの金融機関が共通に抱えていると，システミックリスクが深刻になる．こうした事態を未然に防ぐためにも，③の通り，マクロ経済と金融市場の動向をよくモニタリングする必要がある．

　第二のメカニズムは，金融商品価格の低下と市場流動性の低下というロス・スパイラル，資金流動性の枯渇が，金融機能を瞬時に麻痺させ，機能不全を一気に拡大するといった，「市場横断的に拡大する」影響である（この点については，Morris & Shin（2008）を参照）．

　これらのメカニズムは，金融機関がリスク管理上合理的に行動しても，その行動がもたらす社会的費用が私的費用を大きく上回り，外部不経済が発生する場合があることを示している．特に金融機関の「取引関係が相互に絡まり複雑」であればあるほど，システミックリスクの要因となりえる．例えば店頭デリバティブ市場などの複雑な取引関係などがその要因として挙げられよう．こうした要素を勘案すれば，上記の SIFIs は②の通り，銀行だけではなく，規模がある程度あり，取引関係の複雑なノンバンクも含まれるはずである．

　この二つのメカニズムは，独立ではなく密接につながっている．すなわち，金融機関が短期の市場性資金の調達によって投融資を活発化させれば，（ⅰ）マクロ的に金融機関の運用と調達の満期構成のミスマッチが大きくなり，さらに（ⅱ）資産価格が上昇していく．その後，こうした信用拡大が持続可能でなくなると，市場性資金の調達困難に起因する流動性の危機がもたらされる．この結果，金融商品の価格低下，市場の価格発見機能低下によって瞬時にシステミックリスクが広まり，それが金融機関のレバレッジの巻き戻しを引き起こし，景気を一気に下押しするからである．

---

[8]　Posen（2009）の分析によると，住宅価格の下落が株価下落よりも実体経済に深刻な悪影響をもたらすとしている．

金融技術革新とグローバル化によって構造が変化した金融システムにおける規制監督政策は，ミクロプルーデンスの視点に加えて今まで以上にマクロプルーデンスの視点に立つ必要があると考えられる．しかし，マクロプルーデンスの視点に立った規制監督政策は，重点的に監督する対象金融機関も，その手法，監督当局の位置づけも，ミクロプルーデンスの視点に立った規制監督政策とは異なる．こうしたことから，現在，アメリカやEU，イギリスなどの先進国で，中央銀行と従来の監督当局の資源を集中する形で新たなマクロプルーデンス監督当局の機能の強化と設立が進められている[9]．また，前述の通り，マクロプルーデンスの視点は，規制監督政策だけに必要なわけではない．上記①〜③の視点は，金融政策や財政政策等にも関連しており，各政策の実現において，金融システム全体の安定性をいかに確保するか，という視点への配慮が必要になってきており，その望ましい政策の組み合わせも考える必要があると考えられる．

以下では，今後マクロプルーデンスの視点で規制監督を遂行していく際に，特に重要と考えられる2つのポイントを整理し，現実の規制改革の方向が妥当か検討していく．

4. システミックに重要な金融機関（SIFIs）への対処を巡る規制監督改革の評価

4.1 規制改革の方向性と論点

マクロプルーデンスの視点で監督するためには，前節で指摘したとおり，特に大きな外部不経済をもたらす可能性のある金融機関について重点的に監視する必要があるが，金融機関への監視は対象により自ずと濃淡があるはずである．アメリカでは2010年7月に成立したドッド・フランク法によって，SIFIsを連邦準備制度が一元的に監督し，破綻処理を進める際にどのように進める必要があるかといった，いわゆるLiving Will（生前遺言）をSIFIsに義務付けるなどの対応がとられることになった．国際的にもSIFIsに対して自己資本比率を

---

[9] アメリカではFRB（中央銀行）がドッド・フランク法において，システミックに重要な金融機関の監督を担い，同時に各金融監督当局の合議体である金融システム安定化審議会において，システミックリスクに対処することとなった．EUでも新たに欧州中央銀行が主導する形でマクロプルーデンス当局が，イギリスでもイングランド銀行の傘下にマクロプルーデンスを担う独立の委員会が設立されることが決まった．

上乗せする規制が導入される予定である．

今後の金融監督のあり方として，SIFIs を特定して監視することや，そのための上記のような手法をどう評価するべきなのだろうか．

4.2　SIFIs を特定して監督する得失

（イ）　金融機関の類型別の監督手法の概念整理

まず，特別に監視を強める金融機関の特定が必要，という観点に立った議論を検討していこう．こうした対象機関の分類の考え方として Brunnermeir et al.（2009）が参考になる．この分類によればマクロプルーデンス，ミクロプルーデンスの視点がともに重要な金融機関群とは，金融市場に対して大きな影響を与える可能性があり，通常の破綻処理方式で破綻させられない主要金融機関群であり，ユニバーサルバンク，投資銀行，複雑な取引を行う保険会社など大型金融機関が対象になるとしている．

次に，個々にみればシステム上重要ではないが，金融グループの一部として行動するとシステミックな影響を持つハイ・レバレッジのヘッジファンド，プライベート・エクイティ・ファンドなどは，ミクロプルーデンスよりもマクロプルーデンスの視点を必要としている．これらに対しては，金融システム全体のリスクと個別金融機関のリスクがどう相関しているかを重視し，例えばリスクの共分散の度合いなどを指標としたリスクの計測に一層取り組むべき，としている．ミクロ的には，監督当局が定期的かつタイムリーに資産ポジションとレバレッジの情報を得るために，これらの金融機関には登録制の導入と適切なリスク管理，情報開示を義務づけるべきとしている．さらに，ミクロプルーデンスの視点は必要であるが，追加的にマクロプルーデンスの視点は必要ない金融機関群として，規模は大きくても，レバレッジが高くない金融機関，例えば一般的な保険会社や年金基金などが該当する，としている．

（ロ）　SIFIs を特定して監督することの得失

こうした，SIFIs を業態にかかわらず特定し，これに対して特別な監視をするという手法をどう評価すべきだろうか．

第一に，監督当局の限られた人的資源をシステム上重要な金融機関に割り当てるという考え方は，合理的と考えられる．英米の監督当局が志向し，わが国

も志向してきたベターレギュレーション[10]における「リスクオリエンティッドな規制（システム上リスクの高い金融機関に集中的に監督当局の資源を割り振り，監視する）」の考え方とも重なる[11]．

第二に，AIG のような保険会社やリーマン・ブラザーズ証券など，システム上極めて大きな影響を持つ金融機関であったが監視が不十分といった抜け穴を作らない努力も重要である．銀行以外の SIFIs にも，システム全体の観点から目を配る必要があるのは，当然といえよう．ちなみに，アメリカではドッド・フランク法で FRB が資産規模 500 億ドル以上の銀行以外に，システミックに重要なノンバンクの監督を一元的に担う方向となった．

しかし，第三に，マクロプルーデンスの視点から監督を強める SIFIs を特定することは極めて難しい．まず，その基準の設定自体が難しい．わが国で 97 年 11 月に破綻した三洋証券がインターバンク市場の麻痺を惹起したように，規模が小さい金融機関であっても，市場参加者のセンチメント等によっては，システミックリスクの契機となり得る．また，規模，レバレッジの高低という基準も，判断材料の一つの要素にはなりえても，単独では選定基準になりえない．特に重要なのは，金融システムはネットワークであり，どのように金融機関取引が複雑なネットワークを形成しているかが，システミックリスクを惹起するか否かの重要な要素になる点であろう．

さらに，第四に，マクロプルーデンスの視点で監督する対象機関を特定することが，当該金融機関のモラル・ハザードを助長し，規模を拡大してセーフティネットの傘に入ろうとしたり，それ以外の金融機関に対する不安を呼び，金融システム不安定化の原因となり得る可能性がある．すなわち，Too Big to Fail 問題を悪化させる可能性があるという点である．

4.3 SIFIs を特定する弊害の緩和策の検討

(イ) Too Big to Fail 議論の背景

SIFIs を特定して，危機時に債権者など取引相手が当該金融機関は最終的に

---

10) 監督手法の改善の取り組み，詳しくは佐藤（2010），翁（2010）参照．
11) 例えば，イギリスは，2000 年入り後の早い段階から，金融市場にとって大きな影響を持つ国際的な活動を行う金融機関を特定し，監視を行ってきた．こうした取り組みの中で，金融サービス機構（Financial Services Authority 以下 FSA）は，リスクの大きい金融機関に監督当局の経営資源をできるだけ割くべきとする一方で，破綻しても比較的影響の小さい金融機関は，破綻ゼロを目的としないことも明言していた．

は救済されるとの認識を持ってしまうと，当該金融機関の信用リスクについて懸念しなくなる可能性がある．このことは，短期的には金融システムの安定にとってメリットがある可能性もあるが，市場規律が働きにくくなり，経営者のモラル・ハザードを招きリスクをテイクしやすくなるデメリットを持つ．そうした金融機関は，政府による暗黙の保証があるとみなされ，低コストでの資金調達が可能となって資本コストに注意が払われなくなり，リスクをテイクしやすくなる．このような規模の大きい金融機関に伴うモラル・ハザードの問題は，大きすぎてつぶせない TBTF（Too Big to Fail）問題として，かねてから活発な議論が続いていた[12]．アメリカ発金融危機により 2008 年以降大型合併が相次いで起こり，さらにリーマン・ブラザーズ破綻と前後して，主要投資銀行であるゴールドマンサックス証券とモルガンスタンレー証券が一斉に銀行持ち株会社になり[13]，規模拡大と金融市場の寡占化は一段と進展し，この問題はより深刻になった（図 9-3）．

現在，各国は SIFIs を特定した上で，それらに追加的規制をかける方向にある．アメリカではドッド・フランク法によって，商業銀行に対してボルカー・ルールで規模やリスクのある取引を直接制限する規制を導入[14]し，SIFIs をできるだけ作らないようにしながらも，規模の大きい商業銀行やシステミックに重要な金融機関を FRB が監視し，破綻処理のための living will の作成を SIFIs に義務付けようとしている．すなわち，アメリカは，「SIFIs の対象を限定し，監視を強める一方で，SIFIs の救済はしない監督体制を築く」ことにより，Too Big to Fail 問題を解決しようとしていると解釈できる．先進国間でも主要金融機関を協調監視する体制が構築され，バーゼル銀行監督委員会の自己資本比率規制も所要自己資本の上乗せを求める方向にある．このように，各

---

[12] TBTF 問題への批判は，80 年代中盤のアメリカのマネーセンターバンク・コンチネンタル・イリノイ銀行の救済から始まった．91 年の連邦預金保険公社改善法で TBTF 問題にいったん決着がつけられ，破綻処理コストの最小化が義務付けられた．

[13] 銀行持ち株会社になればセーフティネットの傘に入れ，中央銀行の融資を受けられるというメリットを重視した行動といえる．

[14] リスクの高い投資銀行業務を，決済業務を扱う商業銀行部分から切り離し，後者にのみ厚いセーフティネットと規制を課し，かつ過度な規模拡大を是正しようという規制．最終的にドッド・フランク法で採用されたボルカー・ルールは，①銀行が自己の利益のためにヘッジファンドやプライベート・エクイティ・ファンドの保有や投資またはスポンサーになることの禁止，自己勘定取引の禁止といった業務範囲規制と，②金融機関の負債全体を分母とし，個別金融機関負債のシェアの上限を 10％ とする，といった規模の規制である．

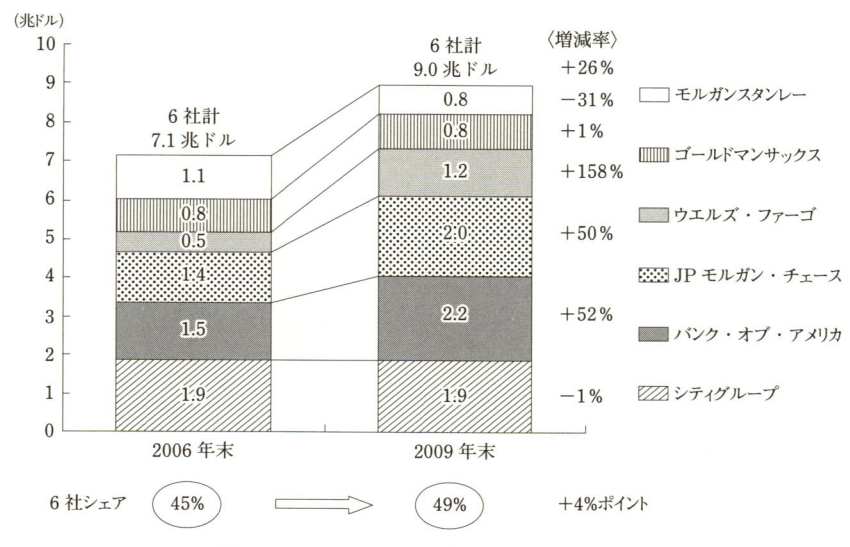

図 9-3　アメリカ主要銀行の寡占化の動向

注）シェアの分母は、商業銀行、ブローカーディーラー及び貯蓄金融機関の資産合計．
出所）各銀行決算資料、FRB Flow of funds.

国は大型で複雑な金融機関を特定するが、これらの金融機関に社会的コストを負担させたり、破綻処理を原則とするなどの工夫をはかろうとしている．

（ロ）　銀行の寡占化と巨大化のトレンド——セーフティネットが規模を大きくしたのか

　それでは、銀行は本当にセーフティネット故に巨大化、複雑化しているのだろうか．確かに金融機関は、情報産業化しており、システム投資の巨額化に伴う固定費の拡大から、規模の経済が働き、また金融商品のクロスセルなどによる範囲の経済もある程度働くと考えられる．しかし、実証研究では、資産規模1千億ドル（約8兆円）程度までは規模の経済、範囲の経済が働くが、それを超えると非効率になり、コングロマリットディスカウントが大きくなる、との分析が多い（こうした議論のまとめとして Haldane（2010）参照）．

　一方、先進国経済の低成長化に伴い、グローバルにアクセスポイントや顧客基盤を持つことがリスク分散につながることも考えられる．しかし、試みに近年の世界の大手銀行の規模とリスク分散の動向を分析した結果は補論1の図

9-Aの通りであり，規模の大きさがリスク軽減に寄与しておらず，むしろ閾値を超えるとリスクが高まっている．にもかかわらずHaldane（2010）が指摘する欧米の銀行のみならず，わが国の銀行および金融機関の資産規模も，近年実体経済に大きな影響を与える水準まで拡大しており（後掲補論1の図9-B），このことは，セーフティネットの存在が，先進国の金融システムの構造に影響を与えている可能性を示唆している．

(ハ) Too Big to Fail 問題への処方箋

こうした現状を踏まえれば，SIFIsを特別扱いすると，他の金融機関も自らがToo Big to FailでToo Interconnected to Failな存在になろうとするインセンティブの歪みをさらに与える可能性がある．また，金融機関が寡占状況となると，監督当局と金融機関の間で抱き込み（capture）のリスク，すなわち監督当局が当該金融機関の監督について手加減したり，政治的介入をする可能性が高まり，市場規律も働きにくくなる．政府関与の可能性のある金融機関の扱いは難しく，金融システムの安定性を維持しながら，市場規律を低下させないための対策は容易ではない[15]．このように考えると，原理的にはSIFIsをできるだけ作らないこと，また，現実的にSIFIsが存在しても監督当局がこれを特定せず，できるだけ金融機関ごとに規制が異ならないよう，マクロプルーデンスの監督の必要性に応じてシームレスな規制体系を構築することが望ましいと考えられる．そのためには，規模や取引関係の複雑性に応じて徐々に規制が厳しくなるような規制体系（たとえばAdrian T. and Brunnermeir（2010）が提案しているCoVaRなど）を検討する必要があるといえよう．

しかし，実際には，TBTF問題に対する現状の先進国の処方箋はSIFIsを特定し，①課徴金を課す，②業務範囲や規模の規制を設ける，③監督を強化する一方，混乱なく破綻処理できるようにする，という次善的なものとなっているといえる．これらの具体的な方向についてはどう評価すべきだろうか．

---

15) 私企業でありながら，政府の暗黙の保証を受け巨大化し，経営が悪化したアメリカの住宅金融証券化支援機関である政府支援企業（Government Sponsored Enterprises）は，その典型例であった．この点については，翁（2010）第8章参照．

＜課徴金＞

　第一は，SIFIs に対し，システム安定化のための保険料や破綻処理基金の負担金，また追加的自己資本比率規制の賦課など，金融システム安定化のための社会的費用として追加的負担を義務づけ内部化するアプローチである．この手法は，金融システムの安定性を維持しながら市場規律を発揮するために，「真に社会的コストに見合った課徴金」を設定できれば，経営に対する政府による直接介入にならない点でメリットがある．しかし，社会的コストに見合う課徴金を正確に設定することは難しいほか，自己資本比率の一段の強化は，かえって銀行経営者のリスクテイク促進に作用したり，資産の必要以上の圧縮を招く，といった問題を惹起する．

＜業務範囲や規模の規制＞

　第二は，政府が直接民間活動に介入して，業務範囲や規模を規制するというアプローチである．前述のいわゆるボルカー・ルールは，この範疇に入る．決済業務を持つ銀行部門をリスクの高い部門と切り離して厚いセーフティネットの下に置くという発想は，長年議論されてきた原理的に根拠のあるアイデアである．その最も極端な提案がいわゆるナローバンク[16]提案（預金は安全資産にしか運用を行えないようにして決済システムを守る）である．またアメリカが1930年代以降99年まで原則として銀行業務と証券業務を分離してきたのも，証券業務のリスクの銀行部門への波及を遮断する意味があった．

　こうした業務範囲を画する規制は課徴金と比較すると，システミックな観点からの利点も考えられる．第一に，真にリスクの高い取引を銀行部門から遮断できれば，預金を扱う商業銀行だけを守れる仕組みを再構築でき，効率的にセーフティネットを築ける．また，現在のように類似の巨大銀行が多く存在する金融システムよりは，各銀行のビジネスのモジュール化が進み，ビジネスモデルが多様化してシステムレベルでより頑健性が高まる可能性もあると考えられる．第二に，複雑なリスクアセットベースの自己資本比率規制などと比較すると，規制としてはシンプルで，リスクテイクを直接減らせるため，経営破綻時の損失額を縮小できる可能性もある．

　しかし，課徴金と比較すると範囲や規模の規制は，1）政府の直接介入の度

---

16) ナローバンク提案については翁（1998）第5章補論参照．

合いが高まること，2）従来欧州では銀行，証券，保険の兼業を認めるユニバーサルバンク制度を採用するなど，既に銀行経営は利用者ニーズに合わせる形でその他の金融業務の融合が現実に深まっており，顧客の利便性が低下する可能性があること，3）また先進国金融機関のリスクテイクの直接的な制限は，銀行業単独での収益基盤の確保を長期的に難しくし，金融商品市場の市場流動性に影響を与えること，など深刻な影響を与える可能性もある．

この二者の考え方の得失は国際的にも議論となったが，国際的にはSIFIsに追加自己資本を課す方向にあり，アメリカでは商業銀行にはボルカー・ルールも導入されるなど，結局①と②のアプローチの双方を採用するに至っている．しかし，これらが現実に，副作用なく所期の目的を達成することができるかはかなり難しいといわざるを得ない．

<破綻処理可能な環境の推進>
　①と②が外部不経済をどう内部化すべきか，というアプローチであったのに対し，③のアプローチは，経営者のモラル・ハザードをどう解決するか，という視点を重視した対策といえる．すなわち，SIFIsの株主等の責任を問いながら，「秩序だった破綻処理」を実現できる環境を用意する，というものである．

SIFIsに対して仮に規制や監督を強化しても，当該金融機関の経営の失敗は当然のことながら起こり得る．SIFIsであっても，その破綻処理手法は株主や債権者などのステークホルダー（利害関係者）の扱いについて原則として特別扱いはしないが，銀行に用意されている破綻処理方法と同様，システミックリスクを惹起しないよう工夫する必要があると考えられる．すなわち，経営者や株主，債権者の責任を追及しながらも，金融機能の維持を図り，金融システムを混乱に陥れない迅速な処理を行えるような法的整備が必要となろう．

SIFIsについてもスムーズに破綻処理できるような環境整備は，今後極めて重要である．アメリカでは，SIFIsも秩序だった破綻処理を実現する方向で生前遺言（living will）を用意することが義務付けられ，経営破綻時にはそれに沿って預金保険公社の傘下で清算を行うことが今後原則とされる[17]．

しかし，この対処法にも現実には二つの課題がある．第一は，国際的な破綻

---

17) イギリスでも，2009年10月に公表されたFSAの協議文書 "Turner Review Conference Paper : A Regulatory response to the global banking crisis : systemically important banks and assessing the cumulative impact" においても，SIFIsの破綻処理計画策定の重要性を強調している．

処理法制の違いをクリアできるのか,という点である.各国の破綻処理法制は大きく異なる一方で,大型金融機関はグローバル化が進んでおり,対応は困難が予想される.第二は,SIFIs を最終的に救済せざるを得ない状況が例外的にあり得る,という可能性を否定することが現実的か,という点である.現状欧米監督当局では,そうした例外的措置を想定すること自体が問題であり,救済を避けるべきという考え方が根強い(King(2009)等).しかし,債権者の大幅カットが現実となった場合はシステミックリスクを招きやすく,マネージが厳しい局面もあることが懸念され,相当な工夫が必要になると考えられる.

5. カウンターシクリカルな規制についての検討

金融機関行動が波及して危機を大きくするメカニズムとしては,前述の通り,①市場横断的に金融商品価格の下落と市場流動性の低下が,瞬時横断的に金融機関の流動性の問題に直結してスパイラル的に危機を悪化させるものと,② time series の観点からみて,金融機関行動が景気循環の増幅(プロシクリカリティ)をもたらすものがある.本節では,後者の景気循環の増幅を制御するための規制上の工夫について検討する.

08 年以降,規制監督政策で金融機関行動および自己資本比率規制自体が持つプロシクリカリティを制御する手法として様々な案が議論された[18]が,バーゼル銀行監督委員会では,自己資本比率規制において 0~2.5% のカウンターシクリカルなバファーを持つことが提案された.これは好況期に資本蓄積を促し,不況期に資本を取り崩せるようにして,好況期の不均衡拡大を抑え,景気悪化時におけるマクロ経済への悪影響を及ぼさないようにするものである.

このほかにも,①2.5% の資本保全バファー(最低自己資本の上乗せとしてのバファー)を設け,経営が悪化してそのバファーが縮小したときに配当などの社外流出を控える,②コンティンジェント・キャピタル(公的資金を投入せざるを得ない事態など,経営が大きく悪化した場合に負債から資本への転換が当初から取り決められた劣後債)を発行させる,などの手法も取り入れられる.後者は,景気悪化時に銀行の資本調達をより容易にするためにハイブリッド金融商品を活用

---

18) 例えば 2010 年の Group of 30 報告などで,様々な提案が整理されている.

しようとするものである[19]．さらに，③レバレッジ・レシオ（資産全体に対する自己資本比率）も導入されるが，これは好況期に資産全体に対して自己資本を積むように義務づけ，好況期におけるレバレッジ拡大を防ごうというものである．

これらの工夫は，いわば景気の加熱と急速な悪化を抑えるための自動安定化装置（ビルト・イン・スタビライザー）を規制の中に入れ込み，金融機関行動によって発生するコストを制御しようとするものである．なお，同様のカウンターシクリカルな規制としては，例えばLTVレシオ，すなわち不動産融資における担保の掛け目を好況期には保守的にみるなどの規制がある．既に香港やシンガポール等ではこの規制が導入され，景気の局面によって中央銀行や監督当局がLTVレシオの水準を状況に応じて裁量的に金融機関に指導している．

それでは，今回国際的に導入されようとしているカウンターシクリカル・バッファーの規制改革提案は，どの程度有効だろうか．

5.1 カウンターシクリカル・バッファーのポイント

バーゼル銀行監督委員会の自己資本比率規制におけるカウンターシクリカル・バッファーのエッセンスは，以下の通りと考えられる．

第一に，必要とされる自己資本バッファーの水準は各国が各国の経済状況に応じて定めることができる．具体的には，銀行が各国毎の信用エクスポージャーに対して各国が定めた資本バッファーを適用する．各国当局は過度の信用供与が行われていると判断すれば，必要な資本バッファーを引き上げる．銀行はその場合，12ヶ月以内にバッファーを引き上げる必要がある．各国当局は4半期に1度バッファーの要求水準の変更をする．

第二に，信用供与が過剰になっているかどうかの判断には，各国のGDPに対する信用量が基準として用いられ，これが長期的なトレンドからどの程度乖離しているかを見極めることとされている．信用量は，海外での調達を含む民間部門の負債とされており，銀行部門の融資だけが対象となっているわけではない．しかし，同時にこの指標だけでは判断を間違える可能性もあり，他の指標を補完的に活用することの重要性も指摘している．そうした指標として，例

---

[19] バーゼルIIでも従来プロシクリカリティに配慮していなかった訳ではない．金融危機による影響を受けたわが国の主張により，いくつかの手立ても講じられた．例えば，デフォルト確率やデフォルト時損失率の推計値は景気循環を配慮することが推奨されている．

えば資産価格，CDS スプレッド，信用状況の調査，実質 GDP，非金融機関の債務返済能力に関するデータなどをあげている．

5.2 信用量／GDP の指標の妥当性の検証

実際に，世界銀行データを用いて，今回の危機前後のアメリカ・イギリスの民間信用量／GDP を算出した（図 9-4）ところ，危機前にこの指標が大きくなっていることが確認でき，バブル崩壊後の危機の予兆をある程度予想できることが確認できる[20]．

ここで，危機の震源地であったアメリカの信用量と GDP の動向を VAR でより詳細に分析したのが補論 2 である．分析結果によれば，市場性資産の動きは景気循環を増幅する傾向があるが，商業銀行債権は景気が落ち込んでも，すぐに減少しないことを示している．この点，わが国の 90 年代の金融危機を振り返っても，株価は 88 年，地価は 91 年にピークを打ったが，この時点でも信用量は増加していた．福田・粕谷・中島（2005）らの分析で指摘されたように，この時期には窮境企業に対する銀行による追い貸しが存在したと考えられる．このことは，わが国のように間接金融に依存している国では，景気の下降局面入りの段階で，当初は信用量／GDP が低下しにくいことを示唆しており，カウンターシクリカル・バッファーが強く働きすぎると，自己資本比率引上げを必要以上に求められ実体経済に影響を与える可能性がある．

金融市場のグローバル化により，クレジットサイクルは以前と比べてグローバルにシンクロナイズする傾向にあるが，上記分析でみる限り，資本市場が発展しアームズ・レングス的取引の多い欧米諸国と異なり，わが国のように間接金融比率の高い金融システムでは，留意すべき局面があることを示唆している[21]．各国の経済状況や金融システムの構造の違いを踏まえて国毎にカウンターシクリカルな規制の具体案を判断すべきとする考え方は，妥当と考えられる．

---

20) しかし，実際にはトレンドからの乖離を計測することは難しく，VAR 分析によっても，景気諸変数との関係も明確ではなかった．この点の分析結果は翁（2010）第 1 章参照．
21) 実際には，今回のカウンターシクリカル・バッファー提案の枠組みを適用して計算すると，わが国では過去のバブル期にのみ追加資本が求められた可能性があるとの試算がバーゼル銀行監督委員会からも示されており，民間貸出自体が低迷している現状では追加資本が求められる可能性は極めて低い．

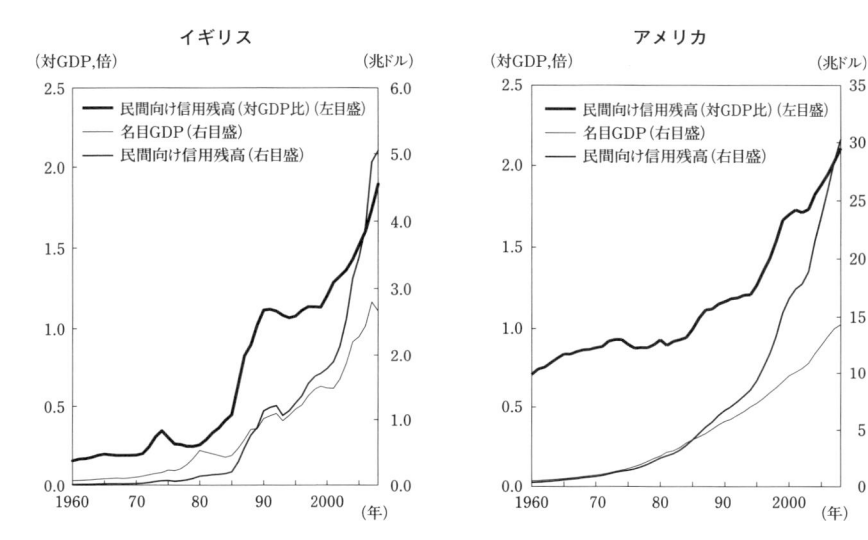

図9-4 アメリカ・イギリスの民間信用量／名目GDPの推移

注) 民間向け信用残高は，民間向け信用残高（対GDP比）×名目GDPにより計算．
出所) World Bank.

5.3 カウンターシクリカルな規制の意義とマクロプルーデンス

　カウンターシクリカルな効果を規制に持たせることは，マクロ経済安定化策として意義があるが，上記以外にも多くの留意点がある．これらを最後に指摘したい．

　第一は，自己資本比率規制の強化という方向が果たして妥当なのか，という点である．自己資本比率規制の強化は，原理的には銀行経営者のリスク選好を強める方向に作用する．一方で，自己資本比率規制の縛り故の，金融市場の市場流動性の低下や短期的な貸出姿勢慎重化などの様々な弊害は，従来から見受けられており（これらの点については，翁（2010）参照)，自己資本比率規制強化が必ずしも問題を解決するとは限らず，かえって経済全体に悪影響をもたらす可能性もある．ほかのカウンターシクリカルな効果を持つ規制と効果の比較が必要である．

　第二は，規制の発動を完全に自動メカニズムに乗せるべきか，ある程度裁量的に発動すべきか，という点である．例えば導入されようとしているカウンターシクリカル・バッファーは，機械的な運用を志向しているものの，最終的な発

動は各国ごとの裁量に任せられる．機械的運用はビルト・イン・スタビライザーとして機能し，好況期の引き締めといった難しい政策を実行しやすい面がある．また，市場参加者がマクロプルーデンス上の監督ツールが透明な形で機械的に発動され，有効に機能するという期待を持つことも，市場参加者の行動を変化させるという点でメリットもある．ただし，それが必ずしも適切な指標でなかった場合などは悪影響が出る可能性が否定できない．

第三は，既にみたとおり，銀行グループにこうした政策を適用しても，必ず規制を回避し，シャドウ・バンクでレバレッジを拡大する動きが出かねない．こうした動きに十分な注意を払うことが重要であろう．

第四は，金融政策との関連である．前述のとおり，金融政策も資産価格上昇などを念頭に置きながら，政策運営を行うことが課題となってきている．ただし，金融市場からのマクロ経済の悪影響を小さくするためには，金融機関のレバレッジを拡大しないことが重要であり，その点では Miles (2010) や Aikman & Haldane (2010) が指摘する通り，金融政策をクレジットサイクルの緩和に直接割り当てるのはかえって非効率で，その果たせる役割は限られており，マクロ経済安定化に規制監督政策が果たす役割は大きいと思われる．

第五は，マクロプルーデンスは，必ずしもプロシクリカリティの問題に対処するだけでは達成できない点である．典型は，各国のソブリンリスクである．ギリシャなど欧州諸国のソブリンリスクは，欧州各国の金融機関の資産サイドに共通にある大きなリスクともいえ，これに対する監督が喫緊の課題となっている．翻ってわが国の金融機関が抱えている国債保有量の大きさを考えれば，マクロプルーデンスの観点から，長期的にこれにどう対処するべきかは規制監督上も重要な課題である．また，マクロプルーデンスの観点からも，経済成長と財政健全化を実現していくことはわが国にとって重要な政策課題といえる．

6. おわりに

金融危機後の一連の国際的な規制改革の動きをみると，マクロ経済安定化策としての金融規制監督政策の意義が極めて大きくなってきている点が指摘できる．本章の検討結果に照らすと，現在進捗している国際的な規制監督体制の再編は，シャドウ・バンクへの監督の強化やマクロプルーデンスの視点に立った監督態勢の整備など，必要かつ不可欠な改革が行われている側面もある．一方

で，国際的な自己資本比率規制の一段の強化，そして SIFIs の特定とそれらへの追加的な規制強化など，その効果が必ずしも確実なものではなく，しかも副作用をもたらす可能性も高い改革も見られる．これらの規制改革には，新たな規制が金融機関の行動にどのような影響を与えるかといったミクロ的視点や，国際的な金融市場の構造や経済動向にどのように影響し合っていくかといったマクロ的視点など，多くの検証すべき論点が残っているといえよう．

このように，今後規制監督政策をマクロ経済安定化策として効果的なものとしていくためには，多角的かつ実証的な分析や研究が求められている．

補論 1　大手銀行の規模とリスク分散，実体経済への潜在的影響度の分析

大手銀行約 150 社のデータを用いてリーマン・ショックを含めた過去 10 年間のデータで分析すると，銀行の資産規模がある程度の閾値（5000 億ドル程度）を超えると，資産規模が大きくなるほど収益のボラティリティが高くなっている．このことは，銀行が巨大化，コングロマリット化するリスク分散効果は一定の規模を超えると小さくなり，むしろ銀行に対するセーフティネットの存在が巨大化の誘因になっている可能性を示唆している（図 9-A）．

ちなみに，わが国の銀行業の規模の拡大状況を分析すると，3 大銀行の銀行全体に対する資産シェアはアメリカの約 45％ よりさらに高い約 60％ と，寡占度が近年高まっている．しかも銀行部門の資産は，GDP の 45％ と金融業を含む他業態と比較しても圧倒的に高く，国内経済の変動に極めて大きな影響を与える規模に拡大している（図 9-B）．

補論 2　リーマン・ショック時の金融機関資産と実体経済の関係の分析

2007 年夏の市場の動揺以前のデータを活用して分析している Adrian and Shin（2008）の VAR モデルにならい，リーマン・ショックとその後の 2010 年第一四半期までのデータを活用した類似のモデルを作り，投資銀行を含むブローカー・ディーラー（以下 BD）金融資産と商業銀行金融資産の増減がどのように，90 年代以降実体経済の景気の振幅と密接な関係を持っていたかを分析した（表 9-A）．

対象：145社

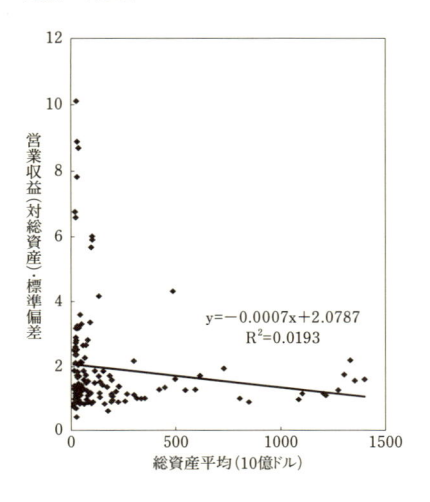

対象：平均総資産残高が5000億ドル以上（15社）

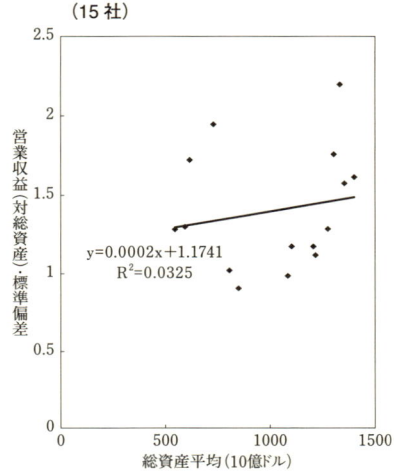

$y=-0.0007x+2.0787$
$R^2=0.0193$

$y=0.0002x+1.1741$
$R^2=0.0325$

対象：平均総資産残高が1000億ドル以上（52社）

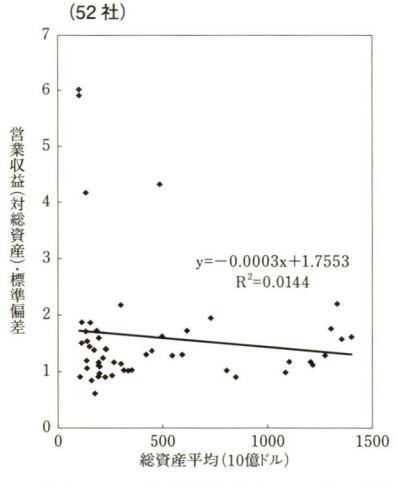

対象：平均総資産残高が1兆ドル以上（9社）

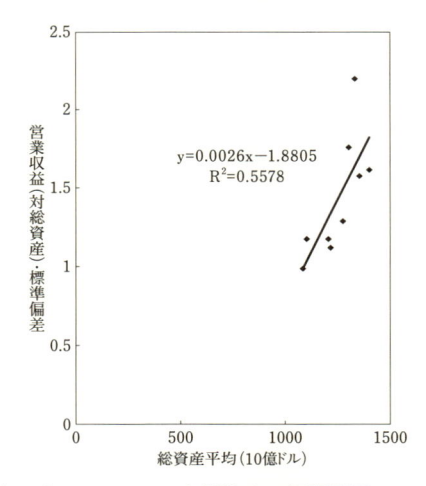

$y=-0.0003x+1.7553$
$R^2=0.0144$

$y=0.0026x-1.8805$
$R^2=0.5578$

図9-A 世界主要銀行145社の営業収益のボラティリティと総資産の相関関係

注) 1. 対象は2009年度末総資産残高上位250の銀行のうち，1997～2009年度のデータがそろっている145社．
2. 期間は1997～2009年度．ただし，例えば，1997年度とはここでは1997年内に終わる会計期とする．
出所) ブルーム・バーグ．

第 9 章 金融危機後の規制監督政策 247

3 大銀行の資産シェアの推移

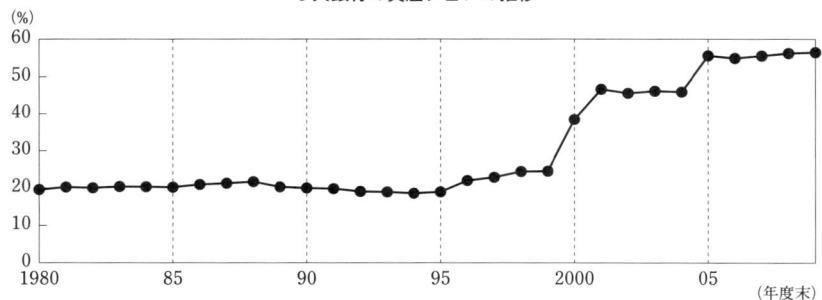

注） 1. 3 大銀行資産シェア＝3 大銀行総資産残高÷全国銀行総資産残高×100
 2. 1998 年度以降は連結ベース．
 3. 持株会社を設立した場合は，傘下の銀行の連結資産残高の合計をその銀行グループの資産残高とし，順位を付け，3 大銀行の資産残高を算出．
出所） 大蔵省「銀行局金融年報」．全国銀行協会「全国銀行財務諸表分析」．

業態別の最大手企業の総資産残高（対名目 GDP 比）

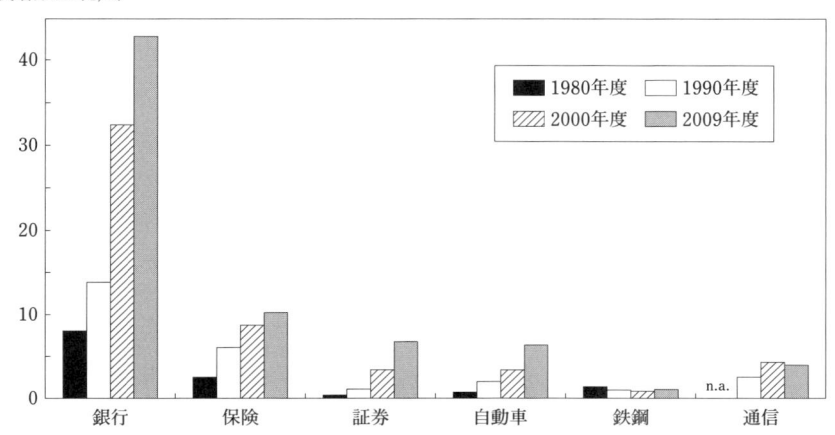

図 9－B　近年の邦銀の寡占化の状況（ホールデンの分析を日本に適用）

注） 1. 各業態の数値は下記企業のもの．
 銀行：1980 年度，1990 年度→第一勧業銀行，2000 年度→みずほ HD，2009 年度→MUFG
 保険：日本生命
 証券：1980 年度，1990 年度→野村證券，2000 年度，2009 年度→野村 H D
 自動車：トヨタ自動車，鉄鋼：新日本製鉄，通信：日本電信電話
 2. 野村證券の 1980 年度の数値は，1981 年 9 月末の数値．
 3. トヨタ自動車の 1980 年度は 1981 年 6 月末，1990 年度は 1991 年 6 月末の数値．
 4. 2000 年度，2009 年度の数値は連結ベース．ただし日本生命の 2000 年度の数値は単体ベース．また，トヨタ自動車，新日本製鉄，日本電信電話の 1990 年度は連結ベース．
出所） 各社決算資料，生命保険協会「保険年鑑」，大蔵省「銀行局金融年報」，大蔵省「証券局金融年報」，保険研究所「インシュアランス生命保険統計号」，日経 NEEDS，内閣府「国民経済計算」．

表 9-A　ブローカーディーラー (BD) 資産，商業銀行資産と経済諸変数の関係

(1) ブローカーディーラー資産と経済諸変数の関係（1981Q2～2010Q1 での推計結果）～80 年代以降

	消費	耐久財消費	設備投資	住宅投資	鉱工業生産	GDP
被説明変数の1期ラグ	0.793***	0.596***	0.893***	0.856***	0.876***	0.835***
BD 資産	0.009***	0.045**	0.002	0.104***	0.163**	0.008
CPI	−0.196***	−1.283***	−0.325	−0.732	−0.633***	−0.324***
FF レート	0.001**	0.005**	0.002	−0.000	0.000	0.001**
S&P　PER	0.000	0.000	0.000	−0.001	−0.001	−0.000
c	0.003	0.017	−0.015	0.031	0.027***	0.006

(2) ブローカーディーラー資産と経済諸変数の関係（1990Q1～2010Q1 での推計結果）～90 年代以降

	消費	耐久財消費	設備投資	住宅投資	鉱工業生産	GDP
被説明変数の1期ラグ	0.789***	0.549***	0.936***	0.864***	0.912***	0.858***
BD 資産	0.020***	0.081***	0.050**	0.968***	0.027***	0.022***
CPI	−0.275***	−1.162***	−0.710**	−0.848**	−0.918***	−0.382***
FF レート	0.000	0.000	−0.002	−0.005*	−0.000	−0.001
S&P　PER	0.000**	0.002**	0.000	0.001	−0.001*	0.000
c	0.002	0.008	0.016	0.001	0.041***	0.001*

(3) 商業銀行資産と経済諸変数の関係（1981Q2～2010Q1 での推計結果）～80 年代以降

	消費	耐久財消費	設備投資	住宅投資	鉱工業生産	GDP
被説明変数の1期ラグ	0.822***	0.626***	0.922***	0.875***	0.828***	0.857***
商業銀行資産	−0.059**	−0.258**	−0.379***	−0.613**	−0.291**	−0.122***
CPI	−0.217***	−1.384***	−0.537**	−1.059**	−0.833***	−0.387***
FF レート	0.001***	0.006**	0.002	0.002	0.001*	0.001***
S&P　PER	0.000	0.000	0.000	−0.001	−0.001**	−0.000
c	0.009*	0.046*	0.039*	0.101**	0.061***	0.022***

(4) 商業銀行資産と経済諸変数の関係（1990Q1～2010Q1 での推計結果）～90 年代以降

	消費	耐久財消費	設備投資	住宅投資	鉱工業生産	GDP
被説明変数の1期ラグ	0.083***	0.574***	0.997***	0.861***	0.837***	0.884***
商業銀行資産	−0.050***	−0.269**	−0.536***	−0.438***	−0.314***	−0.128***
CPI	−0.231***	−1.464***	0.920***	−0.752**	−1.048***	−0.388***
FF レート	0.000	0.002	−0.002	−0.002	0.000	0.000
S&P　PER	0.000**	0.003**	−0.000	0.001	−0.001**	0.000
c	0.004	0.022	0.084***	0.031	0.072***	0.022*

注）いずれも前年比（1期ラグ）．*** は 1%，** は 5%，* は 10% 水準で有意．

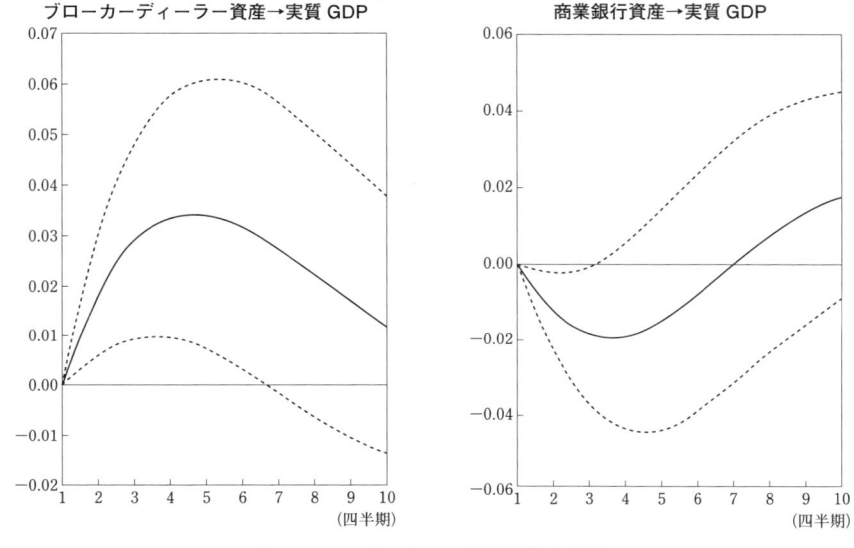

図9-C　インパルス応答関数の結果

注) 中央線は推定値，それをはさむ線は95％の信頼区間の上限と下限を表す．

　分析結果は，第一に，投資銀行を含むBDの金融資産（表9-Aの上の2つの表の投資銀行資産）が有意に景気指標にプラスの影響を与えている．第二に，BD金融資産がより景気諸変数に影響を持つようになったのは80年代以降よりもレバレッジ拡大の影響がより強く出た90年代以降である．第三に，商業銀行金融資産（表9-Aの下の2表の商業銀行資産）は，有意にマイナスに影響を与えている[22]，というものである．

　さらに，これをもとにグレンジャーの因果関係を確認したうえでインパルス応答関数をみると，BD資産は4～5半期後まで実体経済に対してプロシクリカルに作用している一方，商業銀行資産は当初3～4半期までは若干カウンターシクリカルに作用した後で，プロシクリカルに作用したことがわかる（図9-C）．この背景には，①BD資産の動きは大きく変動しやすい一方，商業銀行資産の動きは大きく変動しない，②危機後のBD資産の動きはGDPに先行するが，商業銀行資産の動きはGDPの動きに遅行することがある，といった事

---
22) Adrian and Shin (2008), 翁 (2010) 第1章によれば，リーマン・ショック前までの分析では有意な関係が認められない結果となっている．

情があるからと考えられる．この間の市場性資産と銀行資産の動きの違いは，図 9-2 からも読み取ることができる．

謝　辞

　本章は，シンポジウム『金融危機，資産市場の変化とマクロ経済』のために準備された論文の改訂版である．本章の作成段階で柳川範之氏（東京大学）を始め，日本学術会議「資産市場とマクロ経済」分科会のメンバーから貴重なコメントを頂戴した．記して感謝申し上げたい．

参考文献

Adrian, T. and M. A. Brunnermeir (2010) "CoVaR". http://www.princeton.edu/~markus/research/papers/CoVaR

Adrian, T. and H. S. Shin (2008) "Financial Intermediaries, Financial Stability and Monetary Policy," *Paper presented at the Federal Reserve Bank of Kansas City Symposium*.

Aikman, D. and A. G. Haldane and B. Nelson (2010) "Curbing the Credit Cycle," Speech at the Columbia University Center of Capitalism and Society Annual Conference, New York.

Borio, C. (2003) "Towards a Macroprudential Framework for Financial Supervision and Regulaton?," *BIS working paper series*, No. 128.

Brunnermeir, M., A. Crockett, C. Goodhart, A. D. Persaud and H. Shin (2009) "The Fundamental Principles of Financial Regulation," ICMB.

Clement, P. (2010) "The Term Macroprudential : Origins and Evolution," *BIS Quartery Review*, March.

Haldane, A. (2010) "The $100 Billion Question," Comments, Bank of England.

King, M. (2009) Speech to Scottish Business Organizations, October.

Miles, D. (2010) "Leverage and Monetary Policy," Speech, Bank of England, October.

Morris, X. and H. S. Shin (2008) "Financial Regulation in a System Context," *Brookings Paper on Economic Activity*, Fall. Issue.

Posen, A. S. (2009) "Finding the Right Tool for Dealing with Asset Price Boom," Speech to the MPR Monetary Policy and Markets Conference, December.

翁百合 (2010)『金融危機とプルーデンス政策』日本経済新聞出版社．

翁百合 (1998)『情報開示と日本の金融システム』東洋経済新報社．

佐藤隆文 (2010)『金融行政の座標軸』東洋経済新報社．

福田慎一・粕谷宗久・中島上智 (2005)「非上場企業に追い貸しは存在したか」日本銀行ワーキングペーパーシリーズ No. 05-J-9．

第III部コメント

柳川範之

　第III部では，金融危機後の経済活動の変化，規制・政策の変化を踏まえ，金融市場の今後の在り方を検討した有意義な論文が集められた．いずれも，なぜ，危機が防げなかったのか，危機のメカニズムとその防止策，危機後の経済の打開策といった，重要ではあるが，難しい課題に対して積極的に取り組んでいる論文ばかりである．

　第7章「金融市場におけるリスクと特性──複雑システムの物理学の視点から」（高安秀樹）では，経済物理学の立場から金融危機の評価が行われている．金融派生商品はベキ分布の特性をもっており，通常の統計手法を使うことには限界があることが指摘されている．ベキ分布については，東日本大震災の発生によって，自然科学の分野でも改めて注目が集まっている．高安論文では，金融取引には，通常考えられている以上に変動の特性があることが強調されており，ベキ分布の特性があることを前提に金融市場の在り方を考えていく必要があることが指摘されている．また，そこから得られる政策的な課題としては，金融商品における販売者責任の重要性が指摘されている．さらに，企業の倒産と脆性破壊の共通点や企業ネットワークの重要性等も指摘されている．

　第8章「グローバル金融危機と中央銀行の対応──日本における「非伝統的金融政策」の経験から」（福田慎一）では，マクロ金融政策の在り方が検討されている．2000年代前半および2008年秋以降にわが国で行われたさまざまな「非伝統的金融政策」の解説と評価が詳細に行われており，それを通じて，金融危機後の金融政策の在り方が議論されている．量的緩和政策と信用緩和政策との関係や，信用緩和政策の意義と限界等も議論されおり，また，リーマン・ショック以降の金融政策についても解説が行われている．そして，量的緩

和政策は，金融機関にモラル・ハザードを生み出す可能性もあることが指摘され，それに関する実証分析も紹介されている．

第9章「金融危機後の規制監督政策——マクロプルーデンスの視点から」（翁百合）では，金融危機の発生を踏まえてマクロプルーデンスの重要性が強調されている．金融危機発生以前に考えられていたより，金融機関相互には，「外部効果」が働く．そのため，システミックリスクへの対応が重要となり，マクロプルーデンス政策が必要となってくる．ただし，その具体的な政策の在り方はなかなか難しい面を持っている．現状では，SIFIsに対する特別な監視体制を導入する方向で規制は動いており，TBTF（Too Big To Fail）問題への処方箋の難しさが示されている．そして，カウンターシクリカルに規制することの意義と困難さが指摘されている．

これらの論文を踏まえて，ここでは全体を通じて読み取れる，今後の課題をいくつか議論することにしたい．第一点は，今後の金融規制の在り方についての問題点である．翁論文で説明されているように，現実の規制は，「危機の再発防止」を至上命題に規制のコストをあまり顧みずに，規制強化の方向に進んでいるようにみえる．また，規制の手法も，基本的には自己資本の積み増しという形でしか実現していない．しかし，自己資本の積み増しという規制手法は，あまりにもコストが大きい．その割に実質的な効果はどこまで期待できるのだろうか．

高安論文で説明されている構造が危機の本質であるとすれば，それは自己資本の積み増しだけでは根本的な解決にならないのではないか．たとえば，ネットワークの改善は，どの程度まで，ベキ分布の構造を変えられるのか等についてもっと注力して検討すべきかもしれない．また，マクロプルーデンスの観点からみても，自己資本比率の積み増しという手法が，一番効果的な規制なのかについては，もっと検討の余地があるように思われる．

さらにいえば，そもそも，「とにかく危機の再発を防ぐ」という発想が必要なのかどうかについても，もっと学術的な検討が必要であろう．金融危機は経済活動に大きな影響を与えた．したがって，危機の再発を防ぐことは当然望ましいことのようにみえる．しかし，防止策には当然さまざまな面でコストがかかる．そのコストをかけてでも，防止すべき問題なのかどうか，あるいはどの程度防止すべきかについて，理論的・実証的分析がもっと行われるべきだろう．極端な議論をすれば，すべての金融取引を禁止してしまえば，金融危機は当然

防ぐことができる．しかし，それでは経済は大きく停滞してしまうだろう．どの程度の危機をどう防ぐのかを冷徹に検討する必要がある．

　第二の点は金融政策と金融規制との関係に関するコメントである．福田論文で詳細に説明されている金融政策と翁論文で議論されている金融規制との関係はどのように考えたら良いのだろうか．福田論文にあるように，信用緩和政策は金融システムの内情に踏み込んだ政策でもある．一方，銀行規制の目的は，当然金融システムの安定性が大きな柱になっている．そうであれば，本来は，金融規制と金融政策の相互関係はもっと分析が行われるべきではないだろうか．銀行規制の在り方が変化した場合に，それによって，金融政策の効果がどのように影響するのかは，実証的にも重要な検討課題だろう．たとえば，バーゼルIIIが実行された場合には，非伝統的金融政策の効果は強くなるのか，弱くなるのかなども，にわかには判断がつかないが重要な分析対象と思われる．

　最後のコメントは，この二番目の点と大きく関係するが，金融政策と金融システム規制との相互関係については，今後，もっと総合的な研究が必要なのではないだろうか．このような議論は，通常，誰が担うのか誰が規制するか，という組織間の権限分配の話になってしまいがちである．特に海外では，この種の権限分配・役割分担の議論が，政治的にも重要な課題となっているため，議論の中心になりがちである．

　しかし，この二つの間には，誰が担うのかという問題を超えて，もっと構造的な相互関係がある．金融政策の変化は，様々なルートを通して，金融システムの安定性に影響を与える．たとえば，金融政策特に，福田論文で詳細に説明されているような非伝統的な金融政策の場合には，金融機関の経営にかなりの影響があるため，その結果金融システムに対しても大きな影響があるはずである．福田論文で指摘されているように，量的緩和によって金融機関のモラル・ハザードの可能性が高まれば，それによって金融システム全体の安定性も損なわれる面があるかもしれない．

　また逆に，金融システムの構造は，金融政策の効果に影響を与える．金融システムが機能不全に陥ると，伝統的な金融政策がうまく機能しないことは既に金融危機の際に経験していることである．そこまで極端な状態でなくても，金融システムが不安定な状態になると，金融政策の効果が限定的になる可能性は高いだろう．しかし，どの程度の不安定性だと金融政策の効果をどの程度妨げるのか，またどのようなルートを通じて金融政策の効果を変化させるのか等は

十分な検討が行われているとは言い難い．

　この点は，学術的にみれば，ミクロ経済学とマクロ経済学とにまたがる相互関係であり，現在の経済学の体系の中ではしばしば見落とされがちな相互関係かもしれない．しかし，本セッションに収められた論文を読み，改めてこの点についての研究を進めることの意義を再確認した．また今後，インフレ傾向が生じた場合には，金融引き締めと金融システムの安定性をどのように両立させていくか等，政策決定上非常に難しい局面も生じるかもしれない．そのような場合に備える意味からも，この相互関係のより詳細な検討は，今後の重要課題であると思われる．

終　章

総括と展望

残された研究課題は何か？

岩井克人

マクロ経済学は，大恐慌に対する知的対処として，1940年代に独自の分野として生れた．それは，あの大惨事の再来を阻止しうると私たちが願っている一連の知識と技術のことを指す．この講演における私の主張は，この当初の意味でのマクロ経済学は成功したということである．恐慌を阻止するというその中心的問題は，事実上解決されている．いや，すでに数十年にわたって解決されていた．……米国の過去50年間のパフォーマンスを基準にすれば，望ましい長期的な供給重視策による経済厚生の改善の可能性のほうが，短期の需要管理策による一層の改良よりもはるかに大きいのである．（Lucas, 2003, p. 1.）

　これは，2003年のアメリカ経済学会においてシカゴ大学のロバート・ルーカスが行った会長講演の冒頭部分である．ルーカスは，「合理的予想形成理論」における貢献によって1995年にノーベル経済学賞を受賞し，ミルトン・フリードマン亡き後，最も影響力の大きかった新古典派の経済学者である．彼によれば，マクロ経済学はその使命をすでに果たしてしまったと言う．なぜならば，マクロ経済学という学問は1930年代の大恐慌をきっかけとして生まれたが，まさにそのマクロ経済学の発達によって大恐慌のような経済危機は克服されてしまった．いや，大恐慌どころか，過去50年間，少なくともアメリカにおいては，大きな景気変動すら起こらなくなっている．経済学にとっての今後の課題は，いかに一国の生産効率性を上昇させ続けていくかという経済成長の問題であると主張しようとしていたのである．
　景気変動の問題はもはや克服されたという考えは，ルーカスや彼が所属していたシカゴ学派の人たちだけの主張ではない．いや，20世紀最後の4半世紀においては，経済学者や政策当局の間でのコンセンサスですらあった．

　　過去20数年間の経済状況におけるもっとも顕著な特徴は，マクロ経済的な不安定性が大幅に低下したと言うことである．（Bernanke, 2004, p. 1.）

　これは，他ならぬベン・バーナンキが2004年の東部アメリカ経済学会において行った講演のやはり冒頭部分である．バーナンキはその時はまだアメリカ

連邦制度準備理事会（FRB）の理事であったが，その後 2006 年に FRB の議長に就任した．この講演の題名は『大安定（Great Moderation）』．バーナンキはその中で，アメリカの 1980 年代半ばから 2000 年代にかけて GDP の 4 半期成長率の標準偏差は半分に減少し，物価の 4 半期変化率の標準偏差は 3 分の 2 ほど減少したことを示したブランチャードら（Blanchard and Simon, 2001）の実証研究を引用しつつ，同様の現象は（残念ながら，日本以外の）多くの先進工業国で共通してみられることを指摘している．そして，この大安定はいったいどういう原因によるのかと自問し，三つの可能な答えを与えた．(1) 幸運，(2) 在庫管理技術の発達，IT 化やサービス化，金融市場の高度化，国際資本移動の自由化などの経済の構造変化，(3) 金融政策の進歩である．バーナンキは，自分の見解は FRB の他のメンバーの見解を必ずしも代表するものではないと，慎重に断りを入れながら，大安定には金融政策の進歩が大きく貢献したはずであると論じたのである．

　しかしながら，この二つの講演の後まもなく，バーナンキの前任者であったアラン・グリーンスパンの言葉を借りれば，「百年に一度」の金融危機がアメリカを襲ったのである．そのショックは，グローバル化した金融市場と各国間の緊密な貿易ネットワークを通してまたたく間に広がり，世界経済全体が 1930 年代の大恐慌以来の経済危機に陥ってしまった．「大安定」が「大不安定」になってしまったのである．

　確かに，ロバート・シラー（Shiller, 2000）やヌリエル・ルービニ（Roubini, 2006）や BIS（国際決済銀行）のエコノミストのように今回の金融危機のような事態が起こる可能性に警鐘を鳴らしていた経済学者は何人もいた．だが，彼らの意見はあくまでも少数意見にとどまり，学界の中や政策担当者の多くは危機の寸前まで「大安定」を信じていた．経済学，すくなくとも主流派のマクロ経済学は，この金融危機によってまさに「危機」に陥ってしまったのである．例えばポール・クルーグマン（Krugman, 2009）は，過去 30 年間のマクロ経済学の発達を「良く言ったとしても，見事なほど無用，悪く言えば，確実に有害」であったと断罪している．私自身も，ミルトン・フリードマンの「自然失業率仮説」やロバート・ルーカスの「合理的予想形成理論」，さらにはエドワード・プレスコットらの「実物的景気循環論」など，1970 年代以降の経済学界を支配してきた新古典派的なマクロ経済理論の「発達」は，経済学にとって大いに有害であったと考えている．

だが，すでに金融危機の発生から何年も経っている．多くの懸念材料が残っているが，世界経済はすくなくとも危機の一番底からは脱出した．特に多くの途上国の経済は，新たな成長経路に入りつつある．それに呼応して，経済学もそろそろ自らの危機から脱出をはかる時期に来ているはずである．過去の過ちをたんに断罪し続けるだけでなく，過去の過ちから学んで，経済学，とりわけマクロ経済学を再構築していく作業に取りかからなければならないのである．

経済学の危機とは，同時に，経済学の再生の契機でもある．それは，とりわけ若い世代の経済学研究者にとっては，学問的に大きな貢献ができるまたとないチャンスとなるはずのものである．

これには大変良き先例がある．アーヴィング・フィッシャー（Fisher, 1867～1947）である．イェール大学のフィッシャーがアメリカ最高の経済理論家の一人であることに反対する人はいないだろう[1]．19世紀末から20世紀の最初の四半期にかけて，数理的価格理論，資本と利子の理論，貨幣数量説など，現在の新古典派的経済学の基礎となる仕事を次々と発表した．新古典派経済学とは，アダム・スミスの末裔である．それは，市場とは価格メカニズムに導かれて，効率性と安定性をともに保証する均衡状態に常に向かっていく傾向を持っているという「見えざる手」の思想の数学的な表現に他ならない．フィッシャーは，自らが築きあげた新古典派経済学の思想に忠実に，1920年代後半のアメリカの株式市場における価格の高騰は，アメリカ経済の実体が好調であることの反映であると信じていた．いや，信じているだけでなく，機会があるごとに株価に関する強気の発言を繰り返し，他方で自ら株式市場への巨額の投資をし続けたのである．1929年10月17日には「株価は永久に続く高原状態に到達した！」，さらに10月23日には「大多数の株価は暴騰などしていない！」と宣言した．しかし，その翌24日，株価は暴落し，大恐慌の引き金が引かれてしまった．フィッシャーは，学問の名声と個人の資産をともに失ってしまうことになったのである．

だが，フィッシャーの物語には続きがある．イェール大学の学長が提供してくれた家に仮住まいしながら，フィッシャーはまさに眼前で進行している大恐慌を理論と実証の両面から集中的に研究し始めた．そして，早くも1932年に『好況と不況』という本の中でその成果を発表し，大恐慌の「負債デフレーシ

---

[1] 例えばミルトン・フリードマンは，アーヴィング・フィッシャーについて「アメリカがこれまでに生んだ最高の経済学者である」と述べている（Friedman, 1994）．

ョン」理論を提示することになった（Fisher, 1932; Fisher, 1933）．齢65にして，経済の均衡状態を叙述する新古典派経済学者から経済の不均衡過程を分析する危機の経済学者に，少なくとも部分的に変身を遂げたのである．フィッシャーの負債デフレーション理論は，ケインズ経済学のような体系性は持っていないが，それと並ぶ「危機の経済学」に関する最大の業績と見なされており，今回の大不況に関する研究でも盛んに引用されている．

　本書の目的，いや目標は，少し大げさに言えば，フィッシャーの範に習うことである．日本学術会議経済学委員会の総力を結集して，今回の金融危機とその後の大不況を分析し，経済学の新たなパラダイム構築のための足掛りを造ることなのである．ただし，日本「学術」会議という名にふさわしく，自分たちの最先端の研究を学問的厳密さを犠牲にせずに提示することに重きを置いた．

　ただ，ここで疑問が発せられるかもしれない．今回の金融危機や大不況に関しては，それこそ世界中で，様々な研究会やセミナーやシンポジウムが開かれており，様々な学術論文や研究モノグラフや解説本が出版されている．しかもインターネットの発達により，その多くは比較的簡単に入手できる．それなのに，この日本においてこのような本を出版する意義は存在するのか．主として英語で書かれ文献の紹介や翻訳をしたほうが効率的なのではないか．そういう疑問である．

　実は，「日本」学術会議のメンバーがこのような書物を出版する一つの理由は，かなり不名誉なものである．私たちにとって，今回起こった金融危機や経済不況には既視（Déjà Vu）観があるからである．日本経済は，1980年代後半には株式市場と不動産市場においてバブルが発生し，1990年にバブルが崩壊した後，金融危機を経て1990年代から2000年代前半にかけて「失われた10年」いや「失われた20年」を経験した．まさにこの平成大不況の経験が，今回のグローバルな経済危機に関して「比較」の視座を私たちに与えてくれるのである．その意味で，本書の成果は，国際的な貢献にもなるはずである．

　2009年3月，私たちは日本学術会議の経済学委員会の下に「資産市場とマクロ経済学」という名の分科会を立ち上げ，まだ現在進行形であった今回の経済危機に関して数多くの研究会を行った．そして，その成果を集大成するために，2011年2月7日に「金融危機，資産市場の変化とマクロ経済」と題するシンポジウムを開催した．本書はそのシンポジウムに提出された9つの論文を基に編集されたものである．この終章も，本書の編者の一人がシンポジウムの

最後に行った「総括と展望」を敷衍したものであり，本書全体の解説を目的としている．ただ，全体像を与えるためには，統一的な視点が必要である．この終章では，今回の金融危機に関して本章の筆者自身が抱いた以下の 5 つの問題設定に即して，本書に収録された 9 つの論文の順番を再構成しながら解説を行ってみる．その 5 つの問題設定とは以下の通りである．

①理論分析：どうして，このような危機が起こるのか？
②実証研究：どのようにして，この危機が起こったのか？
③政策評価：どのような政策がとられ，どういう効果をもったのか？
④政策提言：これからどのような政策が必要か？
⑤理論開発：どのような理論を新たに開発しなければならないのか？

ただ，①の理論分析と②の実証研究とは往々にして切り離しがたく，この終章では，「どうしてこのような危機が起こり，どのようにしてこの危機が起こったのか？」という題目の第一節にまとめることにする．第一節では第 4 章の柳川・平野論文，第 1 章の小川論文，第 7 章の高安論文，第 2 章の宮越・高橋・島田・佃論文が解説される．以下，「危機に対してどのような政策がとられ，どういう効果をもったのか？」と題された第二節では，③の政策評価に関する論文として第 8 章の福田論文と第 3 章の本多・立花論文が解説され，「危機以降，どのような政策をとればよいのか？」と題された第三節では，④の政策提言に関連する論文として，第 5 章の瀬古・隅田・直井論文，第 6 章の大竹・小原論文，第 9 章の翁論文が解説される．「どのような理論を新たに開発しなければならないのか」という⑤の問題設定に関しては，この章の最後の節で簡潔に触れることにする．それでは，9 つの論文を，以上のような順番で解説してみよう．

第一節：どうしてこのような危機が起こり，どのようにしてこの危機が起こったのか？

第 4 章「バブルと金融システム」（柳川範之・平野智裕）

今回の危機，日本の平成不況，30 年代の大恐慌，そしてキンドルバーガー (Kindleberger and Aliber, 2005) やレインハート＆ロゴフ (Reinhart and Rogoff, 2009)

によれば，これまでの数多くの金融危機は，ほぼ例外なく，株式市場や住宅市場での大規模なバブルが先行している[2]．では，バブルとは一体どのような現象なのか？ それはどうして起こるのか？ また，どういう時に起こりやすいのか？ この問いに対して答えようとしたのが，柳川範之・平野智裕の第4章である．

世間では，住宅市場や株式市場において価格が長い期間にわたって高騰していることがバブルだと見なされている．しかし，経済学においては，価格が高騰し続けているだけでは，バブルとは言わない．どのような市場でも，需要の拡大や供給の縮小が長い期間続くか，あるいは続くことが予想されれば，需給を均衡させる価格はやはり長い期間上昇し続けるはずだからである．

ここで，株式であっても住宅であってもよいが，良く整備された市場で売り買いされる資産を考えてみよう．すべての投資家がいったん購入した資産は転売せずにずっと持ち続けると想定した場合に成立する価格は，「ファンダメンタル価格」と呼ばれる．それは，理論的には，その資産が将来生み出すと予想されるインカム・ゲイン（株式ならば配当，住宅ならば賃貸料）の現在価値として定義できる．バブルとは，経済学では，市場で実際に成立する価格がこのファンダメンタル価格から長期間にわたり乖離する現象として定義されるのである．

確かに，熱狂や陶酔や錯乱や狂信や無謀などと形容される投資家の非合理的な売買活動によってバブルが引き起こされることも多い．だが，柳川・平野論文が強調するのは，どのような資産でも投機の対象になると，通常のファイナンス理論の想定に反して，例え市場参加者が全員合理的であってもバブルは起こりうるということである．投機とは，インカム・ゲインのためでなく，転売によるキャピタル・ゲインを目的として資産を売り買いすることである．そして，投資家にとっては，現在の市場価格がファンダメンタル価格を超えて上昇し続けていても，さらなる価格の上昇が予想されているならば，将来転売してキャピタル・ゲインを得るために現在買いを入れるのは合理的な行動である．そして，その結果，実際に価格が上昇してしまう．このような価格上昇の予想が自己実現的に実際の価格の上昇を生み出して行くとき，「合理的バブル」が発生したというのである[3]．

---

[2] Reinhart and Rogoff（2009）10章の10-8図は，1990年代以降の重要な金融危機において住宅バブルのピークおよびその崩壊期間と金融危機の発生との間の時間的タイミングを要約している．
[3] ここで，一つの重要な条件を付け加えておく．もしすべての人間が永久に生き，その合理性を

もちろん，合理的バブルが存在するためには，より高い価格で買い支えてくれる人間が未来永劫にわたって市場に参入し続けてくれなければならない．そのためには，投資資金となる所得の成長率がバブルによる資産価格の上昇率より高くなければならない．一方，バブル資産の保有と通常の債券の保有との間で裁定（一物一価）が成立するためには，価格上昇率は名目利子率に等しくならなければならない．したがって，経済成長率が名目利子率より高いと予想されることが，合理的バブルが発生するための必要条件となる．

ただし，この条件は十分条件ではない．実は，投機的な資産市場は本質的な非決定性をかかえており，合理的バブルとなりうる価格上昇経路は理論的には無限に存在する．例え投資家が全面的に合理的であると仮定したとしても，ファンダメンタル価格が維持される場合も含めて，どのような価格経路が実現するかは事前には予測できないのである．だが，少なくとも，経済成長率の上昇や名目利子率の下落はバブルが発生しやすい環境を作り出すということだけは言える．事実，1920年代後半のアメリカ，1980年代の日本，そして2000年代前半のアメリカにおける株式や住宅市場のバブル（そして，キンドルバーガーやレインハート＆ロゴフによれば，これまで歴史的に記録された多くのバブル）の直前には，まさに強気の成長予想や過度の低金利政策が存在したのである．

柳川・平野論文は，このような合理的バブルの理論の解説を行った後，借入制約という形の市場の不完全性を金融システムに導入した独自のモデルを提示する．モデルの詳細は省くが，柳川・平野両氏はその分析から大変興味深い結論を導いている．それは，潜在的な意味での成長率が利子率よりも低く，金融市場が完全であれば合理的バブルが発生しない場合でも，市場に不完全性があると，合理的バブルが発生しうるということである．なぜならば，市場の不完全性は経済成長率と利子率をともにその潜在水準以下に押し下げることによって，実際の成長率を利子率よりも高くしてしまうことがあるからである．ただし，市場の不完全性があまりにも大きいと，経済成長率が著しく阻害され，合理的バブルは起こりにくくなる．このことは，金融の自由化によって人々の借り入れが容易になるとしても，少なくともその初期段階においては，バブルを

無限期間にわたって発揮できるならば，バブルは発生しない．バブルが発生するには，市場が完全な場合には，最適成長理論における「横断性の条件」が満たされていないことが必要である．但し，柳川・平野論文が示すように，市場に不完全性がある場合は，横断性の条件が満たされていても，バブルは発生しうる．

起こしやすい環境を作ってしまう可能性があることを意味する．

　柳川・平野論文はさらに，市場の不完全性が大きいときにはバブルは経済成長を促すが，市場がより完全になると，経済成長を低めてしまうという結論も導いている．

　これらの結論は，マクロ政策の存在を捨象した長期均衡に関する分析に基づくものであり，アメリカのFRB（連邦準備制度理事会）による人為的な低金利政策が大きな原因の一つに数え上げられている今回の金融危機に対してどれだけ説明力があるかは，明らかではない．しかし，金融市場が自由化されれば金融危機は起こりにくくなるはずだというこれまでの経済学における暗黙の想定の再考を促す，大きな意義をもっている．

　実は，第1章の小川一夫論文も，金融自由化と金融危機との関係について考察したものである．だが，小川論文が綿密な実証分析によって明らかにするのは，いわゆる金融自由化なるものが逆に市場の不完全性を高めてしまう可能性なのである．

第1章「金融革新と銀行行動――金融危機の発生メカニズム」（小川一夫）

　アメリカの住宅市場は2000年代に入り明らかにバブルの様相を示し始めた．金融危機寸前まで，ファイナンスの理論家や金融機関の関係者などの間では（大恐慌前夜のアーヴィング・フィッシャーのように）バブルが起きていることすら否定する意見が強かったが，危機以降はさすがにそういう意見は消えてしまった．この住宅バブルが，当初は格差対策として国策的に導入されたサブプライムローン（不安定な所得や不払い経歴を持つ個人への住宅を担保とした貸し付け）の拡大によって引き金を引かれ，住宅バブルの進展がさらにサブプライムローンの拡大を促してしまったことは，多くの人が指摘していることである．そして，一部のサブプライムローンの不良債権化（焦げ付き）が表面化したことを契機に住宅価格の上昇が止まり，それによってサブプライムローンの不良債権化がさらに増大してしまうという悪循環を通じて，バブルが突如崩壊してしまった．その結果，サブプライムローンに直接的間接的に関与していた金融機関の財務状況が急速に悪化し，2008年9月にはアメリカの大手投資銀行リーマン・ブラザーズが破綻し，グローバルな金融危機，続いてグローバルな経済不況が起こってしまったのである．

　ただ，貸出債権（ローン）の一部が不良債権化するのは，景気の下降期には

一般的にみられる現象である．問題は，なぜ今回，アメリカにおけるサブプライムローンの不良債権化というローカルな問題がかくも大規模な影響を持つことになり，グローバルな金融市場全体を巻き込んだ大危機につながってしまったのかということである．小川論文は，その問いに対する一つの答えを，1980年代から始まった金融自由化の流れの中で，90年代から急速に普及した「証券化」という金融技術革新に見いだしている．

伝統的な金融システムにおける信用供給は，主として商業銀行による泥臭い金融仲介によって行われていた．銀行は家計や企業から集めた預金を直接家計や企業に貸し出していたのである．貸し出しの際は，貸出先の返済能力を汗水垂らして審査し，ひと度貸出しすれば，ローン（貸出債権）は自らのバランス・シートの中に留めておき，貸出先の返済実績や経営活動をやはり汗水垂らして監視することによって，その価値を維持していたのである．すなわち，銀行が個々の貸出先と長期的に維持する契約関係によって，貸出行動に必然的に伴う情報の不完全性が一定程度克服されてきたのである．

ところが，90年代から，アメリカの金融の中心が商業銀行から市場金融仲介機関に大きく移行し始めた．市場金融仲介機関とは，ファニー・メイやフレディ・マックという愛称が付いた政府支援の住宅ローン保証機関，ブローカー・ディーラーという資格を持った証券仲介業者，日本の証券会社に当たる投資銀行，資産を担保とする証券の発行者などのことで，その主要な業務は，多数の住宅ローンを銀行などから買い取り，それらを束ねて標準化したものを「資産担保付き証券」として市場で売却することである．これらの金融機関は，証券化という金融技術を使うことによって，これまで銀行が個別に行っていた金融仲介のリスク管理を，まさに証券市場で売り買いする多数の投資家の間でのリスク分散によって置き換える活動を行っているという意味で，「市場」金融仲介機関（Market-based financial intermediaries）と呼ばれている．

このような個別的な金融仲介から市場を介在させた金融仲介へのシフトのことを，銀行ビジネスの原債権保有（Originate-and-Hold）モデルから原債権分配（Originate-to-distribute）モデルへの転換と言うことがある．もちろん，ビジネスモデルの転換は，当の銀行にとってもメリットがなければ，ありえなかったはずである．事実，小川論文は，これまでの研究から，それは自己資本比率規制への対処，流動性の確保，信用リスクの軽減，さらに固有リスクの分散などのメリットが銀行にとってあったことを指摘している．今回の金融危機が起こ

るまでは，多くのファイナンス理論家や金融市場関係者は，このような転換が金融市場の効率性と安定性に多大な寄与をしていると主張していたのである．

　だが，小川論文が指摘するのは，その証券化が金融市場全体に及ぼした負の側面である．第一に，銀行は自分が行ったローンに関しては外部の人間や機関が持たない情報を持っており，リスクの小さいローンは自らのバランス・シートに残し，リスクの大きいローンをできるだけ市場金融仲介機関に売るインセンティブをもつことになる．「逆選択問題」である．第二に，ローンを売却していつでも自分のバランス・シートから切り離せることになると，銀行にとって汗水垂らして事前に審査をしたり事後の監視をするインセンティブが薄れてしまい，無責任な借り入れを誘発してしまうことになる．「モラル・ハザード問題」である．第三に，市場金融仲介機関が売却した資産担保付き証券は，多数の投資家が保有することによってリスク分散が行われていると考えられていたので，個々の投資家はその信用リスクを精査するインセンティブを持たないことになる．すなわち，証券化による貸付債権の市場化は，それに関する情報の本来的な生産者である銀行行動を変化させることによって，金融市場全体が持つ「情報の質」を大きく低下させてしまった可能性があるのである．

　小川論文は，まさにこの可能性に関してアメリカの銀行を対象にした綿密な実証分析を行い，上述の理論的予測を裏付ける次のような結果を得ることになった．第一に，規模が大きく，信用リスクの高い銀行がリスクの移転を目的として証券化を行っていること，第二に，証券化によって銀行は預金以外に流動性を獲得する手段を得たことになり，その結果，預金に裏付けられない貸し出しを大幅に増やしたこと，第三に，証券化の度合いが大きい銀行ほど，事後的に不良債権比率が高くなっていること，である．このような市場が処理する情報の質の低下が，金融市場に大きな不安定性をもちこむことになった．そして，ひとたび市場における情報の質が疑われ始めると，不良債権比率が上昇し始めたとき，どの証券の背後に不良債権が隠されているか分からないことから，市場全体でパニックが起こってしまい，今回のグローバルな金融危機につながってしまったのである．

　小川論文の面白さは，このグローバル金融危機を日本の経験と比較していることにもある．日本でも1980年代半ばからの金融の自由化によって，大企業の資金調達が銀行借り入れという間接金融から資本市場における直接金融にシフトするにつれて，銀行，特に大銀行の貸し出し行動に変化が起こった．大企

業という優良な貸出先を失った銀行は，その頃進展していた不動産バブルに乗じて，これまで貸し出しの対象に余りならなかった中小企業や個人に対して不動産を担保とする貸し出しを増やさざるを得なくなった．だが，それは，従来培ってきた審査や監視のノウハウの有効性を失わせ，金融市場における情報の質を大きく低下させてしまったのである．そして，不良債権比率の上昇が表面化すると，不動産バブルが崩壊し，さらに大量の不良債権が積み上がり，金融危機が起こってしまったのである．

グローバル金融危機も日本の金融危機も，銀行による個別の審査と監視によって管理してきた従来型のリスク管理を，市場によるリスク分散機能に置き換えてしまおうとした金融自由化それ自体によって引き起こされてしまったのである．確かに金融自由化は金融市場のミクロ的な効率性の増大に大きく貢献した．だが，情報の質を維持するための制度設計を欠いた単なる自由化は，まさにマクロ的な金融危機への招待状に他ならなかったのである．

第7章「金融市場におけるリスクと特性——複雑システムの物理学の視点から」（高安秀樹）

第7章の高安秀樹論文は，本書に収録されている他の論文とは色彩を大いに異にし，経済物理学という新たな学問領域から今回の金融危機を考察している．それは，経済物理学がどのような学問であるのかを知るためだけにも読む価値がある．同時に，それは経済学やファイナンス理論の伝統的な枠組みをもう一度問い直すための有効な視座も与えてくれるはずである．

高安論文が指摘するのは，経済現象，特に金融市場に関連する多くの変数は，通常の計量経済学やファイナンス理論が想定する「正規分布」やその拡張型ではなく，「ベキ分布」に従っているということである．金融市場の価格変動率がまさにそうであるが，他にも個人所得，個人資産，企業の売上高，企業成長率，企業の取引相手数，金融機関の資産総額などもそうである．

正規分布とは釣り鐘の形をしており，確率変数の値が平均値から離れるとその発生頻度は極端に小さくなっていく．よく知られているように，正規分布に従う確率変数に関しては，サンプルを数多く集めて平均するとその値は急速に真の平均値に近づいていくという「大数の法則」が成立する[4]．これに対して，

---

4) ただし，大数の（強）法則は，もっと一般的であり，正規分布に従わない確率変数でも，分散が一様に有界で共分散の平均値がサンプル数の増加よりうんと速い速度でゼロに収束すれば成立

ベキ分布とは変数の値が s よりも大きくなる確率が $(s/s_0)^{-a}$ (但し $s \geq s_0 > 0$ かつ $a>0$) で表される分布である．尾長 (Long-tail) 分布と称されることもあるように，その最大の特徴は，極端な値をとるサンプルの発生頻度が正規分布などより桁違いに大きく，平均や分散が意味を持たなくなることである (例えば分布のベキ数 a が2以下であれば分散は無限大になり，1以下であれば平均も無限大になってしまう)．当然のことながら，大数法則は成立しない．

ファイナンス理論 (あるいは金融工学) が1970年代に開発し，アメリカの金融市場が80年代から実際に取引を始めたいわゆる金融派生商品は，当初は価格の変動率が基本的には正規分布に従うことを想定していた．それだからこそ，ファイナンス理論家や金融市場関係者は，金融派生商品の取引量が拡大すればするほど，大数の法則の働きによって，金融市場が持つリスク分散機能が高度化し，経済全体の安定化に貢献するはずだと主張していた．だが，高安論文によれば，金融派生商品の価格変動率はべき分布的な振る舞いをしてきたことが実証されているという．それゆえ，正規分布の想定の下で価格の計算をして売買する投資家は大きな価格変動のリスクを過小評価することになり，金融派生商品の市場全体がリスク分散とは逆にリスク増幅機能をもってしまう可能性が生まれることになる．その可能性が最初に現実化したのが，1987年のブラックマンデーであった．

その後，ファイナンス理論は精緻化され，ベキ分布も考慮にいれ始めることになった．だが，分布のパラメータを過去のデータから推計しようとしても，データ数が少ない時にはその推計値が信頼性を持たないというべき分布に本質的な問題は克服できておらず，リスクの大幅な過小評価の可能性を抱えたままである．さらに高安論文は，金融派生商品に関して，(a) 市場間の価格変動の相関性は平時には低いように見えるが，危機において急激に高まること，(b) 個別の価格変動に関しても時系列的な相関が非常に高く，継続した売買が巨大な損失を累積していく確率が高いこと，さらに (c) その取引が多くの場合相対で行われることから価格情報が共有されにくいことなどを指摘している．これらの問題の複合的な結果として，リーマン・ショックから始まる大規模な金融危機が引き起こされてしまったと言うのである．

では，なぜ金融市場は，大変動の発生頻度が正規分布よりも桁違いに大きい

する．

ベキ分布的な振る舞いをするのだろうか？ この問いに対して，高安論文は，「ネットワーク」と「脆性破壊」という二つの物理学的な概念が適用可能であることを示唆している．

このうちネットワークについては，改めて説明する必要はないだろう．ただ，重要な点は，日本国内の100万社の取引関係の分析から，企業ネットワークが一種の入れ子構造（フラクタル性）をしていることが明らかになったことである．すなわち，多数の小企業が幾つかの中企業を結節点として繋がり，多数の中企業が幾つかの大企業を結節点として繋がり，さらに多数の大企業が幾つかの大々企業を結節点として繋がっているというような構造のことである（もちろん，階層を縦断する繋がりも多数ある）．これは，どの入れ子の階層であれ，結節点にある企業に問題が発生すると，その効果は連鎖反応的に多数の企業に広がってしまうことを意味することになる．

また，脆性破壊とは，言葉は難しいが，基本的には，量の変化がある閾値を超えると質の変化に転換することである．例えば，ガラス棒の両端に力を加え続けると，初めは弾性を持って撓んでいくが，ある時点で突然ボキッと折れてしまう．それと同様に，企業倒産も一種の脆性破壊的な現象と見なすことができる．企業の事業活動は，負債額が資産額を下回っている限り継続していくが，上回った時点で清算されてしまうからである．債権者の立場から見れば，事業が継続されている限り資産として計上していたその企業への債権（の少なくとも一部）が，倒産を境に無価値になってしまう（但し，企業倒産には様々な形態があり，純資産額がマイナスになっても事業を継続するケースもあるので，物理現象ほど非連続性がはっきりはしない）．そして，ひとたび結節点にある企業が倒産すると，それとネットワーク的に繋がっていた多数の企業が同時にその影響を受け，それまで安定的であるように見えていた市場や地域や産業や一国経済やグローバル経済が突如不安定な様相を示すことになるのである．これは，まさにベキ分布の世界に他ならない．

今回の金融危機に関する多くの研究で，第2章で小川論文が示したような銀行貸し出しの証券化や第9章で翁論文が示唆するようなシャドウ・バンキングの登場などによって，金融機関同士がバランス・シートを通して緊密なネットワーク関係に入り込み，その結果として金融市場全体の不安定性が増幅されてしまったことが指摘されている（Adrian and Shin（2010），およびGorton（2009）等を参照のこと）．高安論文は，経済物理学という視点から，このような不安定

性問題を統一的に把握する枠組みを提示したのである．

第2章「サブプライムローン問題の日本経済への影響――日本を襲った2つの金融危機」（宮越龍義・高橋豊治・島田淳二・佃良彦）

　これまでの3つの論文は，基本的には金融危機について論じたものであった．金融とは，生産活動や消費活動に伴う時間やリスクや契約義務を実際には生産や消費に従事していない人に（一定の価格と交換に）負担してもらう仕組みであり，その本来の目的は，実体的な経済活動をより効率的にすることにある．だが，金融活動は実体経済の単なるヴェイルではない．1930年代の大恐慌，1990年代からの日本の失われた10年・20年，そして今回のグローバル経済危機は，いずれも金融市場における危機が実体経済に波及し，企業の倒産率や労働者の失業率を急増させ，GDPに大きなマイナスの影響を与えている．

　過去20年の間に，日本経済は大きな金融危機に2度襲われた．一度目は，1990年の1月の株式バブルの崩壊による自国発の金融危機であり，二度目は，2007年3月から始まったサブプライムローン危機によるアメリカ発の金融危機である．宮越龍義・高橋豊治・島田淳二・佃良彦の諸氏の第2章の論文は，この2回の金融危機における金融部門と非金融部門のリスク相互の因果関係を分析することによって，金融市場と実体経済との繋がりを実証的に明らかにし，危機に対する適切な政策のあり方も示唆しようとする試みである．

　ただ，金融と実体との繋がり方を実証するといっても，危機とは短い期間に起こるものであり，通常のマクロ経済学で使われるような倒産率や失業率，収益率やGDP変化率などの月次や四半期のデータでは時間的に粗すぎる．宮越・高橋・島田・佃論文のイノヴェーションの一つは，外国部門，金融部門，実物部門それぞれのリスクの尺度として，外国企業，金融産業，非金融産業それぞれが発行する社債のリスク・プレミアム（それぞれの利子率と安全資産である国債の利子率との差）を用いたことにある．これによって日次のデータが使え，各部門のリスクの間の因果関係が統計的に分析できることになるのである．そして，詳細な分析の結果，宮越・高橋・島田・佃論文は次のような結果を得ている．

　（1）　1990年代のいわゆる「失われた10年」においては，これまでの通説通り，金融部門のリスクが一方的に非金融部門に波及した．すなわち，バブルの崩壊が，金融機関が保有する貸出債権の不良化やその担保価値の急落をもた

らし，大量の倒産や，倒産を免れたとしても貸し渋りや貸し剥がしを行うことになり，結果として，非金融部門の企業倒産や生産縮小が引き起こされてしまったのである．

（2）ところが，2000年代においては，リスクの因果関係が金融部門から非金融部門への方向だけでなく，逆の方向にも働くようになった．宮越・高橋・島田・佃論文が指摘するのは，1990年代に日本の政策当局がとった政策は，公共投資の拡大という伝統的な財政政策であり，危機の中心であった金融部門に向けられたものではなかったということである．その結果，金融部門のリスクが非金融部門に波及し続け，さらに非金融部門のリスクが金融部門のリスクを高めるという悪循環が起こり，日本経済は1990年代末にはマイナスの成長率を経験することになる．第8章の福田論文と第3章の本多・立花論文が詳しく論じるように，こうした状況に直面し，1999年から日本銀行は金融部門に向けて非伝統的な金融政策を採用することになり，事態はようやく改善に向かうことになる．日銀が「失われた10年」いや「20年」が終息したと判断したのは2006年7月であった．

（3）それから間もなくの2007年3月，アメリカにおけるサブプライム問題が表面化する．宮越・高橋・島田・佃論文は，このような外国発の金融リスクは，大幅な輸出の減少を通して日本の非金融部門にショックを与えただけではなく，日本の金融部門のリスクも上昇させたことを検証している．それと同時に，2008年9月のリーマン・ブラザーズ破綻後直ちに外国でも日本でも拡張的な財政金融政策が実施され，その結果，金融部門と非金融部門のリスクが相互に浸透しあうという事態は，すくなくとも2010年5月までは避けられていることも示している．

（4）だが，日本経済は財政再建問題を抱えている．またシンポジウムの後に発生した東日本大震災と福島第一原子力発電所事故は実体部門を大きく揺るがしており，適切な政策が施されないと，金融部門と非金融部門のリスクが2000年代のように相互浸透し始める危険性があることを宮越・高橋・島田・佃論文は最後に指摘する．

第二節：危機に対してどのような政策がとられ，どういう効果を持ったのか？

第8章「グローバル金融危機と中央銀行の対応――日本における「非伝統的金融政策」の経験から」（福田慎一）

　2000年代の日本経済は「流動性のわな」の状態にあったと言われる．サブプライム危機後のアメリカ経済も同様である．一方で財サービス市場において総需要が大きく停滞し（IS曲線の左側シフト），他方で金融市場において流動性選好が大きく増加し（LM曲線の下方シフト），貨幣需要が名目利子率の低下にほとんど反応しなくなってしまったのである．その時，教科書的なケインズ経済学の解説に従えば，財政政策は有効であるが，金融政策は無効になってしまう．しかも，日本の場合は，1990年代に大規模な財政出動を行ったが，（第2章の宮越・高橋・島田・佃論文も指摘しているように）それによる景気浮揚効果はほとんど見られなかった結果，90年代後半に入ってからは政府債務残高の対GDP比率が1を越えて上昇し続けることになった（なぜ90年代に財政政策が目に見える効果を持たなかったのかは，これからの重要な研究課題であろう）．それは，皮肉なことに，教科書的には財政政策が有効であるとされる流動性のわなの状態において財政規律の縛りがかかり，さらなる財政政策の発動が困難になったことを意味する．しかも，伝統的な意味での金融政策は無効である．

　そこで，日本銀行は1999年2月に採用されたいわゆる「ゼロ金利政策」を皮切りとして様々な「非伝統的金融政策」を試みることになった．福田論文は，1990年代末から2000年代末にかけて日本で行われた非伝統的金融政策に関するこれまでで最も包括的な検討の一つである．

　非伝統的金融政策とは，(a) ゼロ金利政策，(b) 量的緩和政策，(c) 信用緩和政策，(d) 政策継続に関するコミットメント政策などがある．日銀による金融政策の本来の誘導目標は無担保コール・レート（オーバーナイト物）だが，ゼロ金利政策とはそのレート（利子率）をほぼゼロまで引き下げることである．量的緩和政策とは，日銀が短期国債などの安全資産を購入してそのバランス・シートを拡大する政策であり，より具体的にはベース・マネー（あるいはハイパワードマネー）を増加させる．これに対して，信用緩和政策とは，日銀がバランス・シートの総額は一定のままにして，資産勘定の中の短期国債を売却し，代わりに長期国債やリスク資産を購入することである．現実には，

信用緩和政策は量的緩和政策を伴うことが殆どであるが，原理的には，民間金融機関や民間企業が抱えている信用リスクの一部を肩代わりすることによって，金融資産全体の価格を下支えし，市場の流動性を維持することを目的としている．最後に，コミットメント政策は，ゼロ金利の継続という予想の形成を促すという時間軸効果によって，短期利子率の長期平均と相関して動く長期利子率を引き下げることを目的としている．このコミットメント政策が一定の効果を持ったことはこれまでの研究で確かめられている．

ひと度ゼロ金利政策がとられると，当然のことながらそれ以上の利子率の切り下げは不可能になる．従って，金融政策がどれだけ安定的な効果を持ったかは，他の指標をみる必要がある．福田論文では，主として三つの指標の動きを検討している．M2（マネーストック），コール・レートのスプレッド，社債のスプレッドである．日銀は日銀当座預金残高を増減することによってベース・マネーの大きさを直接コントロールできるが，M2，あるいはM2とベース・マネーの比率である貨幣乗数は，基本的には銀行の貸し出し行動によって決定される内生変数である．また，コール・レートや社債のスプレッドとは，それぞれの市場における利子率の最大値と最小値の差のことであり，借り手の間の信用リスクの違いを反映している．金融システムが不安定になると，コール・レートのスプレッドが広がり，実体経済が不安定になると，社債スプレッドが上昇する．

日銀は2001年3月に量的緩和政策を開始し，2002年11月に政策を強化した．だが，福田論文は，この量的緩和政策による大幅なベース・マネーの増大は，実際のM2の増加にはつながらなかったことを強調する．銀行の貸し出し行動にはそれほど大きな影響を与えなかったのである．では，この時の量的緩和政策は効果がなかったのか？この問いに対しては，福田論文はコール・レートのスプレッドが大きく縮小したことを指摘する．それは，量的緩和政策が信用緩和の作用ももっており，金融市場の安定化に貢献したことを意味するはずである（ただし，2002年11月から日銀は量的緩和政策を強化したが，その時同時にリスク資産の購入も行っている）．

さらに福田論文は，このような金融安定化効果が2008年9月のリーマン・ショック以降にとられた非伝統的な金融政策でも存在したかどうかを検証する．興味深いのはショック直後の利子率の引き下げはコール・スプレッドに殆ど影響しなかったのに対し，12月から始まった信用緩和政策は大きなインパクト

を持ったことである．また福田論文は，少なくとも 2009 年 2 月に日銀が社債の買い取りを始めてからは，社債スプレッドが大きく縮小したことを確認している．それは，この時の政策が，金融市場の安定化だけでなく実体経済の安定化にも寄与したことを示しているのである．

日本銀行は，2010 年 10 月からは「包括的な金融緩和策」の名の下に，基金を設置して，指数連動型上場投資信託（ETF）や不動産投資信託（J-REIT）といった実体経済に直結するリスク資産をも購入する意思決定をした．それは，金融政策が実質的には財政政策の領域にまで踏み込み始めたことを意味するが，その効果についてはまだ十分なデータが得られていない．

福田論文はさらに注意深く，信用緩和政策の副作用についても検討を加えている．信用緩和政策は，金融市場ならびに実体経済に対して一定の安定化効果を持った一方，コール市場などの短期の金融市場の市場メカニズムを大きく損ない，また日米の金利格差を利用した金融機関のモラル・ハザード的な行動も誘発したことを指摘することになる．

第 3 章「金融危機と日本の量的緩和政策」（本多佑三・立花実）

2008 年のリーマン・ショック以降，主要国の中央銀行も相次いで「非伝統的金融政策」を採用した．特にバーナンキ議長に率いられるアメリカの連邦準備制度（FRB）は，2008 年 11 月に第 1 次の量的緩和策（後に QE 1 と呼ばれる）を導入し，続けて 10 年 8 月に第 2 次の量的緩和策（QE 2）を行った．もちろん，そのことは，バーナンキ議長が連邦準備制度入りする以前の学者時代において，30 年代の大恐慌や日本の平成不況の研究によって知られていたことと無関係ではない．

現在，アメリカが導入した非伝統的金融政策の有効性やそのグローバルなインパクトについて全世界的に論争が行われている．ここで重要なことは，この非伝統的な金融政策については，日本銀行が世界に先駆けて導入したということである．しかも，可能な政策の選択肢が，インフレ率に対してのコミットメント政策（インフレ・ターゲット政策）以外には，ほぼすべて網羅されたという意味で，図らずも日本経済は非伝統的な金融政策の実験場としての役割を果たすことになったのである．日本銀行が行った政策に関して，日本国内の経済学者が厳密な検証をすることは，単に日本だけでなく，世界中の経済学界や政策当局にとって大きな意義をもつはずである．

第8章の福田論文は，90年代末からの日本の非伝統的な金融政策に関する包括的な分析であったが，M2の変化やコール市場・社債市場における利子率のスプレッドの変動というあくまでも「傍証」に基づくものである．これに対し，第3章の本多佑三・立花実論文は，日本銀行が2001年から2006年にかけて採用した量的緩和政策に的を絞り，それが実体経済に及ぼした影響をVARという計量手法を用いて直接に検証する試みであり，非伝統的な金融政策に関してこれまで現れた最も精緻な計量分析である．

　量的緩和政策の有効性に関してこれまでもいくつか実証研究が存在する．だが，その結果は必ずしもすべてが肯定的であったわけでなく，日本銀行においても，ベース・マネー拡大自体は殆ど効果がなかったと考えられていた（白川，2008，第18章参照）．おそらくそのことを一つの理由として，リーマン・ショックに対しては，アメリカやイギリスが信用緩和政策だけでなく量的緩和政策も採用したのにかかわらず，当の日本銀行は信用緩和政策に集中し，量的緩和政策の導入を見送っている．本多・立花論文は，まさにこのような量的緩和政策悲観論をくつがえすことになる．すなわち，2001年から2006年にかけてのゼロ金利下での日銀当座預金残高の増額によるベース・マネーの拡大は実質GDPを押し上げる効果を有意に持ったというのである．しかも，本多・立花論文は因果関係も明確にした．すなわち，ベース・マネーの増加は，物価水準には影響しなかったが，株価を上昇させる効果を持ち，その結果，GDPが押し上げられたと言うことである．具体的には，日銀当座預金残高1兆円の増額は，株価を0.2%から0.9%の範囲で上昇させ，鉱工業生産指数を0.03%から0.18%の範囲で増加させたのである．株価の反応のピークは5ヶ月後であり，鉱工業生産指数の反応のピークは7ヶ月後であった．

　もちろん，計量経済学的に検証された因果関係は，そのままではベース・マネーの増加がどのようなメカニズムを通してGDPの拡大を引き起こしたかを明らかにはしない．本多・立花両氏は，計量経済学者らしく，この点については禁欲的である．だが，論文のむすびにおいて，金融政策の有効性を議論するに際しては，金融市場での貨幣と債券との間の資産選択に議論を集中してきた教科書的なマクロ経済学モデル（IS・LMモデル）ではなく，貨幣と債券に加えて株式をも資産選択の対象に入れたモデルで考えなければならないという，重要な指摘を行っている．

　このように株式や他の実質資産も資産選択に組み入れた多数資産モデルは，

かつてジェームス・トービン（Tobin, 1969）が唱えたものである．実際，貨幣と債券はともに名目的な資産であり，両者の間の資産選択だけを考慮したモデルでは，債券の名目利子率がゼロ近くまで小さくなる「流動性のわな」の状態では，ベース・マネーを拡大する金融政策に関してはインフレ予想をなんとか生みだして実質利子率を下落させる効果しか残されてない（これが「インフレ・ターゲット」論である）．これに対して，株式とは企業利潤への配当請求権であるという意味で実質資産という側面を強く持っている（不動産担保証券なども同様である）．従って，貨幣，債券に株式を加えた3資産モデルで考えると，例えゼロ金利政策によって金融市場における貨幣と債券の間の価格メカニズム（利子率調整機能）が働かなくなったとしても，貨幣と債券を一括した名目資産と株式のような実質資産の間には価格メカニズムが働く余地が残されていることになる．従って，ベース・マネーの拡大によって，貨幣と債券とを足し合わせた名目資産全体の残高を（株式の総額に比べて）増大させることができるならば，相対的に稀少になる株式の実質収益率が押し上げられ，株価の上昇をもたらすというメカニズムが生み出されるはずである．

　ベース・マネーの拡大が株価を上昇させるという本多・立花論文が見いだした計量的因果関係が，はたして以上のようなメカニズムによるものか，それともベース・マネーの拡大に伴う信用緩和などの効果によるものかは，さらなる検証を待たなければならない．だが，この論文が，金融危機の下での金融政策の有効性という問題に対して貴重な手がかりを与えてくれたことは確かである．

第三節：危機以降，どのような政策をとればよいのか？

第5章「不動産価格の変動とマクロ経済への影響——転居阻害要因と住宅価格変動の分析から」（瀬古美喜・隅田和人・直井道生）

　これまで，今回の金融危機に関して，第一節で，なぜこのような危機が起こるのか，そしてどのようにしてこの危機が起こったのかを分析し，第二節で，どのような政策がとられ，どういう効果を持ったかを検証してみた．だが，100年に一度かどうかはともかく，グローバルな金融危機はすでに起こってしまった．残された問題は，このような金融危機の再来を防ぐためには，一体どのような政策の策定や制度の設計が必要かを検討することである．

　第1章の小川論文は，サブプライム危機や日本の平成不況の背後に，不動産

などを担保とする貸付債券の「証券化」が金融市場全体が持つ情報の質を大きく低下させたことを見いだしていた．これに加えて，不動産価格の増減それ自体が，企業や家計が借り入れ時に差し出す担保価値を増減させることによって借入上限額を上下させ，投資や消費の変動を増幅させてしまうという流動性制約メカニズムの重要性も指摘されている（流動性制約メカニズムに関しては，Kiyotaki and Moore（1997）や Bernanke and Gertler（1999）を参照のこと．第4章の柳川・平野論文後半で論じられた金融市場の不完全性とは，このような流動性制約が存在している状態を指している）．

　第5章の瀬古美喜・隅田和人・直井道生の三氏の論文は，金融危機それ自体を直接扱った論文ではない．だが，それは，日本とアメリカにおいて，住宅担保価値の変動が流動性制約を通して家計の転居行動にどう影響し，それが逆に住宅価格の変動にどう影響するかを分析することによって，上述の流動性制約メカニズムの存在を間接的に検証するものとなっている．ここで重要なことは，日本とアメリカとでは，住宅ローンに関する制度に大きな違いがあることである．日本では，リコース・ローン（遡及型融資）制度がとられており，ローンが返済されないときには担保物件以外の資産にも請求権がおよぶが，アメリカにおいてはノンリコース・ローン（非遡及型融資）制度が採用されており，ローンが不履行になっても，貸し手である銀行は担保物件しか請求できない．これは，無限責任と有限責任の違いと言ってもよい．なぜならば，リコース型の融資制度の下では，担保住宅の価値が住宅ローン残高を下回っても家計はローンを負担し続けるが，ノンリコース型の融資制度の下では，担保住宅の価値が住宅ローン残高を下回ると，家計は意図的に自己破産してローン支払いを放棄してしまうインセンティブを持つことになるからである．

　瀬古・隅田・直井論文の最大の貢献は，リコース型の日本の住宅市場においては，住宅価格の下落は，住宅を含めた総資産額が住宅ローン残高を上回っている家計に対しては，買い換え用の頭金の調達を難しくさせ，転居率を押し下げる効果を持つが，すでに下回っている家計の場合は，初めから頭金調達は困難であって転居率には殆ど影響しないという，転居行動の非対称性を実証したことにある．ノンリコース型のアメリカの住宅市場ではこのような非対称性は存在しない．これによって，流動性制約の存在が住宅市場における人々の行動を左右することが厳密に検証されたことになる．だが，本書全体の枠組みの中でより意義があるのは，日本とアメリカの住宅ローン制度の違いによる家計の

転居行動の差異が，住宅価格の変動パターンをも変化させてしまうことを実証的に明らかにしたところにある．リコース・ローン下の日本では，住宅価格が下落し，家計の総資産価値が住宅ローン残高を下回り始めても，転居が極端に阻害されていることによって，住宅価格のさらなる下落が抑えられていることが確認される．これに対して，ノンリコース・ローン制度を採用しているアメリカでは，担保住宅の価値が住宅ローン残高を下回ると，家計の意図的な自己破産の増大により，転売市場での住宅供給が増加し，住宅価格はさらに下落していく傾向が見られるのである．

この実証結果は，住宅市場における融資制度の設計に対して難問を突きつけることになる．ミクロ経済学的な視点からは，ノンリコース型のほうが住宅市場の効率性を高める可能性が大きい．第一に，借り手が自己破産した担保物件の所有権が貸し手に渡るということは，担保となる住宅の質を精査するインセンティブは借り手である家計よりも貸し手である銀行が持つことを意味する．一般に，銀行のほうが家計よりも住宅に関する専門的知識が高いはずであり，それは住宅の質の向上に貢献するはずである．第二に，住宅市場におけるショックの影響が住宅市場の近傍に留まっているならば，住宅価格の自由な変動は市場メカニズムを早く作動させ，均衡の回復を助けることになるはずである．だが，今回の金融危機が示したのは，情報の質の改善という第一のメリットが，第1章の小川論文が論じたように，証券化による銀行行動の変化によって打ち消されてしまう可能性であった．さらに，マクロ経済学的な視点からは，住宅価格の大きな変動は，流動性制約メカニズムが存在する限り，担保価値の変動を通して住宅市場から財サービス市場に波及し，実体経済の不安定性を拡大する可能性も見逃すことができない．

ここに，ミクロ的な効率性とマクロ的な安定性との間の二律背反という根本的な問題が浮かび上がってくる．この問題については，第9章の翁論文と最終章において再び論じることにしよう．

第6章「貧困率と所得・金融資産格差」(大竹文雄・小原美紀)

今回のような経済危機においては，企業の倒産や労働者の失業などが急上昇し，貧困問題がメディアなどで大きく注目されることになる．しかも，危機の最中の2009年，厚生労働省が日本の2006年の相対的貧困率は15.7%であり，OECD諸国の中でも高い水準であったという報告を行い，多くの人に衝撃を

与えた．現在，日本経済はサブプライム危機に続き，東日本大震災と福島第一原子力発電所事故による経済危機の最中にあり，人々の意識はその対策に集中している．だが，この危機がいつか終息した暁には，長期的な視点からの貧困対策が活発に論じられることになるはずである．大竹文雄・小原美紀の両氏の論文は，1984年から2004年の間の貧困率の変遷を，全世代だけでなく，年齢階層間の比較および各年齢階層内の格差にまで踏み込んで分析することによって，貧困対策に関して日本ではこれからは何を主要な課題とすべきかを示唆する貴重な貢献である．

　日本における80年代からの貧困率の上昇に対して，貧困率が他の年齢層よりも高い高齢者世代の人口増加が大きく寄与してきたことは，本章の著者の一人である大竹氏が1994年に指摘して以来，少なくとも経済学界では共通の認識になっている．そして，この傾向は2000年代に入っても続いている．貧困者の中では高齢者の比率が高く，しかも高齢の貧困世帯数も増加しているのである．したがって，福祉の現場では貧困者イコール高齢者とされ，貧困対策は主として高齢者に向けられることになる．

　だが，高齢者世代内での相対的貧困率自体は80年代から90年代にかけて減少し始めており，2000年代に入ってからも上昇はしていない．それは，高齢者世代の金融資産保有額が他の世代に比して上昇しており，消費水準を維持するためにその一部が取り崩されてきたことによる．従って，高齢の貧困世帯数の増加は，純粋に高齢化による高齢者世帯数の増加に起因することになる．

　第6章の大竹・小原論文が強調するのは，このような高齢の貧困者数の増加という表層の下で進行している新たな貧困問題の登場である．90年代後半から，非正規労働者の増加や離婚率の上昇を背景にして，25歳から35歳までの年齢層とその子供の世代の貧困率が高まっているのである．それは，そのまま放置してしまうと，二つの問題を将来的に生み出すことになる．第一に，これらの世代における貧困率の上昇は，結婚率や出生率を押し下げ，少子高齢化をさらに加速させる効果を持つ．第二に，若年層の間で非正規労働者が増加することは，将来公的年金でカバーできない人々が増加することを意味し，その世代が高齢者になったときに，高齢者の貧困率を上昇させる効果をもつ．それは，少子高齢化が生み出す社会保障問題にさらなる負担をかけることになるはずである．

　確かに，高齢者の貧困問題は切実である．だが，大竹・小原論文が訴えるの

は，その影で進行している 25 歳から 35 歳の年齢層の貧困率の上昇という事態に正面から向き合う政策をとらなければ，例え現在進行している経済危機から抜け出せたとしても，日本経済の長期的な停滞というシナリオを書き換えるのは困難になるという深刻なメッセージである．日本経済のこれからの発展は，これらの若年層とともにその子供の世代がいかに生産性を上げることができるかにひとえに依存しているのである．

第 9 章「金融危機後の規制監督政策――マクロプルーデンスの視点から」（翁百合）

　第 5 章の瀬古・隅田・直井論文も，第 6 章の大竹・小原論文も，金融危機を直接扱ったものではなかった．それに対して，翁百合氏による第 9 章は，今回の金融危機以降，金融市場に関してどのような制度設計がなされなければならないかを正面から論じるものである．

　金融機関のプルーデンス（規制監督）政策は，先進資本主義国においては，1930 年代の大不況を契機に整備され，国際的にも 1980 年代からバーゼル銀行監督委員会が中心となって自己資本比率の統一的な規制などを導入してきた．それなのに，金融危機が起こってしまったのである．なぜプルーデンス政策は，その名前にもかかわらず，危機を未然に防げなかったのか？　翁論文はまずこの問いを発する．

　アメリカの金融市場における証券化の急激な拡大によって，伝統的な商業銀行のビジネス・モデルが，ローン（貸出債権）を保持して監視するモデルからローンを束ねて資産担保証券として市場で売り出すモデルへと転換したことは，第 1 章の小川論文などで何度も指摘した．実は，このように銀行が市場志向を強める一方で，銀行以外の金融機関が銀行のように振る舞うようになったのである．

　銀行とは，低い利子率で預かった資金を高い利子率で長期に貸し出し，その利ざやを収益源とする金融機関である．銀行がこのような芸当ができるのは，要求払いという本来は超短期の借入でしかない預金に「流動性」という付加価値を与え，預金引き出しを最小限に抑えているからである．もちろん，預金者が預金を一斉に引き出せば，その流動性は消え，銀行は支払い不能に陥ってしまう．まさにそのような事態が頻発した大恐慌の教訓から，アメリカでは 33 年にグラス・スティーガル法が制定された．それによって，銀行業務と証券業務が分離され，銀行業務を営む商業銀行に対しては，預金の保証を与える預金

保険機構を設置し，FRB がリスクの高い貸出行動を監督し，さらに危機が起こった時の最後の貸し手の役割を果たすことになった．その後，商業銀行に対しては破綻後も一部の金融機能を維持させていくための特別の破綻処理法制も導入されている．

だが，銀行業務と証券業務の分離は，金融自由化の流れの中で，1999 年に実質的に廃止されてしまう．そして，1990 年代以降，国債や格付けの高い社債などを担保に超短期の貸し付けをするレポ市場が発達して金融機関同士の貸借が繰り返し行われていくと，本来は超短期の借り入れを継続的に借り繋ぐことが可能になり，「預金」のように見なされるようになる．そこで，投資銀行やブローカー・ディーラー，さらにはヘッジファンドなど銀行以外の金融機関が，レポ市場で低金利で借り繋いでいく資金を高利回りの資産担保証券やリスクの高い金融派生商品に投資して利ざやを稼ぐというビジネスモデルが生まれてきた．これが「シャドウ・バンキング（影の銀行業）」である．影の銀行業と呼ばれるのは，銀行に対する規制監督の対象外であることを利用して，リスクを積極的にとり，高収益をあげることができたからである．それに刺激され，銀行自身もバランス・シートから外した子会社を多数設立し，シャドウ・バンキングに参入するようになる．レポ市場が大きく拡大するにつれて，担保として使われる債券が貸し手の間で流通し始め，格付けの低い社債や資産担保証券も担保として使われるようになり，さらにシャドウ・バンキングを膨張させることになった．

このようなシャドウ・バンキングの膨張は，リスクの高い資産や債券への投機のための資金供給を拡大し，バブルを助長して景気を刺激した．その結果，担保となる資産や債券の価値が押し上がり，さらにリスクの高い投機を誘発して一層景気を刺激した．金融市場による「景気変動の増幅効果（プロシクリカリティ）」である．だが，ひと度バブルがはじけ，金融市場で価格が急落すると，どの金融機関も資産や債券を売れないために，どの金融機関も資金不足や担保価値の下落によって買い手になれず，従ってどの金融機関も資産や債券が売れないという悪循環が生まれてしまう．「流動性危機」である．その結果，シャドウ・バンキング全体に取り付け騒ぎが起こり，銀行のような預金保護も特別の破綻処理法もない中，一気に金融危機に突入してしまったのである．

翁論文によれば，これまでのプルーデンス政策は，銀行を中心とした個々の金融機関に焦点をあてるミクロ的な視点しか持っておらず，金融市場の構造変

化によってシステム全体が抱えこむことになったリスクを規制監督するというマクロ的な視点が欠けていたという．重要なことは，ミクロ的にみれば合理的なリスク管理をしていても，金融機関の取引ネットワークが複雑に絡まりあっていればいるほど，第3章の高安論文が指摘したように，マクロ的なリスクが高まってしまう可能性である．個々の金融機関のリスク投資の社会的な費用が私的な費用を上回る外部不経済と言い換えても良い．まさにその意味で，金融システム全体を安定化させることを目的とした「マクロプルーデンス」の視点からの金融市場の規制監督の在り方を議論する必要があるのである．

確かに，今回の金融危機においても日本の金融危機においても，公的資金の投入，流動性の供給，不良債権の買い取りなど，金融システム全体の安定性を確保するための対応策がとられたが，いずれも事後的な対応であった．今回の金融危機の最大の教訓は，危機が深刻化するのを未然に防ぐための「事前的」なマクロプルーデンス政策の必要性である．

翁氏によれば，現在先進資本主義国で検討されているマクロプルーデンス政策には，二つの流れがあるという．一つは，「システミックに重要な金融機関(SIFIs)」に焦点を当てた規制監督の強化である．ここでSIFIsとは，商業銀行に加えて，ミクロ的な行動が特に大きな外部不経済をもたらす可能性のある銀行以外の金融機関も含んでいる．一方で，SIFIsをなるべく作らないようにしながら，ひとたびSIFIsとして特定された金融機関に対しては規制監督を強め，万一破綻しても金融機能の断絶を避ける法的な措置を導入する試みであり，2010年に成立したアメリカのドッド・フランク法はこの流れに沿っている（これに対して，イギリスはこれまで銀行業務と証券業務を分離しないユニバーサル・バンク制度を採用していたが，最近，二つの業務を分離した上で銀行に対する規制を厳格化するグラス・スティーガル法に近い方式への見直しを始めた）．もう一つは，金融市場が持つ景気変動の増幅効果や流動性危機の可能性を制御するための制度的工夫である．例えばバーゼル銀行監督委員会は，金融機関に対し，自己資本比率を好況時には高め不況時には低めることを義務づけたりする一連の規制改革を提案している．翁論文は，これらのマクロプルーデンス政策の理論的な正統性や現実の有効性，さらには実施上の問題点や考え得る様々な副作用について，多岐にわたる検討を加えており，その詳細は論文自体に譲るが，これからの制度改革に関しての議論において，必ず参考にされるべき貴重な示唆を与えている．

終　章 「総括と展望——残された研究課題は何か？」（岩井克人）

　以上，本書に収録された9つの論文に関して，本章独自の問題設定に即した順番で梗概を試みてみた．これまで，何が分かったのだろうか？

　まず言えるのは，金融危機やそれに続く経済恐慌の背後で働いていたミクロ的なメカニズムが明らかになったことである．

　（1）　個々の投機家にとって，価格の上昇を予想している資産や証券に買いを入れるのは，少なくとも短期的な利益追求の立場からは，合理的である．その結果，実際に価格が上昇し，価格上昇の予想が実現する．それが，合理的バブルである．また，個々の投機家にとって，価格の下落を予想してする資産や証券に売りを入れるのは合理的であるが，その結果，実際に価格が下落し，予想が実現する．バブルの崩壊である．

　（2）　個々の家計や企業の借り入れは，通常担保として差し出せる資産や債券の価値によって制約されるが，資産や債券価格が上昇すれば担保の価値も上昇するので，借入額を増やして消費や投資を拡大させるのは合理的である．だが，その結果，景気が刺激されて資産や債券価格が上昇し，さらに借り入れ制約を緩めてしまう効果を持つ．資産や債券価格の下落は，これと逆の緊縮効果を持つ．景気変動が増幅されてしまうのである．

　（3）　金融市場の自由化の中で，アメリカでは銀行業務と証券業務との間の垣根が取り払われた（ユニバーサル・バンクの伝統のある欧州ではこの垣根は初めからなかった）．その時，証券化という金融革新技術を利用して，これまで住宅ローンなどの担保付きの貸付債権を自らのバランス・シートに留めて貸出先を監視してきた個々の銀行にとって，ローンを束ねて資産担保付き証券として市場で売却するビジネスモデルに転換することは，リスクの分散や流動性の確保，さらに規制の回避といった見地からは，合理的である．だが，それは，貸し出し側の逆選択や借り入れ側のモラル・ハザードを誘発し，金融市場における情報の質を低下させることになってしまう．

　（4）　レポ市場の発達により，本来は超短期の借り入れを継続的に借り繋いで預金化していくことが広範に行われ始めると，銀行以外の金融機関も短期借り長期貸しという銀行と類似の金融仲介業務に参入し始めるのは合理的である．しかも，商業銀行に適応される規制監督の対象外であることから，これらの金融機関は，銀行以上に高リスク高収益の貸し出しが許されるのである．シャドウ・バンキングの登場である．だが，規制監督の対象にならないことは，同時

に，危機における保護も，破綻時における特別の取り扱いもないということを意味し，金融市場における不安定性を大きく上昇させることになってしまう．

　ここで，今回の金融危機において，金融機関や投資家や家計の非合理性が大きな役割を果たしたことを否定するつもりはない．事実，最近急速に進歩した行動経済学は，人間がいろいろな局面でほぼ必然的に非合理的な行動をすることを予測している．投機家はあまりにも住宅価格や株式価格の上昇について強気すぎたし，家計はあまりにも短期的な視野で借入金を膨らませすぎていたし，銀行はあまりにもリスクの増大に鈍感であったし，銀行以外の金融機関はあまりにも短期市場の流動性を過信していた．だが，ここで強調すべきなのは，金融危機や経済恐慌というマクロ的にはひどく非合理的に見える経済現象が，ミクロ的な非合理性を想定しなくても説明できるということである．それは，これまで蓄積されてきた経済学のさまざまな分析道具が十分に使えることを意味する．ただ，それよりもはるかに重要なことは，ミクロ的な非合理性という要因をとりあえず捨象することによって，個々の経済主体においては合理的である行動が，どういうメカニズムによってマクロ的には非合理的な結果をもたらすことになるのかという明確な問題設定をすることが可能になることである．

　この問題設定は，これまでの伝統的な経済学的思考の枠組みの中において，直ちに次のような解答を引き出すことになるはずである——金融市場は様々な「市場の失敗」を抱えている，と．なぜならば，アダム・スミスの思想に従えば，市場さえ完全であれば，個々の経済主体が自分自身の利益を追求することによって，価格メカニズムという「見えざる手」に導かれて，自分では意図してもいなかった公共の利益を促進することになるはずだからである．もし金融市場においてミクロ的な自己利益の追求がマクロ的な効率性と安定性を実現しないとしたら，それは金融市場が新古典派経済学や数理ファイナンス理論が想定する完全な市場とはほど遠い，不完全な市場であるからだと言うことになる．

　事実，金融市場は，通常の財サービス市場よりはるかに多くの不完全性を抱えていることは，これまでの章で繰り返し指摘されてきた．第一に，金融市場において売買される金融商品とは，時間選好やリスク回避などの抽象的な価値の商品化である．それは，実際に付加価値を生み出す生産や消費といった実体的経済活動に直接関わらないことによって，キャピタル・ゲインを目的とした投機活動の対象となりやすい．第二に，貸借契約は本来的に不完備であり，どれだけ契約書を詳細に書いたとしても，借り手に自由意志がある限りその行動

を完全には束縛できない．従って，貸し手は借り手に担保を要求し，その価値に応じて貸し出し額を制限せざるを得ないことになる．第三に，金融市場においては，金融商品の複雑性などから，借り手と貸し手の間に契約の不完備性には還元できない情報の大きな非対称性が生まれてしまう．それだから，モラル・ハザードや逆選択の問題が発生し，金融市場全体における情報の質の低下が起こってしまうのである．第四に，金融機関の本来の役割は，貸し手と借り手を仲介して貸し借り関係を効率化することであるが，金融機関自身の資金調達の必要から金融機関同士で貸借が行われることによって，相互依存ネットワークが生まれる．さらに，証券化という金融技術の発達は，様々な形に加工された債権・債務を市場を通して売買することを可能にし，そのような金融機関同士の相互依存ネットワークを高度に複雑化することになる．それは，金融市場が円滑に動いているときには，外部経済として働くが，ひとたび，一つの金融機関が危機に陥ったり破綻すると，その影響が瞬時に金融市場全体に波及する外部不経済へと転化する可能性を持つのである．

以上のような市場の失敗の存在は，金融市場においては，ミクロの合理性とマクロの合理性を同一視するアダム・スミスの見えざる手が必ずしも働かないことを意味する．それは，個々の金融機関の行動を規制し監督するミクロプルーデンス政策だけでなく，金融市場全体を安定化させるためのマクロプルーデンス政策を必然化するのである．

だが，今回の金融危機，いやさらに日本の90年代の金融危機や30年代の大恐慌を含めたこれまでの多くの金融危機は，すべて「市場の失敗」の問題に帰することができるのだろうか？　事実，単なる市場の失敗であれば，最も商品化しにくい人間の能力や知識を売買している労働市場のほうがより多くの失敗を抱えているのではないか？

実は，金融市場における危機が，単に金融市場の内部やその近辺に留まらずに，実体経済全体を巻き込むマクロ的な危機にまで拡大してしまう傾向を持つのは，金融市場とは，単に貨幣を貸し借りするだけの市場ではないからである（ここで言う貸し借りとは，銀行の貸し付けや債券の売買だけでなく，複雑な金融派生商品の売買も含んだ広い意味の貸し借りを指している）．金融市場とは，貸し借りの対象である貨幣それ自体を創り出すことのできる市場なのである．但し，ここで貨幣とは，ベース・マネーだけでなく，統計上で貨幣として勘定される流動性の高い金融資産（M1，M2，M3，さらには広義流動性）をも含んでいる．そ

の意味で，金融市場とは流動性それ自体を創り出すことができる市場であると言い換えることもできる．

そして，流動性とは純粋な自己実現的予想の産物である．例えば，銀行預金の保有者が銀行の債務でしかない預金が高い流動性を持つと思うのは，いつでもそれを現金と交換できると予想しているからである．だから安心して預金し続けることになる．だが，それぞれの預金者がいつでも現金と交換できるのは，他の預金者もいつでも現金と交換できると予想して，安心して預金し続けているからにすぎないのである．また，今回の金融危機の前夜において，レポ市場という超短期の市場における担保付き貸し出し債権が高い流動性を持つようになり，銀行以外の金融機関によるシャドウ・バンキングを可能にしたのも，同様の自己実現的予想の産物である．だが，ケインズが「社会全体には流動性は存在しない」と言ったように，それぞれの預金者や貸し手が預金や債権の流動性に疑いを持ち始めると，同時に預金の引き出しや貸出の中止を行い始め，その瞬間に流動性はやはり自己実現的に消滅してしまう．1930年代の大恐慌では，銀行に対する取り付け騒ぎが起き，今回の金融危機では，シャドウ・バンキング全体に対して取り付け騒ぎが起き，市場から流動性が失われてしまったのである．流動性とは本質的な不安定性をもっている．まさにそれだからこそ，本物であれ影（シャドウ）であれ，銀行的な活動には特別の保護と規制と緊急時の支援体制が必要とされることになるのである．

話はそれだけではない．流動性それ自体としての貨幣には，市場が存在しない．なぜならば，貨幣とは一般的な交換手段だからである．貨幣以外のすべての商品（流動性の高くない金融商品も含む）の市場とは，その商品と貨幣（または高い流動性を持つ金融資産）とが交換される場に他ならない．それゆえ，すべての商品の市場において交換手段としての役割を果たさなければならない貨幣には，それ自身の市場を持つことは論理的に不可能なのである．貨幣に関しては，市場が失敗するのではなく，そもそも市場が存在し得ないのである[5]．

---

5) 厳密な意味で市場が存在しないのは，現金だけであり，貨幣の統計的な定義に使われるM1，M2，M3，さらには広義流動性を構成する大部分の債券（銀行の債務としての預金も含む）には何らかの意味での市場が存在する．だが，貨幣に勘定される流動性の高いこれらの債券の場合は，その需要には，債券供給者の時間選好とリスク回避を負担することに対するプレミアム（対価）としての市場利子率の獲得を目的とした需要だけでなく，債券の保有から受け取る流動性を目的とした需要が大きく加わっている．ここで重要なことは，流動性とは流動性の低い金融商品を含んだすべての商品との交換可能性のことであり，流動性目的による債券の需要とは，その特

ここに，貨幣と他のすべての商品との間の根源的な差異が存するはずである．すなわち，貨幣以外の商品に関して需給の不均衡があれば，基本的には，相対価格の変化によって調整が行われる．そして，市場の失敗がある場合には，様々な政策手段を使って，この調整過程をシミュレートすることになる．だが，流動性の急激な創造や枯渇，あるいは流動性選好の増大や下落によって引き起こされる貨幣の需給の不均衡に関しては，それを直接に調節する市場は存在しない．「見えざる手」は働く場すら持っていないのである．事実，貨幣の需給の不均衡は，貨幣以外の商品に対する総需要と総供給との間の（逆の符号の）不均衡として現れ，その調整は実体経済全体を巻き込むマクロ的な変動とならざるを得ない．貨幣の超過需要とは財サービス全体が超過供給であることを意味し，その場合，不況やデフレが引き起こされ，貨幣の超過供給とは財サービス全体が超過需要であることを意味し，好況やインフレが引き起こされる．このようなマクロ的な不均衡がさらに大きく拡大すると，経済全体が恐慌やハイパーインフレに陥ってしまうのである．

　それゆえ，流動性それ自体を創り出すことのできる金融市場とは，貨幣の需給の不均衡のあり方を大きく左右することによって，ミクロ経済学とは異なった，マクロの視点に立つ分析が必要とされることになる．そのような試みは，本書においても主として金融政策や金融規制の効果の分析という形ですでに部分的にはなされている．だが，ミクロ経済学的な分析に比べて，理論的にはまだ十分に展開されているとは言い難い．

　流動性それ自体を創り出す市場としての金融市場の不安定性と実体経済全体のマクロ的な変動との相互連関を分析すること——これが，これからのマクロ経済学の最大の研究課題となるはずである．それは，1970年代以前のマクロ経済学——マクロ経済学をミクロ経済学の単なる集計モデルに還元してしまう新古典派経済学の支配が確立する以前のマクロ経済学——の問題意識に，もう

定の債券への直接的な需要ではなく，一般的な交換可能性に対する間接的な需要（流動性選好）の一部でしかないことである．すなわち，人々は流動性選好の一環として，現金だけでなく，当座預金や普通預金の大部分，さらに定期預金や投資信託や国債などの少なくとも一部を需要しているのである．このことは，流動性が高い債券ほど，市場における需給は，債券固有の時間性やリスク性ではなく，経済全体の流動性に対する需給の状態に影響されることを意味することになる．流動性とは一種の外部性を持つのである．そして，もしある債券が現金と同等の流動性をもつようになったとき，その市場利子率からリスク・プレミアムを差し引いた実効利子率がプラスのままであれば，需要が殺到し，その値はゼロにまで落ちるはずである．その時，その債券は流動性目的のみで保有されることになり，その債券に固有の市場が存在しないことと同値になる．

一度戻ることでもある[6]．だが，それは単に古い教科書をもう一度取り出すことではない．本書で提示されたようなミクロ経済学的な分析を踏まえた上で，もう一度新たなマクロ経済学の教科書を書くことなのである．

今回のグローバルな経済危機は，世界中で数多くの人を失職させ，数多くの家計から資産を奪い，数多くの企業を倒産させ，数多くの金融機関を破綻させてしまった．その意味では，30年代の大不況以来，最も不幸な出来事の一つであった．だが，同時に，大不況がマクロ経済学という新たな学問分野を生み出す契機となったのと同様，今回の危機は経済学が新たなマクロ経済学を構築していくための大きな契機となるはずである．本書が，そのための一つの手がかりとなることになれば，幸いである．

参考文献

Adrian, Tobias and Hyun Song Shin (2010) "Liquidity and Leverage," *Journal of Financial Intermediation*, Vol. 19(3), pp. 418-437.

Bernanke, Ben S. (2004) "The Great Moderation," Remarks at the meetings of the Eastern Economic Association, Washington, DC., February 20, 2004.

Bernanke, Ben and Mark Gertler (1999) "Financial Accelerator in a Quantitative Business Cycle Framework," *Handbook of Macroeconomics*, Vol. 1(3), Elsevier : New York, pp. 1393-1341.

Blanchard, Olivier and John Simon (2001) "The Long and Large Decline in U. S. Output Volatility," *Brookings Papers on Economic Activity*, Vol. 1, pp. 135-164.

Friedman, Milton (1994) *Money Mischief : Episodes in Monetary History*, Houghton Mifflin Harcourt : New York.

Fisher, Irving (1932) *Booms and Depressions : Some First Principles*, Adelphi Co. : New York.

Fisher, Irving (1933) "The Debt-Deflation Theory of Great Depressions," *Econometrica*, Vol. 1(4), pp. 337-357.

Gorton, Gary B. (2009) "Slapped in the Face by the Invisible Hand-Banking and Panic of 2007," Prepared for the Federal Reserve Bank of Atlanta's 2009 Financial Markets Conference : Financial Innovation and Crisis, May 11-13, 2009.

Iwai, Katsuhito (2011) "The Second End of Laissez-Faire : The Bootstrapping Nature of Money and Inherent Instability of Capitalism," Chap. 14 in Heiner Granssmann ed., *New Approaches to Monetary Theory. Interdisciplinary Perspectives*, Routledge : London; http://papers.ssrn.com/sol3/papers.cfm?abstract_id=1861949 からダウンロード可能．

---

6) わたし自身のそのような試みとして，岩井（2000）と Iwai（2011）がある．

Kindleberger, Charles P. and Robert Aliber (2005) *Manias, Panics, and Crashes-A History of Financial Crisis*, 5th edition, New Jersey, John Wiley and Sons.（第4版邦訳：キンドルバーガー『熱狂，恐慌，崩壊──金融恐慌の歴史』日本経済新聞社，2004年）

Kiyotaki, Nobuhiro and John Moore (1997) "Credit Cycles," *Journal of Political Economy*, Vol. 105(2), pp. 211-248.

Krugman, P. (2009) Lionel Robbins lectures at the London School of Economics, June 10 th, 2009.

Lucas, Robert E., Jr. (2003) "Macroeconomic Priorities," *The American Economic Review*, Vol. 93(1).

Reinhart, Carmen and Rogoff Kenneth (2009) *This Time is Different-Eight Centuries of Financial Follies*, Princeton University Press : Princeton.（C. ラインハート，K. ロゴフ『国家は破綻する──金融危機の800年』日経BP社，2011年）

Roubini, Nuriel (2006) "Why the Central bank Should Burst Bubbles," *International Finance*, Vol. 9(1), pp. 87-107.

Shiller, Robert (2000) *Irrational Exuberance*, Princeton University Press : Princeton.

Tobin, James (1969) "A General Equilibrium Approach to Monetary Theory," *Journal of Money, Credit and Banking*, Vol. 1(1), pp. 15-29.

岩井克人（2000）「二一世紀の資本主義論──グローバル資本主義の危機」『二一世紀の資本主義論』筑摩書房，第1章．

白川方明（2008）『現代の金融政策──理論と実践』日本経済新聞社．

索　引

あ　行

アームズ・レングス的取引　242
IT バブル期　→バブル期
赤池情報量基準（AIC）　65
アジア通貨危機　30
頭金制約　→流動性制約
新しい貧困層　152
アタリ　164
アナウンスメント効果　29
アメリカ金融危機　→金融危機
アンバランスト・パネル・データ　→パネル・データ
一時的所得　148
一致性　42
一般均衡モデル　97
　動学的——　53
移動平均　47
意図的にデフォルト　→デフォルト
イベントスタディー　29, 30, 44, 78
入れ子構造　268
因果関係　60
インカム・ゲイン　261
イングランド銀行　57
インセンティブの歪み　221, 226, 237
インターバンク市場　189, 204, 206, 211, 214, 234
インパルス応答関数　56, 60, 65, 67, 69, 79, 249
インフレ　286
　——・ターゲット政策　273
　——・ターゲット論　275
　——・マインド　179
失われた10年　3, 155, 269
　日本経済の——　28
失われた20年　259
エージェンシー問題　87-89
円キャリー・トレード　215
エンフォースメント（強制履行）の不完全性　92, 93
追い貸し　78, 242
欧州中央銀行（ECB）　57
横断性条件　96, 100, 101
オークション　204
　——方式　211
オープン・マーケット・オペレーション　→公開市場操作
オプション　172, 173
　——価格　175
　——のリスク　→リスク

か　行

買い替え　120
　——確率　109, 121
　持家世帯の——　118
外国銀行　79, 212
外国のリスク　→リスク
回収不能債権　30
回答者による自己評価額の値　118
外部効果　252
外部不経済　230-232, 281, 284
カウンターシクリカル　240
　——・バッファー　241-243
カウンター・パーティー・リスク　→リスク
カオス　165
価格
　——の安定化機能　133
　——の変位　166, 167
格差　158
　個人間所得——　147
　個人別所得——　144
　消費——　147
　所得——　137
　年齢階級別金融資産——　147
　年齢階層内の所得——　147

拡張された住宅ローン残高対住宅資産価値
　　比率（Extended Loan-to-Value Ratio：
　　ELTV） 109, 118, 131, 132
拡張された返済・所得比率 119
格付け 206, 210, 226
　　――機関 227
　　――企業 185
確率
　　――変数 95, 169
　　――密度関数 169
確率論 178
家計
　　――の個票パネル・データ →パネル・
　　データ
　　――の転居行動 276
貸し渋り 77, 78, 228, 229
貸出における審査機能 19
貸出の
　　――正のスパイラル行動 22
　　――預金弾力性 16, 17, 20
貸出ポートフォリオ →ポートフォリオ
可処分所得 140, 144, 148
寡占化 235
課徴金 238
株価 67, 68, 71, 155, 274, 275
　　――収益率 38
　　――第一主義 185
　　――日次データ 30
　　――バブルの崩壊 →バブル崩壊
株式市場 69
貨幣 284, 285
貨幣乗数 199, 272
借入制約 96, 97, 100, 103, 105, 107,
　　156, 159, 262, 282
　　――の存在 104
借入返済能力 132
借り手
　　――の審査 18
　　――の特徴 18
観察できない異質性 120
間接金融 48, 265
　　――比率 242
完全競争均衡 96
監督規制政策 →プルーデンス政策
危機後の対応 229

危機の経済学 259
起業家 98
企業金融支援特別オペレーション 196,
　　203, 204
企業倒産件数 32
企業の
　　――倒産 180
　　――ネットワーク →ネットワーク
　　――連鎖倒産 180
危機予防 229
基金の創設 192, 196
基準貸付（貸出）利率 200, 201, 203
規制監督 227
　　――政策 219, 232
　　――の強化 281
規制体系 237
期待 54
期待効用関数 94
規模の経済 236
逆正弦定理 176
逆選択 284
　　――問題 9, 265
キャピタル
　　――・ゲイン 261
　　――・ロス 72, 114
強制履行の不完全性 →エンフォースメン
　　トの不完全性
協調政策 45
共通担保
　　――貸出 196, 208
　　――資金供給オペレーション 203,
　　204
競売市場 112, 131
共和分
　　――関係 158
　　――検定 126
　　――ベクトル 126
ギリシャ危機 →金融危機
緊急的対策 34
銀行規制 253
銀行業務 280
均衡金利 →金利
均衡経済成長率 98
銀行券の信認 54
銀行行動 3

索 引　291

──の変化　20
銀行資産　250
均衡成長率　101
銀行の
　──財務状況　17
　──情報生産機能　9, 22
　──審査機能の低下　21
　──バランス・シート　7
　──ポートフォリオ　→ポートフォリオ
銀行ビジネスの原債権保有（Originate-and-Hold）モデル　264
銀行持ち株会社　12, 235
均衡利子率　98
近視眼的な借入行動　75
キンドルバーガー　260
金融　269
金融革新　21, 22, 75, 76
　──技術　282
　──の進行　20
金融緩和政策
　超──　216
　包括的な──　192, 196, 204, 207, 208, 210, 211, 273
金融機関の破綻（破綻金融機関）　32, 177, 178, 228
金融機関のモラル・ハザード　→モラル・ハザード
金融機関保有株式　208
　──の買入れ　191
金融危機　20, 52, 75, 84, 164, 172, 174, 180, 186, 190, 213-215, 230, 252, 257, 258, 261, 266, 269, 279, 281, 282
　──後　251
　アメリカ──　27, 29, 33, 38, 44, 45, 47
　ギリシャ──　57
　世界──　68, 75, 76, 195
　日本──　27, 28, 38, 43-45, 47, 48, 75, 76
金融技術　159, 222
　──革新　220, 232, 264
金融規制　252, 253
金融工学　164, 167, 168, 173
金融産業　28, 35, 41, 43, 44, 47, 48
　──リスク　→リスク

非──　28, 35, 41, 43-45, 47, 48
　非──リスク　→リスク
金融資産　57
　──の年齢階級別平均保有額　139
　──平均保有額　144
金融市場　251, 284
　──の安定化　273
　──の効率性と安定性　265
　──の質　94
　──の統合　8
　──の不安定性　216, 286
　──の不完全性　92, 97, 102, 110, 131
　──の流動性　195
　短期──　181, 182, 201, 214
金融システム　83, 84, 103, 104, 234, 237, 253, 272
　──の安定　235, 238
　──の安定性　254
　──の改善　102
　──の健全性　226
　──の構造　92
　──の質　103
　──の不完全性　92, 94, 96, 99, 104, 156
金融自由化　264, 266
金融商品
　──価格　240
　──の安全規格　179
　──の提供　21
金融政策
　日銀の非伝統的──　192
　非伝統的──　51, 57, 68, 189, 190, 195, 196, 199, 203, 207, 208, 213, 214, 216, 251, 253, 271, 272, 274
　非伝統的──の効果　78
　──ショック　59, 64
　──の効果　253
　──の操作目標　60
　──の有効性　71, 274, 275
　──変数　62
金融仲介機能　221
金融派生商品　164, 165, 167, 168, 173, 176-178, 251, 267
　──のリスク　→リスク
金融引き締め　254

金融部門　269, 270
　非——　269, 270
金融リスク　→リスク
金融リテラシー　160
金利　99, 102
　均衡——　101
　政策——　53, 57, 201, 203
　ゼロ——　61
　ゼロ——　解除　36
　ゼロ——　政策　32, 190, 192, 193, 196, 214, 271
　マイナス——　215
　無担保コールの——　195
金利裁定　54
金利スワップ　36
金利誘導政策　61
勤労世代　140
クラウド・アウト　103
　——効果　91, 103, 105, 157
クラウド・イン効果　103, 105, 157
グラス・スティーガル法　279
グラフ理論　183
グリーンスパン，アラン　257
グレンジャーの因果性検定　56, 60, 249
くりこみ　179
クルーグマン，ポール　257
クレジットサイクル　242, 244
グローバル
　——化　232, 240
　——金融危機　3, 4, 19, 156, 159
経営モラル　226
景気
　——循環の増幅効果（プロシクリカリティ: Pro-cyclicality）　231, 240, 244, 280
　——増幅効果　219
　——変動　256, 282
経済学の再生　258
経済危機　256, 278
経済恐慌　282
経済成長　90, 103, 105, 156
　——抑制効果　91
　——率　91, 104, 107, 262
経済的弱者　138
経済の不均衡過程　259
経済不況　52

経済物理学　166, 186, 251, 266, 268
契約の不完備性　92, 93, 104, 157, 284
ケース・シラー住宅価格指数　5
結婚率の低下　152
原債権分配（Originate-to-distribute：OTD）モデル　5, 264
建設費用　125
コア CPI　65
公開市場操作（オープン・マーケット・オペレーション）　196, 209
交換手段　285
公共投資主導の財政拡張政策　32
鉱工業生産指数　79
恒常所得　147
　——仮説　148
構造ショック・ベクトル　61
構造変化　63
公的金融　229
公的年金　150
　——制度　160
行動経済学　116, 283
高頻度データ　178
効用最大化問題　100
合理的バブル　→バブル
合理的バブルの発生　→バブルの発生
合理的予想　88, 91
　——形成理論　256, 257
非合理的な予想形成　88
高齢者　151
　——の同居比率　139
　——の貧困率　→貧困率
高齢世代　140
高齢層　150
　——の所得不平等度　139
高齢の貧困者数　278
コール市場　204, 214
　——の残高　214
コール・レート　58, 61, 62, 67, 199, 200, 201, 206, 211
　無担保——　271
コール・レポート　12
国内輸出産業　35
誤差項　39
　——の共分散行列　40
誤差修正

索引　293

――項　129, 131
――モデル　109, 158
個人間所得格差　→格差
個人ベースの所得　147
個人別所得格差　→格差
固定金利オペ　192, 196, 203, 207
固定効果　123
　　――モデル　17
　　――ロジットモデル　119, 120
固定資産税率　124
固定費用　20
子供の貧困率　→貧困率
コミットメント　54
　　――政策　272
コングロマリットディスカウント　236

さ　行

債権価格　41
債権放棄　32
債権リスク・プレミアム　→リスク・プレミアム
財政再建問題　35
財政政策　232
　　――の領域　54
裁定（一物一価）　262
財務状況　7, 14, 21
債務担保証券（CDO）　76, 165, 174
債務返済能力　242
最尤推定値　42
　　条件付き最尤法　120
　　対数尤度関数　42
サブプライム
　　――危機　35, 47, 269, 271, 278
　　――層　155
　　――問題　27, 28, 75, 84, 92, 193, 270
　　――ローン　3, 5, 9, 33, 76, 263
　　――ローンの不良債権化　264
産業再生機構　32
3 資産モデル　72
時間軸　196
　　――効果　54, 59, 192
時間トレンド項　39
しきい値　180, 181
資金供給オペレーションの期間の長期化　190, 208

資金仲介機能　228
資金調達手段の拡大　21
シグナリング効果　55, 59, 60, 72
時系列分析　72, 78
自己資金　97
自己実現的予想　285
自己資本　222
　　――の積み増し　252
　　――比率　232
　　――比率規制　7, 8, 219, 220, 224, 243
　　――比率の低下　77
自己充足的期待（self-fulfilling expectation）　30
自己相似性　165, 166
資産買入等の基金の創設　197
資産価格　75, 155
　　――決定メカニズム　85
　　――決定理論　89
　　――バブル　→バブル
資産市場　156, 159, 160
　　――の変化　156
資産選択　274
資産担保証券　208
資産蓄積　159
資産の分布　138
資産バブル　→バブル
資産ポジション　233
資産保有額　148
資産モデル
　　多――　71
　　多数――　274
　　2――　71, 72
市場価格　175
市場間の相関　174
「市場」金融仲介機関　264
市場金融仲介部門（market-based financial intermediaries）　4
市場性資産　242, 250
市場によるリスク分散機能　→リスク市場の
　　――失敗　283, 284
　　――不完全性　262, 263
　　――ポテンシャル力　178
　　――リスク・プレミアム　→リスク・プレミアム

294　索　引

　　──連動性　174
　　──メカニズム　273
　　──流動性　239, 240, 243
地震　172
指数連動型上場投資信託（ETF）　197, 209
システミックに重要な金融機関（Systemically Important Financial Institutions : SIFIs）　219, 231-233, 281
システミックリスク　→リスク
自然科学　171, 251
自然失業率仮説　257
実質住宅価格　→住宅価格
実証研究　260
実績値　62
実体経済全体のマクロ的な変動　286
実体経済の安定化　273
実物的景気循環理論　257
私的費用　231
自動安定化装置（ビルト・イン・スタビライザー）　241, 244
自動メカニズム　243
ジニ係数　147
資本保全バッファー　240
社会的コスト（費用）　231, 236
社会保険料率　140
社債の
　　──スプレッド　204, 207
　　──リスク・プレミアム　→リスク・プレミアム
シャドウ・バンキング（影の銀行業）　280, 282, 285
シャドウ・バンク　244
　　──・システム　221, 222
収益のボラティリティ　→ボラティリティ
住宅価格　4
　　実質──　124
　　──変化率　122, 131
　　──変動　109
住宅金融制度　110, 133, 156, 159
住宅資産
　　──市場　123
　　──制約　122, 132
住宅担保
　　──貸出（home mortgage）　5
　　──価値の変動　276
　　──ローン（mortgage）　4
住宅バブル　→バブル
住宅バブルの破綻　→バブル崩壊
住宅ローン
　　──関連変数　126
　　──残高　123, 125
　　──残高対住宅資産価値比率（Loan to Value ratio : LTV）　116
　　──担保証券　56
　　──の証券化　→証券化
　　──融資制度　110
　　多額の──　114
出生率の低下　152
純資産
　　正の──（positive equity）　117, 120, 121, 132
　　負の──（negative equity）　117, 119-121, 132
純住宅ローン残高　125
商業銀行　12, 76, 235
証券化（securitization）　3, 4, 7, 16, 21, 75, 155, 264, 265, 279
　　住宅ローンの──　76
　　──・貸出債権比率　17
　　──商品　33, 35, 226, 227
　　──の度合い　19
　　──のメリット　8
　　──の要因　14
証券業務　280
条件付き最尤法　→最尤推定値
条件付正規確率分布　39
少子化　151
少子高齢化　152
消費
　　──格差　→格差
　　──額の分布　138
　　──支出　148
　　──・投資行動の変化　110
　　──の不平等度　147
情報
　　──開示　233
　　──集合　39
　　──の質　265, 266, 284
　　──の質の改善　277

――の非対称性　9, 87, 88, 89, 92, 104, 105, 157, 284
――の変化　86
将来の予想　86
ショックの伝搬　77
所得格差　→格差
所得・消費の年齢階級別平均値の推移　140
所得不平等度　137
所得分配　139
シラー，ロバート　257
人口　125
　　――構成の変化　139
　　――の高齢化　151
新古典派経済学　256, 258
審査
　　――機能　10
　　――の軽視　20
シンジケート貸出市場　10
信用エクスポージャー　241
信用緩和　52, 58, 72, 78
　　――政策（credit easing）　55, 189, 190, 191, 193, 195, 197, 201, 206, 207, 209, 212-214, 251, 271, 272, 274
信用市場　98
信用保証協会　32
信用リスク　→リスク
数理物理学　→物理学
数理モデル　186
スクリーニング　21
スプレッド　36, 199, 200
スモールワールド　184
スワップ取引　215
生活水準の年齢別格差　144
正規
　　――性　42
　　――分布　163, 166, 169, 171, 266, 267
政策
　　――アナウンスメント　45
　　――アナウンスメント効果　44
　　――金利　→金利
　　――効果　71
　　――提言　260
　　――の継続期間に関するコミットメント　192, 197

――反応関数　63
――評価　260
清算機関　221, 227
生産の
　　――効率性　256
　　――非効率性　98
脆性破壊　180, 186, 268
　　――現象　163
正値定符号　40
成長基盤強化オペ　192, 196, 207
成長戦略　34
成長率　99, 102, 257
制度
　　――改革　282
　　――的基盤　105
　　――的工夫　281
生命保険　177
セーフティネット　219, 234, 236-238, 245
世界金融危機　→金融危機
世代重複モデル　91, 94
絶対的貧困率　138
ゼロ金利　→金利
線形回帰　170
先験的情報　51, 62
戦略的債務不履行の問題　93
相互依存ネットワーク　→ネットワーク
操作変数法　16, 17
操作目標　58, 61, 193
相対的貧困率　→貧困率
相対取引　176, 177, 181
総貯蓄　91
遡及型融資制度（recourse loan：リコース・ローン）　109, 112, 117, 119, 120, 121, 123, 129, 131-133, 157, 276, 277
　　非――（non-recourse loan：ノンリコース・ローン）　109, 112, 119, 129, 131, 133, 276, 277
速度分布　171
組織間の権限分配　253
ソブリンリスク　→リスク
損失回避（loss aversion）　116

た 行

ターム・プレミアム　54
大安定（Great Moderation）　257
大恐慌　182, 256, 258, 279, 285
耐震基準　172
大数の法則　266, 267
対数尤度関数　→最尤推定値
大都市統計圏（MSA）　9
大不況　259, 287
多額の住宅ローン　→住宅ローン
抱き込み（capture）　237
多資産モデル　→資産モデル
多数資産モデル　→資産モデル
ダミー変数　61, 63
単位根検定　126
短期金融市場　→金融市場
短期調整パラメータ　132
短期パラメータ　129, 131
短期モデル　125, 129
短期リスク　→リスク
弾性率　180
担保　282, 93
　——価値　32
地域の特性　18
地価　155
地下バブルの崩壊　→バブル崩壊
秩序だった破綻処理　239
中期リスク　→リスク
中古住宅市場　158
超過準備額　79, 211-213
長期均衡　123, 263
　——モデル　122
長期モデル　131
長期リスク　→リスク
超金融緩和政策　→金融緩和政策
調整済み個人化世帯所得　139
超低金利政策　189
直接金融　265
貯蓄額　125
追加情報　86
ツイスト・オペ　208
つきの定理　176
定期性預金のペイオフ解禁　212
定常過程　123, 126
非——　126
定常均衡　97, 101
データ生成過程　39
手形買入オペ　208
適格担保　203
適正価格　177
デフォルト
　意図的に——　112, 117
　——確率　9, 19
　——の頻度　210
デフレ　189
デリバティブ取引　227
転居　112
　——確率　157
　——行動　156
　——阻害要因　109
　——に関する住宅資産制約　→流動性制約
　——の規定要因　118
　——率　114, 276
店頭デリバティブ市場　221
転売　90, 91
　——市場　277
　——の可能性　85
同一年齢内の貧困率の指標　152
動学的一般均衡モデル　→一般均衡モデル
動学的プロセス　63, 64
動学的マクロ経済学　→マクロ経済学
等価尺度　139
等価所得　144, 147
投機活動の対象　283
統計的な有意性　69
当座預金残高　79, 211
倒産のリスク　→リスク
投資関数　96
投資機会　95
投資銀行　76, 222, 249
投資収益　93
　——に関する情報の非対称性　92
同時性　17
登録制の導入　233
トービン，ジェームス　275
特定リスク資産の購入　→リスク
特別目的事業体（Special Purpose Vehicle）　4

ドッド・フランク法　234, 235, 281
取り付け騒ぎ　285
取引費用　212

な 行

内生性　14
内生的成長モデル　90
ナローバンク提案　238
2VARモデル　39
2資産モデル　→資産モデル
25歳から35歳の年齢層の貧困率の上昇
　→貧困率
日銀券ルール　197
日銀当座預金残高（日銀当預残高）　51, 58, 60, 61, 68, 193, 274
日銀当預　63, 64
　──ショック　69
　──の増加　71
日銀の非伝統的な金融政策　→金融政策
2変量EGARCHモデル　29
日本金融危機　→金融危機
日本経済の失われた10年　→失われた10年
ネッティング　221
ネットのリターン　87
ネットワーク　184, 268
　企業の──　182, 183, 185, 186, 251
　相互依存──　284
　──構造　165, 183
　──の効果　185
年齢階級間比較　137
年齢階級別
　──金融資産格差　→格差
　──に見た貧困率　→貧困率
　──の課税前所得　140
　──の貧困率の変化　139
　──不平等度　147
年齢階層内の所得格差　→格差
年齢内の貧困率　→貧困率
年齢別の貧困率　→貧困率
ノード　183
ノンリコース・ローン　→非遡及型融資制度

は 行

バーゼル
　──Ⅰ　225
　──Ⅱ　225
　──Ⅲ　22
バーゼル銀行監督委員会　241
バーナンキ　256
ハイパーインフレ　179
ハイパワードマネー　271
ハイブリッド金融商品　240
ハイリスク・ハイリターンの金融商品　178
破綻金融機関　→金融機関の破綻
破綻処理
　──制度整備　224
　──方式　228, 233
　──法制　240
パネル・データ　3, 5, 117, 158
　アンバランスト・──　12
　家計の個票──　112, 132, 159
バブル　7, 53, 83-88, 90, 99, 102-104, 155-157, 159, 261, 263, 280
　合理的──　90, 92, 94, 104, 261, 262, 282
　資産──　84
　住宅──　168, 263
　資産価格──　230
　不動産──　266
バブル期　20, 114, 116
　IT──　33
バブル経済　99
バブル資産
　──の収益　100
　──の割合　100
バブルの存在条件　105
バブルの発生　94, 103
　──と崩壊　83, 84
　──メカニズム　84
バブル崩壊　47, 107, 242
　株価──　28
　住宅──　164
　地下──　28
パラダイム構築　259
バランス・シート　55, 207

298　索　引

銀行の—— →銀行のバランス・シート
　——効果　100
　——の毀損　22
範囲の経済　236
販売者責任　251
東日本大震災　185, 251, 270, 278
　——後　211
非金融産業　→金融産業
　——リスク　→リスク
非金融部門　→金融部門
非効率性　97
非合理的な予想形成　→合理的予想
非正規雇用労働者　150, 159, 278
非遡及型融資制度　→遡及型融資制度
非対称的なロックイン効果　→ロックイン効果
必要準備額　212, 213
非定常過程　→定常過程
非伝統的金融政策　→金融政策
ビルト・イン・スタビライザー　→自動安定化装置
貧困
　——対策　152
　——問題　151
貧困率　137, 147, 148, 150, 160
　高齢者の——　151, 159
　子供の——　151
　相対的——　137, 138, 277
　25歳から35歳の年齢層の——の上昇　279
　年齢階級別に見た——　158
　年齢内の——　152
　年齢別の——　151
　若者の——上昇　152
ファイナンス理論　267
ファイヤーセール（投売り）　89
ファンダメンタル価格　85, 261
ファンダメンタルズ　85-87, 89
　——の価値　99
　——予想　88
フィッシャー，アーヴィング　258
フェイル　191
フェデラル・ファンド・レート　56
不確実性　95

不完全性　95
複雑
　——系　165
　——システム　163
福島第一原子力発電所事故　278
負債デフレーション理論　258, 259
札割れ　208, 210, 216
物件の質　133
物理学　179
　数理——　163
不動産価格の変動　110
不動産関連融資　19, 21
不動産担保　93
　——証券（MBS）　4
不動産投資信託（J-REIT）　197, 209
不動産の値上がり期待　75
不動産バブル　→バブル
不動産融資における担保の掛け目　241
負の純資産　→正の純資産
負の純住宅資産の状態　116
プライベート・エクイティ・ファンド　233
フラクタル　164, 165, 168, 171
　——性　166, 169, 183, 184
ブラック・ショールズ方程式　167, 173
ブラックマンデー　167, 267
フリードマン，ミルトン　257
不良債権　3, 155, 229
　——化　30, 155, 263
　——問題　75, 191
不良債権比率　14, 16, 17, 19, 266
　——の増加　77
プルーデンス（監督規制）政策　220, 227, 279, 280
プレスコット，エドワード　257
フローの資金制約　96
プロシクカリティ　→景気循環の増幅効果
プロシクリカル　249
分散分解　56, 60
ベアスターンズ証券　224
平均消費額　144
ベース・マネー　51-53, 55, 71, 72, 78, 197, 272, 274
ベキ分布　163, 164, 166-173, 176, 183, 186, 251, 266-268

索　引　299

ベターレギュレーション　234
ヘッジファンド　233
　——LTCM　167
変位　166, 173
変量効果プロビット・モデル　14
包括的な金融緩和政策　→金融緩和政策
ポートフォリオ
　貸出——　15
　銀行の——　17
　——・リバランス効果　55, 59, 60, 72, 78
　——理論　167, 174
保険　172
　——金　177
ボラティリティ　38, 175
　収益の——　245
ボルカー・ルール　235, 238, 239

　　　ま　行

マーケット・メカニズム　214
マーシャルのk　190
マイナス金利　→金利
マクロ経済安定化策　244
マクロ経済学　254, 256, 258, 287
　動学的——　91
マクロ経済ショック　64
マクロ的な安定性　277
マクロプルーデンス　219, 220, 229, 230, 232, 234, 244, 252, 281
　——政策　191, 284
マネーストック　197
マルコフ・スウィッチング VAR モデル　64
マンションの平均価格　114
マンデルブロ　165, 166, 168, 172
見えざる手　258, 283, 286
ミクロ経済学　254, 286
ミクロデータ　117
ミクロ的な
　——効率性　277
　——メカニズム　282
ミクロプルーデンス　219, 229
民間金融の機能不全　229
無担保コールの金利　→金利
無担保コール・レート　→コール・レート

無担保翌日物コール　32
名目利子率　262
メインバンク　20
目標額　62
持家世帯の買い替え　→買い替え
持家の資本コスト　122, 124
モニタリング　10, 231
モラル・ハザード　20, 93, 189, 216, 234, 235, 239, 252, 273, 282, 284
　金融機関の——　253
　——問題　9, 265
モンテカルロ・シミュレーション　65

　　　や・ら・わ　行

融資のオリジネーター　226
誘導目標　200
ユニバーサルバンク制度　239
預金コストの変化　8
預金保険　228
予備的な動機　212, 213

ライフサイクル　122
　——仮説　158
ラグ付き説明変数　18
ラグの
　——取り方　19
　——長さ　65
ランダムウォーク　173, 176, 178
　——モデル　166, 167
　——理論　164
リーマン・ショック　33, 34, 51, 56-58, 68, 71, 163, 164, 168, 174, 177, 180, 181, 191, 192, 197, 199, 201, 210, 213, 215, 220, 227, 245, 267, 273, 274
リーマン・ブラザーズ　76
　——証券　224
　——の破綻　52, 235, 270
リカーシヴな構造型 VAR モデル　64
リコース・ローン　→遡及型融資制度
リコールの制度　179
離婚率　150, 159
利子率　104
リスク　163, 168, 182
　オプションの——　176
　外国の——　36

カウンター・パーティー・―― 209, 227
　　金融―― 270
　　金融産業―― 36
　　金融派生商品の―― 174
　　市場による――分散機能 266
　　システミック―― 221, 230, 231, 234, 240, 252
　　信用―― 8, 15, 22, 54, 200, 204, 211, 272
　　ソブリン―― 244
　　短期―― 43
　　中期―― 43
　　長期―― 43
　　倒産の―― 181
　　特定――資産の購入 216
　　非金融産業―― 36
　　流動性―― 211
　　連動性―― 174
リスクエクスポージャー 221
リスク管理 233, 266
リスク資産 207, 209
リスク侵入 42
　　――インパクト 40
　　――経路 30, 47, 48
リスク増幅機能 267
リスク調整済み自己資本比率（CAPITAL） 10, 15
リスク・プレミアム 36, 54, 60, 78, 189, 199, 200, 201, 203, 204, 206, 207, 210, 214, 216
　　債権―― 29, 30
　　市場の―― 209
　　社債の―― 269
リスク分散 236
　　――効果 245
リスク変数差分の尖度 38
リスク漏出効果 40
利回り 41
略奪的貸付 226
流動性 8, 89, 211, 279, 282, 285, 286
　　――危機 280
　　――効果 67, 72
　　――不足 89
　　――プレミアム 54

　　――リスク →リスク
流動性制約 109, 110, 112, 116, 121, 132
頭金制約 117
転居に関する住宅資産制約 119
　　――下 157
　　――メカニズム 276, 277
流動性のわな 53, 72, 78, 216, 271, 275
量的緩和 52, 57, 72
　　――期 64, 69
量的緩和ショック 67, 68
量的緩和政策 51, 53, 55, 56, 58-60, 78, 190, 193, 200, 201, 209, 214, 251, 271, 272, 274
　　――の効果波及経路 61
量的緩和の
　　――第1弾（Quantitative Easing1：QE1） 190, 273
　　――第2弾（Quantitative Easing2：QE2） 52, 57, 58, 190, 273
理論開発 260
理論分析 260
リンク 183
ルーカス，ロバート 256
ルービニ，ヌリエル 164, 257
レインハート 260
レバレッジ 97, 222, 224, 231, 233, 244
　　――・レシオ 241
レポ市場 227, 280, 282, 285
連動性リスク →リスク
連邦準備理事会（FRB） 52, 55, 57, 72, 263
連邦破産法 224
ロゴフ 260
ロジスティック分布 120
ロジットモデル 109
ロックイン効果 109, 116, 117
　　非対称的な―― 121

若者の貧困率上昇 →貧困率

アルファベット

ABCP 209
AIC →赤池情報量基準
ARCHモデル 167, 173
Arrow-Debreu経済 96

BIS 規制　164
CDO　→債務担保証券
CDS（クレジットデフォルトスワップ）　227
CP や社債の買入れ　210
ECB　→欧州中央銀行
EGARCH モデル　38
ELTV（Extended Loan-to-Value Ratio）　→拡張された住宅ローン残高対住宅資産価値比率
ETF　→指数連動型上場投資信託
FRB　→連邦準備理事会
J-REIT　→不動産投資信託
Living Will（生前遺言）　232, 235, 239
log-linear　96
LTCM　168
LTCM の破綻　174
LTV（Loan to Value ratio）　→住宅ローン残高対住宅資産価値比率

M2（マネーストック）　272
MSA　→大都市統計圏
originate and hold モデル　5
originate-to-distribute（OTD）モデル　→原債権分配モデル
Pro-cyclicality　→景気循環の増幅効果
QE1（Quantitative Easing1）　→量的緩和の第 1 弾
QE2（Quantitative Easing2）　→量的緩和の第 2 弾
regulatory arbitrage　7, 22
SEC　222
SIV　221
stochastic bubble　104
Too Big to Fail（TBTF）　226, 234, 237
——問題　235, 252
VAR　51, 60, 62, 79, 242, 274
——モデル　59, 63, 65, 245

編者・執筆者紹介

[編　者]
岩井克人（いわい　かつひと）　終章
国際基督教大学客員教授，武蔵野大学特任教授，東京財団上席研究員，東京大学名誉教授．
東京大学経済学部卒業，1972年マサチューセッツ工科大学経済学大学院 Ph.D.　イェール大学助教授，コウルズ経済研究所上級研究員，プリンストン大学客員準教授，ペンシルバニア大学客員教授，東京大学経済学部教授等を経て現職．＜主要著書＞*Disequilibrium Dynamics*（Yale University Press, 1981年），『ヴェニスの商人の資本論』（筑摩書房，1985年），『貨幣論』（筑摩書房，1993年），『二十一世紀の資本主義論』（筑摩書房，2000年），『会社はこれからどうなるのか』（平凡社，2003年），『資本主義から市民主義へ』（新書館，2006年）．

瀬古美喜（せこ　みき）　第5章
慶應義塾大学経済学部教授．
慶應義塾大学経済学部卒業，慶應義塾大学大学院経済学研究科博士課程単位取得退学，1982年マサチューセッツ工科大学大学院経済学研究科博士課程単位取得退学．日本大学経済学部助手，同専任講師，同助教授，同教授を経て現職．博士（経済学）．＜主要著書＞『土地と住宅の経済分析：日本の住宅市場の計量経済学的分析』（創文社，1998年），*A Companion to Urban Economics*（Blackwell Publishing Ltd., 共著，2006年），『完全マスター・ゼミナール経済学入門　第3版』（日本経済新聞出版社，共著，2009年）．

翁　百合（おきな　ゆり）　第9章
日本総合研究所理事，早稲田大学客員教授．
慶応義塾大学経済学部卒業，1984年慶応義塾大学大学院経営管理研究科修了．日本銀行，日本総合研究所主席研究員，慶応義塾大学大学院特別招聘教授などを経て現職．博士（経済学）．＜主要著書＞『銀行経営と信用秩序』（東洋経済新報社，1993年），『情報開示と日本の金融システム』（東洋経済新報社，1998年），『金融危機とプルーデンス政策』（日本経済新聞出版社，2010年）．

[執筆者]（掲載順）
小川一夫（おがわ　かずお）　第1章，第Ⅱ部コメント
大阪大学社会経済研究所教授．
神戸大学経済学部卒業，神戸大学大学院経済学研究科修士課程修了，1982年ペンシルバニア大学大学院博士課程修了（Ph.D.）．神戸大学経済学部講師，神戸大学大学院国際協力研究科助教授を経て現職．＜主要著書＞『資産市場と景気変動』（日本経済新聞社，共著，1998年），『大不況の経済学』（日本経済新聞社，2003年），『「失われた10年」の真実』（東洋経済新報社，2009年）．

宮越龍義（みやこし　たつよし）　第2章
大阪大学大学院国際公共政策研究科教授．

東北大学経済学部卒業,新日本製鐵株式会社勤務,東北大学大学院修了,筑波大学教授,東北大学教授を経て現職.経済学博士.＜主要論文＞"Economic Growth and Public Expenditure Composition : Optimal Adjustment Using the Gradient Method"(*The Japanese Economic Review*, 2010 年), "Optimal adjustment of the composition of public expenditure in developing countries"(*Pacific Economic Review*, 2010 年), "The Dynamic Welfare Cost of Stagnation: An Alternative Measure to the Lucas-Obstfeld Model"(*Pacific Economic Review*, 2011 年).

高橋豊治（たかはし　とよはる）　第 2 章
中央大学商学部教授,オーストラリア国立大学クロフォード経済政治研究大学院豪日研究センター客員研究員.
横浜市立大学商学部卒業,1988 年一橋大学大学院商学研究科博士課程単位取得.シグマベイスキャピタル（株）取締役研究開発部長,高千穂大学商学部教授を経て現職.＜主要著書・論文＞『環太平洋地域の金融・資本市場』（高千穂大学総合研究所,共著,2002 年),「金利リスクの測定方法の展開：イールド・カーブ変動パターンの測定」(『企業研究』（中央大学),2008 年), "Japanese Interest Rate Swap Pricing"(Discussion Paper Tohoku Economic Research Group, Tohoku University, 共著, 2010 年).

島田淳二（しまだ　じゅんじ）　第 2 章
青山学院大学経営学部准教授.
東北大学経済学部退学,2001 年東北大学大学院修了.東北大学大学院経済学研究科助手を経て現職.博士（経済学）.＜主要論文＞"Estimation of stochastic volatility models : an approximation to the nonlinear state space representation"(*Communications in Statistics : Simulation and Computation*, 2005 年), "Asymmetric International Transmission in the Conditional Mean and Volatility to the Japanese Market from the US"(*Singapore Economic Review*, 2009 年), "The Welfare Costs of the 1997 Asian Crisis"(*Empirical Economics*, 2009 年).

佃　良彦（つくだ　よしひこ）　第 2 章
東北大学大学院経済学研究科教授.
東北大学経済学部卒業,テキサス A & M 大学 Ph. D（統計学). 山形大学人文学部助教授,東北大学経済学部助教授を経て現職.＜主要論文＞"A Theoretical and Empirical Assessment of the Program for Financial Revival on the Japanese Banks"(Applied Financial Economics, 2007 年), "Economic Growth and Public Expenditure Composition : Optimal Adjustment Using the Gradient Method"(The Japanese Economic Review, 2010 年), "Econometric Analysis of Fiscal Policy Budget Constraints in Endogenous Growth Models"(Economics Bulletin, 2010 年).

本多佑三（ほんだ　ゆうぞう）　第 3 章
関西大学総合情報学部教授,大阪大学名誉教授.
早稲田大学第一政治経済学部卒業.1980 年プリンストン大学大学院修了（Ph. D. in Economics）. 兵庫県立神戸商科大学助教授,神戸大学経営学部教授,大阪大学経済学部教授,大阪大学大学院経済学研究科長・経済学部長などを経て現職.＜主要著書・論文＞『計量経済学における大標本検定』(神戸大学研究双書刊行会・有斐閣,1990 年), "Financial and Capital Mar-

kets' Response to Changes in the Central Bank's Target Interest Rate : The Case of Japan"（Economic Journal, 共著, 2006 年），『はじめての金融　新版』（有斐閣，2011 年）．

立花　実（たちばな　みのる）　第 3 章
大阪府立大学経済学部准教授．
大阪大学経済学部卒業，2005 年大阪大学大学院経済学研究科博士課程修了．大阪府立大学経済学部専任講師を経て現職．博士（経済学）．＜主要論文＞"Did the Bank of Japan Have a Targeting Zone for the Inflation Rate?"（*Economics Letters*, 2006 年）．"Inflation Zone Targeting and the Federal Reserve"（*Journal of the Japanese and International Economies*, 2008 年）．

柳川範之（やながわ　のりゆき）　第 4 章，第Ⅲ部コメント
東京大学大学院経済学研究科准教授．
慶應義塾大学経済学部卒業．1993 年東京大学大学院経済学研究科博士課程修了．慶應義塾大学経済学部専任講師を経て現職．博士（経済学）．＜主要著書＞『会社法の経済学』（東京大学出版会，共編著，1998 年），『契約と組織の経済学』（東洋経済新報社，2000 年），『法と企業行動の経済分析』（日本経済新聞社，2006 年）．

平野智裕（ひらの　ともひろ）　第 4 章
東京大学大学院経済学研究科特任講師．
上智大学経済学部卒業，2010 年東京大学大学院経済学研究科博士課程修了．金融庁，金融研究センター研究官を経て現職．博士（経済学）．＜主要論文＞"Asset Bubbles, Endogenous Growth, and Financial Frictions"（Center for Advanced Research in Finance Working Paper, 共著，2010 年），"Financial Institution, Asset Bubbles and Economic Performance"（Center for Advanced Research in Finance Working Paper, 共著，2010 年），"Bubbles, Bailouts, and Business Fluctuations"（mimeograph）．

隅田和人（すみた　かずと）　第 5 章
金沢星稜大学経済学部准教授．
慶應義塾大学総合政策学部卒業，2002 年慶應義塾大学大学院経済学研究科博士課程単位取得退学．金沢星稜大学経済学部専任講師を経て現職．博士（経済学）．＜主要論文＞「住宅ローン減税の東京都区部中古マンション価格に及ぼす影響についての実証分析：エラー修正モデルによる接近」（『応用地域学研究』，2003 年），"Japanese Housing Tenure Choice and Welfare Implications After the Revision of the Tenant Protection Law"（*Journal of Real Estate Finance and Economics*, 共著，2007 年），"Residential Mobility Decisions in Japan : Effects of Housing Equity Constraints and Income Shocks under the Recourse Loan System"（*Journal of Real Estate Finance and Economics*, 共著，近刊）．

直井道生（なおい　みちお）　第 5 章
東京海洋大学海洋工学部助教．
慶應義塾大学経済学部卒業，2006 年慶應義塾大学大学院経済学研究科博士課程単位取得退学．慶應義塾大学大学院商学研究科特別研究講師，同大学経済学部特別研究講師を経て現職．博士（経済学）．＜主要著書・論文＞"Earthquake Risk and Housing Prices in Japan : Evidence Be-

fore and After Massive Earthquakes"(*Regional Science and Urban Economics*, 共著, 2009年), "Unemployment Risk and the Timing of Homeownership in Japan"(*Regional Science and Urban Economics*, 共著, 2011年),『自然災害リスクの経済分析』(三菱経済研究所, 近刊).

大竹文雄（おおたけ　ふみお）　第6章
大阪大学社会経済研究所教授.
京都大学経済学部卒業, 1985年大阪大学大学院経済学研究科博士前期課程修了. 大阪大学経済学部助手, 大阪府立大学経済学部講師等を経て現職. 博士（経済学）. ＜主要著書＞『労働経済学入門』(日本経済新聞社, 1998年),『日本の不平等』(日本経済新聞社, 2005年),『競争と公平感』,(中公新書, 2010年).

小原美紀（こはら　みき）　第6章
大阪大学大学院国際公共政策研究科准教授.
横浜国立大学経済学部卒業, 1998年大阪大学大学院経済学研究科博士後期課程修了. 政策研究大学院大学助教授を経て現職. 博士（経済学）. ＜主要論文＞"The response of Japanese wives' labor supply to husbands' job loss"(*Journal of Population Economics*, 2010年),「予防行動と健康状態」(『医療経済研究』, 共著, 2010年), "On the consumption insurance effects of long-term care insurance in Japan : Evidence from micro-level household data"(*Journal of Japanese and International Economies*, 共著, 2010年).

高安秀樹（たかやす　ひでき）　第7章
ソニーコンピュータサイエンス研究所シニアリサーチャー, 明治大学先端数理科学研究科客員教授.
名古屋大学理学部物理学科卒業, 1985年名古屋大学大学院理学研究科修了. 神戸大学理学部助手・助教授, 東北大学大学院情報科学研究科教授を経て現職. 理学博士. ＜主要著書＞フラクタル（朝倉書店, 1986年）, 経済物理学の発見（光文社, 2004年）.

福田慎一（ふくだ　しんいち）　第8章, 第Ⅰ部コメント
東京大学大学院経済学研究科教授.
東京大学経済学部卒業. 1989年イェール大学大学院博士課程卒業（Ph. D.）. 横浜国立大学経済学部助教授, 一橋大学経済研究所助教授, 東京大学経済学部助教授を経て現職. ＜主要著書＞『価格変動のマクロ経済学』（東京大学出版会, 1995年）,『国際金融システムの制度設計』（東京大学出版会, 共編著, 2006年）,『アジアの経済発展と金融システム：東北アジア編』（東洋経済新報社, 共編著, 2007年）,『マクロ経済学・入門　第4版』（有斐閣, 共編著, 2011年）.

金融危機とマクロ経済
資産市場の変動と金融政策・規制

2011 年 9 月 28 日　初　版

［検印廃止］

編　者　岩井克人・瀬古美喜・翁　百合

発行所　財団法人　東京大学出版会
代 表 者　渡辺　浩
113-8654　東京都文京区本郷 7-3-1 東大構内
http://www.utp.or.jp/
電話　03-3811-8814　Fax 03-3812-6958
振替　00160-6-59964

印刷所　株式会社三秀舎
製本所　牧製本印刷株式会社

© 2011 K. Iwai, M. Seko and Y. Okina *et al.*
ISBN 978-4-13-040253-8　Printed in Japan

Ⓡ〈日本複写権センター委託出版物〉
本書の全部または一部を無断で複写複製（コピー）することは，著作権法上での例外を除き，禁じられています．本書からの複写を希望される場合は，日本複写権センター（03-3401-2382）にご連絡ください．

福田慎一	著	価格変動のマクロ経済学	3800 円
福田慎一 小川英治	編	国際金融システムの制度設計 通貨危機後の東アジアへの教訓	5200 円
福田慎一 堀内昭義 岩田一政	編	マクロ経済と金融システム	4000 円
浅子和美 福田慎一 吉野直行	編	現代マクロ経済分析 転換期の日本経済	4600 円
浅子和美 福田慎一	編	景気循環と景気予測	5400 円
浅子和美 宮川努	編	日本経済の構造変化と景気循環	5400 円
浅子和美 飯塚信夫 宮川努	編	世界同時不況と景気循環分析	6200 円
大瀧雅之	著	動学的一般均衡のマクロ経済学 有効需要と貨幣の理論	3500 円
吉川洋 大瀧雅之	編	循環と成長のマクロ経済学	4500 円
細野薫	著	金融危機のミクロ経済分析	4800 円

ここに表示された価格は本体価格です．御購入の際には消費税が加算されますのでご了承下さい．